Lorbeer
Literaturverlag

Titelfoto: Gedenkstein auf dem Alten Friedhof

ISBN 978-3-938969-46-5

KZ Hainichen

Beim Schwarzen Uhu

Pascal Cziborra

Lorbeer - Verlag
Bielefeld 2016

Inhaltsverzeichnis

Einleitung

Teil 1 - Das Lager Hainichen
Von der Entstehung bis zur Auflösung

Teil 2: Personen im Lagerumfeld
Wachpersonal, Belegschaft und Bevölkerung

Teil 3: Stationen der Deportation
Häftlingsüberstellungen und Transporte

Teil 4: Statistik, Daten, Diagramme
Forschungsstand und Datenbasis

Geleitwort

Mit etwa 100 Außenlagern und Kommandos sowie über 100.000 Häftlingen im Laufe seines Bestehens, gehörte das Konzentrationslager Flossenbürg - 1938 in der Oberpfalz nahe der tschechischen Grenze gegründet - zu den großen KZ des nationalsozialistischen Lagersystems [1].

Mehr als 16.000 der Häftlinge waren Frauen und Mädchen, davon die gute Hälfte Jüdinnen, die entweder ab September 1944 unter die Verwaltung des KZ Flossenbürg gestellt worden waren oder nach und nach aus anderen Konzentrationslagern den KZ-Komplex Flossenbürg erreichten, um in dessen Einzugsbereich Zwangsarbeit für die deutsche Rüstungswirtschaft zu verrichten. Gerade das Kapitel dieser Außenlager, insbesondere für Frauen, wurde bislang kaum mit ausreichend wissenschaftlichem Ansatz aufgearbeitet und allgemein zugänglich gemacht.

Die Buchreihe „Die Außenlager des KZ Flossenbürg" trägt dazu bei, dieses Manko der Geschichtsschreibung zu beseitigen.

Vor Ihnen liegt bereits der elfte Band dieser Editionsreihe, deren Hauptziele die Klärung der einzelnen Häftlingsschicksale, die zukünftige Unterstützung der Erinnerungsarbeit und Bildung vor Ort, sowie die Anregung der internationalen wissenschaftlichen Aufarbeitung des Holocaust sind.

In intensiver Forschungsarbeit wurden zahlreiche Dokumente zur Auswertung zusammengetragen, die die Ereignisse im Außenlager Hainichen für die Framo-Werke, einem 1923 gegründeten Zulieferer der Motorradbau- und Automobilindustrie und späteren eigenständigen Fahrzeughersteller, von verschiedenen Perspektiven her beleuchten sollen. Anhand diverser Quellen lässt sich die Geschichte des Lagerstandortes detailliert nachvollziehen und es konnten auch fast alle Häftlinge identifiziert und ihre Schicksale beinahe ausnahmslos geklärt werden. Vielleicht ist es möglich in Zukunft auch noch die letzten Rätsel zu Herkunft und Verbleib der Häftlinge zu lösen. Hinweise nehmen Autor und Verlag entgegen.

---

[1] Vgl. Peter Heigl & Toni Siegert

Die Hauptquellen dieser Wahrheitssuche

Die in diesem Band vorliegenden Häftlingsaussagen stammen hauptsächlich aus Vernehmungsprotokollen der Zentralen Stelle der Landesjustizverwaltungen zur Aufklärung nationalsozialistischer Verbrechen in Ludwigsburg. Die Ermittlungsakten sind ein wichtiger Bestand des Bundesarchivs. Zudem wurden wo immer möglich weitere Zeitzeugenberichte in schriftlicher und mündlicher Form herangezogen, um die damaligen Geschehnisse zu erhellen. Aufgrund der schweren Zugänglichkeit, weniger wegen der Sprachbarrieren, blieben die 35 Interviews[2] der von Steven Spielberg initiierten Shoah Visual History Foundation inhaltlich ungenutzt. Lediglich online einsehbare biografische Daten und Deportationsstationen wurden abgeglichen.

Für die Erhebung einer Opferstatistik und die Erstellung der Häftlingsseiten wurden in aufwendiger Einzelanalyse die Flossenbürger Häftlingsregister mit der Theresienstädter Datenbank und Ghettounterlagen aus Lodz abgeglichen. Zudem erfolgten Rücksprachen mit Standesämtern, Friedhofsverwaltungen, Gedenkstätten und deren Archiven sowie Erkundigungen bei diversen Institutionen. Bei unsicheren, bzw. mehrdeutigen Daten werden die möglichen Varianten mit angegeben. Zudem wurden zum Zwecke dokumentarischer Bestätigung und Feststellung der Überlieferungsqualität, Selbstzeugnisse ehemaliger Häftlinge gesammelt. So konnte auch die Autobiografie der Lotte Weiss in die Analysen einbezogen werden, die das Lager Hainichen allerdings erst kurz vor seiner Auflösung erreichte. Von den Frauen der Gründungstransporte sind bislang leider keine umfangreicheren autobiografischen Zeugnisse bekannt. Es liegen aber einige aufschlussreiche DEGOB-Protokolle[3] ungarischer Jüdinnen aus dem Jahr 1945 vor, die kurz nach Rückkehr aus den Lagern entstanden.

---

[2] SVHF: 185, 1327, 1611, 1959, 3320, 4073, 7082, 7184, 7204, 9082, 14552, 15298, 20045, 22355, 22761, 22974, 23197, 23928, 24030, 24535, 26998, 27803, 29940, 30004, (34002), 39737, 40139, 44249, 44338, 48003, 50539, 51215, 51458, 51811, 51826

[3] Depotáltaktat Gondozó Országos Bizottság - Budapest

Einen ungewöhnlichen Weg geht diese Edition mit der Nennung des Wachpersonals und der Aufarbeitung seiner Geschichte. Hierzu wurden in erster Linie Vernehmungsprotokolle und der überlieferte Schriftverkehr des Lagers ausgewertet. Es liegen aber auch Gerichts- und Verfahrensunterlagen zum Waldheimer Prozess in dem die Oberaufseherin des Lagers verurteilt wurde von 1950 und zum Dachauer Flossenbürg Prozess gegen den ehemaligen Lagerführer Wilhelm Loh von 1947 bzw. 1948 vor. Damit ist auch bezüglich der Wachmannschaften das Außenlager Hainichen eines der besterforschtesten Außenlager des KZ Flossenbürg.

Die Geschichte der Framo-Werke wurde detailliert von dem Lokalhistoriker Manfred Kiese erarbeitet und für den elften Band der vorliegenden Buchreihe durch Dokumente aus dem Staatsarchiv Chemnitz ergänzt. Der interessante Bildband Kieses mit dem Titel „Framo + Barkas 1923 – 1993: Betrachtungen jenseits von Hubraum und PS“ von 2015 zeigt u.a. die Anfänge Framos und seine Entwicklung zum Rüstungsbetrieb und schildert auch sehr ausführlich die Demontage und die Neuanfänge der Produktion nach 1945 bis zur Abwicklung des Betriebes im Jahr 1992 nach der Wiedervereinigung Deutschlands. 2002 wurden die nicht privatisierten alten Gebäudeteile der Framo-Werke abgerissen. Fotoaufnahmen, die die Werkshallen der Hainichener Framo-Werke in der Gottlob-Keller-Straße in Außenansicht zeigen, sind nach Rücksprache mit Kiese und dem Stadtarchiv Hainichen eine Rarität. Lediglich Grundrisse des Werks aus dem Staatsarchiv Chemnitz liegen vor, sowie Aufnahmen, d.h. Innenansichten verschiedener Betriebsräume oder die Außenansicht der Verladerampe mit eigenem Gleisanschluss aus dem Jahr 1955, sowie ein Foto nach dem Brand in der Lackiererei (Schwarzlack), auf dem noch ein Toilettenverschlag für die Zwangsarbeiter aus dem Krieg zu sehen ist.[4] Ein spätes Foto zeigt in Thomas Kretschmanns „Hainichen“ die Häftlingsunterkunft in der Frankenberger Straße 9. Anhand der Bilder und des Grundrisses ist es dennoch möglich, sich eine Vorstellung von der räumlichen Situation zu machen. 2007 wurde ein Gedenkstein auf dem Alten Friedhof in Hainichen für die Opfer des Lagers eingeweiht. Diesen zeigt das Titelbild des Buches.

---

[4] Vgl. Manfred Kiese. Framo + Barkas 1923 – 1993. S.67, S.61, S.149

Teil 1: Das Lager Hainichen

Von der Entstehung bis zur Auflösung

a) Vorgeschichte und Anbahnung

Mit zunehmendem Arbeitskräftemangel in der Rüstungsindustrie kam es 1944 auf den Gebieten des Deutschen Reiches zu einem Schub von Lagerneugründungen. Um den Arbeitskräftebedarf der Kriegswirtschaft zu decken, verlieh die SS verstärkt KZ-Häftlinge an Unternehmen, die sich durch die Hereinnahme von Häftlingen erhofften, die eigene Lage zu entspannen und in Rüstungsprogrammen vereinbarte Stückzahlen erfüllen oder angestrebte Profite maximieren zu können. Neben dem „Arbeitslohn", den die SS quasi als Verleihgebühr einforderte, mussten die Unternehmen sich um eine Unterkunft mit entsprechenden Sicherheitsvorkehrungen und um die Verpflegung kümmern. Bei weiblichen Kommandos wurde meist auch die Stellung von Frauen für den Ausbildungslehrgang zur Aufseherin verlangt. Auch das KZ Flossenbürg in der Oberpfalz expandierte ab dem Spätsommer 1944 zusehends. Allein in den Monaten September und Oktober wurden mindestens 25 neue Lager gegründet, 15 davon für Frauen[5]. Mit dieser Ausweitung des Lagersystems führte die SS ihr Programm *„Vernichtung durch Arbeit"* vor allem in den Männerlagern dezentralisiert, vielerorts kaum vor den Augen der Zivilbevölkerung versteckt, ungeniert fort. Eine dieser erwähnten Lagerneugründungen war das Arbeitslager Hainichen. Dort hatte die Firma Framo, ein Zulieferer und Hersteller der Fahrzeugindustrie, seine Produktion auf einachsige Granat- bzw. Nebelwerfer (Kaliber 15cm mit 6 Rohren), Zieloptik (mechanische Baugruppen) für Panzerabwehrkanonen (PAK 38 & PAK 40), Maschinengewehrteile (Laufschützer MG43 u.a.) und Maschinenkanonen zur Flugzeugbewaffnung (Bordkanone Type MK103) ausgeweitet.[6] Als Metallwerke Frankenberg 1923 vom dänischen Ingenieur Jørgen

---

[5] vgl. Martin Weinmann ; Pascal Cziborra. Frauen im KZ S.23ff. ;
Pascal Cziborra. KZ Flossenbürg – Gedenkbuch der Frauen S.7ff & 58ff.

[6] Vgl. Schreiben Direktor Schulz vom 21.06.1945 über die zu meldenden in den Betrieben befindlichen Heeresgeräte.
Manfred Kiese. Framo + Barkas 1923 – 1993. S.191f.

Skafte Rasmussen gegründet, war das Unternehmen mit der Marke Framo 1933 nach Hainichen umgezogen und wurde am 10.01.1934 als „Framo-Werk GmbH Frankenberg, Zweigniederlassung Hainichen" ins Handelsregister beim Amtsgericht Hainichen eingetragen. Lukrative Rüstungsaufträge waren bereits zu diesem Zeitpunkt für Framo ein erstrebenswertes Ziel.

> „In eigener Regie wurde bereits 1934 ein militärischer Geländewagen (VA) entwickelt und davon wurden einige Prototypen gefertigt […] Ein Fahrzeug wurde außerdem bei der Versuchsanstalt des Heereswaffenamtes in Kummersdorf auf seine militärische Verwendbarkeit geprüft. […] Trotz aller positiven Prüfergebnisse und Erfolge, machten später renommiertere Hersteller das große Geschäft mit den Geländewagen."[7]

Außerdem konstatiert Manfred Kiese:

> „Um den Betrieb effektiver auszulasten, bewarben sich die Framo-Werke schon frühzeitig um Behörden- bzw. Heeresaufträge, zunächst allerdings mit wenig Erfolg. Hainichen gehörte zum Grenzgebiet, einem Streifen, in dem bis 1938 [laut Versaillervertrag], also bis zur Besetzung des Sudetenlandes, keine [militärischen Befestigungsanlagen neu gebaut oder verändert und keine] Rüstungsgüter gefertigt werden durften."[8]

Nachdem diese politische Hürde durch die Annexion wegfiel, war also der unternehmerische Weg zum Rüstungsbetrieb frei. Schon vor Beginn des Krieges wurden bei Framo Schneegleiter für Motorräder und Laufschützer für Maschinengewehre hergestellt. Zur Produktpalette gehörten zeitweise auch Anhänge-Fahrzeuge für den Benzin-Tankdienst der Luftwaffe oder Peil-Geräte-Kästen für dieselbe.[9]
Direktor Richard Schulz schrieb am 26.09.1939 wenige Wochen nach dem Überfall auf Polen und dem Beginn des 2. Weltkrieges an den Fabrikbesitzer Dr.ing.h.c. J.S. Rasmussen unter dem Betreff „Wehrmachtsaufträge":

---

[7] Manfred Kiese. Framo + Barkas 1923 – 1993. S.21
[8] Manfred Kiese. Framo + Barkas 1923 – 1993. S.21
[9] Telefonische Auskunft Manfred Kiese.

„Wie Ihnen bereits bekannt, ist es uns nach langen ständigen Bemühungen gelungen, für eine laufende Wehrmachtsfabrikation endgültig vorgesehen zu werden, und zwar nicht nur für einen Artikel, der ebenso an jeden beliebigen Handwerksbetrieb vergeben wird, sondern für eine spezielle Geschütz-Fabrikation.
Im Laufe der letzten Verhandlungen hat sich dabei für uns insofern noch ein Vorteil ergeben, als entgegen der ursprünglichen Absicht nicht von vornherein der Bau kompletter Geschütze gefordert wird. Vielmehr erfolgt eine Aufteilung auf verschiedene Firmen, wovon jede bestimmte, ihrem Maschinenpark weitgehendst angepaßte Teile herzustellen hat. Wir erhalten darüber hinaus, insbesondere aber für eine größere Menge, die Montage des gesamten Gerätes.
Zur Herstellung der für uns vorgesehenen Teile reicht aber der vorhandene Maschinenpark nicht vollständig aus. Es ist erforderlich, die in der einliegenden Aufstellung verzeichneten Maschinen noch zu beschaffen. Entsprechende Materialkontingente werden uns von dem Oberkommando des Heeres zur Verfügung gestellt. Die Anschaffungskosten ergeben insgesamt einen Betrag von ca. 100.000.- RM. Wir haben mit dem O.K.H. [Oberkommando des Heeres] selbstverständlich bereits über die Finanzierungs-Angelegenheit gesprochen. Es wurde uns von dort mitgeteilt, daß in dieser Beziehung mit entsprechender Unterstützung gerechnet werden kann, sowie der einzelne Betrieb nicht in der Lage ist, die Beschaffung aus eigenen Mitteln durchzuführen. Auch unsere mehrfachen Fühlungnahmen mit Herren, welche über die Abwicklung solcher Angelegenheiten bei anderen Firmen orientiert sind, haben die Bestätigung dafür ergeben, daß behördlicherseits für entsprechende Finanzierung gesorgt wurde.
Da die Ausweitung des derzeitigen Fabrikationsprogrammes der Framo-Werke während der Dauer der Materialkontingentierung nicht möglich ist, möchten wir uns diese einmalige und besonders günstige Möglichkeit, Rüstungsbetrieb zu werden, nicht entgehen lassen.
In Anbetracht der grundlegenden Wichtigkeit dieser Angelegenheit möchten wir Sie als Gesellschafter des Werkes aber doch ausdrücklich um Ihre Zustimmung darüber bitten, daß wir in dieser Angelegenheit abschließend weiter verhandeln und die erforderlichen Maschinen bis zu einem Gesamtwert von ca. RM 100.000.-- disponieren.

> Da Wert darauf gelegt wird, die Fabrikation so schnell als irgend möglich in Gang zu bringen, wären wir Ihnen sehr verbunden, wenn wir die beigefügte Zweitschrift dieses Briefes mit Ihrer Zustimmungserklärung baldigst zurückerhalten könnten.“ [10]

Mit der Zustimmung und Unterschrift Rasmussens werden also bereits kurz nach Kriegsbeginn die Weichen in Richtung eines Rüstungsbetriebes gestellt. Am 28.10.1939 werden bei der Werkzeugmaschinenfabrik Roscher & Eichler in Altmittweida vermutlich die oder ein Teil der benötigten neuen Maschinen für das Rüstungsprogramm bestellt, die bis zum 18. September 1941 aber immer noch nicht ausgeliefert worden waren, da ein genehmigter Vormerkschein und die eidesstattliche Erklärung über die Vordringlichkeit des Maschinenbedarfes noch fehlten, um deren Einreichung Roscher & Eichler bereits am 24. April 1941 die notwendigen Unterlagen Framo zur Verfügung gestellt hatte. Ähnliche lange Wartezeiten wegen bürokratischer Hürden und Materialengpässen für Maschinen für Rüstungsprogramme sind auch für andere Außenlager des KZ Flossenbürg überliefert, z.B. für die Agricola GmbH in Oederan, einer Tochterfirma der Deutschen Kühl- und Kraftmaschinen GmbH, die als Tochtergesellschaft der Auto Union AG auch zu dem vom Dänen Rasmussen gegründeten sächsischen Automobilkonzern gehörte. Auch dort wurde die Produktion von Rüstungsaufträgen aus dem Herbst 1942 wegen fehlender Maschinen erst im Herbst 1944 zum Anlaufen gebracht.[11]

In Hainichen ist man spätestens 1943 in der Lage mit der Fertigung von Nebelwerfern zu beginnen, die wohl bereits 1939 von Direktor Schulz als „spezielle Geschütz-Fabrikation“ bezeichnet worden war, wofür Framo den Rüstungsauftrag erhielt. Ab 1940 fertigte man bereits Höhen- und Seitenrichtmaschinen, also Zieloptik für die Panzerabwehrkanonen PAK 40 und PAK 38. Bis 1943 wuchs das Volumen der Rüstungsaufträge so stark an, dass im Oktober 1943 die zivile Automobilproduktion, die sich seit 1937 wegen Typenbegrenzungsmaßnahmen im Kraftfahrzeugbau auf einen ¾-Tonner Vierrad-Kleinlaster des Typs

---

[10] Schreiben Direktor Schulzes an J.S. Rasmussen vom 26.09.1939 Zitiert nach Manfred Kiese. Framo + Barkas 1923 – 1993. S.186f.

[11] Vgl. Pascal Cziborra. KZ Oederan. S.21ff.

LTV 500 bzw. V 500 konzentrierte, eingestellt wurde.[12] Von da an wurden nur noch in kleinen Stückzahlen Ersatzteile für die existierenden Fahrzeuge produziert.

Da nur noch absolute Fachkräfte als *unabkömmlich* (UK) gestellt wurden und alle verfügbaren männlichen Kräfte geeigneten Alters zur Wehrmacht eingezogen wurden, waren zu diesem Zeitpunkt neben den UK-gestellten Ingenieuren und Handwerksmeistern der Abteilungen und anderen älteren Deutschen, ausländische Zwangsarbeiter und Kriegsgefangene die Hauptarbeitskräfte des Betriebes. Im Januar 1943 waren bei Framo neben vier leitenden Angestellten, 85 männliche und 42 weibliche Angestellte, sowie 496 Arbeiter und 77 Arbeiterinnen tätig. Zudem arbeiteten 46 männliche, ausländische Zivil- oder Zwangsarbeiter und 127 Kriegsgefangene in der Fabrik. Im Vormonat waren es noch 140 gewesen. 252 Personen sind infolge von Wehrdienst als vom Betrieb abwesend gemeldet.[13] 173 von 877 Beschäftigten, d.h. etwa 20%, waren also Ausländer. Diese Quote dürfte sich im weiteren Laufe des Krieges noch deutlich erhöht haben. Da keine späteren Industrieberichte der statistischen Abteilung vorliegen, sind die Personalentwicklungen also derzeit nur abzuschätzen. Es ist aber davon auszugehen, dass mit Verschlechterung der Frontsituation noch deutlich mehr deutsche Arbeiter aus dem Betrieb abgezogen wurden. Die entstehenden Lücken beim Arbeitskräftebedarf konnten auch nicht mehr per Dienstverpflichtung durch deutsche Frauen, die vom Arbeitsamt aufgrund einer Meldepflichtverordnung (Erlass vom Januar 1943) an die Rüstungsbetriebe vermittelt wurden, geschlossen werden. Damit dürfte sich der Anteil ausländischer Arbeiter weiter drastisch erhöht haben. Auch weibliche Zivil- und Zwangsarbeiterinnen dürften später bei Framo eingesetzt worden sein. 1944 wurde dann auch der Einsatz von KZ-Häftlingen beschlossen. In den geplanten Produktionslinien der Rüstungsaufträge sollten 500 weibliche KZ-Häftlinge zum Einsatz kommen, deren Arbeitseinsatz über das SS-Wirtschafts- und Verwaltungshauptamt beantragt worden war. Dabei war eine ratenweise Überstellung vereinbart worden, um die Häftlinge entsprechend der anlaufenden Pro-

[12] Vgl. Manfred Kiese. Framo + Barkas 1923 – 1993. S.22

[13] Vgl. Industriebericht Nr. 1/43 siehe StAC 31060 Nr. 1522/3

duktion angemessen einarbeiten zu können. Die erste Rate der ersehnten Arbeitskräfte traf spätestens Anfang September 1944 in Hainichen ein. Ende 1944 lag der Ausländeranteil unter den Beschäftigten in den Framo-Werken also weit über 50%. Die für das Lager benötigten SS-Aufseherinnen waren im August größtenteils von den Framo-Werken aus der eigenen Belegschaft abgestellt worden und per Dienstverpflichtungsbescheid, der eine Berufstätigkeit der deutschen Bevölkerung sicherstellen sollte, zu dieser Arbeit verpflichtet worden. Die betroffenen Frauen wurden in einem etwa zweiwöchigen Schnelllehrgang im Frauenkonzentrationslager Ravensbrück dafür ausgebildet. Die angehenden Aufseherinnen, die per Anstellung im KZ Flossenbürg dem Gefolge der SS angehörten, stammten größtenteils aus Hainichen. Die männliche Wachmannschaft, die überwiegend aus Volksdeutschen aus Rumänien und der Ukraine bestand, wurde unter das Kommando SS-Oberscharführers Wilhem Loh gestellt, der aus Flossenbürg am 28. August 1944 in Hainichen zur Einrichtung und Abnahme des Lagers eingetroffen sein will.[14] Ihm unterstanden 10 Wachleute inklusive eines stellvertretenden Lagerführers SS-Rottenführer Heinrich Michel. Kurz nach Lohs Ankunft müssen dann die ersten Häftlinge in Hainichen eingetroffen sein.

P1: Bebauung um 1941

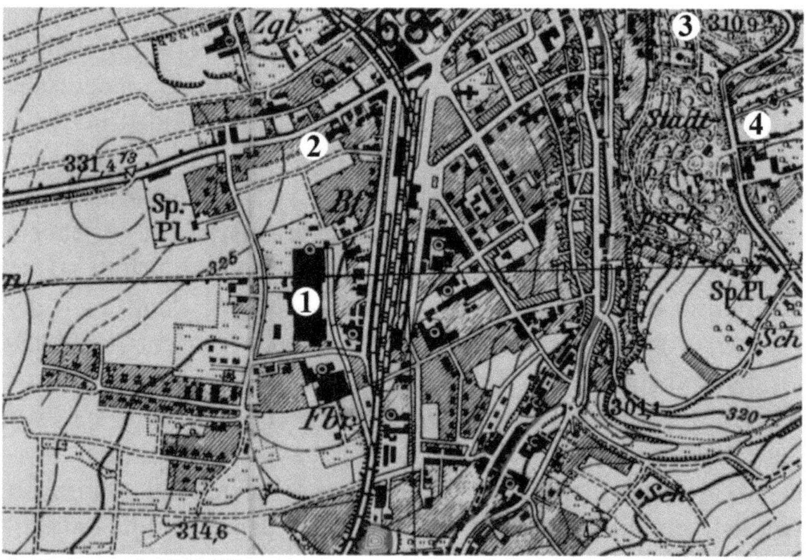

1: Framo 2: Häftlingsunterkunft 3: Gedenkstein 4:Friedhof

[14] Vgl. Dachauer Flossenbürg Prozess: Review vom 22.01.1948

b) Ankunft des 1. Häftlingstransportes

Spätestens am 2. September 1944 erreichten 150 jüdische Frauen aus dem polnischen Ghetto Litzmannstadt das KZ-Außenlager in Hainichen. Sie waren bei der Liquidierung des Ghettos in Lodz, das nach einem deutschen Offizier in Litzmannstadt umbenannt worden war, in das Vernichtungslager Auschwitz-Birkenau transportiert worden und dort nach überstandener Selektion Ende August 1944 in das Durchgangslager in den Lagerabschnitt B II c [C-Lager] eingewiesen worden. Dort wurden sie nicht mit Auschwitzer Häftlingsnummern tätowiert, sondern nach wenigen Tagen Aufenthalt als Arbeitssklaven direkt weiter ins Deutsche Reich zur Zwangsarbeit geschickt.

Nachdem sie von Auschwitz nach Hainichen überstellt worden waren, wies man ihnen in den Flossenbürger Nummernbüchern die Häftlingsnummern 53274 bis 53422 und 54184 zu. Diese wurden wohl einige Wochen später als Stoffnummern vom Stammlager an das Außenlager verschickt, um sie an der Kleidung anzubringen.

Als Überstellungs- bzw. Zugangsdatum wird der 8. September 1944 notiert. Dem im Bundesarchiv überlieferten Forderungsnachweis Nr. Flo. 594 vom 1. Oktober 1944 ist allerdings zu entnehmen, dass ein Teil der Häftlinge bereits am Samstag, den 2. September zum ersten Mal bei den Framo-Werken zum Einsatz kam. Sehr wahrscheinlich war der Transport schon am Vortag, möglicherweise Freitagabend, frühestens jedoch am 31. August 1944 eingetroffen.

Die Zusammensetzung des ersten Transportes ist vergleichsweise homogen. Alle Frauen stammen anscheinend aus dem Ghetto Lodz und hielten sich nur wenige Tage in Auschwitz auf. Es handelt sich also mehrheitlich um polnische Jüdinnen die größtenteils in der Region Lodz aufgewachsen sind. Es befinden sich aber auch einzelne Frauen anderer Nationalität oder Herkunft unter ihnen, die zum Teil Jahre zuvor nach Lodz deportiert worden waren, darunter auch eine deutsche Ärztin aus Berlin bzw. Köln, die in Königsberg geboren worden war. Abgesehen von der nachträglich registrierten Zlata Lasmann, die wenige Tage nach der Ankunft, bereits am 9. September in Hainichen verstarb, wurden alle anderen 149 Frauen versehentlich als

„ungarische Jüdinnen“ in den Nummernbüchern verzeichnet. Dabei handelt es sich um einen bürokratischen Fehler, der auf der Verwendung von Gänsefüßchen bei Nationalitätsangaben beruht und der Tatsache, dass den polnischen Frauen ein späterer Transport mit ungarischen Jüdinnen vorangestellt wurde. Die Frauen stammten aber wie dies auch die registrierten Geburts- und Herkunftsorte belegen aus dem Ghetto Lodz. Älteste Frau laut KZ-Register war die 1901 geborene Kaila Rosensaft[15] und jüngste Raca Kozowska[16] mit dem Jahrgang 1926. Die Angaben waren aber aus taktischen Gründen geschönt. Viele ältere Frauen gaben sich bei den Selektionen und Registriervorgängen um einige Jahre jünger aus, junge Mädchen machten sich, um als „arbeitstauglich“ zu gelten, ein paar Jahre älter. Personalpapiere hatte man den Juden bei der Einlieferung ins KZ wie allen anderen persönlichen Besitz abgenommen; ihre Angaben waren also in der Regel für das Lagerpersonal nicht überprüfbar. Tatsächlich waren die Frauen also nicht zwischen 15 und 43 Jahre alt, sondern zwischen 13 und 55 Jahre. Wer Älteste und wer Jüngste war, lässt sich derzeit nicht genau sagen. Insgesamt waren aber mindestens fünf Frauen[17] vor 1900 geboren. Vermutlich war Sura Feiner der älteste Häftling des Gründungstransportes. Sie ist am 10. Januar 1897 oder gar 1891 geboren. Auch für Szajndla Lubliner kursieren verschiedene Geburtsdaten. Neben dem ersten April 1898 taucht auch das Geburtsjahr 1890 auf. Möglicherweise waren also auch schon die Angaben im Ghetto Lodz um etliche Jahre geschönt. Mit Einlieferung nach Auschwitz wurden dann wohl als lebensrettende Notlüge noch ein paar weitere Jahre hinzugeschummelt. Bei den Mädchen wurden auch mindestens zwei 14jährige nach Hainichen deportiert. Jüngste war wahrscheinlich die am 17. Januar 1930 geborene Elza Gumener, sonst Mala Kleinbaum, die am 28. November 1929 oder 1930 geboren wurde. Beide wurden anscheinend ohne ihre Mütter nach Hainichen überstellt.
Die bei Ankunft in Hainichen 30jährige Sonia B. gibt 1970 zusammenfassend zu Protokoll:

---

[15] FloNo.: 53379

[16] FloNo.: 53335

[17] FloNo.: 53293, 53340, 53348, 53356, 53397

„Ich bin in Lodz geboren und lebte in dieser Stadt bis zum Abtransport im Juli 1944 [sic! August]. Mein Transport war der vorletzte der Textilarbeiter nach Auschwitz. In Auschwitz blieben wir nur zweieinhalb Tage. Nach durchgeführter Selektion sonderte man mich mit etwa 150 gesunden Frauen aus, und transportierte uns in das Lager Hainichen/Sachsen ab. Wir waren in einem Güterzug etwa 2 Tage unterwegs. Nach Ankunft in Hainichen wurden wir im ersten Stockwerk eines 3-stöckigen Gebäudes untergebracht. Das Lager war mit einem Stacheldrahtzaun umgeben, ob der Zaun elektrisch geladen war, entzieht sich meiner Kenntnis. Neben dem Lagertor war ein Wachturm. Wir waren in der Munitionsfabrik der Firma Framo-Werke beschäftigt. Der Betrieb lag außerhalb des Lagers. Wir wurden erst zur Arbeit eingesetzt, nachdem das Lager mit 500 Insassinnen belegt war.[18] Einige Tage nach unserer Ankunft brachte man 350 Jüdinnen aus Ungarn ins Lager Hainichen. Das Lager lag in der Nähe der Stadt Hainichen. Wir schliefen auf vierstöckigen Pritschen. Die Arbeitszeit dauerte 12 Stunden und wir arbeiteten in zwei Schichten von 6-6 Uhr. Die Verpflegung war weit nicht ausreichend. Wir hungerten dauernd und mancheine brach bei der schweren Arbeit erschöpft zusammen.“[19]

Sara A. erinnert:

„Nach Auflösung des Ghettos Lodz wurde ich mit den Ghettoinsassen nach Auschwitz-Birkenau deportiert. Nach Ablauf einiger Tage […] wurde ich mit einer größeren Gruppe – wie ich glaube nur Lodzer Frauen – auf Eisenbahn gesetzt. Unterwegs wurden einige Waggons mit Frauen abgekuppelt, doch ich weiß weder wo es geschehen ist, noch wohin die von uns abgetrennten Frauen gefahren worden sind. Ich kam mit etwa 150 Leidensgefährtinnen nach Heinichen [sic]. Wir kamen auf die Stelle des Lagers als Erste. Wir bezogen das Parterre eines dreietagen hohen Gebäudes – in die oberen zwei Etagen kamen kurz nach uns Frauen vom ungarischen Gebiet. Neben

---

[18] Diese Aussage trifft nicht auf die gesamte Lagerbelegschaft zu. Laut Forderungsnachweis Flo. 594 wurden gleich am 2. September 54 Frauen eingesetzt. Am 18. September sogar 126 der 150 überstellten Frauen. Es ist aber möglich, dass eine kleine Gruppe Frauen erst nach Ankunft der Ungarinnen zur Arbeit herangezogen wurde.

[19] Barch, B 162 / 9070, S. 439 – VP Sonia B.

> dem Wohngebäude stand noch ein anderes mit Küche und Vor[r]atskammer. Um das Lager war ein Drahtzaun und Wachtürme."[20]

Die Beobachtungen der polnischen Jüdin sind plausibel. Es ist recht wahrscheinlich, dass dem Transport aus Auschwitz 250 weitere Frauen aus Lodz angehörten, die in das Flossenbürger Außenlager in Freiberg weitertransportiert wurden. Die Nähe beider Städte legt nahe, dass der Transport über Freiberg ging und dort, die für das neue Außenlager „Freia“ der Arado-Flugzeugwerke bestimmten Jüdinnen, abgekuppelt wurden.
Das bei der Freiberger Überlebenden Irena Liebmann genannte Transportdatum vom 31. August 1944 kann in der gewählten Formulierung sowohl als Auschwitzer Abgangs- als auch Freiberger Ankunftsdatum interpretiert werden. Sie will aber am 27. August im *vorletzten* Evakuierungstransport Lodz verlassen haben und sich nur 24 Stunden in Auschwitz aufgehalten haben. Demnach hätte sie Auschwitz am 28., spätestens 29. August 1944 verlassen. Ihrem Transport nach Freiberg gehörte nämlich auch Gustawa Grawe an, die mit ihrer Tochter laut Protokoll von 1947[21] dem *vermeintlich letzten* Liquidierungstransport aus Lodz nach Auschwitz vom 28. August angehört haben will und ebenfalls nur einen Tag in Auschwitz festgehalten worden sei.
Ihrem Transport müsste Chaim Rumkowski, Vorsitzender des Judenrates im Ghetto, angegliedert gewesen sein, der am 28. August 1944 in Auschwitz ermordet wurde.
Danuta Czech vermerkt in ihrem wissenschaftlichen Standardwerk allerdings mit scheinbarer Ankunft am 30. August den letzten Transport aus Lodz, der laut anderen Quellen zum Ghetto Lodz am 29. August an der Bahnstation Radegast (Radogoszcz) abgegangen sein soll.[22] Im August 1944 sollen insgesamt über 65.000 jüdische Menschen aus dem Ghetto Lodz nach Auschwitz deportiert worden sein.[23] Es dürfte also fast jeden Tag ein Transport abgegangen sein. Danuta Czech notiert in ihrem wissenschaftlichen Standardwerk über die Ereignisse in

---

[20] Barch, B 162 / 9070, S. 454 – VP Sara A.
[21] Zidowski Instytut Historyczny – Warschau: ZIH 301 - 2501
[22] Vgl. Archiv Muzeum Stacja Radegast
[23] Vgl. Redaktion https://www.dhm.de/lemo /kapitel/der-zweite-weltkrieg/voelkermord/ghetto-lodz.html

Birkenau nur die Transportankünfte vom 15., 16., 21., 22., 24. und 30. August, denen aber am 2., 7., 8., 15. und 18. September sowie am 2. Oktober weitere Selektionen der als Depot-Häftlinge eingewiesenen polnischen Juden aus Lodz folgen. Dabei ist nur bei der angeblichen Ankunft mit 80% Jugendlichen im Alter von 13-16 Jahren am 18. September nicht von Depot-Häftlingen, sondern von einer tatsächlichen Transportankunft die Rede. In Lodz dürften sich diese Jugendlichen bis zu diesem Zeitpunkt aber nicht mehr aufgehalten haben. Dort war nur ein Aufräumkommando zurückgeblieben, das einige Zeit später von vorrückenden Sowjets befreit werden konnte. In Czechs Eintrag im Kalendarium für den 2. September 1944 heißt es:

> „Die Widerstandorganisation im Lager gibt in ihrem Bericht für die Zeit vom 1. bis 20. September an, daß die SS gegenwärtig in den Gaskammern die Juden aus dem Ghetto Lodz tötet und auf diese Weise die letzten noch lebenden polnischen Juden liquidiert.“ [24]

Es wäre also möglich, dass Ende August 1944 die Einweisung aus dem Ghetto bereits beendet war und dann in den folgenden Wochen immer wieder Selektionen für Rüstungsbetriebe und das Lager stattfanden. Insgesamt scheint es aber so, als wenn sich Irena Liebmann bei der Datierung oder Zählung ihres Transportes als *vorletzten* irrt.

Die Fülle der in Übereinstimmung zu bringenden recherchierten Daten stellt den Historiker vor ein kniffliges Problem, das sich nur durch zu setzende Glaubwürdigkeitsprioritäten für diverse Zeugen und Dokumente überhaupt lösen lässt. Wenn es sich also doch nicht um zwei verschiedene Transporte nach Freiberg und Hainichen handelte, dürfte der Zug in Auschwitz zwischen dem 29. und 31. August 1944 abgefahren und in Sachsen spätestens am 1. oder 2. September 1944 eingetroffen sein. In den Nummernbüchern wurde für den Freiberger Transport der 31. August und 2. September 1944 eingetragen. [25] Es könnte sich um Abfahrts- und Ankunftsdatum handeln (also eine seltene Rückdatierung in dieser Quelle) oder um Ankunftsdatum und

[24] Danuta Czech. Kalendarium. S.867

[25] Vgl. Pascal Cziborra. KZ Freiberg. S.12

Tag der offiziellen Überstellung bzw. Registrierung in den Nummernbüchern. Laut Forderungsnachweis Flo. 591 wurden die Freiberger Häftlinge allerdings bereits am 1. September zur Arbeit eingesetzt, was tatsächlich für eine Ankunft am 31. August spräche. Bei einer etwaigen zweitägigen Transportdauer, könnte der Transport also am 29. August in Auschwitz abgegangen sein. Ein Fehler im Forderungsnachweis ist natürlich auch nicht komplett auszuschließen. Auch Historikerin Danuta Czech könnte Selektionen Transporten zugeordnet haben, die längst im Lager eingetroffen waren. Auch könnten selbst bei gemeinsamem Transport nach Sachsen die Frauen in Hainichen einen Tag später als die Jüdinnen in Freiberg angekommen sein. Es fehlen also noch solche Dokumente, die die genaue Ankunft der Gründungstransporte beider Lager zweifelsfrei belegen.
Die Freiberger Überlebende Pola Hinenberg berichtet:

> „Wie ich schon erwähnte habe ich in Auschwitz nur zwei – drei Tage verbracht. Zu keiner Zeit war ich in einer Baracke. Offensichtlich waren ich und die ganze Gruppe jüdischer Häftlingsfrauen aus Lódz von Anfang an zum Abtransport in ein anderes Lager vorgesehen; man hielt uns bis zur Abreise im Freien, auf einem zementierten Platz hinter den Baracken. Stundenlang saßen wir so zusammengeigelt auf dem Beton.“ [26]

Danuta Czech, der Auschwitzer Lagerchronistin und stellvertretenden Vorsitzenden des Gedenkstättenmuseums, waren beim Verfassen ihres Kalendariums der Ereignisse in Auschwitz-Birkenau Ende der 1980er Jahre diverse Einweisungstransporte aber auch dieser Abgangstransport für das KZ Flossenbürg Ende August 1944 nicht bekannt. Er findet in dem wissenschaftlichen Standardwerk bislang keine Erwähnung, obwohl er zweifelsfrei belegbar, in die Flossenbürger Außenlager Freiberg und Hainichen abgegangen sein muss. Ob dem Transport aus Auschwitz ursprünglich noch mehr als 400 Jüdinnen angehörten, ist unbekannt.

[26] Düsing S. 127 vgl. Pascal Cziborra S.198f.

Die zu den Framo-Werken deportierte Sonja P. lässt protokollieren:

> „In Hainichen bezogen wir ein dreietagen hohes Haus. Die polnisch sprechenden Frauen wohnten in der unteren Etage, in den zwei oberen Stockwerken wohnten Frauen von Ungarn. Zwischen den Frauen von Polen war eine beträchtliche Zahl akademisch gebildeter Frauen. Das Haus war mit einem Drahtzaun umfriedet, in jeder Ecke war ein Wachturm. Die Wachmannschaften waren teils von Rumänien, teils von Russland gewesen."[27]

Auch diese Aussage ist insgesamt sehr präzise, auch wenn sich wohl nur an zwei Ecken Wachtürme befanden. Die Herkunft der Wachmannschaften wird jedenfalls korrekt erinnert. Auch nimmt Sonja P. das Eintreffen eines zweiten Transportes vorweg. Als Anfang Oktober 1944 weitere 350 Jüdinnen aus Auschwitz eintreffen, um die Lagerstärke auf 500 Personen aufzustocken, ist die erste Jüdin, Zlata Lasman, bereits in Hainichen unter ungeklärten Umständen (dazu mehr im Kapitel e) I.) verstorben. Direkter Ersatz für die verlorene Arbeitskraft wird mit dem 2. Transport aber nicht überstellt.

c) Ankunft des 2. Transportes

Gut einen Monat nach dem ersten Transport trafen weitere 350 jüdische Frauen im KZ Hainichen ein und werden am Montag, den 9. Oktober 1944 laut Forderungsnachweis Nr. Flo 650 erstmals in den Framo-Werken zur Arbeit eingesetzt.[28] Es spricht einiges dafür, dass sie bereits am Sonntag, den 8. Oktober in Hainichen eintrafen. Dieses Überstellungsdatum wird auch in einem Schreiben von der Kommandantur des KZ Flossenbürg an das SS-Wirtschaftsverwaltungshauptamt Amtsgruppe D – Amt D II in Oranienburg vom 15. Dezember 1944 erwähnt. Darin heißt es:

---

[27] Barch, B 162 / 9069, S. 398 – VP Sonja P.

[28] Vgl. Forderungsnachweis Nr. Flo. 650

> „Im Forderungsnachweis Nr. 650 für die Framo-Werke in Hainichen vom Oktober 1944 sind am 9.10.44 200 weibliche Häftlinge berechnet, die von der Firma erst zum 1.11.44 angefordert wurden, aber auf Grund einer Vereinbarung mit den Framo-Werken schon am 8.10.44 überstellt wurden. Da ein Einsatz dieser Häftlinge vor dem Anforderungstermin aus betriebstechnischen Gründen nicht möglich war, lehnt die Firma die Bezahlung der vorzeitig überstellten Häftlinge ab.
> Der Betrag für diese 4500 Häftlingstagewerke in Höhe von 18400,-RM ist am Schluß des Forderungsnachweises Nr. 722 in Abzug gebracht worden.“ [29]

Aus diesem Sachverhalt geht hervor, dass mit den Framo-Werken wohl ursprünglich drei Häftlingszuweisungen vereinbart worden waren: 150 Arbeitskräfte für den September, 150 für den Oktober und weitere 200 für den November. Ähnliche Vereinbarungen für die ratenweise Überstellung von Häftlingen lagen auch für die sächsischen Außenlager Oederan und Wilischthal und wohl auch für Freiberg vor. Aus logistischen Gründen wurde aber dann nach Rücksprache mit den Framo-Werken die 2. und 3. „Rate“ in einem Transport zusammengefasst. Finanziell will die Firma aber nicht für den Häftlingseinsatz aufkommen. Möglicherweise konnte ein Teil der Jüdinnen wirklich nicht in der vorgesehenen Fertigung eingesetzt werden, da noch Maschinen fehlten oder Anlernung und Produktion erst nach und nach anlaufen mussten. Da die Häftlinge aber laut Forderungsnachweis wohl anderweitig zur Arbeit eingesetzt wurden, ansonsten hätte die SS hier Einsatzzahlen der Häftlinge gefälscht oder diese zu unproduktiven Tätigkeiten angetrieben, versuchten die Framo-Werke wohl zusätzlichen Profit aus der Angelegenheit zu schlagen, oder Zahlungsengpässe abzufedern. Möglicherweise war das Aussetzen der Zahlung für die betroffenen überzähligen oder zu früh eingetroffenen Häftlinge aber auch mündlich zugesagt oder vertraglich vereinbart worden und die Beschwerde rechtens.
Der zusammengefasste Transport von 350 Frauen wird in den Flossenbürger Nummernbüchern allerdings ohne Rückdatierung der tatsächlichen Transportankunft mit dem Zugangs- oder Überstellungsdatum 11. Oktober vermerkt. 348 Frauen sind als

[29] Vgl. Barch, B 162 / 9070, S. 559

ungarische Jüdinnen und zwei als rumänische Jüdinnen[30] registriert. Ihnen wurden trotz späterer Ankunft die niedrigeren Häftlingsnummern 52924 bis 53273 zugewiesen. [31] Es stammten aber nicht nur zwei Frauen aus Rumänien, sondern als ungarische Jüdinnen wurden auch solche Personen bezeichnet, die im ungarischen Sprachgebiet und von Ungarn zu Kriegszeiten annektierten Territorien in Rumänien und der Tschechoslowakei lebten und geboren worden waren. Heute befinden sich viele dieser Städte nicht in Ungarn, sondern in Rumänien (Kreischgebiet, Maramuresch und Siebenbürgen bzw. Transsilvanien), in der (Süd-) oder (Ost-)Slowakei und in der (West-)Ukraine jenseits der Karpaten. Dieser „Zipfel" der Vorkriegstschechoslowakei die Karpatenukraine bzw. Ruthenien mit den Städten Chust (Huszt), Mukacevo (Munkács) und Uzhorod (Ungvár) wurde nach dem Krieg von den Sowjets beansprucht und somit der Tschechoslowakei abgenommen.

Offiziell ältester Häftling des Transportes war laut Nummernbüchern die mit Jahrgang 1898 registrierte Ilona Grauner[32] aus Budapest, Jüngste die mit Jahrgang 1929 registrierte Helene Heinrich[33] die wohl mit einer älteren Schwester im Lager war. Da bei den Altersangaben unter dem Selektionsdruck aber nicht selten geschummelt wurde, war die älteste Jüdin wahrscheinlich Eszti Karp[34] und das vermeintlich jüngste Mädchen Ella Licht(en)stein könnte bei Ankunft in Hainichen noch nicht einmal zwölf Jahre alt gewesen sein. So gibt es die richtiggestellte tatsächliche Jahrgangsangabe 1932 gleich sechs Mal. [35]

In Auschwitz muss der Transport spätestens am 7. Oktober 1944 abgegangen sein. Es handelte sich wieder um einen Sammeltransport in verschiedene Flossenbürger Außenlager, nämlich

---

[30] Dora Diamantstein, FloNo.: 52956 und Speranca Friedmann FloNo.: 52974

[31] Dies könnte ein weiteres Indiz für die gemeinsame Überstellung für Freiberg und Hainichen sein, denn so stehen die Frauen dieses Transportes in den Nummernbüchern direkt hintereinander.

[32] *15.05.1898 FloNo.: 53221

[33] *15.07.1929 FloNo.: 53011

[34] *24.06.1897 FloNo.: 53044

[35] Olga Rosner *01.02.1932 FloNo.: 53138; Vera Berger *27.04.1932 FloNo.: 52927; Eva Berger *04.05.1932 FloNo.: 53237; Tilda Freund *10.06.1932 FloNo.: 52963; Jolan Stern *17.06.1932 FloNo.: 53176; Ella Lichtstein *20.12.1932 FloNo.: 53087

200 Jüdinnen aus dem Ghetto Lodz in das Außenlager „Agricola“ der Deutschen Kühl- und Kraftmaschinen GmbH in Oederan[36], einer Tochterfirma der Auto Union AG und 600 ungarische Jüdinnen in das Außenlager „Hertine“ (Rytne) bei Teplitz-Schönau (Teplice-Šanov).
Die Jüdinnen für Hertine waren sehr wahrscheinlich im selben Lagerbereich wie die Häftlinge für Hainichen selektiert worden. Die Historikerin Danuta Czech notiert für den 7. Oktober 1944:

> „Aus dem KL Auschwitz II werden 1150 weibliche Häftlinge in das KL Flossenbürg überstellt.“ [37]

Alle 1150 Jüdinnen dürften aus dem Durchgangslager, d.h. dem Lagerbereich B II c stammen und damit keine tätowierte Häftlingsnummer am Arm getragen haben. Laut der Oederaner Überlebenden Miriam Werebejczyk ging der Transport von Auschwitz nach Chemnitz. Dort mussten die für das KZ-Außenlager in Oederan bestimmten Jüdinnen aus Viehwaggons für den Weitertransport in einen Personenzug umsteigen. [38]
Möglicherweise wurden die Jüdinnen wegen einer etwa zweitägigen[39] Transportdauer auch schon am 6. Oktober 1944[40] in Auschwitz für den Transport selektiert bzw. einwaggoniert.
Szeren H. berichtet bereits am 4. Juli 1945 nach ihrer Rückkehr in Ungarn über ihre schicksalhafte Deportation:

> „Wir wurden vom Ghetto Uzhgorod nach Auschwitz gebracht. Dort wurden die Familienmitglieder voneinander getrennt, wobei mit besonderer Vorliebe Mütter von ihren Kindern getrennt wurden, aber ich habe es noch geschafft, zusammen mit meiner 13-jährigen Tochter zu bleiben. Man hat uns gebadet, unsere Haare geschoren und unseren Körper enthaart, man nahm uns unsere Kleidung weg, diese wurde durch zerfetzte

---

[36] Vgl. Pascal Cziborra. KZ Oederan S.23
[37] Danuta Czech. S.898 laut APMO, D-AuII-3a/56, FL Stärkemeldung
[38] Vgl. Pascal Cziborra. KZ Oederan S.24f.
[39] Im DEGOB-Protokoll 1182 ist sogar von einer dreitägigen Fahrt die Rede.
[40] Für den 6. Oktober und eine Ankunft am 8. Oktober spricht sich auch Maria Kleinmann, FloNo.: 54911, im Degob-Protokoll 3208 vom 26.07.1945 aus. Auch Gizella Berkovics, FloNo.: 52936, will sich laut Protokollkopf vom DEGOB-Protokoll 1356 vom 12. Juli 1945 bis zum 6. Oktober 1944 noch in Auschwitz befunden haben.

Kleider ohne Unterwäsche ersetzt. Wir kamen in das Lager "C" Block 29. Es gab keine Arbeit, nur Appelle, fast den ganzen Tag. Es war entweder sehr heiß oder hat geregnet, während man stundenlang im Freien stehen musste. Wenn sich jemand setzte, oder ein Wort sagte, wurden sie geschlagen. Zu essen gab es eine grün gefärbte Suppe, die offensichtlich aus Gras und Sand zubereitet wurde; Kies, Holzstückchen und Kohlen waren darin. Am 6. Oktober kam ich auf Transport. Es war schrecklich. Ich musste meine Tochter dort zurücklassen. Seitdem habe ich nichts von ihr gehört. In Hainichen arbeitete ich in einer Waffenfabrik. Ich musste 12 Stunden am Tag arbeiten, sehr schwere Arbeit. Ich schlief auf Pritschen, 200 Personen in einem Raum. Das Essen war sehr schlecht und wenig. Die SS-Aufseherin war eine Frau, die uns ohne Grund, aus purer Freude, schlug.“ [41]

Auch Sara S. gehörte dem 2. Transport nach Hainichen an und wurde ebenfalls aus dem Ghetto Uzhorod, das sich heute auf dem Staatsgebiet der Ukraine befindet, nach Birkenau eingeliefert. Sie kann zudem den Sammeltransport nach Sachsen bestätigen. Sie gibt 1970 zu Protokoll:

> „Ich wurde vom Ghetto Uzhorod am 14. Mai 1944 nach Auschwitz-Birkenau deportiert. Am Hoshana Rabba Tage[42] – im Oktober 1944 – wurde ich nach einer Aussonderung mit 500 jüdischen Frauen nach Hainichen überstellt. Mit unsrem Zuge fuhren noch viele weitere Häftlingsfrauen – ich erinnere mich genau, dass 8 geschlossene Güterwaggone von unserem Zuge abgekuppelt wurden, als wir dann nach einem Tag und Nacht bis Hainichen weiter fuhren. Als wir nach Hainichen ankamen, fanden [sic! trafen] wir dort schon 500 [sic! 150] Frauen aus Polen an. Mein Transport war von Frauen vom ungarischen Gebiete zusammengelegt. Wir wohnten in einem Gebäude von zwei Etagen und Mansarden. Die Polinnen wohnten im Parterre, wir bezogen die oberen Etagen. Im Hofe war noch ein Steinhaus wo die Küche untergebracht war. Das Lager war mit einem Drahtzaun umfriedet – ein eisernes Tor und ein Wachturm waren im Zaun. In der Nähe des Lagers

[41] DEGOB-Protokoll 1303 vom 04.07.1945 - Übersetzung Pascal Cziborra

[42] Dieser Feiertag des jüdischen Sukkot-Festes verweist auf Sonntag, den 08.10.1944. Das könnte der Ankunftstag in Hainichen sein. Der 09.10.1944, ein Montag, war der erste Arbeitstag.

> waren Wohnhäuser. Zur Arbeit gingen wir in die Framo-Werke etwa eine viertel Stunde.“[43]

Bei den angeblich acht abgekuppelten Waggons, könnte es sich um die Waggons mit den 600 ungarischen Jüdinnen für das böhmische Außenlager Hertine (Rtyne) gehandelt haben. Die Überstellung ist im Nummernbuch auf den 10. Oktober datiert, laut Forderungsnachweis Nr. Flo. 662 wurden die Jüdinnen bei der Hertine GmbH in der „Fabrik zur Verwertung Chemischer Erzeugnisse“ einer Tochtergesellschaft des Sprengstoffkonzerns Dynamit Nobel AG im Dorf Welboth (Velvety) am 11. Oktober 1944 erstmals eingesetzt. Ob der Transport aus Auschwitz möglicherweise direkt über Teplitz-Schönau ging oder der Hertiner Transportteil erst in Chemnitz abgehängt wurde, wo die 200 polnischen Jüdinnen für das Außenlager Oederan den Zug verließen, ist ungeklärt. Dies ließe sich aber möglicherweise mittels Reichsbahnakten mit viel Geduld und Akribie noch prüfen. Möglicherweise wurde der für Hertine bestimmte Zugteil aber auch an einer anderen Zwischenstation abgehängt. Von dort scheint der Zug dann noch einen Tag nach Hainichen unterwegs gewesen zu sein. Möglicherweise stand er aber auch eine Nacht in Chemnitz, bevor die 350 Jüdinnen nach Hainichen weitertransportiert wurden. Während die 150 polnischen Jüdinnen wohl das Erdgeschoss einer von den Framo-Werken 1940 von Ernst Sauberzweig[44] angemieteten ehemaligen Nadelfabrik in der Frankenberger Straße 9 bezogen haben, wurden die Ungarinnen in den beiden oberen Stockwerken, eines davon das ausgebaute Dachgeschoss, untergebracht. Die Unterkunft dürfte sich etwa eine viertel Stunde Fußweg von der Arbeitsstelle befunden haben.

---

[43] Barch, B 162 / 9069, S. 382 – VP Sara S.

[44] Laut Auskunft Manfred Kieses geschah das während eines Fronturlaubs.

F1: Ehemalige Nadelfabrik – Frankenberger Straße 9

F2: Bahnhof und Wollhaarkämmerei (später Framo) ~ vor 1930
Dazwischen liegt die Friedrich-August-Str. heute Käthe-Kollwitz-Str.

F3: Framo Verwaltungsgebäude Gottlob-Keller-Straße 2

F4: Hintere Verladerampe der Framo-Werke um 1955

F5: Nach Brand in der Lackiererei (Schwarzlack) 1955
Beim angebauten Bretterverschlag soll es sich um Toiletten der ehemaligen Zwangsarbeiter handeln.

F6: Fabrikhof und Verladerampe mit Gleisanschluss

F7: Abriss der Framo-Werke 2002

F8: Abriss der Framo-Werke 2002 – Sheddach-Werkshalle

F9: Abriss der Framo-Werke 2002 – Werkshalle

F10: Abriss der Framo-Werke 2002 - Verbindungsflur

d) Allgemeine Lagerbedingungen in Hainichen

Über ihre Deportation aus Auschwitz und die in Hainichen vorgefundenen Lagergegebenheiten berichtet am 23. Juli 1945 nach ihrer Rückkehr in Ungarn die 38-jährige Erzsebet V.:

> „Wir verließen die Ziegelei von Ungvár [heute liegt Uzhgorod in der Ukraine] am 06.06.1944. Die Reise war schrecklich. Nur einmal bekamen wir Wasser auf dem Weg. Die Gendarmen waren sehr grausam mit uns, haben immer gedroht, fragten immer nach Wertsachen und bedrohten uns mit ihren Waffen. Wir erreichten Auschwitz nach dreitägiger Reise. [...]. Leider war ich so krank nach der Befreiung, dass ich mich nicht an die Ereignisse erinnere, die mir zugestoßen sind, so schwächte sich mein Gedächtnis, aber ich weiß, dass wir schreckliche Dinge durchgemacht haben. In Auschwitz wurden wir gebadet, man nahm unsere Kleidung und stattdessen bekamen wir desinfiziert und geschoren zerlumpte Kleider. Wir haben nicht gearbeitet, wir bekamen schlechtes, ungenießbares Essen und die Behandlung war unsäglich unmenschlich. Nach einem halben Jahr [sic! 4 Monate] in Auschwitz wurde ich schließlich für einen Transport ausgewählt, ich war in einem 65-Personen Waggon, wir aßen gut unterwegs. Nach einer dreitägigen[45] Reise kamen wir in Hainichen an. Hier desinfiziert, bekamen wir neue Kleider und gingen in die Fabrik zum Arbeiten. Dies war eine Munitionsfabrik [sic! Rüstungsfabrik]. Wir arbeiteten Tag- und Nacht-Schichten. Den ganzen Tag war uns nicht erlaubt, uns zu setzen, wer es tat, wurde schwer bestraft. Sie schlugen uns, die Haare wurden abgeschnitten nachdem man bereits schwer geprügelt worden war, darüberhinaus gab es nichts zu essen. Die Unterkunft war sauber. Gewöhnliches Bett und normale Waschgelegenheit. Wir pflegten uns, hatten Seife. In dem Lager waren 500 Frauen.“[46]

Die hygienischen Voraussetzungen scheinen also nicht die schlechtesten gewesen zu sein, die Häftlingsbehandlung und Arbeit aber unmenschlich und hart.

---

[45] Dies ließ sich bislang so nicht bestätigen. Es ist eher von einer zweitägigen Transportdauer vom 6. bis 8. Oktober auszugehen. Dieser Transport könnte aber verteilt auf drei Tage stattgefunden haben, was die Formulierung rechtfertigen könnte, während andere Häftlinge von einem zweitägigen Transport sprechen.

[46] DEGOB-Protokoll 1182 – Übersetzung Pascal Cziborra

I. Lage, Beschaffenheit und Sicherung des Lagers

Über den Aufbau des Lagers an der Frankenberger Straße 9 existieren sehr viele detaillierte Beschreibungen aus den Vernehmungsprotokollen der Ludwigsburger Ermittlungsakten, die grundsätzlich, mit Ausnahme einiger Details, recht gut miteinander übereinstimmen. Zudem hat der ehemalige Lagerkommandant eine Skizze angefertigt, auf deren Basis hier die Gebäudeanordnung und Raumaufteilung des Lagers rekonstruiert werden. Im Wesentlichen können damit die Situationsbeschreibungen zum Lager kurz kommentiert vorgestellt werden, damit der Leser selbst mit den Zeichnungen abgleichen und sich ein Bild von der Erinnerungsqualität machen kann.
Die polnische Jüdin Anny R. gibt 1970 zu Protokoll:

> „Das Lager bestand aus einem viereckigen, rechteckigen Steingebäude, das drei Stockwerke hatte. Jedes Stockwerk war ein einziger großer Saal, in denen wir Häftlinge untergebracht waren. Außerdem gab es noch einige kleinere Räume. Ich schlief im Erdgeschoss, wobei ich dieses als eines der drei Stockwerke ansehe. (Anmerkung: amerikanische Rechnung). Der Eingang zu dem Haus war etwa gegenüber dem Tor im Zaun. Dieser Zaun umschloss das Gelände um das Haus. In der rechten hinteren Ecke war ein Wachturm, auf dem Posten standen. In der Dunkelheit leuchteten Scheinwerfer von dem Turm, die sich drehten. Rechts von dem Tor im Zaun befand sich ein schmales, kleines Gebäude, das die Küche war. Wenn man in das Haus hineinkam, dann befand sich gleich rechts das Zimmer des Oberscharführers. Zur Linken war die Krankenstube. Wenn man geradeaus weiterging, kam man zum Waschraum. Unsere Toilette lag ein Stockwerk höher und wir mussten eine Treppe benutzen, die rechts im Gebäude lag.
> Von dem Lager lag die Fabrik, in der wir arbeiteten, etwa 10 Minuten Fußweg entfernt. Die Fabrik war ebenfalls eingezäunt. Wenn man durch die Zaunpforte trat, erstreckte sich nach rechts hin eine lange Reihe flacher Steingebäude. Sie hatten alle dieselbe Höhe. Ich arbeitete in dem ersten Haus.
> Im Lager Hainichen waren insgesamt vielleicht 500 Häftlinge untergebracht In unserer Etage waren wir 150 Frauen. Wir schliefen in dreigeschossigen Betten. Im Lager waren nur Jüdinnen aus Polen und Ungarn. In der Fabrik waren auch männliche Arbeiter. Sie gehörten den unterschiedlichsten Na-

tionen an. Ich kann mich an Franzosen und Russen erinnern. Ich meine, es seien Kriegsgefangene gewesen. In der Fabrik wurden Metallgegenstände für Kriegsgeräte hergestellt. Wir hatten jeweils eine Woche Tagschicht von 12 Stunden und eine Woche Nachtschicht von 12 Stunden. [...]
Am schlimmsten war der Mangel an ausreichender Nahrung. Von Woche zu Woche gab es weniger und schlechteres Essen. Außerdem gab es kein warmes Wasser. Bis auf einmal durften wir die Duschen nicht benutzen. Außerdem gab es keine Seife und keine warme Kleidung. Im Winter war es sehr kalt, da meist nicht geheizt wurde.“ [47]

Die ungarische Jüdin Eva G. bestätigt:

> „In Hainichen waren etwa zwei Wochen [sic! ca. 5 Wochen] vor uns schon 150 polnische Jüdinnen aus Lodz eingetroffen. Mit meinem Transport kamen etwa 250 [sic! 350] Mädchen aus Ungarn.
> Wir waren in einer Lagerhalle der Fabrik untergebracht. Das Hauptgebäude hatte zwei obere Stockwerke. Im Erdgeschoss lagen die Polinnen, in den beiden oberen Stockwerken waren die Ungarinnen untergebracht. Ich habe von dem Lager eine Skizze gefertigt, die ich zu den Akten gebe. Von der Straße aus kam man zuerst zu einem flachen Gebäude, in dem die Küche untergebracht war. Der Zwischenraum zwischen dem Küchengebäude und dem Hauptgebäude ist in meiner Skizze zu klein gezeichnet. In diesem Zwischenraum mussten wir uns zur Essensausgabe aufstellen. Regelmäßige Zählappelle fanden nicht statt, wie das in Auschwitz geschehen war. Bei dem Ausmarsch zur Arbeit musste man sich aufstellen nach den einzelnen Abteilungen, in denen man arbeitete.
> Ich bin nicht sicher, ob der Waschraum in dem Hauptgebäude selbst lag, oder ob er, wie ich es eingezeichnet habe, außerhalb des Hauptgebäudes lag. Das Lager war mit einem Drahtzaun umgeben. In einer Ecke war ein Wachturm, der Tag und Nacht mit einem Deutschen Soldaten besetzt war. Der Turm war mit Scheinwerfern ausgerüstet. Die Lagerwachen hatten auch Hunde.“ [48]

---

[47] Barch, B 162 / 9070, S. 463f. – VP Anny R.
[48] Barch, B 162 / 9067, S. 121 – VP Eva G.

Da die Skizze der Eva G. nicht sehr aussagekräftig ist und im Detail weit hinter der des Lagerführers zurückbleibt und außerdem die Urheberin auch Erinnerungsunsicherheiten einräumt, wurde hier auf die Wiedergabe dieser Zeichnung verzichtet.
Wie Anny R. scheint sich Eva G. aber auch nur an einen Wachturm zu erinnern. Ähnlich geht es Irene F.:

> „Ich war in einer großen Halle zusammen mit etwa 500 anderen Frauen untergebracht. Diese Halle war mit Stacheldraht umgeben. Von einem Wachturm weiß ich auch noch etwas. Ob es mehrere waren, kann ich nicht mehr mit Sicherheit sagen.“ [49]

Judith F. kann aber die Existenz von zwei Wachtürmen bestätigen:

> „Wir wurden in einem Gebäude, das mehrere Stockwerke hatte, in der höchsten Etage untergebracht. Das Gebäude des Lagers stand isoliert, doch unweit der Ortschaft, es war drahtumzäunt mit zwei Wachtürmen.“ [50]

Es dürfte also, wie auch der ehemalige Lagerkommandant Wilhelm Loh äußert, zwei Wachtürme gegeben haben, die sich bei dem rechteckig eingezäunten Lagerbereich diagonal gegenüber lagen. Er erinnert:

> „Das Lager Hainichen war in einem massiven Fabrikgebäude eingerichtet. Das Gebäude bestand aus zwei Stockwerken mit ausgebautem Dachgeschoß. Das Gebäude lag in der Stadt Hainichen, direkt an der Straße. Dem Gebäude vorgestellt lag die Küchenbaracke. Das Gebäude war nach allen Seiten von einem ca. 5 m breiten Hof umgeben, der mit Stacheldraht eingezäunt war. Es handelte sich um einen einfachen Stacheldrahtzaun, der an Holzpfosten befestigt u. ca. 2 m hoch war. Elektrische Drähte oder Leitungen waren nicht vorhanden. Auf der Rück- und auf der Vorderseite war je ein provisorischer Wachturm aufgestellt, der Tag und Nacht von einem Posten besetzt war. Weitere Gebäude waren auf dem Fabrikgelände nicht vorhanden.“ [51]

---

[49] Barch, B 162 / 9068, S. 147 – VP Irene F.
[50] Barch, B 162 / 9067, S. 80 – VP Judith F.
[51] Barch, B 162 / 9068, S. 133 – VP ehemaliger Lagerführer Wilhelm Loh

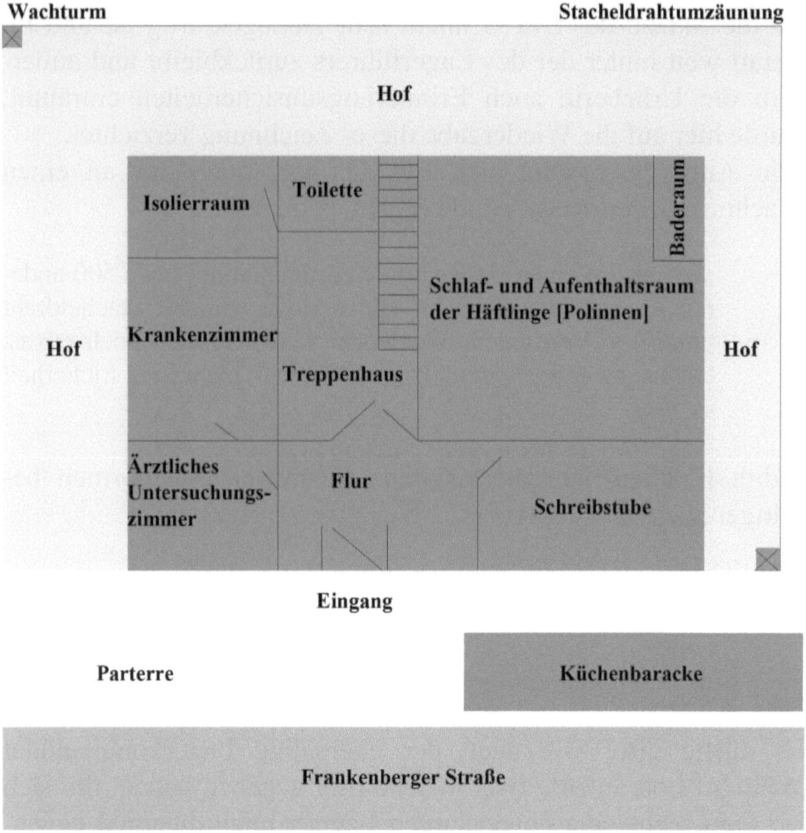

P2: Erdgeschoss - Lagerskizze Wilhelm Lohs
Etwa maßstabsgetreue Reproduktion Cziborras

Obwohl Wilhelm Loh das nicht einzeichnet, ist davon auszugehen, dass der umzäunte Lagerbereich auch die Küchenbaracke mit einschloss, da sich die Häftlinge zur Essensausgabe zwischen beiden Gebäuden aufstellten. Auch das Ausmaß der Fabrik (vgl. F1) und damit die Formate der genutzten Räumlichkeiten dürften deutlich länglicher gewesen sein. Möglicherweise gab es auch einen zweiten, nicht eingezeichneten Treppenaufgang (Vgl. Aussage Rosalia I. s.u.).

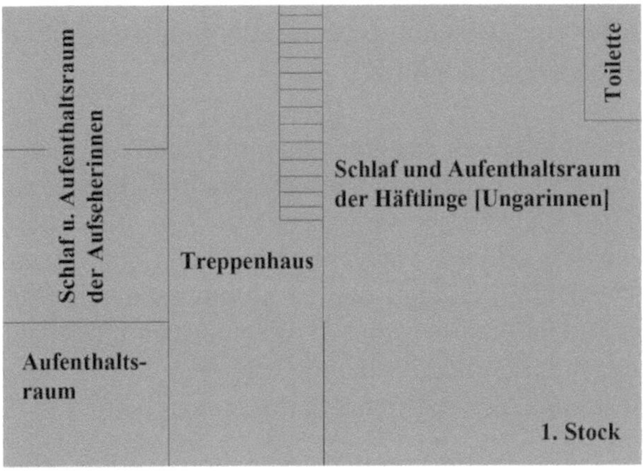

P3: 1. Stock - Lagerskizze Wilhelm Lohs
Etwa maßstabsgetreue Reproduktion Cziborras

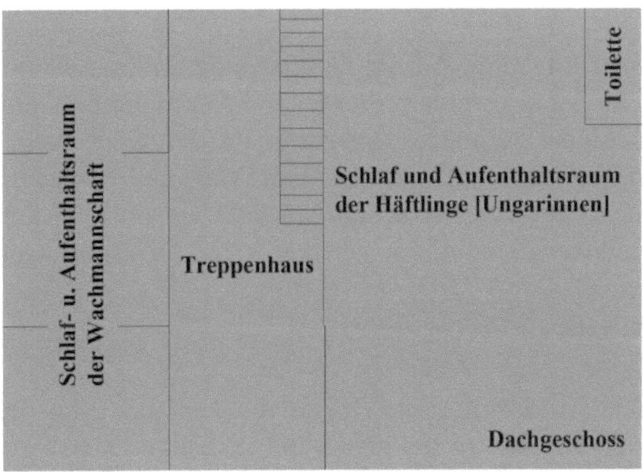

P4: Dachgeschoss - Lagerskizze Wilhelm Lohs
Etwa maßstabsgetreue Reproduktion Cziborras

Zur möglichen elektrischen Ladung des Stacheldrahts äußert die ehemalige Lagerärztin Rita K.:

> „Soweit ich mich entsinnen kann, bestand das Lager nicht aus mehreren Baracken sondern aus einem Gebäude, welches mit einem Stacheldraht umgeben war. Ob dieser Stacheldraht elektrisch geladen war vermag ich nicht anzugeben. Man hat uns jedenfalls gesagt, daß es so gewesen sei. Das Gebäude war zudem von vier [sic! 2] Wachtürmen umgeben. Über die Lage der Fabrikationshallen kann ich nichts sagen, da ich selbst [als Lagerärztin] nie dort gewesen bin.“ [52]

Die angegebene Zahl von vier Wachtürmen lässt sich so jedenfalls nicht bestätigen. Beim Ein- und Ausmarsch am Lagertor war für die Häftlinge offenbar nur ein Wachturm zu sehen. Aber auch Celina Z. geht fälschlicherweise von vier Wachtürmen aus. Sie lässt protokollieren:

> „Über Lage und Anzahl der Gebäude im Lager kann ich mich nicht genau erinnern. Ich war im Erdgeschoß eines mehrstöckigen Steinbaues untergebracht. Ich weiß noch, daß auch ein Bau ‚Küche‘ und ein Bau ‚Magazin‘ vorhanden waren. Das Lager war verm. mit Stacheldraht umzäunt und hatte 4 Wachtürme. Fabrikationshallen waren nicht im Lager.“ [53]

Sidonia K. gibt zu Protokoll:

> „Wir wurden in einem massiven Gebäude von drei Etagen untergebracht. In der ersten Etage [Erdgeschoss] wohnten die schon dort vorgefundenen polnischen Jüdinnen, wir bezogen die oberen zwei Etagen. Auf jeder Etage war eine Riesenhalle mit Toiletten, in der untersten Etage war auch ein Waschraum. Das Haus stand unweit mehrerer Häuser der Ortschaft, die Küche befand sich in einem selbststehenden Hause gegenüber der Behausung. Das Essen wurde im Hofe unseres Wohnhauses verteilt. Wir blieben in Hainichen bis etwa dem 19. April 1945 [sic! 14. April]. Das Wohnhaus war mit einem Drahtgeflecht umzäunt, es war dort auch ein Wachturm. Das Eingangstor war immer geschlossen, nur beim Ausmarsch zur

---

[52] Barch, B 162 / 9068, S. 240 – VP Rita K.

[53] Barch, B 162 / 9068, S. 151 – VP Celina Z.

> Arbeit und bei der Rückkehr von dort wurde das Tor geöffnet. Im Wachturme hatten sich Posten, die ich für Wehrmachtsangehörige hielt, abgelöst.“ [54]

Die Wachmannschaft bestand aber bis auf Kommandant Loh und seinem deutschen Vertreter aus fünf zur SS eingezogenen volksdeutschen Rumänen und vier Ukrainern. Seren B. erinnert:

> „Das Lager Hainichen bestand aus einem zwei- oder dreistöckigen festen Gebäude, das früher einmal ein Fabrikgebäude gewesen sein mag. Im Hof des Gebäudes befand sich eine Baracke, in der die Küche untergebracht war. Um das Gebäude und diesen Hof herum war Stacheldrahtzaun, der von etwa 5-6 SS-Männern bewacht wurde. Diese SS-Männer waren nach meiner Erinnerung nicht Deutsche, es mögen Ungarn, Rumänen oder ähnliche Männer gewesen sein. Das Gebäude bestand nach meiner Erinnerung nur aus zwei oder drei großen Sälen, in denen wir Häftlinge dann untergebracht wurden. Als wir Hainichen erreichten, waren in diesem Gebäude bereits polnische jüdische Häftlinge. Mit uns zusammen mögen es dann etwa 700 – 800 [sic! 500] Häftlinge gewesen sein. Wir waren nur weibliche und nur jüdische Häftlinge. Polen, Tschechen und Ungarn waren die stärksten Nationalitätengruppen.“ [55]

Dabei ist Seren B. nicht die einzige, die die Häftlingsbelegschaft des Lagers Hainichen zahlenmäßig stark überschätzt. Im Vernehmungsprotokoll der Magda S. heißt es:

> „Soweit ich mich erinnere, bestand das Lager Hainichen aus einem großen Gebäude mit zwei Stockwerken, wo alle Frauen untergebracht waren. Auch die SS war im selben Gebäude untergebracht. Parallel zu diesem Gebäude stand ein kleineres ebenerdiges Gebäude, in dem sich die Küche und die Vorratskammer befanden. Die Entfernung zwischen beiden Gebäuden betrug vielleicht 4 – 5 Meter. In der Nähe des Küchengebäudes, etwa 5- 6 Meter von diesem entfernt, befand sich ein Wachturm. Um das Ganze war ein Zaun gezogen. Ich kann mich nicht erinnern, was für ein Zaun das war.

---

[54] Barch, B 162 / 9069, S. 294 – VP Sidonia K.
[55] Barch, B 162 / 9068, S. 203 – VP Seren B.

> Die Fabrikationsgebäude waren außerhalb des Lagers. Der Fußmarsch nach dort nahm 10 – 15 Minuten in Anspruch.
> Im Lager befanden sich ungefähr 750 [sic! 350] ungarische Frauen und 250 – 300 [sic! 150] polnische Frauen.“ [56]

Die tatsächliche Lagerstärke wird damit retrospektiv verdoppelt. Über den Nutzungszweck der Fabrik, bevor die jüdischen Zwangsarbeiterinnen einzogen, liegen auch einzelne Aussagen vor, deren Richtigkeit sich in einigen Fällen bestätigen ließ. So gab Luba B. zu Protokoll:

> „Das Lager Hainichen bestand aus einem zweistöckigen Gebäude, in dem wir Häftlinge untergebracht waren. Vorher haben dort Arbeiter [wohl Zwangsarbeiter oder schlesische Umsiedler] der Framo-Werke, in denen auch wir arbeiteten, gewohnt. Das Lagergelände war mit einem Stacheldrahtzaun umgeben, an den Ecken befanden sich Wachtürme.“ [57]

Bevor die ehemalige Nadelfabrik als Häftlingsunterkunft und KZ-Lager genutzt wurde, befand sich in den Räumlichkeiten ein Umsiedlungslager (73 b).
Die ehemalige SS-Aufseherin Loni D. gibt 1970 zu Protokoll:

> „Das Lager Hainichen war kein Barackenlager. Es waren Massivbauten, in denen sich vorher eine Nadelfabrik befand. Eine Umzäunung war nach meiner Erinnerung nicht vorhanden. Es kann sein, daß vielleicht doch ein Zaun da war, aber ich erinnere mich nicht mehr daran. Wachtürme waren keine vorhanden, das weiß ich ganz genau.[58] Die Framowerke lagen etwa 5 Minuten Fußmarsch vom Lager entfernt.“ [59]

Die Gebäude der leerstehenden Nadelfabrik waren von den Framo-Werken gepachtet worden. Die Räumlichkeiten waren möglicherweise wegen mangelnder Kriegswichtigkeit geplanter Produktion durch den Investor an den Rüstungsbetrieb Framo für die Dauer des Krieges überlassen worden. Ein solches Vorgehen z.B. gegenüber Textil- oder Zigarettenfabriken war

---

[56] Barch, B 162 / 9068, S. 255 – VP Magda S.
[57] Barch, B 162 / 9069, S. 393 – VP Luba B.
[58] Diese Aussage ist wohl ähnlich wie die Passage zur Lagerumzäunung eine Selbstschutzbehauptung der ehemaligen Hainichener Aufseherin.
[59] Barch, B 162 / 9069, S. 332 – VP der ehemaligen Aufseherin Loni D.

nach der Verkündung des „totalen Krieges“ weit verbreitet. Die metallverarbeitende Industrie hatte äußerste Priorität. Nicht benötigte Maschinenparks unwichtiger Industrien wurden eingelagert und die Immobilien kriegswichtigen Betrieben vermittelt.[60] Die Jüdin Rosalia I. liefert eine weitere vorhergehende Nutzung der Fabrikräumlichkeiten. Laut ihrer Aussage sei dort vorher Hitlerjugend ausgebildet worden. Dies ließ sich bislang weder dementieren noch bestätigen. Bei Anmietung der Räumlichkeiten durch Framo sollte das Gebäude wohl zu Ausbildungszwecken oder als Lehrlingsheim genutzt werden. Dieser Plan wurde aber wohl verworfen. Grundsätzlich schließen sich alle Nutzungen zu unterschiedlichen Zeitpunkten aber auch nicht gegenseitig aus. Rosalia I. lässt protokollieren:

> „In Hainichen wurden wir in einem 3 Etagen hohen Gebäude untergebracht, in dem angeblich vorher H.J. [Hitlerjugend] ausgebildet worden ist. Die vorgefundenen Häftlingsfrauen bewohnten das Parterre und einen Teil der ersten Etage. Im Hofe des Lagers stand eine längliche Baracke, in der Küche und die Vorratskammer waren. Das Lagerobjekt war mit einem Drahtdoppelzaun umgeben, es gab dort zwei Wachtürme. […] Im Hause waren zwei Treppen, wir durften nur die ein[e] benutzen, die andere war nur für die Deutschen. Im Parterre – bei der uns untersagten Treppe befand sich die Ordination und zwei Revierzimmer.“[61]

Es war also auch ein Krankenrevier vorhanden, das sich im Erdgeschoss befand. Dies wird auch von Piri D. bestätigt:

> „Wir wohnten alle in einem 2 etagenhohen Gebäude mit Dachzimmern. Die dort vor uns wohnende[n] Polinnen bezogen das Parterre, wir wohnten auf der oberen Etage. Das Krankenrevier bestand von zwei Räumen, in einem von ihnen waren Betten. Im Revier betreute die Kranken eine Häftlingsfrau, ich weiß nicht, ob sie Ärztin oder Pflegerin war, ihren Namen bin ich nicht in der Lage anzuführen. Das Lagergebäude war mit einem Drahtzaun umfriedet, es waren dort auch zwei Wachtürme. Die SS-Mannschaften waren Deutsche, Ukrainer und rumänische Deutsche, einer von ihnen sprach

[60] Vgl. Pascal Cziborra. KZ Wilischthal & KZ Dresden Striesen

[61] Barch, B 162 / 9069, S. 323f. – VP Rosalia I.

> auch ungarisch. Der Lagerführer war ein hochgewachsener, magerer, etwa über 40 Jahre alter SS-Oberscharführer.“[62]

Die Äußerungen zur Wachmannschaft sind überwiegend korrekt, wenngleich die Altersangaben zum 52jährigen Lagerführer Wilhelm Loh insgesamt zwischen 40 und 65 Jahren schwanken. Die durch Piri D. angegebenen Nationalitäten der Wachmannschaft lassen sich durch eine Bewaffnungsaufstellung für die Kommandantur Flossenbürg vom 28. November 1944 dokumentarisch bestätigen. Die Wachmänner sind namentlich bekannt. Bei Chana S. heißt es zur Sicherung und Bewachung des Lagers recht detailliert:

> „Unser Lager befand sich in einem einsamen dreietage[n] hohen Hause, das drahtumzäunt gewesen war. Ich weiß nicht mehr mit Sicherheit ob dort Wachtürme waren. Das Gebäude diente ausschließlich zu Wohnräumen; Außer Häftlingsfrauen waren im Parter[re] auch SS-Angehörige unter[ge]bracht. Unter den SS-Männern waren Ukrainer, die nur Wache hielten, diese waren schwarz-gekleidet, einer war aus Breszow von Transylvanien [sic!], noch einer – ein etwa 40 jähriger, hochgewachsener sprach ebenfalls ungarisch. Die Gesamtzahl betrug etwa 8 Mann mit dem Oberscharführer und Unterscharführer. Der Oberscharführer war ein etwa 60 jähriger, mittelgroßer, gediegener Mann, ich kann nichts zu seiner Last anführen. Der Unterscharführer [sic! SS-Rottenführer Heinrich Michel] – ein etwa 35-40 jähriger, energischer, schwarzhaariger, mittelgroßer Mann. Die Mannschaften hielten Wachen und beteiligten sich an der Begleitung zur und von der Arbeit, die sonst weibliche SS-Angehörige versahen. Namen sind mir leider nicht bekannt. Die Zahl der Aufseherinnen war ungefähr die gleiche, wie der SS-Mannschaften. Sie blieben die ganze Schicht mit uns auf der Arbeitsstelle. Auf Spitze der Aufseherinnen stand eine Oberaufseherin, höchstens 30 Jahre alt, hochgewachsen, schwarzhaarig, durchdringende schwarze Augen, die ihr den Spitznamen „Fekete Bagoly“ (schwarzer Uhu) zeitigte. Sie war grausam, ergötzte sich in Strafen für winzige Vergehen, z.B. für Austreten ins WC außer vorgeschriebener Zeit. Sie hatte in einigen Fällen auch blutig geschlagen;“[63]

---

[62] Barch, B 162 / 9069, S. 376 – VP Piri D.

[63] Barch, B 162 / 9067, S. 65f – VP Chana S.

Dem SS-Oberscharführer Wilhelm Loh unterstand eine 10-köpfige Wachmannschaft. Die etwa 24 SS-Aufseherinnen unterstanden der Oberaufseherin Gertrud Becker, die allerdings erst ungefähr drei Wochen nach Lagereröffnung in Hainichen von ihrer Ausbildung im Frauen-KZ-Ravensbrück eintraf. Sie wurde möglicherweise als Oberscharführerin[64] angesprochen. Einige Häftlinge suggerieren dies jedenfalls.
Die Häftlingsschätzungen zur Anzahl der Wachmannschaft fallen meist zu gering aus, da sie oft auch nur mit einer begrenzten Anzahl an Personen während ihrer Schicht und in ihren Arbeitsabteilungen in Kontakt kamen. Zipora P. erinnert:

> „Unser Lagergebäude stand einsam – in der Ortschaft – Namen der Straße bin ich nicht in der Lage zu bezeichnen. Das Haus war mit Stacheldraht umzäunt, ich glaube der Zaun war nicht stromgeladen. Ich erinnere mich an 3 [sic! 2] Wachtürme. Auch das SS-Personal – beider Geschlechter – wohnte im selben Hause. Ich glaube, die Zahl der Aufseherinnen belief sich auf etwa 10 Personen. Die männlichen SS-Angehörigen zählten etwa 10 Mann.“[65]

Über die Unterbringung des SS-Personals gehen die Aussagen auseinander. Aufenthaltsräume für das SS-Personal hat es auf jeden Fall gegeben. Die Aufseherinnen scheinen mindestens zum Teil aber auch Heimschläferinnen gewesen zu sein und nach ihrer Arbeit zu sich nach Hause in den Ort zurückgekehrt zu sein. So berichtet der ehemalige Häftling Stefanie G.:

> „In Hainichen wohnten wir in einem großen Haus, das oben und unten mindestens einen Raum hatte. Wir lebten in dem oberen Stockwerk. Unten war unter anderem die Küche. Es war kein Lager mit Baracken. Das Gebäude machte den Eindruck eines Fabrikgebäudes. [...] Das Lager war mit Stacheldraht umgeben. In den Wachtürmen um das Lager waren Soldaten postiert. Ich erinner mich, daß einer der Soldaten ungarisch sprach. Er muss ein Schwabe gewesen sein. Diese Männer trugen grüne, grüngraue Uniformen. Einige von ihnen trugen auch schwarze Uniformen [wahrscheinlich die Ukrainer].

---

[64] Vielleicht wurde aber in der Erinnerung oder Aussage auch nur Oberscharführer und Oberaufseherin begrifflich miteinander verschmolzen.
[65] Barch, B 162 / 9069, S. 291 – VP Zipora P.

In einem Raum in unserem Lager waren vier oder fünf von diesen Soldaten untergebracht.
Es gab eine Menge Aufseherinnen. Eine genaue Zahl kann ich nicht angeben. Sie wechselten sich ab. Sie lebten nicht bei uns, sondern in der Stadt. Das haben die Mädchen erzählt, die in der Küche arbeiteten.
Lagerführer war ein älterer Mann, er war vielleicht 60 Jahre alt. Er war groß und sah gut aus. Im Verhältnis zu den anderen war er nicht schlecht. Der mir vorgehaltene Name Loh sagt mir nichts. Dieser Lagerführer hat uns bis an das Tor von Theresienstadt begleitet.
Namen von Aufseherinnen kann ich nicht angeben. An ein Gesicht erinnere ich mich aber deutlich. Diese Frau hatte dunkle Haare, die klein gekraust waren. Ihre Figur entsprach der amerikanischen Kleidergröße 16. (Vermerk: Dies dürfte der deutschen Kleidergröße 44 oder 46 entsprechen). Sie war sehr stark gebaut, sie sah schwer aus. Sie war 30 bis 40 Jahre alt. Ich kann mich nicht mehr genau erinnern, ob sie Oberscharführer oder so ähnlich genannt wurde. War das eine Person! Wir hatten Angst vor ihr. In ihrer Gegenwart konnte man zu niemandem sprechen. Sie passte auch in der Fabrik auf uns auf. Sie schlug oft die Häftlinge. Alle[66] Aufseherinnen schlugen, aber sie tat es besonders häufig. Ich erinnere mich, daß sie einmal ein Mädchen schlug, das beim Morgenappell ohnmächtig geworden war.
Wenn mir der Name Gertrud Becker geb. Stark vorgehalten wird, so ist mir der Name Gertrud bekannt. Ich glaube, das war die Aufseherin, von der ich eben gesprochen habe.
Auf Vorhalt der Namen Hilde Lippmann, Hilde Bielich, Hilde Ihle und Lotte: Die Namen Hilde und Lotte kommen mir bekannt vor. Ich kann mit diesem Namen aber keine bestimmte Person verbinden.“ [67]

Die Jüdin Elsa Ester B. berichtet allerdings auch über „Wohnräume“ für die Aufseherinnen innerhalb des Gebäudes bei den Häftlingsunterkünften:

„Wir wurden in einem festen Gebäude untergebracht, das Haus war zwei Etagen hoch. Die Polinnen, die wir dort vorfanden, wohnten in der zweiten Etage. Im Parterre war der

[66] Diese Pauschal-Anschuldigung ist sicherlich nicht richtig.
[67] Barch, B 162 / 9067, S. 117f. – VP Stefanie G.

Waschraum, Wohnräume für Häftlingsfrauen und auch für Aufseherinnen. Im Hof stand noch ein kleineres Gebäude, in dem die Küche und Vorratskammer situiert waren. Befragt über Umzäunung und Wachtürme, kann ich mich solchen nicht erinnern. Zur Arbeit und von der Arbeit passierten wir ein Eingangstor, bei dem SS-Mannschaften Wache hielten. Das Lagerobjekt lag nahe zur Ortschaft. Der Weg zur Arbeit dauerte etwa 20 Minuten. Wir wurden von männlichen und weiblichen SS-Angehörigen begleitet. Während der Arbeitsschicht waren die SS-Aufseherinnen mit uns in den Hallen. Die Aufseherinnen hatten uns auch zum Notdurftverrichten, das wir kollektiv machen mussten und nur zu bestimmten Zeiten, begleitet. Wie die Fabrik hieß in der wir arbeiteten, weiß ich nicht mehr. Wir erzeugten dort Geschütze.
In der Fabrik kamen wir auch mit tschechischen Zwangsarbeitern zusammen, dies weiß ich positiv, denn es gab unter uns Häftlingsfrauen aus der Tschechoslowakei, die mit den Tschechen sprachen. An weitere Zwangsarbeiter erinnere ich mich nicht.“ [68]

In den Framo-Werken waren also, wie in nahezu allen größeren Rüstungsbetrieben in der zweiten Kriegshälfte üblich, auch Zwangsarbeiter beschäftigt, außerdem wohl auch ausländische Zivilarbeiter und Kriegsgefangene. So berichtet Arabela H.:

„In Hainichen wurden wir, von Birkenau angekommenen jüdischen Frauen, die wir sämtlich von ungarischen Sprachgebiete abstammten – in einem hohen Gebäude untergebracht. In diesem Hause fanden wir schon Häftlingsfrauen von Polen an [sic! vor]. Meines Erachtens zählten wir zusammen etwa 200 [sic! 500] Personen. Neben dem Wohnhause stand noch ein kleines Gebäude, in dem die Küche war und mir dünkt, es stand neben der Küche noch ein Häuschen, die Vorratskammer, doch in diesem Punkte bin ich meiner nicht mehr völlig sicher. Das Lagerobjekt war mit einem Drahtzaun umfriedet. Das Lager befand sich am Ende der Ortschaft. Zur Arbeit wurden wir begleitet – die Entfernung zur Fabrik konnte etwa 1 Km. sein. Die Fabrik gehörte zu den FRAMO-Werken, wir erzeugten dort Geschütze. Ich habe die Geschütze am Fabrikhofe geschoben. In der Fabrik arbeiteten außer uns Franzosen und Russen – ich glaube es waren Kriegsgefangene.

[68] Barch, B 162 / 9069, S. 321 – VP Elsa Ester B.

In der Lagerumzäunung war ein Wachturm. Einer der SS-Wachmannschaften stammte aus Arad – in Rumänien."[69]

Laut Kretschmann waren die Franzosen im UfA-Palast (Mühlweg 1) und die russischen Kriegsgefangenen im Saal des Ballhauses „Deutscher Krug" (am Stadtpark), im Gasthaus „Blauer Stein" (Höhe Frankenberger Str. 29) und in der Hainichener Ziegelei (Frankenberger Str. 60) untergebracht.[70] Die Jüdinnen aus dem KZ-Lager hatten damit den kürzesten Anmarsch.
Die Entfernung von etwa einem Kilometer zwischen Häftlingsunterkunft und Arbeitsstelle klingt insgesamt recht plausibel und passt zu den Angaben von etwa 10-15 Minuten Fußmarsch. Einige geschwächte Häftlinge sprechen auch von 20 oder 30 Minuten Fußmarsch die ehemalige Aufseherin Loni B. [s.o.] nur von 5 Minuten. Sonja P. nennt eine Entfernung von 2 km, Zipora P. spricht von 3 km. Tatsächlich waren es nur 800m Fußweg von der Unterkunft zum Haupteingang der Fabrik in der Gottlob-Keller-Straße 2, zum Nebeneingang Gabelsberger Straße sogar nur etwa 600m. Da die Frauen in unterschiedlichen Abteilungen arbeiteten sind Variationen (in-/exklusive Appell) erklärbar. Sonja P. u. Zipora P. überschätzen aber die Entfernung.

II. Funktionshäftlinge

Um die Lagerordnung aufrecht zu erhalten, gab es verschiedene Ämter und Funktionen, in die Häftlinge durch die Lagerverantwortlichen eingesetzt werden konnten. Da diese Häftlinge den Funktionsapparat der Vernichtungsmaschinerie damit, wenn auch in der Regel unfreiwillig unterstützten, mussten sich etliche solcher Funktionshäftlinge und sogenannter „Kapos" nach dem Krieg auch vor Gerichten verantworten. In den Außenlagern der Rüstungsindustrie war die Vorteilsnahme der Funktionshäftlinge durch eine Besserstellung bezüglich der Haftbedingungen aber meist weniger stark ausgeprägt als in den Stammlagern und es wurden gegenüber Mithäftlingen weniger Verbrechen ausgeübt. Oftmals versuchten sich Lager- und Blockälteste, Lagerärzte

[69] Barch, B 162 / 9069, S. 356 – VP Arabela H.
[70] Kretschmann. Hainichen. S.82

und Küchenpersonal sogar für bessere Haftbedingungen einzusetzen und entwickelten hilfreiche Beziehungen zu den Deutschen, die unterm Strich der gesamten Lagerbelegschaft zu Gute kamen. Auch in Hainichen waren jüdische Häftlingsfrauen für verschiedene Lagerbereiche verantwortlich und hatten beim Appell Meldung zu erstatten. Dabei soll für jede Etage der Häftlingsunterkunft wohl mindestens eine Jüdin verantwortlich gewesen sein, von denen wohl wiederum eine als Lagerälteste, also als Hauptverantwortliche, anzusehen ist. So berichtet die polnische Jüdin Chana R.:

> „Die Lagerälteste, doch diese Benennung war im Lager nicht bekannt, war eine der polnischen Mädchen, ich glaube Sonja beim Vornamen. Sie ordnete vor dem Appell die Reihen.“ [71]

Anny R., ebenfalls aus dem Ghetto Lodz, bestätigt 1970:

> „Die Polin SONJA ist mir erinnerlich. Sie war Lagerälteste und eine gute Frau. Allerdings kannte ich sie nicht näher, da sie in einem anderen Stock war.“ [72]

Sie dürfte daher wohl in ihrer Funktion auf einer der ungarischen Etagen untergebracht gewesen sein.
Stefanie G. aus Satu Mare berichtet:

> „In dem Lager gab es eine Reihe von Funktionshäftlingen. Namen kann ich nicht angeben. Wenn mir der Name Sonja vorgehalten wird, so fällt mir ein, daß sie ein polnisches Mädchen war. Ich glaube, sie war die Lagerälteste.“ [73]

Die Ungarin Zlata Lenke B. will sogar eine Benachteiligung bei der Essensausgabe durch die Polin beobachtet haben:

> „Befragt auf Funktionshäftlinge, weiß ich keine Namen [zu] nennen, ich weiß nur, dass alle Funktionen die Frauen von Polen bekleideten, mit denen wir schon mangels gemeinsamer Sprache keinen Kontakt aufrechthielten. Wir wurden beim Essenverteilen benachteiligt.“ [74]

---

[71] Barch, B 162 / 9067, S. 62f. – VP Chana R.
[72] Barch, B 162 / 9070, S. 465 – VP Anny R.
[73] Barch, B 162 / 9067, S. 118 – VP Stefanie G.
[74] Barch, B 162 / 9067, S. 79 – VP Zlata Lenke B.

Handfest belegen lassen sich solche individuellen Vorwürfe natürlich nicht. Da in den Vernehmungsprotokollen und anderen analysierten Quellen sonst keine derartigen Anschuldigungen auftauchen, dürften in Hainichen derartige Ungerechtigkeiten selten oder gar nicht vorgekommen sein.

Die Polin Sonja war also wohl mindestens eine der Saalführerinnen. Ihre Identität konnte durch die Ludwigsburger Ermittlungen nicht festgestellt werden. Es wurden aber mehrere ehemalige Häftlinge aus Lodz mit dem Vornamen Sonja befragt. Aus ihren Vernehmungsprotokollen geht ein Einsatz als Lagerälteste oder Saalführerin bzw. Stubenälteste aber nicht hervor. Sonia Berenstein[75] und Sonia Gellerstein[76] können damit wahrscheinlich ausgeschlossen werden und es dürfte sich um Sonia Ferst[77] aus Opoczno handeln.

Die in Lodz geborene Irene F. lässt 1970 protokollieren:

> „An eine Lagerälteste Sonja erinnere ich mich nicht mehr. Soviel ich weiß, gab es keine Lagerälteste, sondern sogenannte Saalführerinnen. Meine hieß Hana Kantorowicz. Sie war Polin, damals etwa 20 bis 25 Jahre alt. Ich kann mich an keine Besonderheiten von ihr erinnern. Sie hat sich anständig benommen."[78]

Insgesamt müsste es mindestens sechs solcher Saalführerinnen, Stubenältesten oder Einweiserinnen gegeben haben. Für jede Schicht und Häftlingsunterkunft mindestens eine.

Celina Z. nennt Hanna Kantorowicz ebenfalls als Stubenälteste, eine Sonja Först, die im Lager als Schusterin gearbeitet hat und Theresa Weintraub, die im Lager als Putzfrau beschäftigt war. Eine Lagerälteste mit dem Vornamen Sonja ist ihr nicht bekannt.[79] Ob die Lagerschusterin Sonja Först mit der Lagerältesten gleichzusetzen ist, ist fraglich. Eine Theresa Weintraub lässt sich in den Lagerbüchern so nicht nachweisen.

---

[75] FloNo.: 53276

[76] FloNo.: 53302

[77] Barch, B 162 / 9070, S. 465 – VP Anny R.

[78] Barch, B 162 / 9068, S. 148 – VP Irene F.

[79] Vgl. Barch, B 162 / 9068, S. 151f. – VP Celina Z.

Einen weiteren Vornamen bezüglich einer Saalführerin oder gar der Lagerältesten bringt die in Satu Mare geborene Eva G. ins Spiel. Sie lässt 1969 protokollieren:

> „Es gab nicht so wie in Auschwitz Funktionshäftlinge. Ein polnisches Mädchen war eine Art Lagerführerin. Sie hatte eine Pfeife und half beim Aufstellen der Häftlinge zur Essensausgabe und zum Marsch zur Fabrik. Ihr Name war Itka. Der mir vorgehaltene Name Sonja sagt mir in diesem Zusammenhang nichts. Sie hatte wenig Macht und Vorteile von dieser Stelle. Vielleicht hatte sie etwas besseres Essen und weniger Arbeit. Es ging das Gerücht, dass sie diese Stellung bekommen hatte, weil sie die Lagerführerin mit Schmuck bestochen hatte, den sie von Lodz mitgebracht hatte.
> Es gab keinen Schreibdienst in Hainichen. Von uns wurde keine Namensliste geführt. Wir wurden nie nach unseren Namen gefragt. Wir wurden nur unter unseren Nummern geführt.“ [80]

Die abschließende Aussage der Eva G. lässt sich allerdings mit den Häftlingsregistern des KZ Flossenbürg widerlegen. Als Minimum muss eine namentliche Auschwitzer Transportliste existiert haben, die in die Flossenbürger Nummernbücher handschriftlich übertragen wurde. In der Regel scheinen aber entsprechende Häftlingslisten in den Flossenbürger Außenlagern erstellt worden zu sein, die dann durch Lagerschreiber der Verwaltung des Stammlagers abgeschrieben wurden. Anhand dieser Register wurden dann Häftlingsnummern zum Aufnähen auf die Kleidung in die Außenkommandos geschickt. Starb ein Häftling oder wurde er in ein anderes Lager überstellt, wurde Meldung an das Stammlager Flossenbürg erstattet, wo die Zu- und Abgänge in den Häftlingsbüchern vermerkt wurden. Zwar ist richtig, dass es in Hainichen damit keine eigene Stelle als Lagerschreiberin gab, es ist aber davon auszugehen, dass Eva G. die namentliche Erfassung in Hainichen, mindestens aber in Auschwitz bei der Selektion für den Transport einfach verdrängt und vergessen hat. Die Identitäten der Häftlinge waren durchaus bekannt und die Flossenbürger Lagerbücher sind überliefert.
Zipora P. aus dem zweiten Häftlingstransport nach Hainichen gibt zu Protokoll:

---

[80] Barch, B 162 / 9067, S. 123f. – VP Eva G.

„Ich weiß nicht wer Lagerälteste gewesen war, auch erinnere ich mich nicht, dass solche Funktion dort wer bekleidet hätte. Für die Stuben war je eine Einweiserin verantwortlich. In meiner Stube bekleidete diese Funktion eine Frau aus Polen namens Chawa oder Chaja. Wenn mir der Name Sonja vorgehalten wird, so kommt mir vor, dass sie auch eine Einweiserin gewesen war. Alle Funktionshäftlinge wurden aus den Polinnen, die vor uns im Lager waren, gewählt. Auch die Lagerärztin, RITA, war in Hainichen schon vor unserer Ankunft.“[81]

Auch hier ist die letzte Aussage nicht korrekt, denn die Hainichener Lagerärztin Dr. Rita Smrcka aus Wien wurde erst im Oktober 1944 von Theresienstadt nach Auschwitz deportiert. Sie gehörte also demselben Transport wie Zipora P. an. Es ist daher wahrscheinlich, dass diese die Ärztin Dr. Lewin aus dem 1. Transport meinte. Sara S. nennt zudem den Vornamen Marysza, der auf eine zweite Ärztin oder Häftlingspflegerin des polnischen Gründungstransportes verweisen könnte. Es heißt:

„Funktionshäftlinge waren Polinnen. Erinnerlich sind mir Marysza – sollte Ärztefrau gewesen sein und Sonja; Die täglichen Einkäufe von Lebensmitteln für die SS-Küche brachten mit einem Karren 5 Häftlingsfrauen von Polen. Die Aufseherin Rosa [Kaphammel] – eine kleine, gutmütige begleitete sie. Im Krankenrevier bekleidete die Arztesfunktion eine Häftlingsfrau, die von Deutschland oder von Polen stammte. Ihr Name ist mir nicht bekannt. Im Krankenzimmer in der Fabrik arbeitete auch eine Leidensgefährtin, deren Name mir schon entfiel. In den Framo-Werken erzeugten wir kleine Geschütze und Maschinengewehre. In Hainichen wurde keine von uns erschossen oder aufgehängt. Die Verpflegung war sehr unzulänglich.“[82]

Bei der aus Deutschland und Polen stammenden Ärztin dürfte es sich um die in Königsberg geborene Dr. Alice Lewin, geborene Belgard handeln, die in den Häftlingsbüchern als Elisa Lewin geführt wird. Sie hatte vor dem Krieg in Berlin und Köln gelebt und war dann 1941 mit ihrem Mann Dr. Herbert Lewin von Köln in das Ghetto Lodz deportiert worden. Möglicherweise

[81] Barch, B 162 / 9069, S. 292 – VP Zipora P.
[82] Barch, B 162 / 9069, S. 383 – VP Sara S.

verweist also der 1970 erinnerte Name Marysza einer Ärztefrau bereits ebenfalls auf Lewin oder eine polnische Pflegerin.
Der ehemalige Lagerführer Wilhelm Loh gibt 1969 über die Funktionshäftlinge zu Protokoll:

> „Von den Häftlingen kann ich mich noch sehr gut an die im Lager als Ärztin tätig gewesene Frau Dr. Smrzeck [sic! Smrcka] erinnern. Diese Frau sagte in dem damaligen Prozeß vor dem US-Militärgericht zu meinen Gunsten aus. Nein, es war nicht während des Prozesses sondern danach bei der Überprüfung des Urteils. Ich ließ die Frau durch einen Rechtsanwalt ermitteln. Inzwischen hatte sie geheiratet und hieß Krause. Sie hatte einen Dr. Krause aus Wien geheiratet. Sie dürfte auch heute noch in Wien leben.
> An die Lagerälteste mit Vornamen Sonja kann ich mich ebenfalls noch erinnern. Den Nachnamen dieser Frau weiß ich nicht mehr. Ich kann auch nicht mehr sagen, welcher Nationalität sie gewesen ist. Die Sonja dürfte damals anfangs 30 gewesen sein. An Spitznamen oder sonstige Namen dieser Frau kann ich mich nicht erinnern. Sonja hatte dkl.-blondes Haar und war ca. 168 cm groß. Ich kenne sie als eine sehr ruhige Person. Mehr kann ich über Sonja nicht sagen.
> Sonja und die Ärztin sind damals mit nach Theresienstadt gekommen, dort habe ich sie aus den Augen verloren.“[83]

III. Kleidung

Spätestens in Auschwitz hatten die Hainichener Häftlinge ihren letzten Besitz verloren. Nach dem „Baden“, zu dem die eigene Kleidung selbstverständlich abgelegt werden musste, wurden sie wahllos neu eingekleidet. Spätestens vor dem Transport nach Hainichen, oder im Lager selbst, bekamen die Häftlinge grob gestreifte Häftlingskleider. Dies belegt ein Foto der Hanka Weisberg (FloNo.: 53412) einige Zeit nach ihrer Befreiung, das sie auch während ihrem Interview für die Shoah Visual

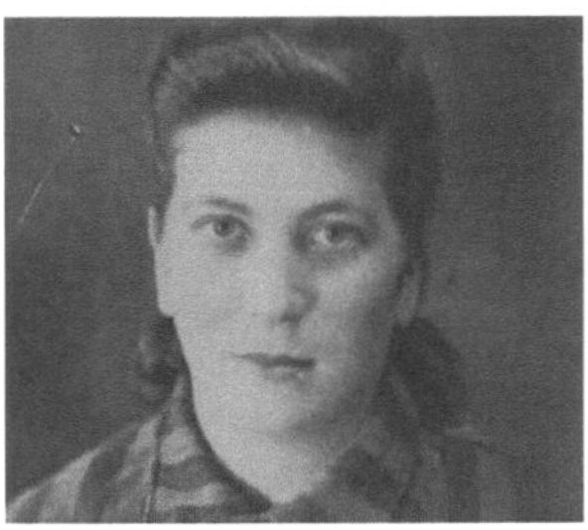

F11: Hanka Weisberg
Quelle: SVHF 1959

[83] Barch, B 162 / 9068, S. 134f. – VP ehemaliger Lagerführer Wilhelm Loh

History Foundation zeigte. Auf die Ausgabe von ausreichend Unterwäsche, vor allem Socken, wurde möglicherweise bei den Hainichener Jüdinnen verzichtet. Nur wer Glück hatte ergatterte in Auschwitz ein Paar intakte Lederschuhe. An die Mehrheit wurden sehr wahrscheinlich Holzschuhe ausgeteilt. Diese waren nicht nur ziemlich schwer und erforderten Konzentration beim Gehen, sondern führten auch zu Verletzungen, da die Füße ohne den Schutz von Socken ständig am Holz scheuerten. Eiterblasen waren keine Seltenheit. Zudem boten die Holzpantinen - wie der Rest der Kleidung - kaum Witterungsschutz und waren für längere Märsche kaum geeignet.
Über die tatsächliche Kleidungsausstattung der Hainichener Häftlinge ist aber den vorhandenen Aussagen und Vernehmungsprotokollen kaum etwas zu entnehmen. Der Bericht der Jüdin Erzsebet V. deutet aber eine erneute Desinfektion in Hainichen an. Möglicherweise wurden die Häftlinge nach Transportankunft also einmal zu einer städtischen Entwesungs-, d.h. Entlausungsanstalt geführt. Genauere Einzelheiten hierüber werden aber nicht ausgeführt. Eine Augenzeugin aus der deutschen Bevölkerung schildert über das kleine etwa fünf Personen zählende jüdische Einkaufs- oder Versorgungskommando:

> „Immer wenn die Judenfrauen mit einem Tafelwagen vor die Appretur Müller in der Brüderstraße vorfuhren, um dort Strümpfe zu holen, habe ich geheult, weil mir der Zustand der Frauen so leid tat. Die Frauen hatten [...] auch im Winter keine Strümpfe in den Holzpantoffeln an. Sie waren kahl oder zumindest kurz geschoren und trugen ein Kopftuch“ [84]

Dieses hatten sie sich wohl zum Teil behelfsmäßig vom Saum ihres Häftlingskleides abgerissen.

[84] Unbekannte Zeitzeugin. Kretschmann: Hainichen. S.87f.

Da die Versorgungslage 1944 auch für die deutsche Bevölkerung im Allgemeinen sehr schlecht war, ist es nicht verwunderlich, dass die Häftlinge als unterstes Glied in der Versorgungshierarchie in besonderem Maße litten. Für Häftlingstagesverpflegungen wurden in Hainichen laut Forderungsnachweisen zunächst überwiegend 70 Pfennig abgerechnet für eine Minderheit der Häftlinge scheinbar auch 80 Pfennig. Nach Ankunft des 2. Transportes werden für die Mehrheit der Häftlinge nur noch 65 Pfennige für die Tagesverpflegung abgezogen. Dabei lässt sich derzeit nicht klären, ob einige Häftlinge bestimmter Abteilungen wegen schwerer körperlicher Arbeit Zulagen erhielten oder was sonst die Ursache in der Abstufung beim finanziellen Verpflegungsaufwand war. Ein Zusammenhang mit dem im Oktober eingeführten Prämiensystem ist nicht auszuschließen. Ob die verauslagten Nahrungsmittel aber ausschließlich der Häftlingsbelegschaft zugutekamen, oder durch Korruption Lebensmittel aus den Magazinen zweckentfremdet wurden, lässt sich anhand abgerechneter Tagesverpflegungssätze nicht beantworten. Stefanie G. äußert sich 1969 zur Ernährungssituation im Lager:

> „Die Nahrung in Hainichen war schlecht. Wir bekamen nicht genügend zu essen. Abends gab es eine Scheibe Brot. Es gab auch Wassersuppe."[85]

Eva G. präzisiert:

> „Das Essen in Hainichen war sehr schlecht. Es gab nur geringe Mengen zu essen und die Qualität war schlecht. Es gab zweimal täglich Suppe und abends gab es ein Stück Brot. Zum Frühstück gab es nur schwarzen Kaffee. Es war kein richtiger Kaffee, es war eine schwarze Flüssigkeit. Zu dem Brot abends gab es nicht einmal die Zulagen, wie wir sie in Auschwitz bekommen hatten. Auch die Suppe war wässriger und weniger als in Auschwitz. Während der Nachtarbeit bekamen wir um Mitternacht einen Löffel Suppe."[86]

---

[85] Barch, B 162 / 9067, S. 117 – VP Stefanie G.

[86] Barch, B 162 / 9067, S. 126 – VP Eva G.

Gegen Kriegsende soll sich die vorgefundene Versorgungslage wegen Engpässen bei der Nahrungsmittelbeschaffung weiter verschlechtert haben. Piroska und Livia S. ließen bereits am 2. Juli 1945 nach Rückkehr in Ungarn protokollieren:

> „Im Anfang war die Kost erträglich, doch wurde sie später immer schlechter und spärlicher. Im Lager wurde man sehr schlecht behandelt, Züchtigungen aus den nichtigsten Gründen waren eine alltägliche Erscheinung.“ [87]

Sara A. erinnert 1970:

> „Wir litten im Lager an Hunger, so kam es vor, dass hie und da irgendeine von den Leidensgenossin[n]en einen Apfel oder eine Kartoffel „organisierte“. Wenn das die Oberaufseherin wahrnahm, und sie hatte Augen überall, so bestrafte sie die Betreffende hart. Ich sah in einem solchen Fall einem jungen Mädchen, das für seine ebenfalls im Lager inhaftierte Mutter einen Apfel mitbrachte, die Haare abschneiden.“ [88]

Bei der Bestrafung solcher Handlungen lag in der Regel kein Sadismus vor, sondern die SS-Aufseherinnen waren generell in Ausübung ihres Dienstes für die SS dazu angehalten, ein Aufbessern der Nahrungsmittelrationen der Häftlinge zu verhindern. An diese Dienstvorschrift hielten sich aber längst nicht alle. So berichtet Eva G.:

> „Die anderen Aufseherinnen ließen sich manchmal von den sehr geschickten Häftlingen Kleider machen und aus Filz Hausschuhe anfertigen. Dafür bekamen die Häftlinge manchmal ein paar extra Kartoffeln. Das durfte die Lagerführerin aber nicht merken.“ [89]

Vor allem die Oberaufseherin Gertrud Becker scheint also die Dienstvorschriften der SS in Hainichen besonders ernst genommen und Verstöße gegen die Lagerordnung streng geahndet zu haben. Ihr werden von Zipora P. allerdings auch sadistische Verhaltensweisen nachgesagt:

---

[87] DEGOB-Protokoll 687 vom 02.07.1945 für Piroska und Livia S.
[88] Barch, B 162 / 9070, S. 455 – VP Sara A.
[89] Barch, B 162 / 9067, S. 125 – VP Eva G.

> „Die Verpflegung wurde zunehmend schlechter. Als wir schon ernst an Hunger litten, pflegte die Oberaufseherin einige Kartoffel[n] zwischen die Frauenhäftlinge [zu] werfen und ergötzte sich köstlich am Anblick der – durch Hunger sich animal raufenden Frauen. Der schwere Zustand zog nach sich als Folge zunehmende Zahl der Erkrankten. Die Kranken mussten auch auf den Wohnstuben liegen, denn im Revier genügte der Raum nicht.“ [90]

Auch Sonja P. aus Lodz hat in Hainichen schlechte Erfahrungen mit Gertrud Becker gemacht:

> „Die Oberaufseherin hat mir bei einer Essenverteilung meine Brotration in den Kot geschmissen. Ich hob das Brot auf und legte es auf's Fenster nieder. Zur Strafe, weil ich das besudelte Brot nicht aß, wurde mir das Brot auf weitere drei Tage entzogen. Das Brot war unsre Hauptnahrung gewesen. Ich erschwachte dermaßen, dass ich in der Arbeit taumelte.“ [91]

Eine eindrückliche Schilderung der Lagerverhältnisse liefert Sara R.. Sie weiß zu berichten:

> „Im Lager waren etwa 6-8 [sic! etwa 25] SS-Aufseherinnen, von denen zweie mit meiner Gruppe von Birkenau ankamen [als Transportbegleitung ?]. Auf ihrer Spitze stand die Oberaufseherin. Es war eine etwa 45-jährige [sic! 35], schwarzhaarige, kleinwüchsige, dickliche Frau mit rundem Gesichte. Sie war der Schrecken des Lagers. Wir ungarisch sprechende Häftlingsfrauen nannten sie „Halál“ (ungarisch – der Tod). Sie war grausam, haute uns und verursachte viel Leiden.
> Viele von uns waren sehr unzulänglich angezogen. Im Winter – ohne richtige Schuhe, ohne warme Wäsche litten viele an Blasenkathar und mussten oft urinieren. Die Oberaufseherin erteilte den Befehl, man kann nur in Gruppen und nur zu bestimmten Zeiten auf die Toilette. Dies galt für die Arbeitsstelle. Die Frauen die vor Reizung Krämpfe bekamen, hatten ihre Notdurft auf der Arbeitsstelle – in Eimer für Arbeitszwecke, verrichtet. Die Oberaufseherin, die auch auf der Arbeitsstelle zu erscheinen pflegte, hat dies festgestellt – der ganzen Arbeitsabteilung wurde zur Strafe das Mittagessen

[90] Barch, B 162 / 9069, S. 292 – VP Zipora P.
[91] Barch, B 162 / 9069, S. 399 – VP Sonja P.

entzogen. Der Hauptwert des Mittagsessens war seine Wärme. Die Folge der - in unsrem Zustand grausamen Strafe – war Erhöhung der Zahl der Blasenleidenden. Eine Leidensgefährtin – ein junges Mädchen von Timisoara, die auch eine Schwester im Lager hatte, war mit dem Direktor der Framo-Werke, in denen wir Kanonen erzeugten, befreundet. Der Direktor dessen Name mir nicht bekannt war, war etwa 35 Jahre alt, mittelgroß, mittlere Erscheinung. Er hat von diesem Mädchen erfahren, was für eine Verpflegung wir bekommen. Durch dieses Mädchen erfuhren wir dann, dass die Produkte für unsre Küche die Framo-Werke besorgen, und das Lager bekommt genug, um wertvolles Essen für uns zu kochen. In der Tat wurde von der Fabrik eine Köchin auf etwa 3 Tage in die Lagerküche geschickt, an diesen Tagen aßen wir festlich. Nachdem die Köchin in die Fabrik zurückkehrte, wurde das Essen mager wie zuvor. Einige Leidensgefährtinnen von Polen, die in der Küche arbeiteten, hatten für die Oberaufseherin gekocht und gebraten, die Oberaufseherin hat die Küchenprodukte in Paketen vom Lager verschickt. Auch der Lagerführer, wenn er uns von der Küche Essen in die Fabrik schickte, warnte die Mädchen, die das Essen trugen, sie müssen sich eilen, damit die Oberaufseherin sie nicht erwischt.“[92]

Der erwähnte Direktor der Framo-Werke dürfte der 1906 geborene Hans Rasmussen (Sohn des Firmengründers) oder Direktor Richard Schulz gewesen sein, die 1935 die Geschäftsleitung übernommen, eine Insolvenz abgewendet und den Betrieb 1937 wieder in die Gewinnzone geführt hatten.[93] Die Identität des angesprochenen Mädchens aus Timisoara und der erwähnten Köchin sind bislang nicht bekannt. Insgesamt wirken die Ausführungen aber stichhaltig und authentisch. Auch Kretschmann scheint durch deutsche Zeitzeugen Kenntnis von dieser Episode zu haben. Er schreibt ohne weitere Quellenangabe:

„Der Direktor Hans Rasmussen bemühte sich – von Mitarbeitern und sogar von Aufseherinnen angesprochen – nachweislich vergeblich, die Versorgung zu verbessern. Als die Häftlingsküche für vier Tage von deutschen Betriebsangehörigen geführt wurde, verbesserte sich das Essen für eine kurze

---

[92] Barch, B 162 / 9069, S. 298 – VP Sara R.

[93] Vgl. Manfred Kiese. Framo + Barkas 1923 – 1993. S.16ff. + Portrait S.23

> Zeit. Offensichtlich wurden Nahrungsmittel, die den Häftlingen zustanden, verschoben. Der Betriebsleitung war klar, dass die umfangreichen Produktionsaufgaben mit unterernährten Häftlingen nicht erfüllt werden konnten.“ [94]

Es scheinen also Lebensmittel durch die Oberaufseherin unterschlagen und veruntreut worden zu sein. So wird ihr auch von deutscher und jüdischer Seite Handel mit Margarine vorgeworfen. Nach außen sollte aber wohl der Anschein eines gut funktionierenden Arbeitslagers gewahrt werden. Irene F. aus dem Ghetto Lodz berichtet:

> „Unser Lager (Hainichen) galt als Musterlager. Wir bekamen öfters Besuch vom Roten Kreuz oder anderen Besuchern. Denen wurde dann vorgeführt, wie gut die Häftlinge in deutschen Lagern untergebracht waren und wie gut sie verpflegt wurden.“ [95]

Besuche vom Roten Kreuz in Hainichen konnten bislang nicht dokumentarisch bestätigt werden, sind aber auch nicht auszuschließen. Es gab ja auch Kriegsgefangene und Zwangsarbeiter im Betrieb. Wahrscheinlich wurde das KZ-Lager Hainichen auch von der übergeordneten Verwaltungsbehörde der Inspektion der Konzentrationslager (IKL) inspiziert, deren SS-Führer in gewissen Abständen in den vielen neugegründeten Außenlagern nach dem Rechten sahen. Von der ehemaligen Oberaufseherin wurde 1950 namentlich ein SS-Obersturmführer Völkner aus Aschersleben genannt, der als SS-Obersturmführer Karl Völkner *26.02.1898 in Quedlinburg, von der Oberstaatsanwaltschaft der DDR in dieser Tätigkeit bestätigt wird. Er soll zudem Kommandant des größten Außenlagers des KZ Flossenbürg in Leitmeritz (tsch.: Litoměřice) gewesen sein, konnte aber im Rahmen der Ludwigsburger Ermittlungen nicht mehr vernommen werden, da er 1971 in Köln verstorben ist.[96]
Auch ist möglich, dass sich Vertreter der Industrie das Lager in Hainichen ansahen, die einen künftigen Häftlingseinsatz im eigenen Betrieb in Erwägung zogen.

---

[94] Thomas Kretschmann. Hainichen. S.84
[95] Barch, B 162 / 9068, S. 148 – VP Irene F.
[96] Barch, B 162 / 8272, S. 1838f.

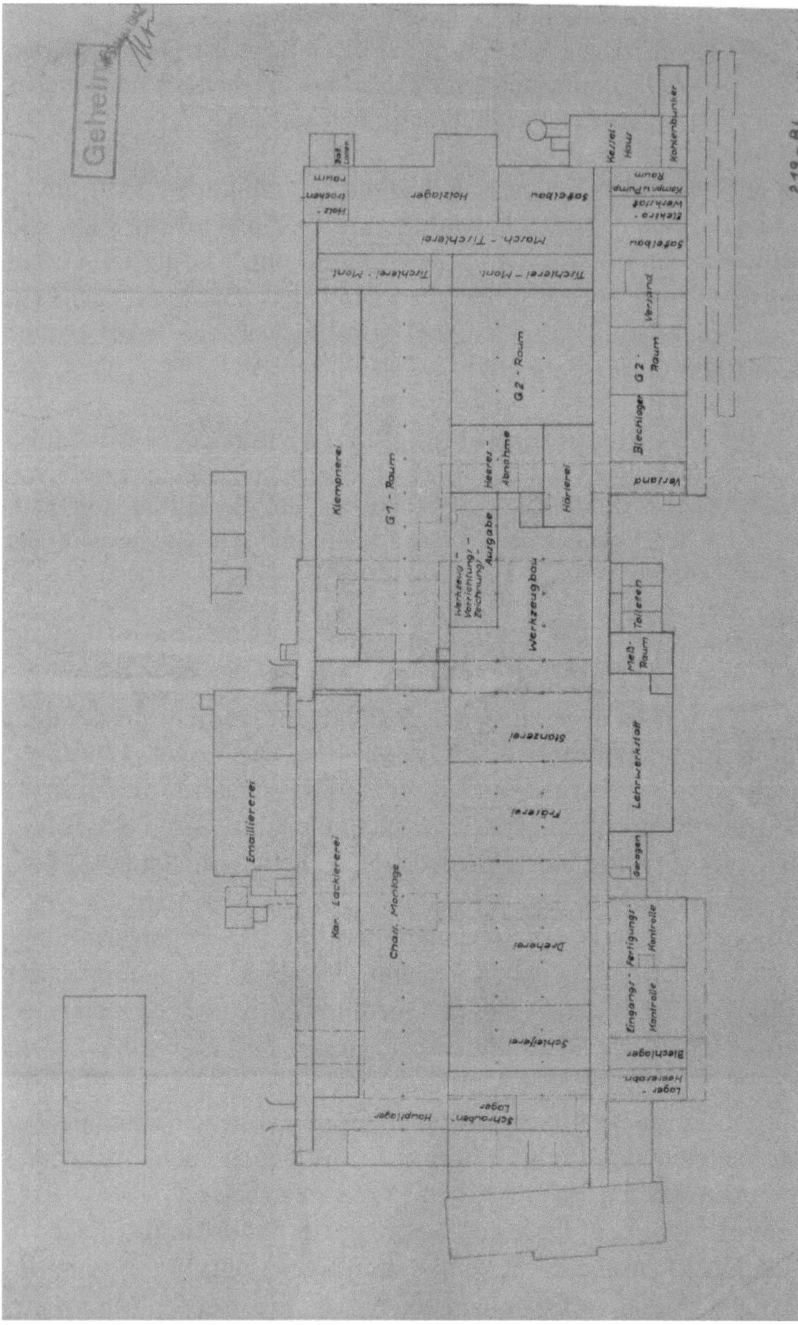

P5: Raumaufteilung im Framo-Werk am 24.04.1942

Dem Verwaltungsgebäude (ganz unten) schließen sich Lagerräume an. Schleiferei, Dreherei, Fräserei und Stanzerei sind über einen langen Verbindungsgang zu erreichen. Die Lackiererei und Klempnerei liegen an der linken Gebäudefront jenseits der Chassis-Montage und dem Geheimraum G1. G2 schließt sich im oberen Teil an.

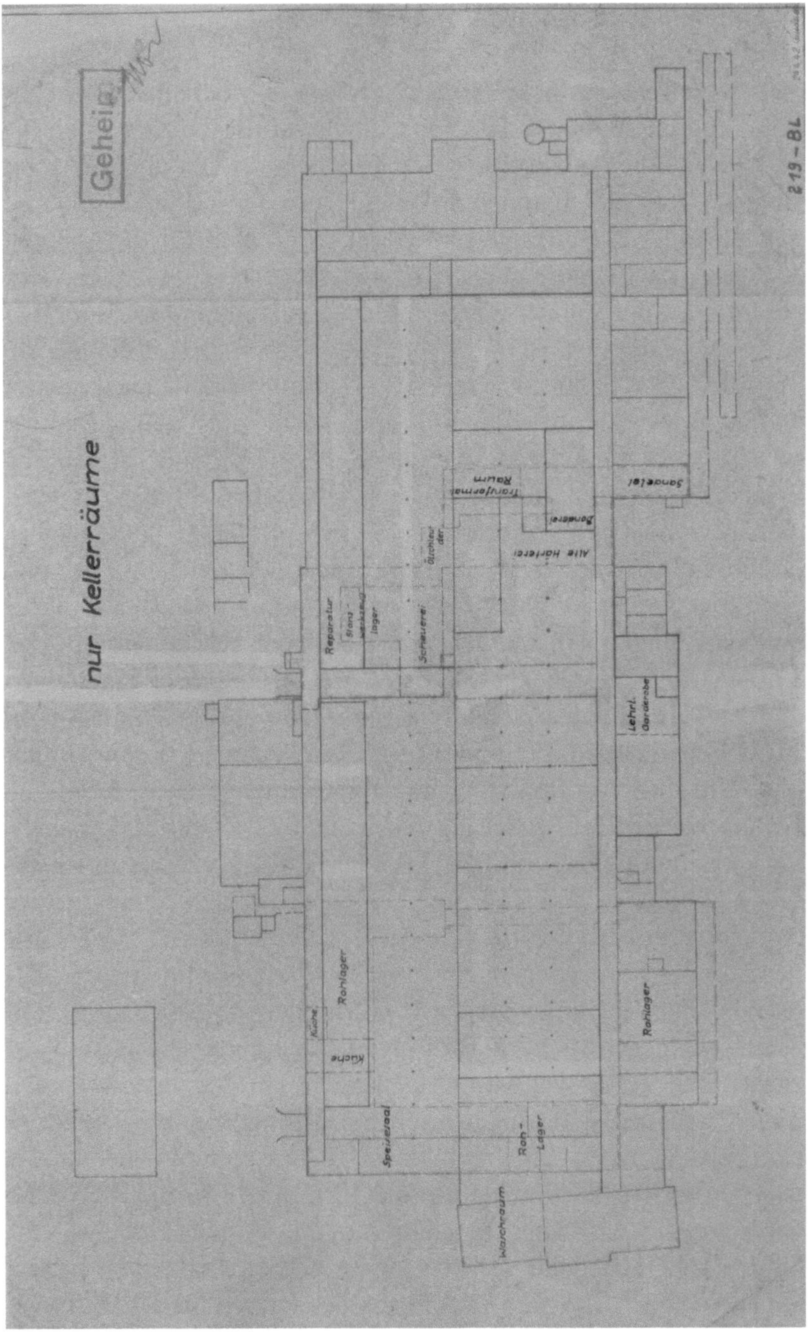

P6: Kellerräume der Framo-Werke – 24.04.1942

Die eigentliche Werkshalle (an den Säulenpunkten der Sheddachgebäudekonstruktion erkennbar) war kaum unterkellert. Die vorhandenen Kellerräume sind mit Raumbezeichnungen im Plan vermerkt; sie befanden sich außen und im mittleren Gebäudeteil.

Der Arbeitseinsatz in Hainichen erfolgte in wochenweise wechselndem Schichtdienst. Die Tagschicht war für die Zeit von 6 bis 18 Uhr und die Nachtschicht von 18 Uhr bis 6 Uhr angesetzt. Im Gegensatz zu vielen anderen Außenlagern der Rüstungsindustrie galt für die KZ-Häftlinge und damit wohl auch für die anderen Arbeiter des Unternehmens periodenweise eine Siebentagewoche, d.h. in der Fabrik wurde monatelang ununterbrochen ohne Ruhetag gearbeitet. Den „Arbeitslohn" der Häftlinge hatten die Framo-Werke dabei als eine Art „Verleihgebühr" an die Verwaltung des KZ Flossenbürg und damit über das SS-Wirtschafts- und Verwaltungshauptamt (WVHA) indirekt an den Staatshaushalt abzuführen. Für die jüdischen Frauen in Hainichen wurden, wie in den anderen Flossenbürger Außenlagern üblich, Hilfsarbeitertagessätze von vier Reichsmark pro Tag und Person abgerechnet. Das waren im September 1944 2930 Tagesbeschäftigungen, im Oktober nach Ankunft des 2. Transportes 12.080, im November 14.088 und im Dezember 1944 10.395 und 474 Halbtagsbeschäftigungen. Den Lohnsummen von 11.729, 48.320, 56.352 und 42.528 Reichsmark wurden verauslagte Häftlingsverpflegungen gegengerechnet.[97]
Zudem wurden im Forderungsnachweis 722 18.400 Reichsmark für zwischen dem 9. und 30. Oktober 1944 vorzeitig zum Einsatz gekommene 200 Häftlinge, die vereinbarungsgemäß erst im November erwartet wurden, in Abzug gebracht.
Anhand des Forderungsnachweises 594 ist eine stufenweise Anlernung der Häftlinge ersichtlich. Möglicherweise wurde vom Transport geschwächten Häftlingen aber auch ein paar Tage zusätzliche Ruhe gegönnt. So werden an den ersten beiden Tagen von den 150 eingetroffenen Häftlingen nur 54 bzw. 39 Häftlingstagewerke abgerechnet. In der zweiten Woche sind es dann in der Regel pro Tag um die 100; in der 3. und 4. Woche dann um die 120 Tagesbeschäftigungen. Mindestens eine Abteilung scheint jedoch von Beginn an an den Sonntagen frei zu haben. Am 10., 17. und 24. September kamen 30-50 Häftlinge weniger zum Einsatz, als an den übrigen Tagen. Auch am 3.

[97] Barch, NS4 FL 393 Bd. 2 Forderungsnachweis Nr. Flo. 594, 650, 722, 798

September wurden 15 Häftlinge weniger beschäftigt als am Samstag nach Lagereröffnung.
Für den Oktober 1944 sind arbeitsfreie Sonntage nicht mehr nachzuweisen. Die Zahl der eingesetzten Häftlinge bleibt weitestgehend konstant und liegt bis zum 8. Oktober bei 135 Häftlingen, nach Ankunft des 2. Transportes bei etwa 480 Personen. Dies setzt sich mit leichten Schwankungen durch den gesamten November fort. Als Niedrigststand werden am 18. November 458 Häftlinge abgerechnet.
Laut Forderungsnachweis 798 versuchten die Framo-Werke Hainichen, nachdem scheinbar auch der finanziellen Entlastung beim nicht vertragsgerechten Häftlingseinsatz im Oktober rückwirkend stattgegeben wurde, auch den Häftlingseinsatz an den Sonntagen im Oktober und November nachträglich in Abzug zu bringen. Das diesbezügliche Schreiben vom 10. Januar 1945 ist allerdings nicht überliefert. Dabei handelt es sich immerhin um eine Summe von 8.808 Reichsmark. Man wird den Eindruck nicht los, dass hier tatsächlich geleistete Häftlingsarbeit gegenüber der SS zum eigenen wirtschaftlichen Vorteil als nicht geleistet und versehentlich abgerechnet deklariert werden sollte. Ehemalige Häftlinge sprechen nämlich in der Tat von einer Siebentagewoche (vgl. Eva G s.u. & Viorica D. Kapitel 2.1.2.1), die, wenn es sie im Werk generell nicht gegeben hätte, ja wohl kaum zunächst so zur Abrechnung gebracht worden wäre. Forderungsnachweise für das Jahr 1945 sind leider nicht mehr überliefert. Somit ist auch nicht bekannt, ob der Abzug der Sonntagsarbeit von der SS-Verwaltung Flossenbürg, die gegenüber dem SS-Wirtschafts- und Verwaltungshauptamt und damit dem Reichsfinanzministerium verantwortungspflichtig war, akzeptiert wurde.
Im Dezember 1944 wurde an den Sonntagen dann laut offizieller Abrechnung nicht mehr gearbeitet. Am 3. Dezember kamen 23, am 10. und 17. Dezember 13 Häftlinge zum Einsatz. Am 23. Dezember arbeitete die gesamte Belegschaft nur halbtags. Der 24., 25., 26. und 31. Dezember war laut Abrechnung arbeitsfrei. Möglicherweise ruhte die Arbeit über Weihnachten und Silvester tatsächlich im gesamten Werk. 1945 dürften dann die Sonntage als Ruhetag (vgl. Piri D., Sara S. und Viorica D.) oder zum Nacharbeiten von Ausfallzeiten durch Fliegeralarm genutzt worden sein. Ulrich Fritz resümiert:

> „Die Frauen berichten von häufigen Fliegerangriffen [sic! Alarmen]. Diese führten zu erheblichem Arbeitsausfall, was die Framo-Werke im März 1945 veranlasste, bei der Kommandantur in Flossenbürg einen Zahlungsnachlass für die (aufgrund der Alarme) nicht geleistete Häftlingsarbeit seit Oktober 1944 einzufordern. Dem wurde seitens der Kommandantur auch stattgegeben; einen Teil der Ausfallzeiten mussten die Häftlinge nacharbeiten."[98]

Auch dieser dritte Zahlungsnachlass, der nicht dem üblichen Prozedere entsprach und anderen Firmen der Rüstungsindustrie, die durchweg ähnliche Probleme hatten, nicht generell eingeräumt wurde, scheint im Zusammenspiel der gesammelten Fakten in das Bild eines Unternehmens zu passen, das versucht die Arbeitskraft der Häftlinge so billig wie möglich „einzukaufen". Schon bei der angeblich fälschlicherweise abgerechneten Sonntagsarbeit kam dieser Verdacht auf. Da man mit dem Monieren bei der SS Erfolg hat und Tausende Reichsmark dadurch spart, werden vermutlich immer wieder andere Vorstöße in diese Richtung unternommen, die von Erfolg gekrönt bleiben.
Zur Motivation der Häftlinge richtete man aber auch mit Dienstanweisung Nr. 20 vom 1. Oktober 1944 ein Prämiensystem ein, das ähnlich auch in den Stammlagern und einigen anderen Außenlagern praktiziert wurde. Darin heißt es:

> „Um arbeitswillige und arbeitsfähige Häftlinge gesondert zu entlohnen, werden Prämien gezahlt, die aber nicht in Barabgeltung geleistet werden dürfen, sondern in Form von Prämienscheinen, welche auf bestimmte Beträge lauten und zum Bezug von Gegenständen des täglichen Bedarfes gegebenenfalls auch Lebensmittel berechtigen. Die Verteilung der Prämienscheine wird durch den Lagerkommandanten auf Grund einer ihm auszuhändigenden Liste durchgeführt."

Die Lohnbuchhaltung bzw. die Abteilung Betriebsabrechnung sollte diese Listen erstellen und die Meister bei der Zuordnung der Arbeiterinnen in sechs honorierbare Leistungsklassen für die Prämienauszahlung von 80% bis über 130% der Normerfüllung - inklusive einer Bewertung der Arbeitswilligkeit - helfen.

---

[98] Ulrich Fritz. Hainichen. In: Der Ort des Terrors. S.134

Dienstanweisung Nr. 2o

vom 1.1o.1944

Ersatz für: --- Gültig ab 1.1o.44

<u>Prämienzahlung für eingesetzte weibliche jüdische Häftlinge</u>

1. <u>Allgemeines</u>

Um arbeitswillige und arbeitsfähige Häftlinge gesondert zu belohnen, werden Prämien gezahlt, die aber nicht in Barabgeltungen geleistet werden dürfen sondern in Form von Prämienscheinen, welche auf bestimmte Beträge lauten und zum Bezug von Gegenständen des täglichen Bedarfes gegebenenfalls auch Nahrungsmitteln berechtigen. Die Verteilung der Prämienscheine wird durch den Lagerkommandanten auf Grund einer ihm [illegible]den Liste durchgeführt (siehe Abschnitt 2.).

2. <u>Prämienliste</u>

Um die Prämienverteilung weitgehendst auf der Grundlage einer möglichst objektiven Leistungsfeststellung vorzunehmen, erfolgt diese, wenn auch nicht ausschließlich, so doch in Hauptsache bei Akkordarbeiterinnen auf der Grundlage der Akkordleistung.

Die Lohnbuchhaltung bezw. Abteilung Betriebsabrechnung erstellt eine Prämienliste. In dieser ist zu vermerken:

a) Kontroll-Nummer und Name des Häftlings sowie Häftlings-Nummer der SS
b) Abteilung und Art der Beschäftigung

In Monatsspalten nebeneinander:
c) bei Akkordarbeiterinnen die erreichte prozentuale Leistung
d) die in Betracht kommende Leistungsklasse
e) endgültig festgelegter Prämienbetrag
f) Bemerkungen

Für die Einstufung in die Leistungsklassen sind nicht allein die erreichten Leistungsprozente bei Akkordarbeitern sondern auch das allgemeine Verhalten und die grundsätzliche Arbeitswilligkeit des Häftlings mit maßgebend. Bei Stundenlöhnern vermerken die Meister in der Anwesenheitsliste vorschlagsweise die Leistungsgruppe, in welche der Häftling nach ihrer Beurteilung für den ab[illegible]gelaufenen Monat einzustufen ist. Die Lohnbuchhaltung bezw. Betriebsabrechnung übernimmt diese Angaben in die entsprechende Spalte der Prämienliste.

Der Betriebsobmann legt nach individueller Prüfung im Einvernehmen mit der Betriebsleitung die endgültigen Einstufungen monatlich fest und vermerkt ergänzend die Prämienbeträge. Auf Grund dieser Festlegungen wird zum Zwecke der Austeilung der Prämienscheine durch das Büro des Betriebsobmannes ein monatlicher Listenauszug erstellt, der lediglich folgende Angaben enthält:

-2-

Quelle: StAC 31060 Nr. 1577/2

- 2 -

a) Kontroll-Nummer und Name des Häftlings sowie Häftlings-Nummer der SS

b) Betrag der auszugebenden Prämienscheine

Diese Liste ist mit einem Durchschlag zu erstellen. Auf dem Durchschlag hat der Lagerkommandant die vorgenommene Verteilung zu bestätigen und zu unseren Akten zurückzugeben.

5. Leistungsklassen

Klasse	monatl. Akk.-Leistung mindest.:	Prämie	Bemerkungen
I	15o %	RM 16.--	
II	12o %	RM 13.--	
III	11o %	RM 1o.--	
IV	1oo %	RM 7.5o	
V	9o %	RM 5.--	
VI	8o %	RM 2.5o	

Framo-Werke G.m.b.H.

Quelle: StAC 31060 Nr. 1577/2

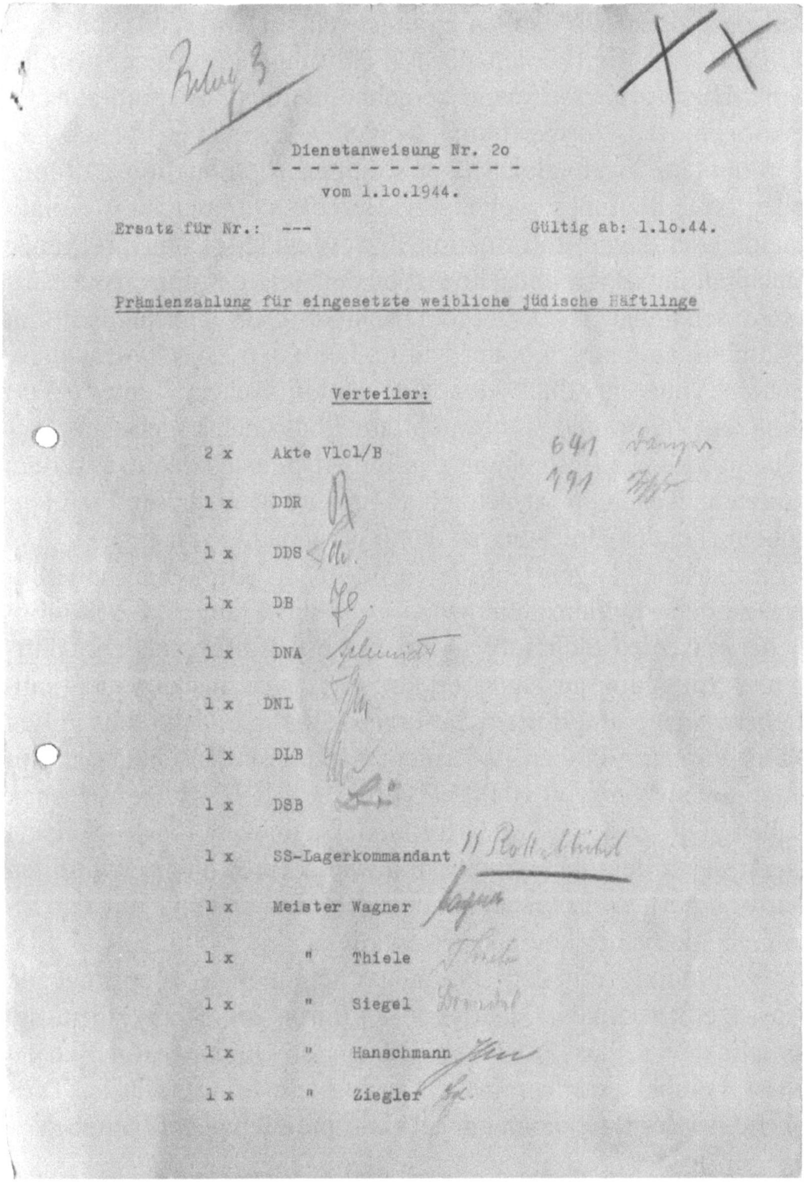

Dienstanweisung Nr. 2o

vom 1.1o.1944.

Ersatz für Nr.: --- Gültig ab: 1.1o.44.

Prämienzahlung für eingesetzte weibliche jüdische Häftlinge

Verteiler:

2 x Akte V1c1/B

1 x DDR

1 x DDS

1 x DB

1 x DNA

1 x DNL

1 x DLB

1 x DSB

1 x SS-Lagerkommandant

1 x Meister Wagner

1 x " Thiele

1 x " Siegel

1 x " Hanschmann

1 x " Ziegler

Quelle: StAC 31060 Nr. 1577/2

Im Dezember 1944 sollen Prämienscheine im Wert von etwa 1.400 RM an die Hainichener KZ-Häftlinge ausgegeben worden sein. Thomas Kretschmann berechnet daraus basierend auf 500 Personen eine Normerfüllung von 85% der vorgegebenen Akkordquoten,[99] wenngleich über Prämien für Funktionshäftlinge oder Lagerärztinnen, sowie die Berücksichtigung von Krankmeldungen keine Informationen vorliegen, da entsprechende Buchhaltungsakten über die Arbeitsleistung der einzelnen Häftlinge scheinbar nicht überliefert sind. Dass umständlich mit Prämienscheinen gearbeitet wurde, hatte den Zweck, dass diese Scheine nur innerhalb des Konzentrationslagers einen Wert besitzen sollten und somit nicht außerhalb des Lagers bei einer Flucht oder zur Bestechung des Lagerpersonals genutzt werden konnten. Über den tatsächlichen Einkaufswert dieser Prämienscheine bei der Einlösung ist damit noch nichts gesagt.

Von den ehemaligen Häftlingen liegen bislang keine Äußerungen zu den Prämienzahlungen vor. Ob das Prämiensystem möglicherweise den Mehraufwand bzw. die Abstufung bei den Häftlingsverpflegungsauslagen erklärt, ließ sich bislang nicht absichern. Insgesamt dürften die Framo-Werke in den sechs vollen Monaten seit Oktober 1944 nicht mehr Prämienscheine als im nominellen Wert von 10.000 RM für die KZ-Häftlinge vergeben haben. Die realen Kosten für den Gegenwert dieser Scheine lagen sicher deutlich darunter und waren durch die fragwürdigen Abzüge bei den Lohnzahlungen nach Verhandlung mit der SS um ein Vielfaches kompensiert worden.

In Verbindung mit dem Prämiensystem könnte aber folgende Aussage der damals 13jährigen Eva Baron gebracht werden. Sie spricht davon, dass im Dezember für die Jüdinnen im Betrieb eine Stempelkarte zur Zeiterfassung eingeführt wurde. Dies dürfte bei der Berechnung der Akkordprämien geholfen haben:

> „Zur Weihnachtszeit, als die Sirene losging, brachten sie uns runter in den Luftschutzraum. Vor diesem Zeitpunkt hatten sie uns nicht nach unten gebracht. Aber jetzt begannen sie uns wie Gefangene mit einigen Rechten zu behandeln. Ich weiß nicht, weil wir zur selben Zeit einzustempeln begannen. Wir stempelten nicht, Sie kennen eine Karte die man stempelt in einer Fabrik? Wir stempelten nicht ein zuvor. Und plötzlich

[99] Thomas Kretschmann. Hainichen. S.84

> begannen sie zu erklären, dass wenn du hereinkommst, hast du deine Karte […] zur Zeiterfassung. Wir begannen einzustempeln. Der Grund warum ich erinnere, dass Weihnachten war, ist, weil wir in den Schutzraum kamen, - ich ging immer in eine Ecke weit hinten und setzte mich auf den Boden. Die SS-Frau kam mit uns nach unten. Es war sehr dunkel. Und sie zündete eine Kerze an, aber es war sehr weit weg von mir. Und sie fragte jemanden, ob sie „Stille Nacht" singen könnten, was ich noch nie gehört hatte. Ich saß in der Ecke und diese überwältigende Stimme ertönte in der Dunkelheit, „Stille Nacht, Heilige Nacht" singend. Schließlich ist es ein deutsches Lied, kein englischer Song. „Stille Nacht, Heilige Nacht" und ich dachte es wäre das Schönste was ich je gehört habe. Ich hatte das Lied noch nie zuvor gehört. Das war nicht Teil unserer Kultur, wo ich herkam, obwohl es Schwaben in unserer Stadt gab, […] aber ich hatte es nie gehört." [100]

Da das Framo-Werk nur teilunterkellert war, gab es auch nur einen kleinen Luftschutzraum. Ob alle gut 200 Jüdinnen einer Schicht darin Platz fanden, ist ungeklärt. In der Häftlingsunterkunft in der Frankenberger Straße schloss man die Jüdinnen bei Fliegeralarm wahrscheinlich einfach ein. Über die Existenz eines Luftschutzkellers oder -raumes ist nichts bekannt. 1944 wurden in Hainichen 74 und 1945 im Januar 6, im Februar 18, im März 24 und bis zum 13. April 13 Fliegeralarme ausgelöst. [101] Es ist zum Schluss also fast täglich zu Arbeitsausfällen gekommen. In den letzten Kriegswochen kamen zudem Engpässe bei der Energieversorgung hinzu; genügend Material war vorhanden.
Bei den Framo-Werken kamen die Häftlinge in den Abteilungen Schweißerei, Klempnerei, Stanzerei, Fräserei, Schleiferei, Lackiererei und „Pfeilerei", gemeint ist wohl die Feilerei bzw. Entgraterei, und wohl auch bei Be- und Entladetätigkeiten zum Einsatz und wurden in der Regel von deutschen Handwerksmeistern betreut und angelernt. Die Vorgesetzten Hanchmann und Nietsche (phonetisch?) einzelner Arbeitsgruppen sind namentlich bekannt und werden von ehemaligen Häftlingen explizit genannt. Der Abzeichnungsliste zur Kenntnisnahme der Dienstanweisung Nr. 20, die auch der SS-Rottenführer Michel in Vertretung des Lagerkommandanten Loh unterzeichnete, sind

[100] Zwangsarbeitsarchiv Transkription ZA562 S.24 – Übersetzung Cziborra
[101] Thomas Kretschmann. Hainichen. S.95 & 97

die Namen Wagner, Thiele, Siegel und Ziegler als weitere Handwerksmeister zu entnehmen. Ein Meister namens Nietsche ist dort nicht erwähnt.
Die Häftlinge waren nicht offiziell über die Fabrik und das Produktionsprogramm aufgeklärt und leiten sich die Informationen aus den Dingen her, die sie selbst produziert und gesehen und von Mithäftlingen gehört haben. Wenn die ehemaligen Häftlinge also von der Produktion von Geschützen, Kanonen oder Maschinengewehren sprechen, sind wohl die Laufschützer für das MG43 u.a., die Bordkanone MK 103 oder aber die einachsigen, wie Kanonen wirkende Nebelwerfer mit sechsrohrigen Granatläufen gemeint, die eventuell aus zwei baugleichen Teilen mit drei Rohren zusammengesetzt bzw. geschweißt wurden. Einige Häftlinge sprechen auch von einer Panzer- oder Flugzeugfabrik. Diese Herleitungen könnten einmal von der Bezeichnung PAK Panzerabwehrkanone stammen und im anderen Fall von der Maschinenkanone MK 103 hergeleitet worden sein, die in erster Linie der Flugzeugbewaffnung dienen sollte. Auch die Begriffe *Bomben-*, *Munitions-* oder *Waffenfabrik* sind eher als Umschreibung für einen Rüstungsbetrieb zu verstehen. Möglicherweise wurden die Nebelwerfer-Läufe mit Granatmunitionshülsen getestet oder mit Munition ausgeliefert. Insgesamt entsteht aus diesen Äußerungen aber ein recht konkretes Bild, in welchen Abteilungen des Betriebes die Jüdinnen eingesetzt waren. Im Folgenden sollen die Erinnerungsberichte zu den Arbeitsbedingungen weitestgehend unkommentiert bleiben.

Irene F.:

> „Wir arbeiteten bei den FRAMO-Werken und wurden jeden Tag zu unserem Arbeitsplatz gebracht. Unser Fußweg dorthin dauerte etwa 10 Minuten. Ob unser Lager zum Gelände der Werke gehörte, kann ich nicht sagen. Über die Lage der Hallen in der Firma kann ich nichts sagen, weil es viele Hallen waren. Es handelte sich um richtige Fabrikationshallen mit Giebeldächern aus Glas.“ [102]

Die Zeugin meint mit den vielen Hallen die einzelnen Abteilungen im Gebäudekomplex und verweist auf das Sheddach.

---

[102] Barch, B 162 / 9068, S. 147 – VP Irene F.

Celina Z.:

> „Ich arbeitete als Elektroschweißerin in der Flugzeugteilefabrik Framo-Werke in Hainichen. Mein Abteilungsmeister war Herr Hanchmann. Nähere Personalien weiß ich nicht.“ [103]

Seren B.:

> „Vom Lager aus mußten wir jeden Tag etwa eine halbe bis eine dreiviertel Stunde zu Fuß zu einer Fabrik gehen, in der wir nach meiner Erinnerung Flugzeugteile herstellten. Ich habe immer in Tagschicht gearbeitet.“ [104]

Sonja P.:

> „Wir hatten in den FRAMO-Werken arbeiten müssen – ich wurde dort zum Schweißermeister ausgebildet. Wir mussten sehr intensiv arbeiten – in zwei Arbeitsschichten zu je 12 Stunden. Zur Arbeit gingen wir zu Fuß – es waren 2 km. Weges. Wir gingen laut Gruppen, jede Gruppe wurde von einer SS-Aufseherin, die immer mit einer Pistole bewaffnet ging – begleitet.“ [105]

Die Bewaffnung der Aufseherin ist nicht zu bestätigen. Es spricht eher vieles dafür, dass sie in Hainichen nicht offiziell bewaffnet waren. Für die Fluchtverhinderung waren mit Gewehren bewaffnete Wachmänner zuständig.

Golda B.:

> „Wir arbeiteten in einer Waffenfabrik, zu der wir etwa 20 Minuten zu Fuß gingen. Ich arbeitete in der Klempnerei. Name des Werkes und was dort genau erzeugt wurde weiß ich nicht. Die Aufseherinnen begleiteten uns zur und von der Arbeit, sie blieben die ganze Arbeitsschicht mit uns und auch zur Notdurft konnten wir nur mit ihrer Begleitung.“ [106]

---

[103] Barch, B 162 / 9068, S. 151 – VP Celina Z.

[104] Barch, B 162 / 9068, S. 203 – VP Seren B.

[105] Barch, B 162 / 9069, S. 398 – VP Sonja P.

[106] Barch, B 162 / 9069, S. 402 – VP Golda B.

F12: Soldaten mit 21cm Nebel-/Granatwerfer in Frankreich

Viorica D.:

> „Wir arbeiteten in den FRAMO-Werken – dort wurden Geschütze [wahrscheinlich Nebelwerfer] erzeugt. Wir gingen zur Arbeit zu Fuß, die Strecke dauerte etwa 15 Minuten. Uns hatten bewaffnete Wachmannschaften mit Aufseherinnen begleitet. Die Aufseherinnen blieben die Schicht über mit uns in den Fabrikshallen. Wir durften ohne ihre Begleitung auch nicht von einer Halle in die andere hinübergehen, auch zur Notdurft mussten wir kollektiv unter Bewachung. In der Fabrik hatten die Arbeiten zivile Meister geleitet. Mein Meister hieß Fritz Nietsche – benahm sich human.“ [107]

Sara A.:

> „Wir wurden in einer Waffenfabrik, in der wir Flakgeschütze [unbestätigt! Granatwerfer? Teile für die PAK?] erzeugten, eingesetzt. Wir arbeiteten auf zwei Schichten. Den Namen des Werkes bin ich nicht in der Lage anzuführen. In die Arbeit gingen wir zu Fuß etwa eine halbe Stunde, begleitet von SS-Aufseherinnen, zumeist auch von einem der erwähnten SS-Angehörigen. Die SS-Aufseherinnen, in der Regel zu zweit,

[107] Barch, B 162 / 9070, S. 484 – VP Viorica D.

blieben mit uns in der Arbeitsschicht. Ich arbeitete in der Stanzerei. Mein Meister war ein etwa 30-jähriger Zivilist, der schwerhörig war. Sein Name ist mir nicht erinnerlich. Dieser Meister hatte sich uns gegenüber sehr korrekt benommen."[108]

Eva G.:

„Wir arbeiteten in einer Fabrik, in der Kanonen für die deutsche Armee hergestellt wurden. Die Fabrik hieß Framo-Werke GmbH. Ich arbeitete in der Fräserei. Wir mussten abwechselnd in der Tagschicht und in der Nachtschicht arbeiten. Wir haben sieben Tage in der Woche jeweils 12 Stunden gearbeitet. Es gab keinen Ruhetag. Die Schichten waren jeweils von 6 Uhr morgens bis 6 Uhr abends und von 6 Uhr abends bis 6 Uhr morgens. In der Fabrik gab es sehr wenige deutsche Arbeiter, die dort als Meister eingesetzt waren. Es gab auch französische Arbeiter, sogenannte freiwillige Zivilarbeiter. Dann gab es noch russische Kriegsgefangene und Jugoslawen. Sie wurden auch von der SS zur Arbeit gebracht. Sie wurden aber sehr viel besser behandelt als wir. Sie waren keine Juden. Sie haben zum Beispiel Hilfe vom Roten Kreuz bekommen. Es war uns verboten mit diesen Männern zu sprechen. Ich habe mich aber manchmal mit einem Franzosen unterhalten, der in meiner Nähe arbeitete. Er hat mir erzählt, daß Roosevelt [der amerikanische Präsident am 12. April 1945] gestorben ist." [109]

Chana R.:

„Wir wurden im FRAMO-Werk eingesetzt, wir haben Geschütze erzeugt. Außer uns Jüdinnen waren dort tschechische Zwangsarbeiter, griechische und russische Kriegsgefangene eingesetzt. Unser Lager war in Mitte des Ortes Hainichen im Gebäude einer gewesenen jüdischen Schule[110] untergebracht. Das Gebäude war durch eine Betonwand – mit Stacheldraht erhöht umzäunt. In den Wachtürmen standen SS-Wachmannschaften." [111]

---

[108] Barch, B 162 / 9070, S. 454f. – VP Sara A.

[109] Barch, B 162 / 9067, S. 122 – VP Eva G.

[110] Dies ließ sich bislang so nicht bestätigen. Möglicherweise handelt es sich um ein Missverständnis, also einer falschen Herleitung aus der antisemitischen Redensart „Hier ist keine Judenschule". Vgl. KZ Wilischthal S.127

[111] Barch, B 162 / 9067, S. 62 – VP Chana R.

Stefanie G.:

> „Hainichen war eine kleine Stadt. Wir haben dort in 12-Stundenschichten in einer Fabrik gearbeitet und Panzerteile hergestellt. Wir haben teilweise am Tag und teilweise in der Nacht gearbeitet. […] In der Fabrik wurden wir von älteren deutschen Vormännern in unserer Arbeit überwacht. […] Mit uns arbeiteten in der Fabrik ukrainische Mädchen. Sie wurden getrennt von uns gehalten. Sie waren Christinnen. Ich glaube, sie waren Kriegsgefangene."[112]

Piri D.:

> „Die Fabrik, in der wir Geschütze erzeugten, hieß FRAMO-Werke. Ich arbeitete beim Schleifen der Läufe. Im Werk arbeiteten auch Franzosen oder Italiener, ich weiß es nicht genau und Russen. Ich glaube es waren Kriegsgefangene." [113]

Zipora P.:

> „Wir arbeiteten in den Framo-Werken. Zu Beginn habe ich Kanonenläufe geschliffen, dann, als man feststellte, dass ich Uhrmacherin bin, wurde ich in eine Abteilung überstellt, in der Maschin[en]gewehre erzeugt wurden. Das Werk war etwa 3 Km. vom Lager entfernt. Die Fabrik war groß, außer uns arbeiteten dort zugleich französische und sowjetische Kriegsgefangene, Italiener und Deutsche." [114]

Zlata Lenke B.:

> „Wir wurden im Orte Hainichen in einem dreietagenhohen Gebäude untergebracht, ich wohnte in einem großen Raume in der höchsten Etage. Wir arbeiteten in einer Munitionsfabrik, wir erzeugten Teile – wie ich glaube – für Maschinengewehre, auf zwei Schichten je 12 Stunden." [115]

---

[112] Barch, B 162 / 9067, S. 117 – VP Stefanie G.

[113] Barch, B 162 / 9069, S. 376 – VP Piri D.

[114] Barch, B 162 / 9069, S. 291 – VP Zipora P.

[115] Barch, B 162 / 9067, S. 78 – VP Zlata Lenke B..

Rozalia P.:

> „Wir arbeiteten in den FRAMO-Werken, ich arbeitete bei einer Bohrmaschine. Die Teile, die wir erzeugten, waren angeblich für Kanonen bestimmt. In der Fabrik arbeiteten auch Franzosen und Ukrainer – ich glaube es waren Kriegsgefangene.“[116]

Judith F.:

> „Zur Arbeit gingen wir etwa eine halbe Stunde. Benennung des Werkes kann ich nicht anführen. Es wurden dort Teile von Kanonen erzeugt. Ich arbeitete mit einigen starken Frauen bei Überstellung von Maschinen von einer Halle in die andere, wir hatten die Maschinen auf eisenen Stangen gewälzt.“[117]

Chana S.:

> „An Namen des Werkes in dem wir arbeiteten erinnere ich mich nicht, wir erzeugten Kanonen [Nebelwerfer?], machten sie fertig und verluden sie auf Eisenbahn. Das Werk war unterirdisch.[118] Die Kanonen hatten drei Läufe.“[119]

Elisabeth W.:

> „Wir bewohnten ein Etagenhaus, wir bewohnten den oberen Teil, unten lagen Kücheneinrichtungen und die Räume der Aufseherinnen. Das Lager war umzäunt und bewacht von Wachtürmen aus. Wir arbeiteten in der Fabrik auf Kanonen, den Namen der Firma gedenke ich nicht, doch was mir klar in Erinnerung haften blieb, war die Anschrift auf dem Geschütz – Gewicht 596 kg. [Mit Kanone und Geschütz ist wohl ein einachsiger Nebelwerfer gemeint. Das Gewicht passt dazu]“[120]

---

[116] Barch, B 162 / 9070, S. 489 – VP Rozalia P.
[117] Barch, B 162 / 9067, S. 81 – VP Judith F.
[118] Dies lässt sich so nicht bestätigen. Möglicherweise ist hier die Vokabel „unterkellert“ gemeint.
[119] Barch, B 162 / 9067, S. 66 – VP Chana S.
[120] Barch, B 162 / 9067, S. 64 – VP Elisabeth W.

Zahava Z.:

> „Wir wurden in den FRAMO-Werken eingesetzt. Ich arbeitete in der Stanzerei. Wir erzeugten Bestandteile – da ich fertige Geschütze [wahrscheinlich einachsige Granatwerfer] gesehen habe, glaube ich, dass die von uns errichteten Teile für die Geschütze bestimmt gewesen waren. Ich wurde zu Instruktagen in den unterirdischen Teil der Fabrik gebracht. Die Gesamtzahl der Lagerinsassinnen belief sich auf etwa 500 Personen. Vom Lager gingen wir zur Arbeit zu Fuß etwa eine halbe – bis dreiviertel Stunde. Zur Arbeit und zurück hatten uns SS-Angehörige und Aufseherinnen begleitet. Die Aufseherinnen blieben die ganze Schicht über mit uns in den Fabrikshallen. Die Aufseherinnen begleiteten jede von uns, die in eine andere Halle gehen musste, zur Notdurft mussten wir in Gruppen und nur mit Begleitung gehen.“ [121]

Eva Baron:

> „Und wir waren dort [in Hainichen] etwa fünf, sechs Tage, als eine Frau kam, SS-Frau, und schrie, dass sie acht Leute braucht, Freiwillige […] um zu arbeiten, aber sie sollten […] Deutsch sprechen. Nun, mein Deutsch war eine Mischung aus Deutsch und Jiddisch, aber in meinem jugendlichen Leichtsinn, sagte ich mir, wenn sie Deutsch sprechen müssen, ist es wahrscheinlich keine harte Arbeit. Ich weiß nicht, wie ich auf diese Gedanken gekommen bin, aber ich war die erste, die ihre Hand hob. Ich habe mich freiwillig gemeldet. […] Es war eine Rüstungsfabrik, aber sie stellten meistens Teile für irgendwelche Dinge her, oder montierten Teile für Panzer […]. Und sie stellten mich an eine Maschine, und die Maschine war in einem Bereich, der aus Glas war – es war ein riesiger Bereich, mit allen Arten von Maschinen, und jede hatte einen Mann oder eine Frau daran arbeiten - viele von ihnen schweißten Dinge. Ich erinnere mich an die Hauben vor ihren Augen und das Glas, die Brillen, und fliegende Funken. Aber mein Bereich wurde von einer Glaswand umschlossen, wie eine Kabine, riesig. Es waren etwa fünf Maschinen drin, oder so. Und ich wurde an eine Maschine gestellt und man zeigte mir, wie man sie bedient.“ [122]

---

[121] Barch, B 162 / 9070, S. 487 – VP Zahava Z.

[122] Zwangsarbeitsarchiv Transkription ZA562 – Übersetzung Cziborra

Mit der Beschreibung ihrer genauen Tätigkeit tut sich Eva Baron, die als 13jährige bei Framo arbeitete, ein wenig schwer. Sie scheint die Messer oder Schneidewerkzeuge von Bohrköpfen für Bleche und Metall geschärft zu haben.

> „Sie waren ein Rohr mit einem Kopf, die Zähne alle um ihn herum, und das hat sich gedreht, wie ein Schraubendreher der ein Loch macht. Diese waren innerhalb der Maschine, und bohrten große Löcher. Offenbar war dies enorm wichtig für die Präzision bei allem was sie machten. Es gab verschiedene Größen. [...] Meine Aufgabe war es diese Zähne zu schärfen, die herumlaufen, aber es hatte so präzise zu sein, dass, sobald ich es geschärft hatte, es eine gewisse Fähigkeit verlangte, ich glaube auf den Zehntel Millimeter genau zu messen, denn jeder musste exakt die gleiche Größe haben. [...]
> Und ich hatte die Geduld dafür. Ich begann mich damit zu befassen. Später hatte ich manchmal ein schlechtes Gewissen, weil ich mich so dafür einsetzte.
> Und ich wurde so gut darin, dass sie [...] mich auswählten und für zwei Wochen kam jeden Nachmittag eine SS-Frau und nahm mich in eine Schule auf dem Fabrikgelände, keine Sch[ule sondern einen] Raum, wo es Schultische und einen Lehrer gab, und mit Männern um mich herum und ich saß dort mit dieser SS Frau und machte Notizen! Und der Grund war, um zu lernen, wie man eine Blaupause liest, weil diese Dinge, die ankamen, um geschärft zu werden, wurden mit einer Blaupause ausgehändigt, sodass die Person, die es mir brachte mir auf der Blaupause zeigen konnte, was sie an dem Ding erledigt haben will. Und sie machten mich, nach zwei Wochen, zu einem Vorarbeiter. [...] Sie legten ein gelbes Band um meinen Arm mit einem E darauf. Ich erinnere mich, dass die Frauen lachten weil sie sagten: "Nun, E steht für Eva," aber das E stand für Einsteinerin [sic! Einstellerin?]. [...] Also wurde ich ein Vorarbeiter, und bevor man es wusste, sah ich diesen Kran kommen, ... hebend, weil, wie ich schon sagte, mein Bereich von Glas umschlossen war, so kam ein Kran der eine Maschine trägt. Sie hatten sie über die Glaseinfassung zu heben und ließen sie nach unten plumpsen. [...] Und ich begann an dieser Maschine zu arbeiten. Und es gab nur, ich weiß nicht, nur sehr wenige Menschen in dieser kleinen Abteilung, in dieser kleinen Abteilung, in der ich war. Aber auf der anderen Seite der Scheibe von mir, hinter der Glaswand vor mir, war ein russischer Soldat, zu weit weg für eine

Unterhaltung, und da war diese Glasscheibe dazwischen, und vor mir, gegenüber dem Glas war ein tschechischer Zwangsarbeiter. Die waren anders. Sie waren frei in der Stadt, aber sie waren dort um zu arbeiten. Der russische Soldat war ein Kriegsgefangener. Wo sie lebten, [...] wer auf sie aufpasste oder wo sie hingehörten, davon habe ich keine Ahnung. Jetzt haben wir gearbeitet, ich arbeitete von sechs Uhr morgens bis sechs Uhr abends, und abwechselnd wöchentlich mit französischen Frauen, die dann von sechs Uhr abends bis sechs Uhr am Morgen arbeiteten. Diese Fabrik war vierundzwanzig Stunden am Tag in Betrieb. So arbeitete ich manchmal die ganze Nacht und manchmal den ganzen Tag. Die französischen Frauen waren keine jüdischen Frauen. Ich weiß nicht, wer sie waren, französische Zwangsarbeiterinnen."

Rosalia I.:

„Wir arbeiteten in einer Fabrik für Flugzeugteile. Wir gingen zur Arbeit etwa eine halbe Stunde. Wir wurden durch einen Hintereingang [Seiteneingang Gabelsberger Str.] in die Fabrik geführt, ich könnte die Fabrik nicht beschreiben, habe ihre Fassade niemals gesehen. Die Schichten dauerten 12 Stunden, die Häftlingsfrauen, die in die verschiedenen Schichten eingeteilt waren, hatten einander niemals begegnen können. Wir durften auf die Toilette nur mit Begleitung der Aufseherinnen. Den Namen der Fabrik kenne ich nicht. In der Fabrik arbeiteten Zwangsarbeiter verschiedener Nationalitäten, wir durften in der Fabrikshalle mit ihnen nicht sprechen. Ich arbeitete in der Pfeilerei [sic! Feilerei]. Mein Meister hat nicht getraut mit uns zu sprechen. Doch er steckte uns in die Werkzeuglade hie und da Kartoffel oder Brot. Es gab Arbeitseinteilungen, in denen die Häftlingsfrauen mehr Bewegungsfreiheit genossen hatten. Diese sprachen mit Zwangsarbeitern und brachten ins Lager auch Situationsnachrichten über die Frontlage. Ich war in Hainichen mit meiner Mutter und zwei Schwestern. [...] Ich bemerke hier, dass ich die meiste Zeit Doppelschichten gearbeitet hatte, denn meine Mutter war eine bejahrte, kranke Frau. Sie wurde zum Aufräumen des Wohnhauses eingeteilt. Ihre Arbeit habe ich nach meiner Schicht in der Fabrik verrichtet. Dies raubte meine ganze Zeit und Kraft, sodass ich wenig von den Vorgängen im Lager gesehen habe."[123]

[123] Barch, B 162 / 9069, S. 324f. – VP Rosalia I.

In den KZ-Außenlagern gab es in der Regel eine primitive Krankenstation, die *Revier* genannt wurde. Hier konnten akute Verletzungen und auf Minimalbasis schwerwiegendere Krankheiten behandelt werden. Die zur Ausheilung benötigten ärztlichen Utensilien und Medikamente waren jedoch keineswegs in ausreichendem Maß vorhanden. In Hainichen sollen aber mehrere Ärztinnen und Pflegerinnen zur Verfügung gestanden haben und Lagerführer Loh soll einige Medikamente beschafft haben. Seren B. erinnert u.a. zur medizinischen Versorgung:

> „Allerdings gab es so gut wie gar nichts zu essen, und viele Häftlinge starben an Hunger und Entkräftung. Auch gab es so gut wie keine Krankenversorgung. Ein Häftling war Krankenschwester, und sie mußte versuchen, uns medizinisch zu betreuen.“ [124]

Rosalia I. gibt 1970 zu Protokoll:

> „Zu Beginn versah die Funktion des Lagerarztes eine Zahnärztin von Kluj, eine blonde Frau, deren Name mir schon entfiel. Später kam noch eine Ärztin polnischer Abstammung, die war schwarzhaarig, ihr Name ist mir nicht bekannt. Die Ärztinnen hatten keine Heilmittel zur Verfügung. [...] Bei Arbeitsunfällen wurden die Frauenhäftlinge im Revier der Fabrik behandelt. Ich wurde auch in der Fabrik an einem Finger operiert, die Behandlung war korrekt. Im Krankenrevier des Lagers verstarben meiner Erinnerung nach zwei Frauen. Eine Leidensgefährtin aus Polen verstarb an Nierenkrankheit, sie bekam keine Behandlung, denn die Oberaufseherin erklärte sie als Simulantin. Dies weiß ich aus unmittelbarer Wahrnehmung, denn ich lag zur Zeit ihres Ablebens im Revier. Eine junge Leidensgefährtin aus Budapest, Olga Reismann, lag im Revier in Depression, ihr Körper war mit Ausschlägen besät. Sie verstarb an Erschöpfung. Was im Revier, nachdem ich ihn verließ, vorkam, weiß ich nicht. [...] Über Tötungen in Hainichen weiß ich nicht[s].“ [125]

---

[124] Barch, B 162 / 9068, S. 204 – VP Seren B.
[125] Barch, B 162 / 9069, S. 324f. – VP Rosalia I.

Rosalia I. dürfte etwa im März und April im Revier gelegen haben. Der Tod Olga Reismanns im März 1945 dürfte dem Tod Edith (Ester Chaja) Fajns im April vorangegangen sein. Auf beide Todesfälle ist später noch gesondert einzugehen.
Bei den erinnerten Ärztinnen sind wahrscheinlich Dr. Roza Wesztfried aus Kolozsvár (Cluj bzw. Klausenburg) und die in Königsberg geborene Dr. Alice Lewin aus dem Ghetto Lodz gemeint.
Die dritte jüdische Ärztin im Außenlager Hainichen war Dr. Rita Smrcka aus Wien. Sie gibt 1969 im Rahmen der Ludwigsburger Ermittlungen zu Protokoll:

> „Lagerärztin war ich selbst. Bemerken möchte ich dazu, daß zunächst drei Ärztinnen zur Auswahl standen und zwar eine Polin eine Ungarin und ich. Wilhelm LOH hat uns dreien je einen Fall zugewiesen und hat dann, auf Grund des Ergebnisses, mich ausgewählt. An Revierangehörige kann ich mich nicht mehr entsinnen. Es waren ca. 5 oder sechs Frauen tätig, die verschiedene Arbeiten zu verrichten hatten, doch kam ihnen keine Bedeutung zu." [126]

Mit der „Polin" ist wohl auch hier die deutsche Dr. Alice Lewin aus dem polnischen Transport aus dem Ghetto Lodz gemeint, deren Familie aus Königsberg stammte, aber durchaus auch polnische Wurzeln haben könnte. Sie hatte sich vor ihrer Überstellung nach Auschwitz bzw. Hainichen fast drei Jahre in Polen aufgehalten und bereits im Ghetto Lodz als Ärztin gearbeitet. Sie hatte 1924 in Berlin promoviert[127], die Wintersemester in Königsberg, die Sommersemester in Berlin verbracht und war seit 1925 mit dem Arzt Dr. Herbert Lewin verheiratet, der ab 1937 Chefarzt im Krankenhaus des Israelitischen Asyls für Kranke und Altersschwache war. Von Köln waren die Eheleute im Oktober 1941 gemeinsam ins Ghetto Litzmannstadt deportiert worden. Mit der erwähnten Ungarin ist Roza Wesztfried aus Klausenburg (Cluj) gemeint, das heute auf rumänischem Staatsgebiet liegt. Über sie ist bislang am wenigsten bekannt. Sie soll nach dem Krieg zunächst wieder nach Cluj zurück-

[126] Barch, B 162 / 9068, S. 240 R – VP Rita K.
[127] Titel der Dissertation: Untersuchungen über den Sitz des Magenulcus

gekehrt sein. Dr. Rita Smrcka selbst war gebürtige Wienerin, hatte am akademischen Gymnasium ihr Matura abgelegt und seit 1932 an der medizinischen Fakultät der Universität Wien ein Studium absolviert, das sie am 31.10.1938 mit einer Nichtarierpromotion mit Berufsverbot für das gesamte Deutsche Reich abschloss. Ihr gelang es nicht mehr rechtzeitig in die USA auszuwandern, während ihr Bruder nach England geflohen war. Ihre Mutter ist 1938, ihr Vater 1939 verstorben. Ihre Bezugsperson und späterer Ehemann war (Dr.) Walter Krause, den sie 1934/35 in einem Sezierkurs kennengelernt hatte. Diese Liebe wurde im August 1940 bei der Gestapo-Leitstelle Wien als „Rassenschande" denunziert, da Walter Krause nach nationalsozialistischen Rassegesetzen als „Arier" galt. Dr. Rita Smrčka arbeitete zu dieser Zeit im Rothschildspital der Israelitischen Kultusgemeinde Wien. [128]

> „Walter Krause wurde aufgrund § 2 des „Blutschutzgesetzes" 1935 am 22. September im Gefangenenhaus des Landgerichts für Strafsachen Wien 1 inhaftiert. In der Verhandlung am 17. Dezember 1940 am Landgericht Wien betonte Walter Krause erneut, dass er sich der drohenden Bestrafung bewusst gewesen wäre – *‚Ich wusste, daß im nat.soz. Staat Handlungen gegen die Rassengesetze auf das Strengste bestraft werden. Ich habe es trotzdem gemacht. […] Daß ich eine Frau liebe, ist doch kein Kampf gegen die Volksgemeinschaft.'* – und dass er beabsichtigt hatte, Rita Smrčka zu heiraten und eventuell mit ihr zu emigrieren. Auch Rita Smrčka erklärte in ihrer Zeugenaussage: *‚Ich wusste, daß auf den Geschlechtsverkehr einer Jüdin mit einem Arier schwere Strafen stehen. Daß ich es trotzdem getan habe, kann ich nur mit meiner Liebe zum Angekl. erklären.'* Walter Krause wurde zu 18 Monaten Zuchthaus verurteilt, wobei sich die lange Dauer des Verhältnisses mit Rita Smrčka und die Heiratsabsicht nach der nationalsozialistischen Rechtsauffassung erschwerend auf das Strafmaß ausgewirkt hatten." [129]

---

[128] Vgl. Katharina Kniefacz s.u.

[129] Katharina Kniefacz. Gedenkbuch für die Opfer des Nationalsozialismus an der Universität Wien 1938. Onlinequelle abgerufen 29.02.2016: https://gedenkbuch.univie.ac.at/index.php?person_single_id=12665

Im September 1942 wurde Smrcka als begleitende Ärztin eines Alterstransportes in das tschechische Ghetto Theresienstadt deportiert, wo sie sich bis zum Oktober 1944 aufhielt. Von Theresienstadt (Terezin) gelangte sie mit Transport Em vom 1. Oktober am 3. Oktober nach Auschwitz und wurde aus dem Durchgangslager ohne eine Häftlingsnummer tätowiert zu bekommen gleich weiter in das Arbeitslager Hainichen überstellt. Es ist davon auszugehen, dass sie in Auschwitz als Lagerärztin bewusst dem Transport zugeteilt wurde, da sie und die Ärztin Dr. Rosa Wesztfried relativ am Ende des Transportes registriert wurden, wobei sogar die Geburts- bzw. Herkunftsorte vertauscht wurden. In Hainichen trafen die beiden dann auf Dr. Lewin, die bereits etwa vier Wochen als Lagerärztin praktiziert haben dürfte. Die von Dr. Smrcka geschilderte nachträgliche Auswahl der Lagerärztin erscheint durchaus plausibel. Es ist wahrscheinlich, dass aber beide anderen Ärztinnen zunächst als Pflegerinnen im Krankenrevier verblieben (vgl. Sonia B. s.u.)
Rozalia Wesztfried soll später zur Zwangsarbeit in die Fabrik abkommandiert worden sein. Dr. Lewin wurde im März 1945 nach Venusberg in ein anderes Außenlager des KZ Flossenbürg überstellt. Die Kommandantur des KZ Flossenbürg hatte eigentlich Dr. Rita Smrcka für dieses sächsische Lager des Junkers-Konzerns vorgesehen. Dort wurden 500 weibliche Häftlinge aus dem KZ Bergen-Belsen erwartet, die wohl am 13. Februar eintrafen und eine Typhusepidemie ins Lager einschleppten. Zum Zeitpunkt der Anforderung Dr. Smrckas dürfte das aber noch nicht bekannt und die Seuche noch nicht ausgebrochen gewesen sein. Kommandoführer Loh antwortet am 16.02.1945 dem Standortarzt K.L.Flo.:

> „Laut dortigem Schreiben soll die jüd. weibliche Häftlingsärztin 53266 Smrka Rita geb. 9.7.1913 nach dem Lager Venusberg/Erzgeb. überstellt werden, da sich diese hier im Lager sehr gut eingearbeitet hat, wird gebeten die Häftlingsärztin Lewin Alice Nr. 52988 [53348] geb. 30.8.10 nach dort zu überstellen."

Diesem Wunsch des Kommandoführers, der laut Eingangsstempel erst am 24. Februar im KZ Flossenbürg eintraf, wird seitens der KZ-Verwaltung scheinbar nachgegeben. Laut einem

Schreiben vom 23. März 1945, wurde die Ärztin ~~52998~~ 53348 Levin Elisa geb. 30.8.10 in das AL [Arbeitslager] Venusberg überstellt. In den Flossenbürger Nummernbüchern ist die Ärztin Dr. Alice Lewin als Elisa Lewin und der geschönten Geburtsangabe 30.08.1910 Königsberg angegeben. Tatsächlich wurde sie aber wohl am 30.08.1899[130] oder gar 1898[131] geboren.
Diese Überstellung als Häftlingsärztin, die unter dem Datum 6.3. auch am 24. März im Nummernbuch vermerkt wurde, ist das letzte dokumentarische Lebenszeichen Lewins. Ob sie in Venusberg gegen Ende des Krieges noch ums Leben kam, ohne dass ihr Todesfall noch registriert wurde, oder ob sie bei der Evakuierung in das KZ Mauthausen ums Leben kam, ist unbekannt. Auf den Befreiungslisten deutscher und österreichischer Jüdinnen ist sie nicht nachzuweisen, eine Befreiungsliste für Polinnen ist leider nicht überliefert, der Evakuierungstransport aus Venusberg wurde in Mauthausen nicht mehr registriert. Lewins Ehemann, (Prof.) Dr. Herbert Lewin muss 1945 nach dem Krieg von Mithäftlingen seiner Frau kontaktiert worden und von der Überstellung nach Venusberg unterrichtet worden sein. Da Lewin als Lagerarzt im Buchenwalder Außenlager Schwarzheide den Krieg überlebte und wie die Hainichener Häftlinge in Theresienstadt befreit wurde, könnte er dort im Krankenhaus auf Pflegerinnen oder die Ärztinnen aus Hainichen getroffen sein. In einem nicht vollständig überlieferten Brief vom Dezember 1945 schreibt er:

> „Alice und ich wurden in das Vernichtungslager Auschwitz gebracht, natürlich im Viehwagen. Dort wurden wir sofort voneinander getrennt. Seitdem habe ich keine Nachricht von ihr. Wie mir später einige Frauen erzählten, war sie bis 5/3.45 Häftlingsärztin in einem Frauen-Konzentrationslager Hainichen bei Dresden, von dort kam sie in ein Lager Venusberg bei Dresden. Leider bin ich bis [zum] heutigen Tage weiter ohne Nachricht. Offenbar hat sie den letzten Marsch, den sogenannten Todesmarsch, nicht ausgehalten.“ [132]

[130] Angabe laut Lebenslauf der Dissertation und des Gedenkblattes des Ehemanns Prof. Dr. Herbert Lewin von 1977
[131] Dieses Datum ist verschiedenen Ghettounterlagen, möglicherweise auch Transportlisten und Gedenkbüchern zu entnehmen.
[132] Nachlass Herbert Lewins. NS-Dokumentationszentrum Köln.

Waffen-SS Außenarbeitslager
Hainichen i. Sa., Frankenberger Str.

Hainichen, den 16.2.45

Dortiges: Schreiben vom 8.2.45
Betrifft: Überstellung einer jüd. Häftlingsärztin zum Arbeitslager Venusberg/Erzgeb.

Konzentrationslager Flossenbürg
24. FEB. 1945

G.A.C. 5/66/-318-

An den
SS-Standortarzt K.L. Flbg.

Laut dortigem Schreiben soll die jüd. weibliche Häftlingsärztin 53266 Smrka Rita geb. 9.7.1913 nach dem Lager Venusberg/Erzgeb. überstellt werden, da sich diese hier im Lager sehr gut eingearbeitet hat, wird gebeten die Häftlingsärztin Lewin Alice Nr. 52998 geb. 30.8.10 nach dort zu überstellen.

Der Kommandoführer AL.

SS-Oberscharführer

F13: Dr. Alice Lewin **F14: Dr. Rita *Smrčka (ca. 1950)**

Lewins Aufnahme ist spätestens im Ghetto Lodz, wahrscheinlich aber noch vor Deportation in Deutschland entstanden. Seit November 1941 war Juden der Besitz von Fotoapparaten verboten. Von Rita Smrčka existiert noch ein ansprechendes Portraitfoto von 1938 (vgl. Gedenkbuch der Universität Wien)

YAD VASHEM **DAF-ED** **דף-עד** **יד ושם**

Forschungs- und Gedenkstätte
Jerusalem, Israel
P.O.B. 3477

ירושלים, הר הזיכרון
ת.ד. 3477

GEDENKBLATT

חוק זכרון השואה והגבורה —
תשי"ג 1953
קובע בסעיף מס׳ 2:
תפקידו של יד־ושם הוא לאסוף
אל המולדת את זכרם של כל
אלה מבני העם היהודי, שנפלו
ומסרו את נפשם, נלחמו ומרדו
באויב הנאצי ובעוזריו, ולהציב
שם וזכר להם, לקהילות,

DAS GESETZ ZUM ANDENKEN AN DIE MÄRTYRER UND HELDEN YAD VASHEM, 5713 — 1953 — ARTIKEL NR. 2 LEGT FEST:

Es ist die Aufgabe von Yad Vashem, dokumentarisches Material in Israel über all die Juden zu sammeln, die ihr Leben im Kampf und im Aufstand gegen die Nazis und deren Helfer hingaben, und das Andenken an die Opfer zu bewahren, wie auch das der Gemeinden und Institutionen, die wegen ihrer Angehörigkeit zum jüdischen Volk vernichtet wurden.

Familienname * — שם המשפחה * .1
Dr. med. Lewin-Belgard

Vorname (bei Frauen auch Mädchenname) — השם הפרטי (שם לפני הנישואין) .2
Alice geb. Belgard

Geburtsort (Stadt, Land) — מקום הלידה (עיר, ארץ) .4
Königsberg Ostpreußen

Geburtsdatum — תאריך הלידה .3
30. August 1899.

Name der Mutter — שם האם .6
Mally

Name des Vaters — שם האב .5
Felix

Name des Ehegatten (bei Frauen auch Mädchenname) — שם בן או בת הזוג .7 (אם בת זוג נא להוסיף שם משפחתה לפני הנישואין)
Prof. Herbert Lewin

Wohnort vor dem Kriege — מקום המגורים לפני המלחמה .8
Köln a. Rh. – Berlin

Wohnorte während des Krieges — מקומות המגורים במלחמה .9
Köln a. Rh.

Umstände des Todes (Ort, Datum, etc.) — נסיבות המוות (זמן, מקום, וכו׳) .10
umgebracht im KZ · am Ende des Krieges

Ich, der/die Unterzeichnete Prof. Dr. med. Herbert Lewin — אני, הח"מ
wohnhaft in (volle Adresse) 6056 Heusenstamm, Zeisigweg 25. — הגר/ה ב (כתובת מלאה)
Verwandtschaftsgrad/Freundschaft zum Verstorbenen Ehemann — קירבה (משפחתית או אחרת)

erkläre hiermit, dass ich diese Aussage wahrheitsgetreu und nach bestem Wissen erstattet habe.

מצהיר/ה בזה כי עדות זו נכונה לפי מיטב ידיעותי.

Unterschrift H. Lewin — חתימה

Ort, Datum Heusenstamm, 21/6.77. — מקום ותאריך

"...ונתתי להם בביתי ובחומותי יד ושם...אשר לא יכרת" ישעיהו נו, ה

"...ihnen will ich in meinem Haus, in meinen Mauern Denkmal und Namen geben... der nicht soll getilgt werden." Jesaja 56/5

* נא לרשום את שמו של כל נספה על דף נפרד.

* *Bitte den Namen eines jeden Umgekommenen auf einem separaten Gedenkblatt aufzuschreiben.*

Wer ihm über das Schicksal seiner Frau berichtete, ist nicht bekannt. 1947 heiratete Dr. Herbert Lewin erneut und wurde 1963 bis 1969 Vorsitzender des Zentralrates der Juden in Deutschland. Am 21.06.1977, etwa fünf Jahre vor seinem Tod im November 1982, reichte er ein Gedenkblatt für seine erste Ehefrau Alice Lewin bei der Gedenkstätte Yad Vashem ein. Darin heißt es zu den Todesumständen recht allgemein: *„umgebracht im KZ am Ende des Krieges“*. Obwohl er bereits 1945 Kenntnis von ihrer Überstellung nach Hainichen und Venusberg hatte, lagen ihm also Zeit seines Lebens keine genauen Informationen zum Todeszeitpunkt und Begräbnisort seiner Frau vor. Dennoch sind auf nicht mehr genau nachvollziehbaren Wegen scheinbar konkrete Todesangaben in den Umlauf gekommen und Dr. Alice Lewin wird im Gedenkbuch der deportierten Juden Kölns von 1995, im Gegensatz zu den Veröffentlichungen des Bundesarchivs von 1986 und 2006, in denen sie noch überhaupt nicht als Todesopfer aufgeführt ist, als im April 1945 in Ravensbrück verstorben verzeichnet. Dabei wird sie, basierend auf ihren zweiten Vornamen, als Dr. Alwine Lewin geführt, was so auch in das Ravensbrücker Gedenkbuch von 2005 übernommen wurde, obwohl sich eine Ravensbrücker Haft nicht dokumentarisch bestätigen lässt. Dr. Lewin ließ seine Ehefrau nach dem Krieg für tot erklären, um später erneut heiraten oder auf Vermögenswerte zuzugreifen oder rechtlichen Anspruch stellen zu können. Dabei wurde laut Internationalem Suchdienst (ITS) wohl der 8. Mai 1945 als Todesdatum festgelegt. Sofern also bei den anderen konkreten Todesdaten nicht ohnehin Personenverwechslungen und Recherchefehler zugrunde liegen, könnten auch Angaben durch einen vermeintlichen Sohn Verwirrung gestiftet haben. Die Ehe mit Alice Belgard war aber kinderlos geblieben.[133]

Dr. Alice Lewin konnte erst durch die intensiven Recherchen zum KZ-Außenlager Hainichen als Häftling des KZ Flossenbürg zweifelsfrei identifiziert werden. Ihr Tod im Jahr 1945 ist bislang weder im Buch über das KZ Venusberg noch im Gedenkbuch der Frauen des KZ Flossenbürg vermerkt. Dies wird bei künftigen Auflagen nachgeholt.

---

[133] Vgl. Rebecca Schwoch. Jüdische Miniaturen: Herbert Lewin.

Dr. Smrcka verblieb nach der Überstellung Lewins dann wohl als einzige Ärztin im Revier und ist unter ihren Mithäftlingen als Wiener Ärztin bekannt. Golda B. äußert:

> „Im Lager war eine Krankenstube. Die Lagerärztin war eine Häftlingsfrau von Wien, im Alter von etwa 40 Jahren [eigentlich 31 Jahre]. Ihren Namen habe ich nicht gekannt. Sie war in engen Beziehungen zum Lagerführer. Auf der Krankenstube waren Betten für liegende Kranke, doch wir hatten Angst hinzugehen, da die Oberaufseherin, die sich krankmeldende[n] Frauen grausam behandelte.“ [134]

Eva G. erinnert:

> „In Hainichen gab es ein Revier, das in dem Erdgeschoss des Hauptgebäudes untergebracht war. Dort arbeiteten zwei Häftlingsärzte. Die eine Ärztin kam aus Wien, jeder nannte sie die Wiener Ärztin. Die andere war eine Zahnärztin von Klausenburg. Das Revier war ein großer Raum, in dem dieselben doppelstöckigen Betten wie in unseren Schlafräumen standen. Es gab Strohsäcke. Anderes Bettzeug gab es nicht. In dem Revier waren nach meiner Kenntnis sechs bis zehn Häftlinge. Ich selbst bin in dem Revier zwar nicht behandelt worden, ich habe aber dort meine Freundin Olga Reissmann besucht. Die meisten Häftlinge, die in dem Revier lagen, litten an Vitaminmangel. Sie hatten große eitrige Ferunkel [sic!]. Der Eiter lief sogar von den oberen Betten in die unteren Betten hinein. Die Ärzte konnten nichts daran tun. Sie hatten keine Medikamente. Das einzige, was sie hatten, war Ichtiol, eine dunkle Salbe, und eine gelbe Pomade, die aus Fischleber hergestellt war. Diese beiden Dinge wurden den Kranken aufgetragen.“ [135]

Seit Oktober 1944 war auch die 42jährige Malvina Salamon als Krankenpflegerin im Revier eingesetzt. Sie berichtet:

> „Ich wurde schon am Tage, der unsrer Ankunft folgte, als Krankenpflegerin eingesetzt und ging nicht zur Fabrik mit den Häftlingsfrauen zur Schicht.[…] Lagerführer war ein etwa 45 [sic! 52] jähriger SS-Oberscharführer, seinen Namen [Loh]

---

[134] Barch, B 162 / 9069, S. 402 – VP Golda B.
[135] Barch, B 162 / 9067, S. 124 – VP Eva G.

kenne ich nicht, er war mittelgroß, weitere Einzelheiten über sein Äußeres sind nicht erinnerlich. Er hat sich menschlich verhalten. Erinnerlich ist mir ein Vorfall, wenn er für eine Leidensgefährtin, die an Lungenentzündung erkrankte, Injektionen verschaffte, ohne denen die Kranke mit größter Wahrscheinlichkeit verstorben wäre. Die Oberaufseherin war ein argwöhnisches Weib, das die Frauen auf Schritt und Tritt haute und schikanierte. Ich musste in großem Frost meinen Mantel ins Magazin übergeben und nur im Kleid bei den Kranken – in ungeheizten Räumen – arbeiten. Ihren Namen [Becker] kenne ich nicht. Sie war dunkelhaarig, etwa 35 Jahre alt, hochgewachsen. [...] Der [sic! Das] Krankenrevier war auf der zweiten – möglicherweise auf der dritten Etage. Er [sic! Es] bestand von [sic! aus] drei Zimmern, in zweien lagen bettliegende Kranke. Die Erkrankten durften nur mit Fieber über 39° im Lager bleiben. Dies war Befehl der Oberaufseherin, die persönlich die Kranken kontrollierte. Die Zahl der Kranken belief sich zwischen 40-50 Personen. Die Ärztin hieß Rita [Smrcka], stammte aus Wien. Eine Zeitlang arbeitete im Revier auch eine Zahnärztin Westfried Rosalia, die meine Landsmännin von Cluj – war. Diese wurde zur späteren Zeit in die Fabrik – als Arbeiterin – eingesetzt. Wir hatten keine Medikamente zur Verfügung. Wir wandten Prisnitzumschläge [sic! Prießnitzumschläge] an, für Hautausschläge, die als Folge von Vitaminmangel erschienen, gebrauchten wir Öl, das der Lagerführer für die Kranken verschaffte. Ich erinnere mich an zwei Todesfälle am Revier, eine junge Leidensgefährtin von Budapest, namens Olga, die einige Wochen in völliger Apathie lag und eine aus Polen stammende Frau, die – wie ich mich erinnere – an Nierenkrankheit litt. Auf direkte Tötungen – zu meiner Haftzeit in Hainichen – erinnere ich mich nicht." [136]

Auch der Pflegerin Salamon sind also die Todesfälle einer Olga Reismann und einer nierenkranken Polin bekannt, die sich scheinbar beide im Krankenrevier ereigneten. Sie waren aber nicht die einzigen Todesfälle in Hainichen. Sonia B. erinnert:

„Im Gebäude, in dem wir untergebracht waren, war auch das Krankenrevier in zwei Räumen eingerichtet. Drei Insassinnen – angeblich Ärztinnen – waren im Krankenrevier beschäftigt.

[136] Barch, B 162 / 9069, S. 354f. – VP Malvina S.

> Wieviel Kranke es dort gab, kann ich nicht mehr sagen, jedenfalls mußten Frauen sogar mit hohem Fieber zur Arbeit gehen. Soviel ich mich erinnern kann, sind im Lager Hainichen 6 Frauen gestorben. Außerdem gab es zahlreiche schwerkranke Personen, die unter der Last der schweren Lagerbedingungen gesundheitlich zusammenbrachen und in der Nachkriegszeit gleich starben.“ [137]

Im folgenden Kapitel soll dargelegt werden, was zu den einzelnen Todesfällen im Lager Hainichen bekannt ist.

e) Todesfälle und schwere Misshandlungen im Lager

Todesfälle mussten an die Verwaltung des Stammlagers gemeldet werden. Diese „Häftlingsabgänge“ wurden dann in der Regel ohne Rückdatierung mit einem Abmeldungsdatum in den Flossenbürger Nummernbüchern vermerkt und verminderten bei Stärkemeldungen die Häftlingszahl des Konzentrationslagers. Für das Lager Hainichen sind fünf Todesfälle auf diese Art und Weise belegbar. Es deutet aber alles darauf hin, dass es einen sechsten, nicht mehr registrierten Todesfall gab, denn auch Sara B. spricht von sechs Todesfällen:

> „Eine Leidensgefährtin, die von Siebenbürgen stammte, erkältete sich beim Kohlenabladen und erkrankte auf Nieren. Sie hatte kein Fieber, die Oberaufseherin erlaubte nicht, dass sie für krank erklärt wird. Die Leidensgefährtin schwoll an, bekam keine Behandlung und verstarb. Zusammen verstarben 6 Leidensgefährtinnen. Eine ganz junge wollte kein Essen zu sich nehmen und verstarb in Apathie. Keine Namen der verstorbenen sind mir erinnerlich.“ [138]

Bei der in Apathie verstorbenen jungen Frau müsste es sich ebenfalls um einen Hinweis auf Olga Reismann aus Budapest handeln. Der beschriebene Fall der nierenkranken Frau erinnert zwar stark an den bereits oben erwähnten Fall der Polin Fajn, dürfte sich aber wegen dem Verweis auf das rumänische

[137] Barch, B 162 / 9070, S. 440 – VP Sonia B.

[138] Barch, B 162 / 9069, S. 383 – VP Sara S.

Siebenbürgen auf Kornelia Herz beziehen. Es hat im Lager also wohl mindestens zwei Fälle von schwerer Nierenkrankheit gegeben, die tödlich endeten. Im Folgenden sollen die Todes- und Misshandlungsfälle aber möglichst chronologisch beschrieben werden.

I. Todesfall der Zlata Lasmann

Bereits am 9. September 1944, etwa eine Woche nach Ankunft des ersten Transportes aus Lodz bzw. Auschwitz verstarb in Hainichen eine Zlata Lasmann. Ihr Tod wurde erst am 1. Oktober 1944 ins Flossenbürger Nummernbuch übertragen. Zu diesem Zeitpunkt waren die Häftlinge noch gar nicht offiziell registriert und mit Flossenbürger Häftlingsnummern ausgestattet worden. Daher wird Zlata Lasmann nachträglich eine einzelne Häftlingsnummer, die 54181, zugewiesen. Denn als man die Personalien ihrer 149 Mithäftlinge aufnahm, war sie wohl schon verstorben. Aus diesem Grund mussten wohl auch ihre Daten rekonstruiert werden und sie gelangte mit dem Geburtstag 03.09.1922 Warschau in das Nummernbuch. Eine solche Person lässt sich im Ghetto Lodz allerdings nicht nachweisen. Es dürfte sich daher wohl eigentlich um die am 28.12.1910 oder 1914 geborene Zlata Lasmann aus Lodz handeln. Denn mit diesen Daten und der Namensschreibweise „Laßmann" ist einer Forschungsarbeit Dr. Ruth Röchers und Dr. Jürgen Nitsches zufolge ein Urnengrab eines in Hainichen verstorbenen Häftlings auf dem Chemnitzer Friedhof bezeichnet. In Dokumenten des Ghettos Lodz schwankt das Geburtsjahr zwischen 1910 und 1913, in Friedhofsunterlagen ist wohl der Jahrgang 1914 angegeben. Da viele Häftlinge, um sich als arbeitstauglich auszugeben, verjüngende Angaben machten, ist wohl die niedrigste Jahrgangsangabe am wahrscheinlichsten. Die Jüdin Luba B. aus Lodz berichtet 1970:

> „Befragt, ob jemand von ihren [Gertrud Beckers (?)] Misshandlungen gestorben ist, kann ich keine Angaben machen und zwar deshalb, weil ich drei Wochen nach meiner Ankunft nach Hainichen in der Fabrik einen Unfall bei der Arbeit erlitt. Ich verlor bei diesem Unfall vier Finger meiner rechten Hand,

da die Maschine, bei der ich arbeitete versagt hat und eine Springfeder, die herausgefallen ist, mir diese Finger abschnitt. Ich habe deshalb drei Monate in der Krankenstube gelegen und habe deshalb keinen Kontakt mit den Lagerverhältnissen gehabt. Von meinem Aufenthalt in der Krankenstube weiß ich, dass ein junges Mädchen in den ersten Wochen unseres Aufenthaltes gestorben ist. Was die Ursache war, weiß ich nicht. Meine Wunde wurde vom Werkarzt behandelt. Im Lager war auch eine Häftlingsärztin, die zusammen mit uns aus Auschwitz nach Hainichen gekommen war.
Im Lager sind auch Selektionen durchgeführt worden. Arbeitsunfähige wurden ausgesondert. Es muss jedoch gesagt werden, dass die Fabriksmeister danach getrachtet haben, womöglich diese Ausgesonderten noch irgendwie in dem Werk zu beschäftigen, um sie vor der Verschickung zu schützen. Auf diese Weise wurde auch ich nicht verschickt. Wenn ich mich richtig erinnere, sind solche Selektionen alle drei Monate durchgeführt worden. Einzelne Häftlinge wurden bei diesen Selektionen verschickt. Wohin, kann ich nicht sagen. Es wurde im Lager herumgesprochen, dass sie zur Vernichtung verschickt werden. An Namen der Opfer kann ich mich heute nicht mehr erinnern. Diese Selektionen wurden von jemand in einer schwarzen Uniform durchgeführt, der eigens zu diesem Zwecke nach Hainichen kam. Seinen Namen und Herkunft kenne ich nicht. Mir hat der Werkarzt geholfen, so dass ich den Selektionen entkam. Ich war übrigens Metallfachmann, was für die Fabrik ausschlaggebend war. Über im Lager Hainichen begangene Mordtaten weiß ich nichts. Meines Wissens nach sind dort keine Mordtaten verübt worden. […]
Ich will noch berichtigen, dass das Mädchen, von dem ich sprach, noch vor meinem Aufenthalt im Krankenrevier gestorben ist. Doch davon hatte ich Kenntnis.“[139]

Eine Überstellung selektierter Häftlinge in andere Lager lässt sich für das Außenlager Hainichen nicht bestätigen. Ob es tatsächlich Häftlingsselektionen durch SS-Ärzte der Lager-Inspektion gegeben hat, ließ sich bislang nicht feststellen.
Chana R. gibt zu Protokoll:

„Auf Befragen erkläre ich, dass in Hainichen keine von uns getötet worden ist. Es waren jedoch Todesfälle, von Krankheit

[139] Barch, B 162 / 9069, S. 394f. – VP Luba B.

und Erschöpfung. Ich weiß von keinem Falle von Überführungen von Kranken in Vernichtungslager.“ [140]

Glaubwürdig ist aber in jedem Fall, dass versucht wurde, Luba B. nach ihrem Arbeitsunfall weiter in der Fabrik zu beschäftigen. Dies wurde z.B. auch im Außenlager Zschopau der Auto Union AG so praktiziert, dort hatten bei Arbeitsunfällen einige Häftlinge ebenfalls schwere Verletzungen zugefügt bekommen, die im Lager langwierig behandelt wurden.
Zwar kann Luba B., die sich wohl von Oktober bis Dezember 1944 im Krankenrevier befand, nichts über die Todesursache Zlata Lasmanns sagen, aber sie kann den Todesfall und Todeszeitpunkt eindeutig zuordenbar angeben. Lagerführer Loh gab beim Dachauer Flossenbürg Prozess 1947 an, dass seines Wissens nach drei Jüdinnen an Tuberkulose verstorben seien. Laut Schreiben des Standesamtes Chemnitz an den ITS von 1948 ist Lasmann angeblich an „Herzschwäche“ verstorben und wurde bereits am 11.09.1944 auf dem städtischen Friedhof beigesetzt.

II. Todesfall der Hella Treimann

Ebenfalls in den Revieraufenthalt der Luba B. dürfte ein zweiter Todesfall einer polnischen Jüdin aus Lodz gefallen sei. Laut Friedhofsdokumenten des Chemnitzer Friedhofs starb die 35-jährige Hella Treimann am 22. November 1944. In den Nummernbüchern des KZ Flossenbürg wurde sie am 26.11.1944 abgemeldet. Die Verzögerung entspricht wahrscheinlich in etwa der Postlaufzeit der Meldung.
Sonst liegen über den Todesfall und seine Ursachen keine Aussagen von Mithäftlingen vor. Er kann aber durch das Grab und die Friedhofsdokumente mit Beisetzung am 11.12.1944 als abgesichert gelten. Hella Treimann müsste eine der von Loh erwähnten Tuberkulose-Toten gewesen sein.
Aus welchen Gründen die Häftlinge nicht auf einem Friedhof in Hainichen begraben wurden, sondern ins Krematorium nach Chemnitz geliefert und dort in Urnengräbern bestattet wurden, ist nicht überliefert.

---

[140] Barch, B 162 / 9067, S. 63 – VP Chana R.

III. Todesfall der Kornelia Herz

Über den dritten, zeitlich zweiten Todesfall in Hainichen ist dann deutlich mehr bekannt. Es handelt sich um den ersten Todesfall aus dem 2. Transport. Obwohl die 28jährige Cornelia Herz erst am 28. November 1944 und damit nach der Polin Hella Treimann im Flossenbürger Nummernbuch abgemeldet wurde, soll sie laut einem Schreiben des Standesamtes Chemnitz vom 10. März 1948 bereits am 19.11.1944 an Nierenentzündung (Geburtsjahr hier 1906) verstorben sein. Beigesetzt wurde sie mit Treimann am 11.12.1944 in Chemnitz. Arabela H. berichtet:

> „In Hainichen war ein Krankenrevier – mit Betten für liegende Kranke. Am Revier arbeitete eine Ärztin, die von Klausenburg [Cluj] stammte. Über weitere Ärztin befragt weiß ich von keiner anderen. In Hainichen verstarb eine Landsmännin, die in Alest (Rum.) verheiratet war, sie hieß Hezer – möglicherweise Herz. Die erkrankte bei der Arbeit, der SS-Angehörige von Arad hat sie zu Tode gejagt. Über diesen Fall könnte meine ehemalige Leidensgefährtin von Hainichen – Frau Rosalie Guttmann […] aussagen. Von weiteren Todesfällen weiß ich nichts. Ich weiß über keine Tötung vom Lager Hainichen [zu] berichten.“ [141]

Viorica D. lässt 1970 protokollieren:

> „Befragt auf etwaige Tötungen in Hainichen, erkläre ich, dass keine von uns gewaltsamen Todes verstarb, es gab aber Todesfälle. Eine der Verstorbenen kannte ich – sie hieß beim Vornamen Kornelia, stammte aus Elesd – Siebenbürgen. Im Parterre des Wohnhauses war ein Krankenrevier. Ich war niemals am Revier gewesen. Die Kranken behandelten zwei Häftlingsärztinnen – eine Zahnärztin aus Cluj, beim Vornamen Rozsi und eine Ärztin, die aus Wien stammte, doch ihren Namen gedenke ich nicht. Ich weiß, dass noch einige Frauen im Lager verstarben, ich kenne aber weder ihre Namen, noch ihre Zahl, noch die Todesursache.“ [142]

Gemeint in beiden Zeugenaussagen ist wohl die Stadt Alesd, die heute auf rumänischem Territorium etwa 40 km östlich von

---

[141] Barch, B 162 / 9069, S. 356f. – VP Arabela H.

[142] Barch, B 162 / 9070, S. 485 – VP Viorica D.

Oradea bzw. 120 km südlich von Szatmar (Satu Mare), der vermutlichen Geburtsstadt von Kornelia Herz liegt, mit der sie in den Flossenbürger Nummernbüchern unter der Häftlingsnummer 53019 registriert wurde.
Der Hinweis auf ihre Herkunft aus Siebenbürgen lässt sie als die nierenkranke Person identifizieren, die anscheinend mangels hohen Fiebers keine Behandlung im Krankenrevier erhielt.
Sara R. gibt zu Protokoll:

> „Die Oberaufseherin versetzte Hiebe auch Fußtritte den Frauen vor Angesicht aller Anwesenden. Ich sah es viele Male. Direkte Tötungen habe ich nicht gesehen. Ich erinnere mich eines Todesfalles. Eine kleinwüchsige – etwa 26-jährige – Frau von ungarisch besetztem Rumänien – verstarb - nach Nierenleiden. Die Frauen, die krankheitshalber nicht zur Arbeit gehen konnten, bekamen noch weniger zu Essen als die Arbeitenden. Ich arbeitete alle Arbeitstage in Hainichen.“ [143]

IV. Todesfall der Rifka Lefkowicz

Im Januar 1945 verstirbt dann erneut eine polnische Jüdin aus Lodz. Laut Friedhofsunterlagen vom Chemnitzer Friedhof am 23. Januar 1945. Die Abmeldung im Flossenbürger Nummernbuch erfolgte am 31.01.1945 unter der Häftlingsnummer 53343. Beisetzungsdaten liegen nicht vor, aber die Grabstelle Sond. Abt. 64b/264 in der Urnengrabanlage für KZ-Tote ist bekannt.
Auch Rifka Lefkowicz könnte zu den drei von Loh erwähnten Tuberkulose-Opfern gehören, die also im weitesten Sinne eines „natürlichen Todes“ im KZ-Außenlager Hainichen verstarben. Ob ihr Tod umgänglich gewesen, die Krankheit gar nicht erst ausgebrochen wäre oder der Krankheitsverlauf in Freiheit einen anderen Ausgang genommen hätte, lässt sich nur spekulieren.
Auf eine der drei Polinnen dürfte sich folgende Aussage der Zipora P. beziehen, da hier nicht von einer Misshandlung die Rede ist:

> „Erinnerlich ist mir ein Todesfall, einer Leidensgefährtin aus Polen, deren Name mir entfiel, sie verstarb im Revier. […] In

[143] Barch, B 162 / 9069, S. 298f. – VP Sara R.

Hainichen wurde keine von uns erschossen oder aufgehängt, kein Fluchtversuch ist mir erinnerlich.“ [144]

Es ist aber auch nicht gänzlich ausgeschlossen, dass sich diese Äußerung auf den 4. Todesfall einer Polin bezieht, der in den Erinnerungen viel präsenter war [vgl. Fall Fajn s.u.].

V. Todesfall der Olga Reismann

Im März 1945 kommt es zu einem fünften Todesfall im KZ-Außenlager Hainichen. Die junge 21jährige Budapester Jüdin Olga Reismann wird unter der Häftlingsnummer 53124 am 20.03.1945 als „Abgang“ aus der Lagerstärke abgemeldet. Genaue Sterbe- und Bestattungsdaten liegen bislang nicht vor.
Sie soll aber laut detaillierten Schilderungen der Augenzeugin Eva G. auf dem Friedhof in Hainichen bestattet worden sein. Warum sie nicht auch ins Krematorium nach Chemnitz geschafft wurde, ist unbekannt. Es gibt aber zahlreiche Hinweise zu ihrer Identität. Sie soll die Tochter eines promovierten Juristen gewesen sein.[145] Zlata Lenke B. gibt zu Protokoll:

> „Befragt über etwaige Tötungen in Hainichen, weiß ich keinen Tötungsfall anzuführen. Eine junge Leidensgefährtin, angeblich Tochter eines Budapester Rechtsanwaltes, erlag der Erschöpfung im Lager. Wir wurden misshandelt, blutiggeschlagen durch die Oberaufseherin.“ [146]

Dem Tod der Olga Reismann ging also scheinbar eine schwere Misshandlung voraus. Da die Vernommene aber Tötungshandlungen verneint, scheint der Tod der 21jährigen nicht im direkten Tatzusammenhang dieses Vorfalls zu stehen. Magda S. lässt 1969 protokollieren:

> „Ich habe in Hainichen keine Tötungen gesehen. Ich erinnere mich gehört zu haben, daß 2 oder 3 Frauen gestorben sind. Ich weiß aber nicht mehr aus welchen Gründen.

[144] Barch, B 162 / 9069, S. 292 – VP Zipora P.
[145] Vgl. ITS 6.3.3.2 / 98866955 Schreiben Dr. Zoltán Reizmann 22.09.1954 Adresse 1954 anscheined: Klüber Str. 15, Frankfurt am Main.
[146] Barch, B 162 / 9067, S. 78f.– VP Zlata Lenke B.

Ich habe auch gehört, daß die Oberaufseherin einmal ein Mädchen sehr geschlagen hat. Das Mädchen starb später, ich weiß aber nicht, ob ihr Tod eine Folge der Misshandlungen gewesen ist. An den Namen des Mädchens kann ich mich nicht erinnern. Ihr Vater war angeblich Arzt.“ [147]

Mit dem vermeintlichen Arzt ist wohl der Budapester Rechtsanwalt Dr. Zoltan Reismann bzw. Reizmann (*1892) gemeint, der kurz nach dem Krieg in Feldafing war. Stefanie G. gibt 1969 über die ihr bekannten Todesfälle in Hainichen zu Protokoll:

„Zwei Mädchen sind in dem Lager gestorben, nachdem sie geschlagen worden waren. Sie wurden in das Revier gebracht und sind dort gestorben.
Eines dieser Mädchen [Olga Reismann] war ein junges ungarisches Mädchen aus Budapest. Sie war vielleicht 18 oder 19 Jahre alt und war sehr hübsch. Sie war ganz allein von ihrer Familie in dem Lager. Sie war von Anfang an krank und einsam. Die Aufseherinnen warfen ihr vor, daß sie nicht arbeiten wollte und Ausflüchte gebrauchte.
Alle Häftlinge wurden geschlagen. Sie wurde aber besonders geschlagen. An einem Morgen wollte sie nicht zum Appell gehen. Daraufhin wurde sie von einer Aufseherin in unserem Schlafraum zusammengeschlagen. Das Mädchen litt unter Depressionen. Sie war hysterisch. Sie wollte sich nicht waschen und hatte deswegen einen Hautausschlag. Ich kann nicht sagen, welche Aufseherin sie geschlagen hat. Ich glaube, es war morgens. Ich kann mich nicht erinnern, daß ich sie bluten gesehen habe. Jedenfalls wurde sie so geschlagen, daß sie in das untere Stockwerk in das Revier gebracht werden musste. Dort lag sie einige Wochen bevor sie starb. Eines der Mädchen aus meiner Heimatstadt, Mrs. Eva G. geb. B., war näher mit ihr befreundet. Sie hat sie öfter in dem Revier besucht. Sie ist auch mit zu dem Begräbnis in der Stadt gegangen. Das ganze hat sich im Winter abgespielt. Ich erinnere mich, daß das Begräbnis an einem kalten Wintertag stattfand. Ich selbst bin nicht mit zum Begräbnis mitgegangen. Der mir vorgehaltene Name Magda sagt mir in diesem Zusammenhang nichts. Ich glaube nicht, daß dieses Mädchen Magda hieß.
Es ist noch ein anderes Mädchen geschlagen worden und danach im Revier gestorben. Einzelheiten zu diesem anderen

[147] Barch, B 162 / 9068, S. 256 – VP Magda S.

Fall kann ich nicht geben. Über die Zustände im Revier kann ich nichts sagen. Ich bin selbst nie im Revier gewesen.“[148]

Die durch Stefanie G. erwähnte Eva G. erinnert:

> „In dem Lager sind meines Wissens drei Häftlinge gestorben. Sie sind nicht von Krankheit gestorben, sondern an der Folge von Schlägen.
> Eine von ihnen war Olga Reissmann, die damals vielleicht 20 oder 21 Jahre alt war. Sie stammte aus Budapest. Ihr Vater Dr. Reissmann war ein bekannter Rechtsanwalt in Budapest. Er ist nach dem Krieg dorthin zurückgekehrt. Olga Reissmann konnte die schwere Arbeit nicht ertragen. Sie war krank und hatte Schwierigkeiten mit dem Essen. Die Lagerführerin hatte die Idee, daß jeder der nicht arbeiten konnte, in Wahrheit nicht arbeiten wollte. Sie hat Olga Reissmann geschlagen. Das habe ich nicht selbst gesehen. Nach den Schlägen war Olga vollständig deprimiert. Sie konnte nicht mehr essen und nicht mehr arbeiten. Sie wurde ins Revier gebracht. Dort konnte ihr niemand helfen. Dort lag sie ein bis zwei Wochen. Sie aß nichts. Sie magerte zu einem Skelett ab und starb wie ein Hund.
> Sie wurde in Hainichen begraben. Es war im Winter, es könnte im Januar oder Februar 1945 [März!] gewesen sein. Ich habe sie auf den Friedhof begleitet. Mit mir kam noch ein anderes ungarisches Mädchen mit Vornamen Jolie [Jolan]. Es waren auch mindestens zwei SS-Leute dabei. Wir haben die Leiche mit einem kleinen Handwagen dorthin gefahren. Die Leiche war in braunes Packpapier eingerollt, das oben und unten zusammengebunden war. Kopf und Füße schauten ein wenig heraus. Sie wurde in einer einsamen Ecke des Friedhofs beerdigt, wo auch ein russischer Kriegsgefangener beerdigt war. Das Grab wurde nicht bezeichnet. Es war kein jüdischer Friedhof.
> Das zweite Opfer war eine magere Ungarin von etwa 20 Jahren. Sie wurde fürchterlich von der Lagerführerin geschlagen. Die Lagerführerin pflegte diese Schlägereien nicht in der Öffentlichkeit durchzuführen. Sie nahm das Mädchen in einen besonderen Raum. Als das Mädchen herauskam, blutete es stark am Kopf. Die Lagerführerin muss eine Sadistin gewesen sein. Sie schlug immer auf den Kopf, bis der Kopf blutete.

[148] Barch, B 162 / 9067, S. 118f. – VP Stefanie G.

> Dieses Mädchen kam nach diesen Schlägen nie wieder richtig zu Sinnen. Sie ist einige Tage später gestorben. Ich weiß nicht, ob sie ins Hospital gebracht wurde, ich meine nein. Wenn sie im Hospital war, kann sie dort nur sehr kurze Zeit gewesen sein. Sie war die erste, die an den Schlägen starb, Olga war die letzte [falsch]. Der Name Magda sagt mir im Zusammenhang mit dem Tod dieser Ungarin nichts.“ [149]

Der Todesfall eines jungen ungarischen Mädchens infolge einer schweren Misshandlung und Kopfverletzung, ließ sich bislang nicht bestätigen. Zumindest die Misshandlung dürfte aber tatsächlich stattgefunden haben.

Zu den Vorwürfen im Fall Reismann äußert sich die Angeschuldigte Gertrud Becker 1970 wie folgt:

> „Auch der Name Olga Reizmann (Reismann), bei der es sich um die Tochter eines Rechtsanwaltes aus Budapest gehandelt haben soll, sagt mir nichts. Ich habe auch Olga Reizmann nicht mißhandelt. Wenn Lagerinsassinnen aus gesundheitlichen Gründen nicht arbeiten konnten, meldeten sie sich bei der Lagerärztin, die dann jeweils die Meldung ins Geschäftszimmer weitergab. Wer dann entschieden hat, ob die Häftlinge arbeitsfähig waren, weiß ich nicht. Mir stand die Befugnis jedenfalls nicht zu. Es könnte sein, daß das der Lagerführer entschieden hat. Genaueres dazu kann ich jedoch nicht sagen.“ [150]

Becker versucht also von der eigenen Verantwortung abzulenken. Dass es für sie als Oberaufseherin auch ein leichtes gewesen sein dürfte, sich über offizielle Befugnisse hinwegzusetzen oder nach ihren Bedürfnissen auszulegen, scheint sie bewusst zu verschweigen.

Im Vernehmungsprotokoll der Sidonia K. heißt es über die Todesfälle im Lager Hainichen zusammenfassend:

> „Befragt auf Tötungen in Hainichen, weiß ich – als Augenzeugin – von keinen Tötungen Zeugenschaft abzulegen, ich weiß aber von vier Todesfällen – die möglicherweise durch Misshandlung bedingt gewesen waren. Eine Advokatentochter aus Budapest, Reismann Olga, ein von zu Hause verwöhntes

[149] Barch, B 162 / 9067, S. 124f. – VP Eva G.

[150] Barch, B 162 / 9070, S. 512f. – VP der Oberaufseherin Gertrud Becker

Mädchen, das im selben Schlafraume mit mir wohnte, verstarb; Auf der oberen Etage verstarb noch eine verheiratete Frau von Ungarn, deren Name mir nicht erinnerlich ist, ihre Schwester, Itza verh. Adler, die auch in Hainichen war, soll irgendwo in Tel Aviv leben, ihr Ehegatte Akiba Adler ist Maler.[151]
Eine von Polen stammende Leidensgefährtin, die am Revier mit mir lag und lungenkrank gewesen ist, verstarb dort. Ihr Name ist mir nicht erinnerlich.[152]
Eine aus Ungarn stammende Häftlingsfrau verstarb im Schlafraum; es war bekannt, dass sie Nierenleiden [Kornelia Herz] hatte. Zwei Mädchen aus Ungarn, eine hieß Ajda Berger, verh. Loevy[153], die zweite beim Vornamen Magda[154], hatten kurz vor dem Ausmarsch von Hainichen, nachdem die Mehrzahl des SS-Personals geflüchtet war, von der Küche Proviant an sich genommen. Die Oberaufseherin hat die beiden mit je 25 Stockhieben [offiziell übliches Strafmaß] bestraft. Beide wurden in der Folgezeit irrsinnig, die Ajda ist bis heute in Behandlung in der Anstalt für geisteskranke in Akko, über das Los von Magda weiß ich nichts Genaueres. [...] Ich lag von Anfang an bis etwa Mitte März im Krankenzustand, davon einen beträchtlichen Teil auf dem Krankenrevier, der [sic das] sich in der untersten Etage befand. Im Revier arbeiteten zwei Häftlingsärztinnen, eine etwa 30-jährige sprach polnisch, die zweite, die angeblich in Klausenburg Zahnärztin gewesen war, war älter. Ihre Namen kannte ich nicht. [Die] Lagerälteste hieß Sonja, sie stammte aus Polen.“ [155]

VI. Schwere Misshandlungen in Hainichen

Wie die ausführlichen Aussagen der Eva G. und der Sidonia K. zum Ausdruck bringen, gab es in Hainichen nicht nur zahlreiche Todesfälle, sondern auch Misshandlungen mit schwerwiegenden Folgen. Der beschriebene Fall der „geisteskranken“ Frau Berger, wird durch deren Schwester Elsa Ester B. bestätigt:

---

[151] Möglicherweise handelt es sich hier um die Schwester von Kornelia Herz. Sie konnte bislang noch nicht in den Nummernbüchern identifiziert werden.
[152] Diese Aussage bezieht sich auf eines der drei Tuberkulose-Opfer.
[153] Die Schwester der Betroffenen nennt den Vornamen Viorica [s.u] FloNo.: 52928 [oder 52925?]
[154] Bislang nicht näher identifiziert. [s.u.]
[155] Barch, B 162 / 9069, S. 294f. – VP Sidonia K.

> „Mir sind zwei Todesfälle vom Lager Hainichen in Erinnerung. Eine der Verstorbenen stammte aus Altungarn [Olga Reismann], die andere von ungarisch besetzten Rumänien [Kornelia Herz]. Ihre Namen entfielen mit der Zeit meinem Gedächtnis. Diese beiden verstarben nach längerem Leiden im Krankenrevier. Wodurch ihre Krankheit bedingt gewesen war, weiß ich nicht. Die Funktion des Lagerarztes versah eine Häftlingsfrau, die von Polen oder aus der Tschechoslowakei stammen sollte, ihren Namen kannte ich nicht. An einen SDG [SS-Sanitätsdienstgrad] erinnere ich mich nicht.
> Die Oberaufseherin misshandelte eine Leidensgenossin, beim Vornamen Magda, die vom ungarischen Gebiet stammte, dass die Misshandelte den Verstand verlor. Auch meine Schwester Viorika [Ibi oder Vera] verh. Lövy, blieb nach Prügelstrafen, die die Oberaufseherin an ihr ausübte, auf die Dauer geisteskrank. Sie ist bis heute in Fachbehandlung in der Anstalt in Masra/Israel. Befragt auf etwaige direkte Tötungen in Hainichen, weiß ich von keiner Tötung im Lager.“ [156]

Auch zu dem zweiten Mädchen, das infolge der Misshandlungen wahnsinnig geworden sein soll, liegen Äußerungen zu ihrer Identität vor:

> „Die Oberaufseherin hatte in einigen Fällen Mädchen sehr grausam verprügelt. Eine gewisse Magda aus Cluj, etwa 19 Jahre alt, der die Oberaufseherin den Kopf blutig schlug, dass er sehr anschwoll, wurde infolge der Misshandlung wahnsinnig.“ [157]

Judith F. bestätigt den Vorfall geht aber von einem tödlichen Ausgang der Misshandlung aus:

> „Im Frühling 1945, genauer weiß ich die Zeit nicht zu begrenzen, stahl eine ungarisch sprechende Leidensgefährtin namens Magda, etwa 19 jährig, einige Kartoffeln vom Keller. Sie wurde von der Oberaufseherin grausam misshandelt, in den Kopf gehauen, bis sie völlig anschwoll. Nach einigen Tagen, nachdem Magda am ganzen Körper geschwollen war, verstarb sie infolge der Misshandlung. Auf weitere Tötungen kann ich mich nicht erinnern.“ [158]

---

[156] Barch, B 162 / 9069, S. 322 – VP Elsa Ester B.
[157] Barch, B 162 / 9070, S. 485 – VP Viorica D.
[158] Barch, B 162 / 9067, S. 81 – VP Judith F.

Bislang konnte diese Magda noch nicht eindeutig identifiziert werden. Es dürfte sich aber um die Person und den Vorfall handeln, den auch Eva G. im Sinn hat. Ob diese Misshandlung wirklich tödlich endete, muss offen bleiben. Möglicherweise blieb diese Magda bis zur Evakuierung des Lagers im Revier und überlebte. Sollte die erwähnte Magda tatsächlich gestorben sein, käme eigentlich nur die 1926 in Sobranz geborene Magda Salamon[159] in Frage. Ob sie tatsächlich in Cluj gelebt hatte oder aus Kolozsvár deportiert wurde, ist unbekannt. Denkbar wäre auch, dass die 1926 in Barodbeznye (Borod – Beznea) gut 90km nordwestlich von Cluj geborene Magda Nußbaum[160] als Misshandlungsopfer gemeint ist. Sie starb aber erst nach der Befreiung am 03.07.1945 in Theresienstadt.
Die polnische Jüdin Anny R. hatte dem Hörensagen aber ebenfalls von einem Misshandlungsvorfall, der tödlich endete, Kenntnis. Sie gibt zu Protokoll:

> „Vom Hörensagen weiß ich, daß kurz nach meiner Einlieferung nach Hainichen ein 18 oder 19-jähriges ungarisches Mädchen aufgrund von Schlägen der Aufseherinnen gestorben sein soll. […] Der Name Olga REISSMANN sagt mir nichts. Wie ich bereits erwähnte, weiß ich lediglich vom Hörensagen, daß einmal ein ungarisches Mädchen nach den Schlägen der Aufseherinnen verstarb.“ [161]

Zudem äußert sie auf Nachfrage:

> „An eine Ungarin Magda kann ich mich nicht entsinnen. Es gab so viele Magdas, daß ich nicht einen konkreten Vorfall schildern könnte, an dem eine Ungarin Magda misshandelt wurde. Es war an der Tagesordnung, daß die Oberaufseherin die Häftlinge schlug.“ [162]

---

[159] FloNo.: 53151
[160] FloNo.: 53240
[161] Barch, B 162 / 9070, S. 467 – VP Anny R.
[162] Barch, B 162 / 9070, S. 465 – VP Anny R.

Der ehemalige Lagerführer Wilhelm Loh äußert sich zu den Anschuldigungen im Fall der Ungarin Magda:

> „Während des Bestehens des Lagers Hainichen und während der Dienstzeit dort ist nicht ein einziges Tötungsverbrechen geschehen. Was anzuführen wäre, wäre die Sache, für die ich in Dachau [!vgl. Fall Fajn] verurteilt wurde. An diesen Vorfall erinnere ich mich noch einigermaßen. Ich hatte den zum Küchenpersonal eingeteilten Häftlingen die Anweisung gegeben, daß sie zwar essen könnten was sie wollten, keinesfalls aber Lebensmittel aus der Küche mitzunehmen sind. Die Ungarin Magda, den Nachnamen weiß ich nicht mehr, hatte belegte Brote entgegen meiner Anweisung für zwei Häftlinge mitgenommen. Dieses erfuhr ich durch andere Häftlinge. Ich habe die Ungarin bestraft, daß sie nicht mehr in der Küche tätig sein durfte. Ich habe davon gehört, daß die Ungarin von der Oberaufseherin Becker geschlagen worden ist. Ich halte es aber für vollständig ausgeschlossen, daß sie dabei so mißhandelt wurde, daß sie an deren Folgen verstorben ist. Von der Ärztin weiß ich, daß die Ungarin nur eine Niere hatte [hier handelt es sich wahrscheinlich um eine Verwechslung mit der Polin Fajn, Loh scheint beide oder sogar mehr Fälle in seiner Erinnerung miteinander zu vermischen, u.a. auch der nierenkranken Kornelia Herz] und wahrscheinlich daran gestorben ist, denn ich weiß mit Sicherheit, daß die Ungarin lange danach erst gestorben ist.
> Mißhandlungen von Häftlingen habe ich als Lagerführer grundsätzlich abgelehnt. Ich habe solche auch nicht von den Wachmannschaften geduldet.“ [163]

Die ehemalige Oberaufseherin Gertrud Becker bestreitet 1970 den Vorfall um die junge ungarische Jüdin sogar komplett:

> „An eine ca. 19 Jahre alte ungarische Lagerinsassin mit dem Vornamen Magda, die in der Küche gearbeitet haben soll, kann ich mich nicht erinnern. Mir ist auch nicht bekannt, daß diese Magda aus der Küche Lebensmittel entwendet haben soll. Ich bestreite, daß ich Magda auf Grund dieses Vorfalls mißhandelt habe. Ich weiß auch nicht, ob eine Lagerinsassin mit dem Vornamen Magda verstorben ist. Sollte das der Fall

[163] Barch, B 162 / 9068, S. 135f. – VP ehemaliger Lagerführer Wilhelm Loh

sein, so habe ich mit diesem Todesfall in keiner Weise etwas zu tun gehabt.“ [164]

Vor allem der letzte pauschale Satz ist anzuzweifeln, da sie 1950 regelmäßige Misshandlungen der Häftlinge zugab.
Jenny R. berichtet von einem dritten Häftling, der infolge von Misshandlungen durch die Oberaufseherin sein Gedächtnis verlor und durch Schläge möglicherweise auch ein Hirntrauma erlitt. Es handelt sich um ihre Schwester Elisabeth (Erzsi):

> „Die Oberaufseherin [Gertrud Becker] war über 30 Jahre alt, mittelhoch, dunkelhaarig, sehr schlecht. Für die winzigsten Vergehen, darunter war zu Verstehen auch das ungenaue Marschieren zur oder von der Arbeit, hat sie die Frauenhäftlinge geprügelt und mit den Stiefeln getreten. Ich war im Lager Hainichen mit meiner jüngeren Schwester Elisabeth. Als der Frost stark war, ich kann den Zeitpunkt nicht genauer bezeichnen, hat sich Elisabeth, die einen Fetzen gefunden hat, ihre Füße – zum Schutz gegen die Kälte – mit diesem Fetzen eingewickelt. Die Oberaufseherin hat es bemerkt, hat meine Schwester derart misshandelt, dass sie andere Leidensgenossinnen in die Behausung bringen mussten. Meine Schwester, die hier in Haifa lebt, kehrte von Hainichen fast ohne Gedächtnis zurück, dies als Folge der Misshandlungen. [...] Befragt an etwaige Tötungen im Lager Hainichen kann ich mich keiner erinnern. Auch an Todesfälle erinnere ich mich nicht.“ [165]

Auch Piri D. will selbst Opfer einer schweren Misshandlung durch die Oberaufseherin gewesen sein:

> „Im Winter, genauer kann ich mich auf die Zeitbezeichnung nicht einlassen, mussten alle Frauenhäftlinge von der zweiten Etage – an einem Samstag – heraus in den Schnee auf einige Stunden. Der Grund war ein – durch den Windzug zerbrochenes Fenster gewesen. An den Sonntagen pflegten wir uns abwechselnd die Kleider oder die Unterwäsche zu waschen, so dass wir nur halbgekleidet – und sehr ärmlich dazu – die Ruhetage verbrachten. Meine Schuhe waren soeben in der

[164] Barch, B 162 / 9070, S. 512 – VP der Oberaufseherin Gertrud Becker
[165] Barch, B 162 / 9069, S. 302f. – VP Jenny R.

Werkstätte für Reparatur. Wir mussten so – dürftig bedeckt – im Schnee hinausgehen. Ich habe meine baaren Füße in Papier eingewickelt. Das Papier fiel im Gehen von den Füßen. Bei dieser Gelegenheit haute mich die Oberaufseherin übers Gesicht, dass mich Blut übergoss. Ich musste weiter gehen. Wir mussten abwechselnd je eine halbe Stunde im Schnee stehen. Der Oberscharführer löste einigemal die Oberaufseherin ab, ihnen war es zu kalt draußen.“ [166]

Als Lager-Schusterin soll die Polin Sonia Ferst gearbeitet haben. Sara S. kann eine fünfte schwere Misshandlung durch die Oberaufseherin Becker bestätigen. Sie gibt 1970 zu Protokoll:

> „Die Oberaufseherin pflegte die Frauen mit einen Gummiknüppel zu hauen. Erinnerlich ist mir der Vorfall, als die Oberaufseherin meine Landsmännin Perl Frieda an einem Sonntag blutig schlug. Der Grund der Bestrafung war – dass Frieda Perl sich auf ihr Bett legte; dies war nicht erlaubt – außer den Frauen, die in Nachtschicht eingeteilt gewesen waren. Die Oberaufseherin erklärte, sie wird der Frieda 25 Hiebe geben. Frieda bedeckte sich das Gesicht mit den Händen und gab keinen Laut von sich. Als die Oberaufseherin sah, dass die Geschlagene nicht schreit, haute sie ihr 50 Hiebe. Frieda biss die Zähne zusammen und hielt sich tapfer. Nachdem die Oberaufseherin ging, fiel Frieda blaugehauen und zitternd zusammen und sagte sinngemäß, dass sie der Oberaufseherin nicht die Freude macht zu zeigen, dass es ihr wehtat.“[167]

Zwei weitere schwere Misshandlungen werden von Sonja P. aus Lodz bezeugt:

> „Die Oberaufseherin hat uns bei jeder Gelegenheit geschlagen. Sie hat mir einmal beim Ausmarsch zur Arbeit – den Schädel eingebrochen – weil die Frauen nicht gut genug marschierten. Obwohl ich demzufolge hohes Fieber hatte, riet mir die Ärztin Smrcka in die Arbeit zu gehen, sie hatte Angst vor der Oberaufseherin. […] Die Oberaufseherin hatte eine Häftlingsfrau namens Sascha Grünberg[168] grausam misshan-

[166] Barch, B 162 / 9069, S. 375 – VP Piri D.
[167] Barch, B 162 / 9069, S. 383 – VP Sara S.
[168] FloNo.: 53305

> delt, weil die Sascha im Nistkasten [sic! Mistkasten? = Aufbewahrung für kompostierbare Küchenabfälle] Lebensmittelabfälle von der SS-Küche klaubte. Über weitere Misshandlungen mit tödlichem Ausgang weiß ich nicht zu berichten."[169]

Wie diese sehr konkreten Anschuldigungen mit namentlich bekannten Opfern und Fällen zeigen, hat es in Hainichen zahlreiche schwere Misshandlungen gegeben, die scheinbar in mindestens drei Fällen schwere bleibende physische oder psychische Schäden verursachten [vgl. Zipora P. Kapitel g)].
Diese schweren Körperverletzungen waren 1970 nicht mehr Gegenstand der Ermittlungen der Ludwigsburger Stelle, da entsprechende Straftatbestände bereits verjährt waren. Daher wurde immer wieder nach möglichen Tötungs- und damit potenziellen Mordverbrechen gefragt und den genannten Vorfällen schwerer Körperverletzung nicht mehr intensiver nachrecherchiert.

VII. Der Tod der Edith [Ester Chaja] Fajn

Der sechste Todesfall im KZ-Lager Hainichen ereignete sich wahrscheinlich am 5. April 1945 und wurde nicht mehr zur Meldung gebracht oder konnte aufgrund der Frontsituation in den Lagerbüchern des bereits in Auflösung befindlichen Konzentrationslagers Flossenbürg nicht mehr verzeichnet werden. Zur Identität der 31jährigen „Edith Fein", die versehentlich als ungarische Jüdin unter der Häftlingsnummer 53291 registriert wurde, liegen zahlreiche Äußerungen vor.
Die ungarische Jüdin Eva G., die sich gut an den Todesfall der Olga Reismann erinnert, ordnet den Todesfall der polnischen Jüdin allerdings chronologisch vor dem Tod Reismanns ein, der im März 1945 erfolgte, aber von Eva G. mit Januar oder Februar datiert wird. Ihre zeitlichen Erinnerungen scheinen also ein wenig zu täuschen. Ihr Personengedächtnis ist aber offenbar sehr gut ausgeprägt. Sie gibt zu Protokoll:

> „Das zweite [mir bekannte] Opfer in der zeitlichen Reihenfolge war eine Frau Fein aus Lodz. Sie war Polin, sie wurde Feinowa genannt. Ihr Mann hatte eine große Textilfabrik in

[169] Barch, B 162 / 9069, S. 399f. – VP Sonja P.

Lodz. Sie war 30 bis 32 Jahre alt. Die anderen Leute pflegten zu erzählen, daß sie in Lodz immer sehr elegant gekleidet war. Sie war krank und konnte die schwere Arbeit nicht durchhalten. Auch sie bekam Schläge von der Lagerführerin. Ich habe das aber nicht selbst gesehen. Ich habe gehört, daß sie ein oder zwei Wochen nach den Schlägen gestorben ist. Ich kann nicht sagen, ob sie nach den Schlägen im Hospital war.“ [170]

Sonja P. war eine Freundin der Edith (Edzia) Fein und berichtet glaubhaft über deren Deportation und Lagerschicksal:

„Wenn ich an Tötungen im Lager Hainichen befragt werde, so erinnere ich mich eines Vorfalles dessen Opfer meine Leidengefährtin Edzia Feinowa von Lodz – gewesen ist. Edzia Feinowa wurde in Lodz an Nieren operiert. Als wir von Lodz nach Auschwitz verbracht worden sind wurden wir entkleidet vom Dr. Mengele selektiert. Feinowa schritt vor mir. Sie war damals etwa 30 Jahre alt, sehr gut gebaut, ungewöhnlich hübsch, doch an ihren [sic] Rücken war noch eine unverheilte Wunde. Ich habe ihr auf die Stelle der Operationswunde meine Hand gelegt und tat, als ob ich sie zu schnellern Gehen antriebe. Mengele hat die Wunde übersehen – und wir kamen gemeinsam ins Lager. Von hier an hatten wir uns befreundet und wohnten auch in Hainichen nahe zu einander. Feinowa war nicht fähig in der Fabrik mit der offenen Wunde und mangels Betreuung – die gewünschte Arbeitsleistung zu liefern. Die Oberaufseherin hat sie ob dessen verfolgt. Als die Feinowa in der Fabrik war, bemerkte ihr Meister – den Namen vermag ich nicht zu nennen – ihren Zustand und gab ihr leichte Arbeit, die sie sitzend verrichten konnte. Die Oberaufseherin, die zur Arbeitsstelle zu kommen pflegte, hat sie so arbeiten gesehen und forderte die Feinowa auf mit ihr ins Lager zu gehen. Als wir von der Arbeitsschicht ins Lager kamen und schon auf den Pritschen lagen, hörten wir lautes Schreien und Jammern. Wir setzten uns auf unsren Pritschen auf und sahen die Oberaufseherin die Feinowa zu hauen und mit den Füßen zu treten. Die Oberaufseherin sprach uns an sinngemäß: Was ist Mädels, ihr seit [sic!] doch müde, habt heute schwer gearbeitet. Dies sagte sie mit süßlicher Stimme. Ich sah, wie sich die Oberaufseherin die bluttriefenden Hand-

[170] Barch, B 162 / 9067, S. 125 – VP Eva G.

flächen in die Pritschen wischte, ihre Augen glänzten dabei. Feinowa wurde nicht aufs Revier gebracht und verstarb nach einigen Tagen. Die Lagerärztin, Dr. Rita Smrcka, die aus Böhmen stammte, durfte die Feinowa nicht betreuen. Der Oberscharführer war zur Ärztin Dr. Smrcka wohlwollend. Die Ärztin hatte auch keine Medikamente und keinen Verbandsstoff. Neben der Dr. Smrcka arbeitete auch eine ungarisch sprechende Zahnärztin beim Vornamen Rozsi.“ [171]

Der Leidens- und Todesfall der Edzia Fein bzw. Fajn ist unter den ehemaligen Häftlingen recht bekannt. Golda B. äußert:

> „Besonders erinnerlich ist mir der Vorfall mit einer Leidensgefährtin namens Feinowa. Feinowa war [eine] verheiratete Frau, etwa 22 [sic! 31] Jahre alt. Sie litt an Schmerzen, urinierte Eiter. Die Oberaufseherin zwang sie zur Arbeit zu gehen, obwohl Feinowa kaum gehen konnte. Als sich Feinowa auf ihre Schmerzen berufen hat – es war an einem Sonntagmorgen im Dezember-Januar – möglicherweise im Februar 1945, trieb uns die Oberaufseherin nach Tagesaufbruch zum Appell hinaus. Die Oberaufseherin löste ihren Ledergürtel von der Uniform und haute mit der Kapsel auf die Feinowa zu, bis Feinowa schwarz wurde. Am nächsten Tag verstarb Feinowa in der Krankenstube. Dann sollte die Oberaufseherin – in Anwesenheit der Lagerältesten – deren Name mir schon entfiel, gesagt haben sinngemäß – jetzt glaube ich, dass Du krank bist, Feinowa stammte von Lodz.“ [172]

Ob alle Details (Gürtel s.u.) dieser Anschuldigung stimmig sind, bleibt fraglich. Vor allem zeitlich hat auch Golda B. Schwierigkeiten den Vorfall einzuordnen. Möglicherweise lag daher auch mehr Zeit zwischen der geschilderten Misshandlung und dem tatsächlichen Todestag. Sara A. aus Lodz erinnert:

> „Mit uns befand sich eine zwischen 20-30 Jahre alte Leidensgefährtin von Polen, die nierenkrank war. Ich glaube, sie hieß Feinowa. Die Nierenkranke litt an Schmerzen und konnte nicht immer arbeiten. Als wir eines Morgens von der Nachtschicht ins Lager zurückkehrten – ich bin nicht fähig den Zeitpunkt anzugeben – und wir lagen schon auf den Pritschen

[171] Barch, B 162 / 9069, S. 398f. – VP Sonja P.
[172] Barch, B 162 / 9069, S. 402 – VP Golda B.

– kam die Oberaufseherin in den Schlafraum herein. Frau Becker, die sich vorher wiederholte Male ausdrückte im Sinne, dass Feinowa (oder eine andere – die die Nierenkrank war) die Krankheit simuliere, befahl der Kranken aufzustehen.
Dann misshandelte die Oberaufseherin die Kranke, warf sie auf den Boden, trat sie mit ihren Stiefeln, bis die Kranke regungslos liegen blieb. Die Kranke verstarb kurz darauf, wie ich glaube, im Krankenrevier. Die Krankenstube befand sich im Parterre. Eine etwa 30-jährige Ärztin, beim Vornamen Rita, die aus Böhmen stammen sollte, kam ins Lager einige Zeit nach uns. Diese Ärztin arbeitete auf der Krankenstube, auf der vor ihr schon eine andere Häftlingsärztin tätig war. Namen der anderen vermag ich nicht mehr anzuführen.
Befragt auf etwaige Exekutionen in Hainichen, erkläre ich, dass im Lager Hainichen keine Hängung oder Erschießung stattgefunden hat. Ich weiß auch von keinen weiteren Todesfällen außer des oben beschriebenen.“ [173]

Zahava Z. äußert:

„Im Parterre des Wohngebäudes war das Krankenrevier, ich lag niemals am Revier. Ich glaube, dass die Lagerärztin polnisch gesprochen hat, ihren Namen kenne ich nicht. Es ist mir nicht bekannt, ob am Revier noch eine andere Ärztin gewesen wäre.
Erinnerlich ist mir, dass eine von dem aus Polen stammenden Häftlingsfrauen nach Behandlung am Revier sich erneut krank fühlte und nicht zur Schicht ging. Diese Frau, ihren Namen gedenke ich nicht, wurde vom Lagerführer – aber möglicherweise von einem Stellvertreter – am Lagerhofe misshandelt – mit den Stiefeln getreten. Die Frau verstarb kurze Zeit nachdem. Ich habe ihren Sarg im Magazin gesehen. An nähere Einzelheiten über diesen Vorfall erinnere ich mich nicht. Befragt über weitere Todesfälle in Hainichen ist mir noch einer in Erinnerung. Doch Näheres darüber weiß ich nicht.“ [174]

Während Edzia Fein laut Aussage der Eva G. die Ehefrau eines Textilfabrikanten war, beschreibt sie Anny R. als die Tochter eines Schneiders namens Breitstein, der sich bei den Recherchen zu diesem Buch bestätigen ließ. Sie gibt zu Protokoll:

---

[173] Barch, B 162 / 9070, S. 455 – VP Sara A.
[174] Barch, B 162 / 9070, S. 488 – VP Zahava Z.

„An einen Vorfall kann ich mich noch genau entsinnen. Im Lager war auch die Tochter eines Schneiders aus Lodz, deren Mädchenname BREITSTEIN war. Unter welchem Namen sie in das Lager kam, sie war zu diesem Zeitpunkt schon verheiratet, weiß ich nicht. Diese Frau war sehr krank, da sie eine Unterleibsoperation [? Nierenoperation in Lodz und Eiter im Urin s.o.] hinter sich hatte. Sie lag deshalb zunächst im Krankenzimmer. Frau Becker behauptete jedoch, sie verstelle sich nur und vermochte auch die Ärztin zu überreden, sich dieser Ansicht anzuschließen. Deshalb wurde die Frau zur Arbeit geschickt, was sie körperlich nicht aushielt. Schon am ersten Tag wurde sie von zwei Kolleginnen ins Lager zurückgetragen, wo sie zunächst wieder ins Krankenzimmer kam. Dann kam Frau Becker und schickte sie zurück in unseren Schlafsaal. Dort befahl sie ihr, aufzustehen und schlug sie dann mit einem Gürtel. Zu gleicher Zeit schlug auch der Oberscharführer mit irgendeinem Gegenstand, den ich nicht mehr angeben kann auf sie ein. Das war das einzige Mal, daß ich den Oberscharführer einen Häftling schlagen sah. Nachdem die Frau unter den Schlägen zusammengebrochen war, wurde sie ins Krankenrevier gebracht. Dort soll sie noch am selben Tage gestorben sein. Ich habe gesehen, wie der Sarg mit ihrer Leiche herausgetragen wurde. Das war einen Tag später. […] Frau Fein oder Feinowa ist nach meiner Erinnerung wahrscheinlich diejenige Frau aus Lodz, deren Mädchenname ich mit Breitstein angegeben habe. Ich glaube, daß das richtig ist, und beide Namen dieselbe Person bezeichnen.“ [175]

Celina Z. erinnert Edzia Fein ebenfalls unter ihrem Mädchennamen Breitstein. Sie lässt protokollieren:

„Es war allgemein üblich, daß Häftlinge wegen jeder Kleinigkeit geschlagen wurden. An Tötungsverbrechen ist mir nur folgender Vorfall bekannt:
Vermutlich Februar 1945 wurde Frau Breitstein von der SS-Oberaufseherin von der Arbeit abgeholt. Am gleichen Tage wurde Frau Breitstein zu Tode geprügelt und im Lager beerdigt. Von Frau Breitstein weiß ich, daß sie nierenkrank war und keine Arbeit, bei der sie stehen mußte, leisten konnte. Sie war einige Zeit im Krankenrevier des Nebenlagers. Die SS-Oberaufseherin Beck oder Becker hat sie gezwungen in

[175] Barch, B 162 / 9070, S. 465ff. – VP Anny R.

> die Arbeit zu gehen. Frau Breitstein wurde in der Lackiererei beschäftigt. Diese Sachen habe ich selbst beobachtet, bzw. von den Beteiligten selbst gehört.
> Durch meine Mithäftlinge habe ich noch folgendes erfahren: Frau Breitstein soll auf ihr Ersuchen wegen ihrer Krankheit in der Lackiererei der Framo-Werke eine Tätigkeit, die sie im Sitzen ausführen konnte, erhalten haben. Eines Tages soll die Oberaufseherin während der Mittagszeit in die Fabrik gekommen sein. Sie soll über Frau Breitstein geschimpft haben und gefragt haben, wer ihr eine ‚sitzende Tätigkeit' gegeben habe. Frau Breitstein soll von der Oberaufseherin ins Lager gebracht worden sein.
> Als ich abends ins Lager zurückkam, erzählten mir meine Mithäftlinge, daß Frau Breitstein von SS-Leuten zu Tode geschlagen worden sei. Die Oberaufseherin soll anschließend 4 Mädchen beauftragt haben, die Frau Breitstein im Lager zu begraben. Bei der Tat sollen die Oberaufseherin und einige SS-Leute dabeigewesen sein. Wer Frau Breitstein geschlagen hat, weiß ich nicht. Ich möchte aber darauf hinweisen, daß über diesen Todschlag [sic] die Stubenälteste Hanna Rosenblum [vormals Kantorowicz] Angaben machen könnte. [...]
> Das Grab von Frau Breitstein habe ich nicht gesehen. [...]
> Mit dem Ungarischen Lager bin ich nicht zusammengekommen. Von dem mir vorgehaltenen Vorfall mit der Ungarin Magda (Vorname) weiß ich nichts."[176]

Bei Sonia B. heißt es zur Tatbeteiligung wahrscheinlich im Fall Fein:

> „Ich kann mich noch an einen Vorfall erinnern, wobei eine mir namentlich nicht mehr bekannte Lagerinsassin durch die Becker so schwer mißhandelt wurde, daß sie den erlittenen Verletzungen erlegen ist. Mir ist erinnerlich, daß einer oder zwei SS-Leute der Becker bei der Mißhandlung der Insassin behilflich waren. [vgl. Eva G.] Über den Verlauf dieses Vorfalles berichteten mir meine Leidensgenossinnen der zweiten Schicht, die weinend sagten, daß wir von Glück sprechen können, daß wir der Exekution nicht beiwohnen mußten. Mir fällt ein, daß einer der SS-Leute Franz[177] oder ähnlich ge-

[176] Barch, B 162 / 9068, S. 152f. – VP Celina Z.
[177] Dieser Vorname lässt sich bislang nicht belegen.

> heißen hat. An sein Äußeres kann ich mich nicht mehr entsinnen."[178]

Die ehemalige Oberaufseherin Becker reagiert 1970 bei ihrer Vernehmung folgendermaßen auf die ihr vorgehaltenen Vorwürfe im Fall Fajn:

> „Ich kann mich heute auch nicht mehr an die Polin Fein erinnern, die im Lager angeblich Feinowa genannt wurde. Auch mit dem Tod dieser Frau habe ich nichts zu tun gehabt. [...] Die Lagerinsassin Breitstein ist mir ebenfalls nicht mehr erinnerlich. Ich kann mich jedoch erinnern, daß eine Insassin des Lagers an einer Nierenerkrankung litt. Ob es sich hierbei jedoch um Frau Breitstein handelte, weiß ich nicht. Wenn behauptet wird, daß ich Frau Breitstein in der Firma bei einer sitzenden Tätigkeit angetroffen, sie dann ins Lager zurückgebracht und dort mißhandelt haben soll, so ist das völlig unzutreffend. Es stand mir gar nicht zu, Frauen während der Arbeitszeit aus der Fabrik zu holen und in das Lager zu bringen.
> Ich kann mir nicht erklären, weshalb einige Zeuginnen derart belastende Angaben über mich gemacht haben. Evtl. könnte es sich um Rachegefühle dieser ehemaligen Lagerinsassinnen handeln, die sich auf mich konzentrieren, weil ich als Oberaufseherin wohl am bekanntesten war. Es gehörte z.B. auch zu meiner Tätigkeit Streitigkeiten zu schlichten. Es kann ja durchaus sein, daß sich einige Häftlinge ungerecht behandelt fühlten und aus diesem Grund die Angaben über mich gemacht haben."[179]

Aus wissenschaftlicher Sicht dürfte es sich hierbei um einen schwachen Rechtfertigungsversuch der ehemaligen Oberaufseherin handeln. Die Aussagen der Hainichener Häftlinge sind überwiegend glaubhaft, auf Wahrheitssuche bedacht und selten übertrieben. Wenn sich an Misshandlungen und Tötungshandlungen nicht erinnert wird, wird das von ihnen auch so direkt und ehrlich zu Protokoll gegeben. Die Vernehmungen machen nicht den Eindruck, dass hier aus persönlichen Rachegefühlen, die Person Gertrud Beckers in Misskredit gezogen werden soll.

---

[178] Barch, B 162 / 9070, S. 440f. – VP Sonia B.
[179] Barch, B 162 / 9070, S. 512f. – VP der Oberaufseherin Gertrud Becker

Die Personen im Lagerumfeld werden meist sehr differenziert betrachtet. Es ist davon auszugehen, dass Becker in Hainichen die treibende Kraft war, wenn es darum ging Vorschriften und die Lagerordnung der SS durchzusetzen. Bei der Anwendung von Strafen scheint sie wenig Mitleid gekannt zu haben. Einige Aussagen über einzelne Vorfälle lassen sogar sadistische Züge möglich erscheinen. Edzia Fein scheint also länger unter ihrer besonderen Beobachtung gestanden zu haben und ihrem Tod gingen mit Sicherheit schwere Misshandlungen durch Becker und Loh voraus. Ob Becker dabei in Tötungsabsicht agierte, muss offen bleiben.
Auch ist nicht sicher, ob ihr persönlicher Antrieb eine antisemitische Haltung war, oder ob sie nur Karrierechancen witterte und alles in ihrer Macht liegende für den „Endsieg“ tun wollte und deshalb keine Krankmeldungen duldete und die Häftlinge gnadenlos zur Arbeit antrieb.
Spannend im Zusammenhang möglicher Häftlingstötungen ist auch die Aussage der ehemaligen Häftlingsärztin Dr. Rita Smrcka. Sie gab 1969 zu Protokoll:

> „Über Tötungsverbrechen im ehemaligen Nebenlager Hainichen kann ich nichts sagen. Ich kann mit Sicherheit sagen, daß zu jener Zeit, die ich dort verbrachte, in diesem Lager niemand getötet worden ist. Ich war bis zur Auflösung des Nebenlagers in Hainichen untergebracht und müßte es als damalige Lagerärztin wissen, falls tatsächlich dort jemand getötet worden wäre.“ [180]

Angesichts der Aussagen ihrer Mithäftlinge wirkt ihre Aussage fast ein wenig verdächtig, so als hätte sie Angst, sie könnte sich selbst in ihrer Verantwortung als Lagerärztin belasten. Andererseits ereigneten sich wohl auch nicht alle Sterbefälle im Krankenrevier. Als Ärztin müssten ihr aber Misshandlungsspuren an den verstorbenen Häftlingen aufgefallen sein. Möglicherweise standen Verletzungen und Todeseintritt für sie aber medizinisch nicht in unmittelbarem Zusammenhang. Eventuell bekam sie auch nicht alle Leichen zu Gesicht. Die Oberaufseherin Gertrud Becker sagt jedenfalls aus:

---

[180] Barch, B 162 / 9068, S. 240 R – VP Rita K.

„Während der Zeit meiner Tätigkeit im Nebenlager Hainichen sind etwa 3 oder 4 Häftlinge verstorben. In allen Fällen lag eine natürliche Todesursache zugrunde. Die Todesursache wurde jeweils von dem Betriebsarzt festgestellt, der dann auch den Totenschein ausstellte. Der Totenschein wurde weitergeleitet zum Standesamt Hainichen, wo der Todesfall registriert wurde. Beim Standesamt in Hainichen müßte sich also auch heute noch feststellen lassen, wieviel[e] Häftlinge in der Zeit des Bestehens des Nebenlagers Hainichen verstorben sind und welches die Todesursachen waren. Der Betriebsarzt hieß Dr. Küprich (phon.), ca. Jahrgang 1904. Er war in Hainichen wohnhaft und hatte dort auch eine Praxis. Ob er noch in Hainichen wohnhaft ist, weiß ich nicht. Dr. Küprich müßte also bestätigen können, daß die Häftlinge nicht auf Grund von Mißhandlungen verstorben sind. An die Namen der verstorbenen Häftlinge kann ich mich heute nicht mehr erinnern.“ [181]

Zu einer derartigen Prüfung der Hainichener Todesfälle kommt es 1971 nicht mehr, da der ehemalige Betriebsarzt Dr. Kübrich anscheinend unter einer demenziellen oder psychischen Erkrankung litt.

„Zur Klärung der Todesursache war versucht worden, den in der DDR lebenden ehemaligen Lagerarzt Dr. Kübrich vernehmen zu lassen. Am. 26.5.1971 (Bl. 523 d.A.) teilte der Generalstaatsanwalt der DDR jedoch mit, daß der Zeuge wegen krankhafter Störung der Geistestätigkeit nicht vernommen worden sei.“ [182]

Es ist aber durchaus möglich, dass er Totenscheine ausgestellt hat. Beim Standesamt Hainichen liegen allerdings keine Informationen über Beurkundungen der KZ-Toten vor. Entweder wurden solche Eintragungen oder entsprechende Dokumente kurz vor Kriegsende oder nach dem Krieg vernichtet, oder die Totenscheine wurden an das Sonderstandesamt Flossenbürg der KZ Verwaltung geschickt, dessen Arbeitsweise nicht hinlänglich erforscht ist und dessen lückenhafte Bestände in Arolsen überliefert sind. Eine Todesurkunde oder eine Grabstelle ist also in diesem Fall wie im Fall Reismann bis heute nicht vorhanden.

[181] Barch, B 162 / 9070, S. 513 – VP der Oberaufseherin Gertrud Becker
[182] Barch, B 162 / 9070, S. 506

Für Edzia Fein wurde aber bereits 1956 ein Gedenkblatt bei Israels zentraler Gedenkstätte Yad Vashem durch ihre Schwester Gina Wyszegrodzki eingereicht, dem das Todesdatum 5. April 1945 zu entnehmen ist. Dieses Datum ließ sich durch das Standesamt Hainichen, die Gedenkstätte Flossenbürg und das Sonderstandesamt Arolsen (ITS) bislang nicht bestätigen. Wie die Häftlingsberichte nahelegen, dürften aber die letzten beiden Opfer des Lagers, Olga Reismann und Edzia [Ester Chaja] Fajn, geborene Brajtsztajn in Hainichen beerdigt worden sein. Im November 2007 wurde auf dem Gelände des Alten Friedhofs auch ein Gedenkstein eingeweiht, der an die 6 Todesopfer des KZ-Außenlagers Hainichen erinnert. Es handelt sich aber nicht um einen Grabstein eines Massen- bzw. Sammelgrabs, da die ersten vier Toten des Lagers definitiv in Chemnitz kremiert und auf dem städtischen Friedhof an der Reichenhainer Straße beigesetzt worden sind. Ob ein Zusammenhang des Standortes des Gedenksteins mit den Gräbern der zwei anscheinend in Hainichen bestatteten Jüdinnen besteht, ist unklar. Es waren trotz Rücksprache mit dem Stadtarchiv Hainichen, Kirchengemeinde und Friedhofsverwaltung nicht einmal zur Initiierung und Einweihung des Gedenksteins entsprechende Entscheidungsträger und Involvierte zu identifizieren. Wie man die Zahl der 6 Toten bestimmt bzw. abgesichert hat, ist unbekannt, insbesondere da die Gedenkstätte Flossenbürg bislang im Aufsatz eines Mitarbeiters von 2006 und laut Webpräsenz bis 2016 nur von fünf dokumentierten Lagertoten in Hainichen ausging.

VIII. Juristische Ahndung der Misshandlungen und Todesfälle

Wie im Teil 2 im Kapitel über das Lagerpersonal ausführlicher zu entnehmen ist, musste sich die Hainichener Oberaufseherin Gertrud Becker bereits 1950 bei den Waldheimer Prozessen in der neu gegründeten DDR für ihre Taten verantworten, 1970 wurde zudem in der BRD ihre Vernehmung von den Ermittlern der zentrale Stelle der Landesjustizverwaltungen zur Aufklärung nationalsozialistischer Verbrechen veranlasst.

Im Vernehmungsprotokoll der ehemaligen Oberaufseherin Gertrud Becker nimmt diese eine eindeutige Verteidigungshaltung ein. Sie lässt protokollieren:

> „Ich kann nur nochmals betonen, daß ich außer gelegentlichen Schlägen mit der flachen Hand niemals Häftlinge mißhandelt habe. Ganz entschieden bestreite ich, Häftlinge derart mißhandelt zu haben, daß sie gestorben sind.
> Wenn mir vorgehalten wird, daß das auf Grund der vorliegenden konkreten Zeugenaussagen doch recht unglaubwürdig klingt, so kann ich trotzdem nur sagen, daß meine Angaben der Wahrheit entsprechen.
> Wenn es zur Gerichtsverhandlung gegen mich kommen sollte, wird sich ja herausstellen, ob die Zeuginnen, wenn sie mir gegenüberstehen, bei ihren Aussagen bleiben. Ich erkläre nochmals, daß die Aussagen dieser Zeuginnen nicht zutreffend sind.
> Wenn ich mir tatsächlich derartige Taten zuschulden kommen lassen hätte, wäre das ja bestimmt schon 1950 in dem Prozeß gegen mich zur Sprache gekommen. Wie ich schon erwähnt habe, handelte es sich jedoch nur um ein Pauschalurteil. Konkrete Fälle sind mir nicht vorgeworfen worden.
> Was ich mir zuschulden kommen lassen habe, also in zwei bis drei Fällen das Schlagen von Häftlingen mit der flachen Hand, dürfte wohl durch 10 Jahre Haft in der SBZ [Sowjetische Besatzungszone] gesühnt sein.
> Ich möchte nochmals betonen, daß diese Schläge niemals so fest gewesen sind, daß die Häftlinge irgendwelchen Schaden erlitten haben. Ich bedaure heute sehr, daß ich mich damals überhaupt habe hinreißen lassen, Häftlinge zu schlagen. Ich kann mir das nur so erklären, daß wir durch die SS und durch die Betriebsführung über die Häftlinge wissentlich falsch unterrichtet worden waren und uns demgemäß verhalten haben. Es war uns gesagt worden, daß es sich bei den Häftlingen ausschließlich um Kriminelle handele. Ich habe das damals auch geglaubt.“[183]

Ob die Aussage über die Fehlinformation durch die Betriebsleitung plausibel und aufrichtig ist, bleibt anzuzweifeln. So waren ja auch Ärztinnen unter den Häftlingen und etliche Personen mit denen auch Gertrud Becker Kontakt hatte der deutschen Sprache mächtig, wodurch sich ein anfänglich falsches Bild über die Häftlinge hätte prüfen und revidieren lassen können. Becker präzisiert:

[183] Barch, B 162 / 9070, S. 514 – VP der Oberaufseherin Gertrud Becker

„Ich bestreite energisch, daß ich jemals Häftlinge des Nebenlagers Hainichen derart geschlagen habe, daß sie an den Folgen verstorben sind. Ich gebe dagegen zu, daß mir bei meiner Tätigkeit hin und wieder die Hand ausgerutscht ist. Das ist z.B. vorgekommen, wenn Häftlinge sich zweimal zum Essen angestellt hatten oder sich gegenseitig bestohlen hatten. Ich habe aber in keinem Fall so fest zugeschlagen, daß die Häftlinge irgendwelchen Schaden davongetragen haben. [Das ist zu bezweifeln]. Es hat sich jeweils nur um Schläge mit der flachen Hand gehandelt. Ich habe niemals eine Lagerinsassin mit der Faust, mit einem Stock oder einer Peitsche geschlagen. Wenn in einer Zeugenaussage zum Ausdruck gebracht wird, daß ich einmal eine Insassin mit einem Gürtel geschlagen hätte, so entspricht das nicht den Tatsachen. [falsch vgl. Waldheimer Prozess]. Wir haben zu unserer Uniform gar keine Gürtel getragen. [richtig vgl. Fotini Tzani S. 64]
Wie oft es vorgekommen ist, daß ich Häftlinge mit der flachen Hand geschlagen habe, weiß ich heute nicht mehr. Meiner Erinnerung nach kann das aber nur etwa zwei oder dreimal vorgekommen sein. An die jeweiligen näheren Umstände kann ich mich heute nicht mehr erinnern, da das alles zu lange zurückliegt.“ [184]

Dabei ist Beckers Eingeständnis von 1970 deutlich weniger umfangreich als das von 1950 und in einigen Aussagen klar verharmlosend und falsch. [Vgl. Teil 2] Misshandlungen mit einem geliehenen Gürtel sind also mit Sicherheit vorgekommen.
Auch der Lagerführer Wilhelm Loh musste sich vor allem im Fall Fajn im Dachauer Flossenbürg Prozess verantworten. [vgl. Teil 2] und wurde 1947 zunächst zum Tode verurteilt und 1948 auf 20 Jahre Haft begnadigt, von denen er mit angerechneter Untersuchungshaft mehr als 8 Jahre in Landsberg verbüßte.
Die ungarische bzw. rumänische Jüdin Piri D. weiß 1970 vermutlich über den Todesfall Edzia Fajns zu berichten, von dem sie von einer der beim Prozess aussagenden Zeugin Kenntnis hatte.:

„Von einer Leidensgenossin von Polen, die in Hainichen mit noch drei Schwestern war, hörte ich, dass der Oberscharführer ein Mädchen das aus Polen stammte nach Rückkehr von der

[184] Barch, B 162 / 9070, S. 511f. – VP der Oberaufseherin Gertrud Becker

> Arbeitsschicht dermaßen misshandelte, dass das Mädchen daran verstarb. Das Mädchen soll auf der Arbeitsstelle ein Stück Brot an sich genommen haben. Einzelheiten über den Vorfall sind mir nicht bekannt. Die Frau, die mir das erzählte hieß nach dem Kriege Lewin [geborene Hochmann], lebte vor Jahren in Benaya, dort hat sie mir darüber erzählt. Sie erzählte mir auch, dass sie nach der Befreiung in Deutschland Zeugenschaft gegen den Lagerführer ablegte und wusste mir zu berichten, dass der Lagerführer zu Tode verurteilt wurde.“ [185]

Auf die Geschichte des Wachpersonals, d.h. Rekrutierung, Anschuldigungen und Strafverfolgung wird noch intensiver in Teil 2 eingegangen.

f) Überstellung aus Flossenbürg

Etwa zu der Zeit der Misshandlung und des Todesfalles der Edzia Fajn, trafen am 5. April 1945 sechs neue weibliche Häftlinge im Außenlager Hainichen ein. Auch dieses Ereignis blieb der Stammbelegschaft des Außenlagers nicht verborgen. Chana S. gibt einige Geschehnisse vorwegnehmend zu Protokoll:

> „Auf Befragen weiß ich über keinen Tötungsfall im Lager Hainichen zu berichten. Todesfälle waren jedoch zu verzeichnen – in den etwa 6 Monaten die ich im Lager war verschwanden 5-6 Leidensgenossin[n]en, deren Zahl von einem anderen Lager ersetzt worden ist. Etwa Mitte April 1945 – als die Front herannahte – und die Aufseherinnen verschwanden, mussten wir ausmarschieren. Nach einem Tage Fußmarsches wurden wir in offene Güterwaggone ohne Verpflegung verladen und nach Theresienstadt gebracht. In Theresienstadt wurde ich durch Sowjettruppen befreit.“ [186]

Ob die Einlieferung der sechs jüdischen Frauen jedoch als Ersatz für die fünf abgemeldeten Toten und die nach Venusberg überstellte Lagerärztin gedacht war, ist fraglich. Es könnte sich

[185] Barch, B 162 / 9069, S. 375f. – VP Piri D.
[186] Barch, B 162 / 9067, S. 66 – VP Chana S.

auch um einen puren Zufall handeln. Denn Berta Benau, Lotte Frankl (Frank), Ella Freisinger[187], Rosa (Ruzenka) Klein, Helena (Ily) Kossolani (Stern) und Julia Schlemm hatten als ehemalige Funktionshäftlinge des KZ Auschwitz bereits eine lange Odyssee durch diverse Lager hinter sich. Sie waren mit niedrigen, (teils) vierstelligen Häftlingsnummern aus dem Frühjahr 1942 tätowiert und ihnen wurden am 30. März 1945 die neuen Häftlingsnummern 65154 bis 65159 des KZ Flossenbürg zugeordnet.

Die Geschichte dieser sechs Frauen kann in der Autobiografie *My Two Lives* von Lotte Weiss, geborene Frankl nachgelesen werden. Lotte Weiss war wie die anderen jungen Frauen bereits im März 1942 aus der Slowakei nach Auschwitz deportiert worden und schließlich, nachdem sie bis Januar 1943 im Kommando *Kanada* beim Sortieren des Häftlingsgepäcks gearbeitet hatte, für das Büro Erich Rupprechts ausgewählt worden. Ing. Erich Rupprecht arbeitete in Auschwitz für das Unternehmen Deutsche Erd- und Steinwerke GmbH, zu dem auch die Steinbrüche des KZ Flossenbürg gehörten. Bis 1944 blieben die sechs Frauen in Auschwitz und wurden im Stabsgebäude untergebracht.[188] Von Lotte Weiss existieren sogar noch Fotos als weiblicher KZ-Häftling 2065 in Auschwitz. Einmal aus der Erkennungsdienstlichen Kartei von 1942, ein weiteres bei ihrer Arbeit im Büro der Deutsche Erd- und Steinwerke GmbH von 1944. Bis zur Liquidierung des Lagers verblieben die sechs Frauen als Schreibkräfte im Dienst Erich Rupprechts und zogen ab Januar 1945 mit ihm und seinem Büro durch etliche Konzentrationslager. Lotte Weiss, deren Autobiografie von 2003 seit 2010 auch in deutscher Übersetzung (+DVD) vorliegt, erinnert:

> „Wieder hörten wir Gerüchte, dass russische Truppen sich näherten und am 18. Januar 1945 wurde Auschwitz evakuiert. Wir sechs Mädchen, die wir für die Deutsche Erd- und Steinwerke arbeiteten, hatten Glück. Unser Boss, Ing. Erich Rupprecht, fühlte sich verantwortlich für uns und erzählte den Behörden, dass er uns zum nächstgelegenen Konzentrationslager

[187] Lotte Weiss spricht von einer Eta Berger, die wohl mit der Identität Ella Freisinger übereinstimmt.
[188] Vgl. Lotte Weiss. My Two Lives. S.55

bringen würde. Er und wir alle waren überzeugt, dass niemand von uns überlebt hätte, hätte er uns ausgehändigt.
Wir wurden durch Herrn Rupprecht, mit seiner Frau, zwei SS-Männern und einigen Zivilisten auf einem Lastwagen nach Groß-Rosen gebracht und verblieben dort etwa drei Wochen. Herr Rupprecht übergab uns nicht der Lagerverwaltung. Weil Groß-Rosen weibliche Häftlinge nicht unterbringen konnte, blieben wir in kleinen Baracken außerhalb des Lagers. Herr Rupprecht hatte Kisten für den Aktentransport gekauft und wir arbeiteten weiter wie zuvor.
Unsere nächste Station war Neu-Rohlau (Nové Role) im Sudetenland. Dann wurden wir nach Flossenbürg transportiert. Wir arbeiteten in einem provisorischen Büro für einige Wochen und wurden erneut außerhalb der Umgrenzung des Konzentrationslagers untergebracht. Es gab keine Frauen im Lager Flossenbürg. Während wir immer noch außerhalb des Männerlagers waren, arbeiteten wir in Baracken, die als Büros für einige SS-Offiziere dienten. Wir wurden eingeteilt diese Büros zu reinigen – zwei Mädchen pro Baracke.
Meine Freundin Ily und ich säuberten ein Büro, das einen eisernen Ofenherd hatte, dessen Rohre zum Abzug führten. Diese Öfen wurden mit Kohle geheizt und die Rohre waren glühend heiß. Ily und ich entschieden uns unsere Tätowierungen am Arm auszubrennen, denn wir dachten, dass wir so in die Lage kämen aus unseren Stuben zu fliehen. Wir legten unsere tätowierten Arme auf die heißen Rohre und spürten ein leichtes Brennen. Wir machten das einige Male, hoffend jeder Versuch würde helfen unsere Tätowierungen mehr zu löschen. Ein oder zwei Tage später schmerzten unsere Arme schrecklich. Wir schälten eine Hautschicht nach der anderen, aber stellten fest, dass die Verbrennungen sich infiziert hatten und heftige Schmerzen verursachten. Es gelang uns in den Baracken, die wir reinigten, ein paar Lumpen zu finden und bedeckten die tiefen Brandblasen auf unseren Armen in der Hoffnung nicht entdeckt zu werden. Glücklicherweise hatten unsere Häftlingsjacken lange Ärmel. Es war verwunderlich, dass wir keine Blutvergiftung von den uns selbstzugefügten Wunden bekamen. Letztlich heilten unsere Verbrennungen, aber wir waren geschockt zu sehen, dass unsere tätowierten Nummern nun sogar dunkler erschienen, als sie zuvor gewesen waren.[...]
Schließlich konnte unser Boss uns nicht länger außerhalb des Konzentrationslagers behalten und musste uns in das KZ

Flossenbürg einliefern. Das war das letzte Mal, dass wir Herrn Rupprecht sahen. Uns sechs Mädchen wurden neue Häftlingsnummern gegeben und wurden in zwei Zellen in einen Bunker gesteckt. Das war der 28. März 1945, exakt drei Jahre nachdem ich in Auschwitz angekommen war. Meine neue Nummer war 65115 [sic! 65155]. Wir verblieben in dem Bunker für neun Tage, dann mussten wir erneut umziehen. Diesmal begleiteten uns zwei SS-Frauen zu unserem nächsten Lager, Hainichen, welches ein Außenlager Flossenbürgs war.
Auf dem Weg nach Hainichen musste der Zug wegen eines Luftangriffes anhalten und wir wurden in einen Luftschutzbunker auf dem Bahnhof in Regensburg beordert.
Wir erreichten Hainichen am 5. April 1945 und hatten mit den anderen weiblichen Gefangenen, die größtenteils jüdische Mädchen aus Ungarn waren, in einer Flugzeugfabrik zu arbeiten. Eine Woche später, als wir im Untergeschoss der Fabrik waren, gab es einen anderen sehr großen Bombenangriff. Ich belauschte zwei SS-Männer und lernte aus ihrer Unterhaltung, dass Präsident Roosevelt gestorben war. Es war Freitag, der 13. April 1945. Als die Entwarnung kam mussten sich die Häftlinge auf dem Hof versammeln. Wir gingen nicht zurück zum Lager, sondern begannen zur Hauptstraße zu marschieren.[189]
Wir waren nun auf dem Marsch ins Lager Theresienstadt, ohne Essen oder Wasser. Wir konnten kaum gehen und eine Menge der Mädchen gaben auf. Die SS erschoss alle, die nicht weitergehen konnten.[190] Nach etwa vier Tagen wurden wir bei Brücks [sic! Brüx] (Most) in Viehwaggons gesteckt.[191] Wir sechs Mädchen versuchten von diesem Transport zu fliehen. Wir sahen einen leeren Kohlewaggon gleich neben unserem Viehwaggon und versteckten uns in den Ecken des Wagens, hoffend, dass wir nicht vermisst würden.
Aber plötzlich erschien ein SS-Mann oberhalb des Waggons mit gezogener Waffe und rief uns zu herauszukommen. Da ich die letzte war, hatte ich niemanden, der mich von unten schieben konnten und ich hatte Schwierigkeiten hinauf zu klettern.

---

[189] Das passierte wahrscheinlich erst am nächsten Morgen.
[190] Bislang ist kein einziges Erschießungsopfer zu belegen. Einer Frau soll aber in den Fuß geschossen worden sein.
[191] Spätestens am zweiten Tag sollen die Frauen im Raum Freiberg in offene Kohlewaggons verladen worden sein. Es wäre aber möglich, dass in Brüx nach erster Fahrt einige Frauen in geschlossene Waggons umsteigen konnten. Die Formulierung ist in jedem Fall missverständlich.

Der SS-Aufseher begann in die Luft zu schießen und schrie mich an. Nach einer furchtbaren Quälerei gelang es mir nach oben zu klettern und er drohte mir erneut. Als Strafe trat er mich buchstäblich in den Waggon, wo meine anderen Freunde auf mich warteten. Ich begann zu weinen und lachte hysterisch weil ich so froh war wieder bei ihnen zu sein.
Nach acht grausamen Tagen erreichten wir Theresienstadt am 21. April 1945. Nach der Registrierung, die einige Stunden dauerte, wurden wir in die Dresdner Kaserne gebracht. Wir haben weder Essen noch Wasser gehabt für viele Tage und waren total erschöpft, physisch und mental.“[192]

---

[192] Lotte Weiss. My Two Lives. S.63ff.
„Again we heard rumours that the Russian troops were advancing and on 18th January 1945, Auschwitz was evacuated. We six girls who worked for Deutsche Erd- und Steinwerke were very fortunate. Our boss, Ing. Erich Rupprecht, assumed responsibility for us and told the authorities that he would deliver us to the closest concentration camp. He and all of us were convinced that, had he handed us over, none of us would have survived. We were taken by Mr Rupprecht, his wife, two SS men and some civilians, to Gross-Rosen by truck and we remained there for approximately three weeks. Mr Rupprecht did not deliver us to the authorities. Because Gross-Rosen could not accommodate women prisoners, we stayed in a small barrack outside the camp. Mr Rupprecht had bought boxes and boxes of files with us and we continued our work as before.
Our next stop was Neu-Rohlau (Nové Role), in the Sudetenland. Then we were transported to Flossenburg. We worked in a temporary office for a few weeks and again were housed outside the perimeter of the concentration camp. There were no women in the Flossenburg camp. While we were still outside the men’s camp, we worked in barracks which had offices where some SS officers worked. We were assigned to clean these offices – two girls to each barrack.
My girlfriend Ily and I cleaned an office which had an iron stove heater with pipes leading to the outlet. These ovens were heated with coal and the pipes were red hot. Ily and I decided to burn off our arm tattos, imagining that we might then be able to escape from our dormitories. We put our tattooed arms on the hot pipes and notices a slight burn. We did this several times, hoping each time would help to erase the tattoos more. A day or two later our arms were hurting terribly. We peeled one layer of skin off after another, but noticed that the burns were infected, causing the intense pain. We managed to find a few rags in the barracks where we cleaned and covered the deep blisters on our arms, hoping we would not be found out. Luckily our prison jackets had long sleeves. It was miraculous that we did not get septicaemia from our self-inflicted wounds. Eventually our burns healed and we were shocked to see that our tattooes numbers appeared even darker than they were before [...]
Eventually our boss could not keep us out of the concentration camp any longer and he had to take us into Flossenburg. That was the last time we saw Mr Rupprecht. We six girls were given new registration numbers and were put in two cells in a bunker. This was 28th March 1945, exactly three years after I arrived in Auschwitz. My new number was 65115. We remained in the bunker for nine days, then were moved yet again. This time two SS women accompanied us to our next camp, Hainichen, which was a sub-camp belonging to Flossenburg.

Bis auf die Erschießungen auf dem Todesmarsch und den angeblichen oder missverständlichen Fußmarsch bis Brüx, sind die Schilderungen der Lotte Weiss insgesamt recht verlässlich und glaubhaft, d.h. sie zeichnen sich an den überprüfbaren Stellen durch große Faktentreue aus. Ihre sehr gut dokumentierte Lebensgeschichte ist aber keine reine Erinnerungsleistung, deren Güte wahrscheinlich durch ihre privilegierte Häftlingsstellung begünstigt wurde, sondern ist mit Sicherheit auch auf zahlreiche Nachkriegsrecherchen zurückzuführen.
Bei Sidonia K. heißt es die Ankunft der sechs tschechischen bzw. slowakischen Jüdinnen aus dem evakuierten Büro Rupprechts bestätigend:

> „Einige Tage vor der Evakuierung wurden 8 [sic! 6] geflüchtete Mädchen von der Slowakei aufgegriffen und nach Hainichen eingebracht. Der Lagerführer hat sie aufgenommen. Etwa Mitte März wurde ich in Arbeitseinsatz zu Grabenausheben eingesetzt. Die Lagerinsassinnen arbeiteten in einer Waffenfabrik, wo Kanonen [Nebelwerfer] erzeugt wurden. Die Fabrik wurde einigemal gebombt [sic! Fliegeralarm]. Am

---

On the way to Hainichen, the train had to stop because of an air raid and we were ordered into the air shelter of the railway station in Regensburg. We remained there until the air raid was over.
We arrived in Hainichen on 5th April 1945 and were put to work with the other women prisoners, who were mostly Hungarian Jewish girls, in an aeroplane factory. One week later, whilst we were in the basement of the factory, there was another very big bomb attack. I overheard two SS men talking and learnt from their conversation that President Roosevelt had died. It was Friday, 13th April 1945. When the alarm was called off all the prisoners had to assamble in the yard. We did not go back to camp but started to march towards the main road.
We were now on the march to Theresienstadt camp, without any food or water. We could hardly walk and a lot of the girls gave up. The SS men shot all those who could not continue. After about four days we were put into cattle wagons at Brucks (Most). We six girls tried to escape from this transport. We saw an empty coal wagon next to our cattle wagon and hid inside in the corners of the wagon, hoping that we would not be missed. However, an SS man suddenly appeared at the top of this wagon with his gun drawn, shouting at us to come out. Since I was the last one, I had no-one to push me up from below and I had difficulty climbing to the top. The SS guard started shooting in the air and shouting at me. After a terrible struggle, I managed to climb to the top and he threatened me again. As a punishment, he literally kicked me into the wagon where my other friends waited for me. I strated to cry and laugh hysterically because I was so happy to be back with them again.
After eight gruelling day we arrived in Theresienstadt on 21st April 1945. After registration, which lasted several hours, we were ordered into the Dresdner Barrack. We had no food or water for many days, and were totally exhausted, physically and mentally."

Vortag unsrer Evakuierung wurde die Fabrik getroffen.[193] Wir gingen vom Lager zu Fuß. Wir sollten angeblich nach Flossenbürg. Am Wege wurden wir in andere Richtung gebracht, wir wurden an einer Bahnstation in Waggons gepfercht, nach einigen Stunden Fahrt wurden wir auf einem Geleise – irgendwo an der Elbe – abgestellt. Wir verbrachten dort etwa 3 – 4 Tage, dann wurden wir wieder zu Fuß – über Leitmeritz nach Theresienstadt begleitet. Der Oberscharführer kam mit uns bis nach Theresienstadt. Am Wege wurde keine von uns umgebracht. [vgl. Lotte Weiss!] Einige erkrankte Leidensgenossinnen wurden auf einen Wagen gesetzt und wir hatten den Wagen gezogen. An dem Wagen befanden sich auch Gepäcke der SS-Angehörigen. Nach Theresienstadt kamen wir am 21. April 1945 an. Befreit wurde ich dort am 8. Mai 1945 durch Sowjettruppen. Vor dem Ausmarsche habe ich mehrere Aufseherinnen sich in Zivilkleidung umzukleiden gesehen. Sie verließen das Lager. Ich erinnere mich nur an 3 SS-Männer, die uns begleitet hatten. Der Lagerkommandant, sein etwa 40-jähriger Vertreter, der immer betrunken war, ein junger SS-Mann und eine Aufseherin. Alle hatten Pistolen [fraglich!] bei sich. Niemand von uns ist am Wege verstorben und meines Wissens blieben keine Kranken im Lager zurück.“ [194]

Chana R. berichtet:

> „Als einige Wochen vor Auflösung des Lagers etwa 8 Lagerinsassinnen gefehlt hatten, wurde diese Zahl von einem mir nicht bekannten Lager ergänzt, sodass wir in der Zahl 500 Häftlingsfrauen das Lager Hainichen evakuierten.“ [195]

Damit liegen zwei sehr ausführliche Evakuierungsschilderungen vor, die in vielen Daten übereinstimmen, aber in der Tatsache der Todesopfer während der Evakuierung zwei sehr unterschiedliche Bilder zeichnen. Das Hainichener Evakuierungsgeschehen ist also noch einmal genauer unter die Lupe zu nehmen.

---

[193] Am 13.04.1945 wurde eine Handvoll Bomben über der Kleinstadt Hainichen abgeworfen. Die Fabrik selbst soll nicht getroffen worden sein. Die Treffer lagen östlich vom Bahnhof im Stadtgebiet.

[194] Barch, B 162 / 9069, S. 295 – VP Sidonia K.

[195] Barch, B 162 / 9067, S. 63 – VP Chana R.

g) Evakuierung und Befreiung

Über die Vorgänge der Evakuierung liegen zahlreiche komplexe Aussagen vor, die im Detail sehr variieren und zum Teil sogar widerlegbar und widersprüchlich sind, aber insgesamt zu einer schlüssigen Rekonstruktion der Lagerauflösung führen. Um die einzelnen Aussagen auf ihre Verlässlichkeit hin überprüfen zu können, sollen die Zeugenaussagen in diesem Kapitel daher nicht in ihre diversen Teilaussagen zerlegt werden, sondern sind dem Kapitel als Quellenhorizont am Ende nahezu unkommentiert angegliedert. Aus den zwei bereits zitierten und insgesamt etwa 30 Evakuierungsschilderungen speist sich also folgende historische Rekonstruktion der Geschehnisse.
Kurz vor der Evakuierung des Lagers soll die Oberaufseherin Gertrud Becker mit drei weiteren Aufseherinnen am 12. oder 13. April 1944 Hainichen verlassen haben. Möglicherweise sollte geeignetes Schuhwerk für einen Evakuierungsmarsch der Häftlinge beschafft werden. Vielleicht war die Dienstreise ins Stammlager Flossenbürg zu diesem Zeitpunkt aber auch reiner Zufall. Einige Häftlinge sprechen auch davon, dass sich einige Aufseherinnen abgesetzt hätten. Einig sind sich die Jüdinnen jedenfalls darin, dass sie nur von einem Teil der Wachmannschaft bei der Auflösung des Lagers begleitet wurden.
Am Freitag, den 13. April 1945, soll es (laut Zipora P. morgens, sie setzt die Evakuierung aber insgesamt zu früh an und spricht von Ende März) einen Fliegerangriff auf Hainichen gegeben haben[196], infolge dessen die Häftlinge aus der Fabrik in die Unterkunft geführt wurden und nicht, wie dies Lotte Weiss suggeriert, sofort die Stadt verließen. Bei der Bombardierung schlugen vier Bomben östlich des Bahnhofs im Stadtgebiet ein, von denen drei detonierten und 2 Tote und vier Schwerverletzte zur Folge hatten.[197] Das Angriffsziel ist unklar. Es könnte der Bahnhof, bzw. die Gleisanlagen, möglicherweise aber auch der Rüstungsbetrieb Framo gewesen sein. Die Bomben hätten dann um 100-200m das Ziel verfehlt. Es ist nicht auszuschließen, dass dabei auch in der Fabrik durch Glasbruch Schäden entstanden. Die Gebäudesubstanz blieb sonst allerdings unversehrt. Es war

[196] Vgl. Viorica D., Golda B., Rosalia I., Elsa Ester B., Zipora P.
[197] Vgl. Thomas Kretschmann. S.94f.

der Freitag, an dem aus dem KZ Flossenbürg der generelle Befehl zur Evakuierung der Lager gegeben wurde und auf den die letzte Flossenbürger Stärkemeldung datiert. Darin werden für das Außenlager Hainichen 500 Häftlinge gemeldet. Da der Todesfall der Edzia Fajn aber noch nicht verwalterisch erfasst wurde, ist davon auszugehen, dass sich tatsächlich nur noch 499 von 506 überstellten Frauen im Lager befanden.

Der 13. April 1945 wird von Lotte Weiss aber auch von Eva G. [vgl. Einbindung in den Arbeitsprozess] in Zusammenhang mit dem Tod des amerikanischen Präsidenten Roosevelt, der am 12. April 1945 verstarb, erwähnt. Sie wollen von diesem Todesfall durch das belauschte SS-Personal oder einen ausländischen Zwangsarbeiter erfahren haben. Am 13. April 1945 war das Außenlager also definitiv noch nicht evakuiert worden.

An diesem Freitagabend müssen, bei Weiss und Sidonia K. unerwähnt, etwa 500 Häftlinge aus dem Außenlager Mittweida, die dort für die C. Lorenz AG Zwangsarbeit verrichtet hatten, nach Hainichen überführt worden sein.

Die meisten Häftlinge[198], die diese nicht-jüdischen KZ-Häftlinge erwähnen, sprechen von ukrainischen und/oder von polnischen Häftlingsfrauen, bei Sara S. ist auch von Jugoslawinnen die Rede.

Die Häftlingsbelegschaft des KZ Mittweida setzte sich laut Nummernbüchern aus 305 Russinnen, 161 Polinnen, 23 Italienerinnen, 8 Jugoslawinnen, 2 Kroatinnen und einer Deutschen zusammen, von denen laut Stärkemeldung vom 13. April 491, wegen eines erst am 13.4. in den Lagerbüchern verzeichneten Todesfalles aber tatsächlich wohl maximal 490 Frauen nach Hainichen gebracht wurden. Da für die Nacht nun die doppelte Menge an Frauen, wegen Aufhebung des Schichtbetriebes sogar die vierfache Menge, für die der Raum gewöhnlich ausgelegt war, untergebracht werden musste, kam es zu Tumult und Raufereien im Lager. Am Morgen des 14. Aprils brachen dann beide Gruppen zusammen, also fast 1000 Häftlinge des KZ Flossenbürg, die alle aus Auschwitz überstellt worden waren, in Hainichen auf.[199] Es ist von einem ein- bis zweitägigen Fußmarsch in Richtung Freiberg auszugehen, auch wenn unter den

[198] Vgl. Viorica D., Zahava Z., Rosalia I., Piri D., Anny R., Zipora P., Sara A.
[199] Vgl. Viorica D., Rosalia I., Golda B., Elsa Ester B.

Hainichener Häftlingen kein konkretes Etappenziel genannt wird. Während etliche Häftlinge von der sich nähernden Ostfront sprechen, sind es wohl eher die Alliierten Verbände, die bereits am 13. April in Mittweida einen Panzeralarm mit fünfminütigen Dauerton auslösten und am 15. April in die Stadt, 10km westlich von Hainichen gelegen, einfuhren. Vermutlich hatte dieser Panzeralarm den überstürzten Aufbruch aus dem Lager in Mittweida ausgelöst. Ulrich Fritz schreibt über die Evakuierung:

> „Mitte April wurde das Außenlager Mittweida offenbar überstürzt aufgelöst. Werksangehörige wurden angeblich vom Abzug der Frauen nicht informiert und fanden nach Räumung des Außenlagers dort eine oder mehrere Leichen. Die Frauen mussten zu Fuß über Hainichen nach Freiberg marschieren, von wo sie in offenen Waggons mit der Bahn in Richtung tschechische Grenze transportiert wurden. Auf dem Weg seien immer mehr Häftlinge aus aufgelösten Außenlagern dazugekommen.“ [200]

Laut der Mittweidaer Überlebenden Galina Rabtschewskaja (FloNo.: 55570) mit der tätowierten Auschwitzer Häftlingsnummer 79770 sei eine marschunfähige Polin aus Warschau beim Verlassen des Lagers in Mittweida erschossen worden:

> „Man teilte uns mit, dass wir das Lager verlassen würden. Wer damit einverstanden war, sollte zu Fuß gehen. Auf Wunsch konnte man auch im Lager bleiben. Alle, bis auf eine sehr kranke Frau aus Warschau, die nicht zu Fuß gehen konnte, waren damit einverstanden. Sie blieb da. Als wir das Lager verließen, hörten wir einen Schuss. Diese Frau war erschossen worden.“ [201]

Es dürfte ihre Leiche gewesen sein, die Werksangehörige dort fanden. Die SS-Wachmannschaft des Außenlagers Mittweida scheint also weit weniger zimperlich gewesen zu sein und scheint Himmlers Befehl, keinen Häftling lebend in die Hände des Feindes fallen zu lassen, rigoros umsetzen zu wollen. Ab

---

[200] Ulrich Fritz: Mittweida. In: Der Ort des Terrors. Band 4. S. 198f.

[201] Galina Rabtschewskaja. In: Ihrer Stimme Gehör geben. S.122 vgl. S. 18

wann den einzelnen Lagerkommandanten Evakuierungsempfehlungen und konkrete Tötungsbefehle vorlagen, ist allerdings nicht genau überliefert. [202] Die Wachmannschaft aus dem Außenlager Mittweida stellte aber durchaus eine zusätzliche Bedrohung für die Jüdinnen des Außenlagers Hainichen dar.
Kommandoführer Wilhelm Loh versuchte möglicherweise in Absprache mit SS-Oberscharführer Adolf Nies vom Außenlager Mittweida zunächst noch in Richtung Stammlager Flossenbürg zu evakuieren, was aber aufgrund der Frontsituation nicht mehr glücken konnte. Das Stammlager befand sich ebenfalls bereits in Auflösung und wurde am 23. April 1945 befreit.
Auf dem Fußmarsch von Hainichen soll die Häftlingskolonne wegen veränderter Frontsituation von einer Militärpatrouille bzw. einem Mann auf einem Motorrad in die Richtung zurückgeschickt worden sein, aus der sie kam. Kranke wurden dabei wahrscheinlich auf Lkws gefahren oder auf Karren geschoben (vgl. Dr. Rita K., Chana R., Sara S., Eva Baron). Kretschmann schreibt ohne Quellenangabe, er müsste sich jedoch auf Hainichener Zeitzeugen berufen:

> „Die Frauen mussten zu Fuß bis zu einer Bahnstation, vermutlich im Bereich Freiberg, gehen. Kranke wurden auf einem LKW, den der Betrieb gestellt hatte, bis zu dieser Bahnstation transportiert. Sie hatten sich zunächst geweigert, den LKW zu besteigen, da sie glaubten, zur Erschießung gefahren zu werden.“ [203]

Diese grundsätzlich berechtigte Angst war durch ihre Vorerfahrungen in den Ghettos und Konzentrationslagern geprägt und möglicherweise durch die Berichte der Mittweidaer Frauen über ihre Lagerauflösung aufgefrischt worden. Die Schwerkranken blieben also zunächst vor einem Fußmarsch verschont.
Die frühstmögliche Bahnstation mit Zustiegsmöglichkeit befand sich etwa 15km südöstlich von Hainichen in Kleinwaltersdorf bei Freiberg. Laut Elsa Ester B. wurde an diesem ersten Evakuierungstag bis 17 Uhr marschiert und laut der Häftlingsärztin Dr. Rita K. mussten die Häftlinge eine Nacht unter freiem Him-

---

[202] Vgl. Stanislav Zamecnik: Kein Häftling darf lebend in die Hände des Feindes fallen. Zur Existenz des Himmler-Befehls vom 14./18. April 1945
[203] Thomas Kretschmann. Hainichen. S. 85

mel auf einer Wiese übernachten. Bei Galina Rabtschewskaja, einem Mittweidaer Häftling, ist von einem Schuppen die Rede, allerdings ist unklar, ob es sich um die Übernachtung in Hainichen oder im Raum Freiberg handelte. Auch Malvina S. geht zunächst von einem zweitägigen Marsch aus und Eva. G. schließt eine Übernachtung ebenfalls nicht aus.

Aufgrund der unklaren Route ist schwer abzuschätzen, wieviele Kilometer sie zurücklegten. Der direkte Weg von Hainichen ins südöstlich gelegene Freiberg betrug keine 20 km.

Am Sonntagmorgen, den 15. April sollen die KZ-Häftlinge dann gemeinsam im Raum Freiberg in offene Kohlewaggons verladen worden sein. Dass die Zugfahrt, wie dies Magda S. und Piri F. suggerieren, zu diesem Zeitpunkt zunächst noch nach Leipzig ging, ist eher unwahrscheinlich aber auch nicht völlig auszuschließen. Eva Baron hält Hainichen gar für eine Vorstadt Leipzigs, ist sich diesbezüglich aber unsicher. Leipzig wurde am 18. April von der nationalsozialistischen Herrschaft befreit. Das KZ Buchenwald, zu dem das Außenlager Markkleeberg, aus dem Hainichener Aufseherinnen kamen, gehörte, war bereits am 11. April 1945 befreit worden.

Aus dieser Region wurden Tausende KZ-Häftlinge Richtung Süden evakuiert. Dass der Zug mit den Hainichener Häftlingen dann auch Richtung Dresden fuhr, wie dies Piri F. ebenfalls schildert, ist aufgrund der räumlichen Nähe schon wahrscheinlicher. Aber auch dort wurden an dem Wochenende Mitte April zahlreiche KZ-Außenlager des KZ Flossenbürg nach Süden aufgelöst.

Die eigentliche Evakuierungsroute dürfte also nicht nach Norden sondern nach Süden gerichtet gewesen sein. Auf welcher Strecke der Zug Böhmen erreichte, ließ sich bislang nicht rekonstruieren. Sofern mit dem Ort Aschen in der Aussage der Eva G. nicht Aš (Raum Eger bzw. Cheb) gemeint ist, dürfte es zunächst einen Zwischenstopp in Brüx (Most) gegeben haben. Dieses Etappenziel wurde wohl noch in offenen Kohlewaggons nach etwa vier Tagen erreicht, wo der Fluchtversuch der Gruppe um Lotte Weiss misslang. Die Schilderungen, die leicht missverständlich auf einen Fußmarsch von Hainichen bezogen werden könnten, scheinen also eher den Wechsel von offenen Kohlewaggons in geschlossene Viehwaggons zu beschreiben. In Brüx könnte es also einen möglichen Waggonwechsel gegeben

haben, um zumindest einem Teil der Häftlinge ein Dach über dem Kopf zu organisieren.
Von Brüx dürfte der Häftlingszug dann nach Usti nad Labem, Aussig an der Elbe, gerollt sein. Laut Sonja P., Golda B. u.a. befanden sich hier die Jüdinnen aber immer noch in Kohleloren.
In Aussig oder Brüx könnte der Transportteil aus Mittweida abgehängt worden sein. Ein Teil der Häftlinge wurde später in Prag, eine andere Gruppe bei Budweis aus dem Evakuierungszug befreit. Der Hainichener Transportteil wurde in Aussig auf ein Abstellgleis geschoben. Den Frauen wurde an der Elbe Gelegenheit gegeben sich zu waschen. Während der Rast bei Aussig wurden die Frauen Zeugen einer Bombardierung der Stadt. Aussig ist am 17. und am 19. April bombardiert worden. Etwa zu dieser Zeit muss sich der Evakuierungszug aus Hainichen bei Aussig aufgehalten haben. Während Rosalia I. von etwa eintägiger Rast ausgeht, spricht Elsa Ester B. von fast zwei Tagen, Magda S. von zwei bis drei und Sidonia K. gar von drei bis vier Tagen.
Zur gleichen Zeit muss sich in der Region um Aussig ein Evakuierungszug aus den Flossenbürger Außenlagern Zschopau und Wilischthal mit knapp 800 Jüdinnen aufgehalten haben. Auch wenn dies keine der Jüdinnen explizit erwähnt, spricht vieles dafür, dass hier die Transporte zusammengelegt und vereinigt wurden. Ein Teil der Wachmannschaften konnte daher hier oder nach Weiterfahrt nach Bodenbach (Podmokly) aus dem Dienst entlassen werden. Dort wurde auf das andere Elbufer nach Tetschen (Decin) übergesetzt und der Zug rollte wieder Richtung Süden bis nach Leitmeritz (Litomerice).Von hier wurden die Jüdinnen ca. 5 km zum Ghetto Theresienstadt geführt, das sie am 21. April 1945 erreichten.
Laut einer Transportaufstellung der Gedenkstätte Yad Vashem wurden an diesem Tag mit einem Frauentransport aus Hainichen 1279 Personen eingeliefert. Marek Poloncarz schreibt in einem Aufsatz über das Theresienstädter Datenbankprojekt:

> „Aus dem Außenlager in Hainichen haben wir 483 Frauen erfasst, woraus folgt, dass sich unter diesem Namen wiederum ein Sammeltransport aus mehreren Lagern verbarg. In Frage kommen z.B. das Frauen-Außenlager von Flossenbürg in Zschopau (in der Datei 459 Frauen) und Wilischthal (290).

> Ihre Summe nähert sich jedoch nicht der in dem Verzeichnis angeführten Zahl 1279.“ [204]

Im Rahmen der Recherchen zu den einzelnen genannten Außenlagern stellte sich aber heraus, dass die im Theresienstädter Datenbankprojekt erfassten Neuankömmlinge aus den Flossenbürger Außenlagern nicht komplett erfasst sind. Es konnten für alle drei Außenlager bereits einzelne weitere Personen ermittelt werden, die ebenfalls in Theresienstadt befreit werden konnten. Bislang ist kein einziges Todesopfer der Evakuierung namentlich bekannt. Für den Transportteil aus Zschopau gibt es allerdings zwei Personenbeschreibungen für Todesopfer. Insgesamt spricht die Zahl von 1279 lebend in Theresienstadt angekommenen weiblichen Häftlingen, davon mindestens 485 Jüdinnen aus dem KZ-Außenlager Hainichen, doch für eine vergleichsweise niedrige Sterblichkeit des Transportes.
So sollen laut Arabela H., Malvina S., Piri D., Rosalia I., Viorica D., Zipora P., Jenny R., Celina Z. und Dr. Rita K. keine Hainichener Häftlinge auf der Evakuierungsfahrt getötet, d.h. erschossen worden sein. Todesfälle aus Erschöpfung hält die ehemalige Lagerärztin aber für möglich. Die Evakuierung wird nur von Stefanie G., Eva Baron und der Autobiografin Lotte Weiss, bedingt auch von Anny R. als Todesmarsch stilisiert, bei dem schwache Häftlinge erschossen worden seien. Stefanie G. und Anny R. berichten vom Erschießungsbefehl und haben zwar Schüsse gehört, aber selbst keine Erschießung gesehen, was ähnlich auch Eva G. zu Protokoll gibt. Rosalia I. will jedenfalls Leichen vor dem Lagertor in Theresienstadt gesehen haben. Über Geschlecht und (Transport-)Herkunft wird aber keine Aussage getroffen.
Die Wachmannschaft soll aber bei Fluchtvorfällen Warnschüsse abgegeben haben, wieder aufgegriffene flüchtige Frauen aber nicht exekutiert haben. Einer Gehbehinderten Frau soll in Aussig von dem rumänischen SS-Mann aus Arad in den Fuß geschossen worden sein. Sie soll aber Theresienstadt ebenfalls lebend erreicht haben. Viele Häftlinge waren aber so schwach, dass sie auf Karren transportiert werden mussten oder vor Erschöpfung zusammenbrachen.

---

[204] Theresienstädter Studien und Dokumente 1999. Poloncarz S. 256f.

Die Häftlinge werden in einer Kaserne untergebracht und am 8. bzw. 9. April von russischen Truppen in Theresienstadt befreit. Esther Kaspirowitsch[205], die am 3. Mai 1945 verstarb, erlebte die ersehnte Befreiung nicht mehr. Auch andere Häftlinge können sich von den erlittenen Entbehrungen und Gesundheitsschäden nicht mehr erholen. Am 31. Mai starb Mirjam Schönberg[206], die wahrscheinlich mit Mutter und Schwester im Lager war, am 1. Juni Jolan Beinhorn [207], am 20. Juni Gisella Mittelmann[208], am 28. Juni Mala Kleinbaum[209], am 1. Juli Berta Iceksohn[210] und noch am 3. Juli '45 Magda Nussbaum[211]. Sie waren überwiegend Teenager und junge Erwachsene. Damit sind sieben Hainichener Häftlinge unmittelbar nach der Ankunft in Theresienstadt und kurz nach der Befreiung verstorben.

F15: Malka Klajnbaum

Im Ghetto war eine Typhus- und Ruhr-Epidemie (Dysenterie), eine schmerzhafte Durchfallerkrankung, ausgebrochen, die maßgeblich wegen hohem Flüssigkeitsverlust für ausgezehrte Menschen so lebensbedrohlich war.

[205] FloNo.: 53393

[206] FloNo.: 53171

[207] FloNo.: 52937 Sie war wahrscheinlich mit ihrer Schwester Sara (Szeren) im Lager, bei deren Familie ein Foto der Schwestern existieren müsste. Vgl. SVHF 7082

[208] FloNo.: 53242

[209] FloNo.: 53332

[210] FloNo.: 53319

[211] FloNo.: 53240

In der Nachkriegszeit sollten weitere Opfer folgen. So verstarb Sara Krell wohl 1947 oder 1948 in einem polnischen Sanatorium. Sie soll sich nie von der KZ-Haft erholt haben. Für sie wurde ein Gedenkblatt bei der Gedenkstätte Yad Vashem in Jerusalem eingereicht [vgl. 4.2]. Mindestens 481 von 506 Jüdinnen, die das Außenlager Hainichen durchliefen, haben jedoch die nationalsozialistische Verfolgung und KZ-Haft überlebt. Damit sind insgesamt mindestens 15 und maximal 25 Jüdinnen, die das Lager Hainichen durchliefen an den Folgen der KZ-Haft verstorben. Daraus ergibt sich eine Gesamtsterblichkeit von 3 bis 5 Prozent. Die durchschnittliche Mortalität weiblicher Häftlinge des KZ Flossenbürg lag bei höchstens 20%.[212]

Die Evakuierungsschilderungen:

Viorica D. berichtet:

> „Wir blieben in Hainichen bis etwa [zum] 13. April 1945. [...] Nach einen, der sich wiederholenden Fliegerangriffen [Alarme] wurde am Abend eine Gruppe von etwa 500 Ukrainerinnen – KL-Häftlinge nach Hainichen verbracht. Am folgenden Morgen hatten wir das Lager zu Fuß evakuiert. Nach Ablauf von nicht erinnerlicher Zeit wurden wir auf einer mir dem Namen nach nicht bekannten Stelle auf Eisenbahn gesetzt. Wir fuhren – wie lange weiß ich nicht mehr – in offenen Waggons – bis zu einer Stelle auf der Elbe. Dort hielten wir Rast. In der letzten Nacht vor der Evakuation verschwand vom Lager die Oberaufseherin und einige ihrer Untergeordneten. Den Zug begleiteten die Wachmannschaften auch einige Aufseherinnen. In jedem Waggon waren mit uns SS-Angehörige. Nach der Rast bei der Elbe fuhren wir nach Theresienstadt, dahin kamen nur die Jüdinnen. Von der Bahnstation, in der wir vom Zug ausgestiegen waren, bis Theresienstadt gingen wir zu Fuß. Die SS-Begleiter führten uns bis zum Ghettotor – wir wurden dort abgezählt und übergeben. Innen im Ghetto sah ich keine Uniformen. Wir erreichten Theresienstadt etwa drei Wochen vor der Befreiung. Die Russen kamen am 8.5.1945. Auf der Fahrt von Hainichen nach Theresienstadt wurde nicht getötet."[213]

---

[212] Vgl. Pascal Cziborra. KZ Flossenbürg. S.44ff.

[213] Barch, B 162 / 9070, S. 484f. – VP Viorica D.

Sonja P. bestätigt:

> „In der zweiten Hälfte April 1945 wurden wir von Hainichen evakuiert. In der Nacht vor der Evakuation wurden russische Häftlingsfrauen nach Hainichen verbracht. Am nächsten Tag marschierten wir einen Tag – dann wurden wir auf Eisenbahn eingepfercht, fuhren bis Aussig/Elbe, dort lagen wir einen Tag in offenen Kohlenwaggonen und sahen die Stadt Aussig beim Fliegerangriff brennen. Wir wurden bis Leitmeritz gefahren und von dort wurden wir zu Fuß nach Theresienstadt geführt. Das war etwa am letzten Apriltage 1945 gewesen. Befreit wurde ich in Theresienstadt von Russen – im Krankenzustand, litt an schwere[r] Lungenentzündung. Den Transport hatten einige Aufseherinnen mit Lagerwachen begleitet. Die Oberaufseherin war nicht dabei. Über den Oberscharführer weiß ich nicht zu sagen ob er mitfuhr.“ [214]

Zahava Z.:

> „Vor der Evakuation, die wegen Annäherung der Ostfront erfolgte, wurden ins Lager ukrainische Frauen hereingebracht. Erinnerlich ist mir, dass es zu Differenzen zwischen ihnen und den jüdischen Lagerinsassinnen kam. Wir wurden per Eisenbahn nach Theresienstadt gefahren. Am Wege hatten wir längere Rast gehalten, ich weiß nicht wo dies war. Der Zug wurde auf der Fahrt bombardiert [Aussig?]. Die Oberaufseherin habe ich auf der Fahrt nicht unter den Begleitern gesehen. Wir wurden in offenen Güterwaggons gefahren. Wir erreichten Theresienstadt einige Wochen vor der Befreiung.“ [215]

Golda B.:

> „Etwa Mitte April 1945 wurde die Fabrik, in der wir arbeiteten von der Luft angegriffen. Wir wurden ins Lager zurückgeführt und uns wurde erklärt, dass wir am folgenden Morgen evakuieren. Zum Glück war die Oberaufseherin nicht mehr im Lager. Wir gingen etwa zwei Tage zu Fuß – ohne Nahrung und Wasser. Unterwegs wurden uns andere Häftlingsfrauen – auch nichtjüdische – angeschlossen – samt ihrer Begleitmannschaften. Der Oberscharführer – von Hainichen hat uns am

---

[214] Barch, B 162 / 9069, S. 400 – VP Sonja P.

[215] Barch, B 162 / 9070, S. 488 – VP Zahava Z.

Wege vor ihnen geschützt. Ein am Motorrad fahrender SS-Angehöriger hat uns vom Wege – an den wir gingen – zurückgeschickt, im Raume sollten schon Russen gewesen sein. Wir wurden in Güterwaggons eingepfercht und fuhren ziellos hin und her. Bei Aussig an der Elbe hielten wir Rast. Wir sahen die Stadt bombardieren. Dann wurden wir nach Theresienstadt gefahren. Unser Lagerführer hat uns bis ins Lager Theresienstadt begleitet." [216]

Zlata Lenke B.:

„Etwa Anfang April 1945 wurde[n] wir nach – einem langandauernden Fliegerangriffe – evakuiert. Zuerst zu Fuß, dann durch eine Militärpatrouille zurückgeschickt auf Eisenbahn verladen, wieder zu Fuß, bis wir nach Theresienstadt angekommen waren. Auf dem Transport waren wir fast ganz ohne Nahrung. Den Transport machten mit uns 500 nichtjüdische Frauenhäftlinge mit, die uns angeschlossen wurden." [217]

Chana R.:

„Wir wurden per Eisenbahn nach Theresienstadt verbracht. Den ersten Tag gingen wir zu Fuß zur Bahnstrecke – die wir schon in der Zahl von einigen Tausend Häftlingen von den Lagern der Umgebung, erreichten. Unsere Kranken wurden zur Bahn per LKW-s befördert. Einige Stunden Entfernung von Theresienstadt mussten wir aussteigen und gingen den Rest weiter zu Fuß. Die Fahrt dauerte 8 Tage – ohne Verpflegung, außer Wasser." [218]

Elisabeth W.:

„Im Frühjahr – ich kann mich auf keinen genaueren Zeitpunkt einlassen – wurden wir in offene Waggone eingepfercht und etwa 8 Tage gefahren. Wir wurden in der Nähe von Theresienstadt ausgeladen, zu Fuß ins Lager Theresienstadt begleitet. In Theresienstadt wurde ich durch Sowjettruppen befreit." [219]

---

[216] Barch, B 162 / 9069, S. 402 – VP Golda B.
[217] Barch, B 162 / 9067, S. 78 – VP Zlata Lenke B..
[218] Barch, B 162 / 9067, S. 63 – VP Chana R. vom 09.09.1968
[219] Barch, B 162 / 9067, S. 64 – VP Elisabeth W.

Judith F.:

> „Die letzten etwa zwei Wochen vor der Befreiung verbrachten wir in Theresienstadt. Hin wurden wir per Eisenbahn gefahren, unterwegs waren wir etwa eine Woche. Den Tag bevor wir einwaggoniert worden sind, haben wir auf einem Fußmarsche verbracht, bis sich herausstellte, dass wir zu Fuß nicht wohin zu evakuieren hatten. Aus dieser Berechnung ergibt sich, dass wir etwa Mitte April das Lager Hainichen verlassen mussten. In Böhmen versuchten die Frauenhäftlinge vom Zuge zu entkommen, eine stammte aus der Tschechoslowakei. Sie wurden aufgegriffen. Der oben erwähnte, hohe, magere, blonde SS, der ungarisch sprach, zog die Pistole, zielte auf die Frauen und wandte sich an den Oberscharführer mit der Frage: „Oberscharführer, schießen?“ Der Oberscharführer winkte ihn ab. Befreit wurde ich in Theresienstadt durch Sowjettruppen.“ [220]

Bei den Schilderungen zu dem Fluchtversuch dürfte es sich um die Gruppe um Lotte Weiss handeln, die mit ihren Freundinnen des Rupprecht Kommandos beim Fluchtversuch in Most (Brüx) ergriffen und dem Transport wieder zugeführt wurden [s.o.].

Erzsebet V.:

> „Wir arbeiteten ein 3/4 Jahr [sic! 7 Monate], als die Fabrik dort bombardiert wurde. […]. Die Russen waren schon sehr nahe, aber es gab immer noch genug Zeit für uns, um eine Reise zu Fuß zu starten. Wir gingen für 10 oder 12 Tage. Es war eine schreckliche Reise. Am Ende erreichten wir hungrig und total erschöpft, halb tot Theresienstadt. Hier konnte ich es nicht mehr ertragen, brach zusammen, lag vier Wochen schwer krank danieder, über die Einzelheiten der Befreiung kann ich nichts sagen.“ [221]

Stefanie G.:

> „Wir wurden mehrfach bombardiert. Nach einer Bombardierung im April 1945 wurden wir herausgenommen und evaku-

[220] Barch, B 162 / 9067, S. 81 – VP Judith F.

[221] DEGOB-Protokoll 1182

iert. Nach meiner Erinnerung mussten wir 10 bis 12 Tage [sic] marschieren. Wir hatten dabei kaum etwas zu essen. Schließlich wurden wir auf einen Zug geladen. Einige Tage später trafen wir in Theresienstadt ein. Das muss noch im April 1945 gewesen sein; denn wir waren noch einige Wochen vor unserer Befreiung in Theresienstadt. Am 8. Mai 1945 wurden wir befreit.[…]
Bei der Evakuierung wurden wir von den Soldaten [SS-Männer] und einigen der Aufseherinnen begleitet. Die Soldaten und die Aufseherinnen verschwanden unterwegs nach und nach. Auf dem Marsch wurde erschossen, wer krank war und nicht mehr marschieren konnte. Ich habe das nicht selbst gesehen. Ich habe nicht zurückgeschaut, um nicht selbst erschossen zu werden. Ich habe aber Schüsse hinter mir gehört. Die Mädchen haben untereinander gesprochen, daß dort Häftlinge erschossen wurden. Namen von Opfern kann ich nicht angeben.“[222]

Celina Z.:

„Bei unserem Evakuierungsmarsch nach Theresienstadt wurde niemand von unserer Gruppe getötet. Daß im KL Auschwitz und in den anderen KL Menschen getötet wurden, habe ich erst nach der Befreiung in Theresienstadt erfahren.“[223]

Sara R.:

„Im April 1945 wurde die Ortschaft und Umgebung bombardiert. Eines Nachts wurden wir geweckt, uns wurde gesagt, dass wir evakuieren. Die Oberaufseherin verschwand in der selben Nacht. Wir gingen zu Fuß in Begleitung des Oberscharführers mit etwa 2 Wachmannschaften und zwei Aufseherinnen. Wir mussten Richtung wechseln, wurden am Vormittag des folgenden Tages auf offene Waggone gesetzt. Wir fuhren viele Tage. Am Wege sah ich kein SS-Begleitpersonal. Wir hielten Rast in Aussig an der Elbe, dort sah ich noch SS-Begleiter, die der Zivilbevölkerung verwehrten uns Wasser zu reichen. Als wir nach Theresienstadt ankamen, war nurmehr der Oberscharführer mit uns. Wir waren sehr

[222] Barch, B 162 / 9067, S. 117ff. – VP Stefanie G.
[223] Barch, B 162 / 9068, S. 152 B – VP Celina Z.

schwach. Befreit wurde ich in Theresienstadt durch Sowjettruppen am letzten Kriegstage."[224]

Dr. Rita K.:

„Das Nebenlager Hainichen wurde Mitte April 1945 aufgelöst. Der Evakuierungsmarsch ging nach Theresienstadt. Ich habe selbst daran teilgenommen. Der Marsch dauerte, soweit ich mich entsinnen kann, ungefähr zwei Tage.
An die Ortschaften, durch die wir gekommen sind, kann ich mich nicht mehr entsinnen. Wir nächtigten jedenfalls unter freiem Himmel auf einer Wiese. [...]
Die Häftlinge wurden auf dem Evakuierungsmarsch von Wilhelm LOH begleitet, dem nur wenige weibliche SS-Aufseherinnen zur Verfügung standen. Eine Anzahl dieser Aufseherinnen hatte sich nämlich zunächst Zivilkleidung verschafft und dann abgesetzt. LOH ging bis Theresienstadt mit und übergab die Häftlinge dort der Lagerleitung.
Der Häftlings-Evakuierungsmarsch ging zum Teil zu Fuß und zum Teil mit Lastwagen vor sich. Wilhelm LOH hatte nämlich für die kranken Häftlingsfrauen Lastwagen angefordert. Ich glaube, daß ihm einige genehmigt worden waren. Er hatte sich jedenfalls sehr dafür eingesetzt.
Ich habe weder durch persönliche Wahrnehmung noch aus Erzählung die Erfahrung gemacht, daß Häftlinge während des Evakuierugsmarsches erschossen worden wären. Mir war jedenfalls davon nichts bekannt. Ich glaube sogar mit Sicherheit sagen zu können, daß von unserem Lager – also Hainichen – während des Marsches niemand erschossen worden ist.
Es ist möglich, daß Häftlinge während des Evakuierungsmarsches an Erschöpfung gestorben sind, doch weiß ich davon nichts.
Die kranken Häftlinge blieben nicht im Lager zurück, sondern sie wurden, wie gesagt, mit Lastwagen weggebracht. LOH warnte noch davor, daß sich jemand im Lager versteckt, um sich zu schützen, weil er annahm, daß man durch andere erschossen werden könnte. Ihm war sogar daran gelegen, alle Häftlinge nach Theresienstadt zu bringen." [225]

---

[224] Barch, B 162 / 9069, S. 299 – VP Sara R.
[225] Barch, B 162 / 9068, S. 240f. – VP Rita K.

Magda S.:

„Mitte April 1945 wurden wir alle in einen Güterzug verladen. Wir sind acht Tage lang hin und her gefahren. Einmal standen wir 2 – 3 Tage lang an der Elbe in Aussig. Die Stadt Aussig wurde gerade bombardiert. Einmal sind wir auch durch Leipzig gefahren. An andere Einzelheiten kann ich mich nicht mehr erinnern.
In der letzten Aprilwoche kamen wir in Theresienstadt an. Die Befreiung fand, wie ich bereits erwähnt habe, dort am 2. Mai [sic! am 5. Mai dem Roten Kreuz übergeben, 8. Mai befreit] statt.
Soweit ich mich erinnere, wurden wir auf den Transport von einem alten SS-Mann [Wilhelm Loh], von einem jungen SS-Mann (Fritzi) und von einer Aufseherin begleitet. Sie waren bewaffnet, Einzelheiten darüber weiß ich nicht.
Bei der Evakuierung sind wir nur einmal[226] zu Fuß gegangen, und zwar von der Bahnhofsstation zum Lager Theresienstadt. Wie lange das gedauert hat, weiß ich nicht mehr.
Während der Evakuierung wurde meines Wissens niemand getötet. Ich habe jedoch gehört, daß eine Frau in das Bein geschossen wurde, als sie sich in Aussig Gras abrupfen wollte, um dieses zu essen. Wer geschossen hat, weiß ich nicht.
Im Lager war niemand zurückgeblieben, denn der alte SS-Mann [Wilhelm Loh] hatte gesagt, wer zurückbleibt, würde erschossen werden.“ [227]

Zipora P.:

„Gegen Ende März [sic! Mitte April] 1945 wurde die Fabrik eines Vormittags durch amerikanische Flieger gebombt. Wir waren in der normalen Arbeitsschicht. Nach dem Alarm wurden wir ins Lager begleitet, dort herrschte Panik. Am folgenden Tage wurden wir zu Fuß von Hainichen evakuiert. Noch in Hainichen wurden uns etwa 500 nichtjüdische Polinnen angeschlossen. Wir gingen zu Fuß – begleitet von SS-Personal des Lagers. Der Weg nach Theresienstadt dauerte etwa zwei Wochen [sic! 7-8 Tage]. Davon wurden wir einige Zeit – ich kann mich nicht genauer fassen per Eisenbahn auf offenen

---

[226] Möglicherweise wurde die Vernommene an dem ersten Marschtag bei den Kranken auf dem LKW zur Bahnstation transportiert.
[227] Barch, B 162 / 9068, S. 256 – VP Magda S.

Waggonen – gefahren, wieder abgesetzt und nach Theresienstadt zu Fuß verbracht. Wir passierten Schlossenburg[228], erinnerlich ist mir die brennende Stadt, des gebombten Aussig. Wir standen damals auf einem blinden Geleise [Abstellgleis], einige von uns wuschen sich, als infolge nahen Fliegerangriffes der Befehl – in die Waggone zu laufen – gegeben wurde. Eine verwachsene Leidensgefährtin, die schwerfällig von Bewegung war, hatte sich nicht geschwind genug bewegt, da hat der erwähnte SS-Angehörige aus Arad in sie gefeuert. Die Frau wurde am Fuße verwundet, doch sie kam nach Theresienstadt lebend an. Drei von uns wurden von Hunger wahnsinnig, eine von ihnen hieß Magda, sprach ungarisch, auch die restlichen zwei stammten aus Ungarn. Keine von uns wurde am Wege getötet. Ich kann mich keines Todesfalles am Wege erinnern. Befragt weiß ich von keinen Kranken, die in Hainichen belassen worden wären. Ich betone, dass der Abmarsch von Hainichen chaotisch war, wir wurden viele Male gezählt. Befreit wurde ich am 9. Mai 1945 in Theresienstadt durch Russen.“ [229]

Jenny R.:

„Im März [sic! April] 1945 – als angeblich die Engländer[230] dem Lager zu nah kamen – wurde Hainichen evakuiert. Wir gingen zuerst zu Fuß, kehrten ein Stück Weges zurück, wurden einwaggoniert, fuhren mehrere Tage, hin und zurück, bis wir Theresienstadt erreichten. Ich weiß nicht, wann wir nach Theresienstadt ankamen, erinnerlich ist mir nur, dass ich dort am 9.5.1945 durch Sowjettruppen befreit worden bin. Ich weiß nicht wer uns auf der Fahrt und während des Fußmarsches begleitet hatte, ich kann mich zur Frage, ob bei der Evakuation der Lagerführer von Hainichen anwesend war, nicht ausdrücken. Während der Fahrt hielten wir einmal Rast bei einem Fluss, der, wie ich erinnere, „Selba“ [sic! Elbe] hieß. Damals sah ich Paraschutisten [Fallschirmspringer] fallen, weiß aber nicht zu welcher Streitmacht sie gehört haben. Ich weiß von keiner Tötung auf der Fahrt und am Fußmarsche.“ [231]

---

228 Möglicherweise ein Hinweis auf Flossenbürg als erstes Evakuierungsziel.
229 Barch, B 162 / 9069, S. 292f. – VP Zipora P.
230 Mit diesem Begriff sind wohl die Alliierten gemeint. Amerikanische Truppen der 3. Armee unter General George S. Patton befreiten die Region.
231 Barch, B 162 / 9069, S. 303 – VP Jenny R.

Elsa Ester B.:

> „Etwa Ende März wurde Hainichen von Fliegern angegriffen. Die Front näherte sich zu uns. Eines Tages als wir von der Schicht von der Fabrik ins Lager zurückkehrten, wurde uns erklärt, dass wir das Lager evakuieren. Ich erinnere mich, dass an diesem Tage die Oberaufseherin nicht mehr im Lager gewesen ist. Am Morgen marschierten wir vom Lager heraus. Ich bin fast sicher, dass wir alle mitgingen, keine Kranken blieben zurück. Wir gingen zu Fuß, begleitet von den Lagerwachmannschaften, der Lagerführer war dabei. Etwa bis 17 Uhr gingen wir. Wir hatten keine feste Richtung, mussten einen Teil des Weges zurückmarschieren, bis wir auf einer Stelle auf Güterwaggons gesetzt worden sind. Die Fahrt war chaotisch. Wir kamen auf dieselben Stellen wieder zurück. Wir bekamen sehr wenig zu essen, wir wurden aber nicht misshandelt. Die Fahrt dauerte 8 Tage. Bei einem Fluss hatten wir den Zug verlassen dürfen, wir hielten dort fast zwei Tage Rast. Wir durften uns im Fluss abwaschen. Wir erlebten dort einen Fliegerangriff. Wir setzten die Fahrt dann dort, bis wir nach Theresienstadt ankamen. Dies war etwa 4 [sic! 2,5] Wochen vor unserer Befreiung, die am 8. oder 9. Mai 1945 durch Sowjettruppen erfolgte.“ [232]

Rosalia I.:

> „Im April 1945 wurde die Fabrik bombardiert. Am Tage der dem Fliegerangriff folgte, hatten wir das Lager evakuiert. Wir gingen zu Fuß. Der Lagerführer ging mit uns. Ich bin nicht in der Lage die Frage zu beantworten, ob die Oberaufseherin dabei gewesen ist. Vor dem Ausmarsch wurden ins Lager ukrainische Frauenhäftlinge eingebracht, mit denen wir ausmarschierten. Wir gingen einen Stück Weges, wurden zurückgeschickt, bis wir auf einer Stelle auf offene Güterwaggons gesetzt worden sind. Während des Marsches redete der Lagerführer uns [zu,] zu uns zu halten, denn er hätte Befehl die Zurückbleibenden zu erschießen. Keine von uns wurde am Wege erschossen. Die Ukrainerinnen habe ich beim Einwaggonieren nicht mehr gesehen. Wir fuhren etwa 6 Tage, wir wurden nicht misshandelt. Unsere Begleiter verschwanden vom Zuge, Wir bekamen auf der Fahrt nicht[s] zu essen. Wir

---

[232] Barch, B 162 / 9069, S. 322f. – VP Elsa Ester B.

blieben bei einem Fluss stehen, rasteten dort etwa einen Tag, wir durften dort Unkraut reißen und kochen. Dort wurde die Stadt, ich glaube es war Aussig, gebombt. Wir fuhren dann bis zu einer Stadt [Leitmeritz], die etwa 5 km von Theresienstadt entfernt liegt und gingen ins Lager Theresienstadt zu Fuß. Vor dem Lagertor in Theresienstadt sah ich viele Leichen. Ich verlor das Bewusstsein und wachte im Lager auf. Bis zum Lagertor hatte uns der Lagerführer begleitet. An weitere Begleiter auf diesem letzten Stück Weg erinnere ich mich nicht. Ich wurde am 9. Mai 1945 von Sowjettruppen in Theresienstadt befreit. Ich blieb im Lager bis [zum] 15. August 1945; habe dort als Pflegerin bei den Typhuskranken gearbeitet.“ [233]

Malvina S.:

„Im April 1945 haben wir Hainichen evakuiert. Wir verließen das Lager zu Fuß. Die Richtung des Marsches weiß ich nicht zu bezeichnen. An Namen der passierten Ortschaften erinnere ich mich nicht. Nach etwa zwei Tagen Gehens wurden wir an einer, nicht erinnerlichen Stelle in offene Güterwaggons gesetzt und fuhren nach Theresienstadt. Am Marsche und auf der Fahrt wurde nicht getötet. Die Zahl der Begleitmannschaften kenne ich nicht. Die Oberaufseherin verließ das Lager am Vortage der Evakuierung. Ich sah sie vor Morgendämmerung – mit einem Koffer in der Hand – vom Lager hinausgehen. Die Wachmannschaften, die von Rumänien stammten – haben mir an diesem Tage gesagt, dass wir evakuieren werden – und sie bemitleiden uns, denn es gibt kein Proviant für den Weg. Wir erhielten – in der Tat – ein viertel Kohlrabi pro Kopf und Tag. Die Frauen aßen Gras am Wege. Als wir Theresienstadt erreichten, brach [eine] größere Zahl von uns vor Erschöpfung zusammen. Der Lagerführer hat uns an die Lagerleitung in Theresienstadt übergeben. Wie lange wir dann noch in Theresienstadt auf die Befreiung warteten weiß ich nicht genau. Zwischen den 5. - 10. Mai befreiten uns sowjetische Truppen.“ [234]

[233] Barch, B 162 / 9069, S. 325 – VP Rosalia I.

[234] Barch, B 162 / 9069, S. 355 – VP Malvina S.

Arabela H.:

> „Etwa zwei Wochen vor meiner Befreiung wurden wir von Hainichen zu Fuß evakuiert. Wir passierten eine Stadt, ich weiß ihren Namen nicht. Dort sah ich schon Bevölkerung auf der Flucht. Auf einer mir nicht erinnerlichen Stelle – es war nahe zu einem Walde, wurden wir auf Eisenbahn gesetzt. Zwei Mädchen von Klausenburg versuchten die Flucht zu nehmen. Einer der begleitenden SS-Mannschaften wollte auf die Flüchtende[n] schießen. Der Lagerführer erlaubt es nicht. Die Mädchen kamen dann zurück. Die Oberaufseherin war nicht mit uns während der Evakuation. In der Stadt, die wir passierten, blieben einige des Begleitpersonals zurück. Auf dem Marsche und auf der Fahrt wurde nicht getötet. Ich weiß nicht wer uns bei Ankunft nach Theresienstadt an die Lagerleitung übergab. Die Begleiter am Wege bestanden von einem Teil des SS-Personals von Lager Hainichen. Sie machten auf der Fahrt den Eindruck, dass sie kaum die Stunde ihrer Befreiung von Dienste erwarten.“ [235]

Piri D.:

> „Einige Wochen vor meiner Befreiung, die in Theresienstadt am 9. Mai 1945 erfolgte, hatten wir das Lager Hainichen zu Fuß evakuiert. Zu dieser Zeit war die Oberaufseherin nicht mehr im Lager. Nach einem Marschtage wurden wir – auf Eisenbahn gesetzt. Wir fuhren etwa eine Woche. Unterwegs hielten wir Rast an einem Flusse, dort sah ich einen [sic“ ein] Schild an dem etwa: Prag 90 Km. geschrieben war. Mit uns fuhren etwa 500 Ukrainische Frauen. Wir fuhren bis zu einer Station vor Theresienstadt. Die Ukrainerinnen kamen nicht mit uns nach Theresienstadt herein. Der Oberscharführer hat uns persönlich in Theresienstadt übergeben. Am letzten Stück Weg fielen mehrere von Hunger und Erschöpfung. Es wurde nicht geschossen.“ [236]

Sara S.:

> „Etwa Anfang April 1945 hatten wir Hainichen evakuiert. Keine von uns wurde im Lager gelassen. Vier Kranke hatten

[235] Barch, B 162 / 9069, S. 357 – VP Arabela H.

[236] Barch, B 162 / 9069, S. 376 – VP Piri D.

wir auf einem Karren geschoben. Wir gingen zuerst zu Fuß, mussten umkehren, wurden auf Güterwaggone eingepfercht und fuhren in Richtung Theresienstadt. Vor der Evakuierung verschwand vom Lager die Oberscharführerin mit ukrainischen SS-Wachmannschaften und den schlechten Aufseherinnen. Die übrigen vom SS-Personal begleiteten uns. Wir rasteten auf einer Stelle bei der Elbe. Dort erlebten wir einen großen Fliegerangriff. Elf [sic! 7-8] Tage dauerte die Fahrt mit dem Marsche. Im Zuge fuhren auch ukrainische oder jugoslawische Frauenhäftlinge. Wir fuhren bis Leitmeritz. Weiter nach Theresienstadt gingen wir zu Fuß – nur Jüdinnen. Wohin die Ukrainerinnen oder Jugoslawinnen gingen, weiß ich nicht. Ich wurde in Theresienstadt am 8.5.1945 von Russen befreit. Etwa 10 [sic! 18] Tage vor der Befreiung kamen wir nach Theresienstadt an."[237]

Luba B.:

„In Hainichen blieben wir bis Mitte April 1945. Zu dieser Zeit wurde das Lager aufgelöst. Wir wurden in offene Kohlewaggons verladen und fuhren bis zur Elbe. Dort mussten wir den Zug verlassen und blieben einige Tage am Ufer der Elbe liegen. Dann marschierten wir zu Fuß nach Theresienstadt. Der Marsch dauerte 10[238] Tage. In Theresienstadt wurden wir am 8. Mai 1945 befreit.
Wie ich mich erinnere, war die Lagermannschaft den ganzen Weg über mit uns, auch der Lagerführer und die Oberaufseherin. Die Oberaufseherin [falsch! höchstens die aus Mittweida] und eine weitere SS-Aufseherin sind jedoch unterwegs geflüchtet. Sie haben sich einfach davon gemacht.
Befragt, ob unterwegs Häftlinge erschossen wurden, erkläre ich, dass ich mich daran nicht erinnern kann. Ich war zu dieser Zeit selbst derart heruntergekommen, dass in meinem Gedächtnis nicht viel von diesem Zeitabschnitt blieb. [...]
Kurz nach unserer Ankunft in Theresienstadt sind viele [besser: einige] Häftlinge aus meinem Lager verstorben. Sie waren anscheinend zu sehr erschöpft, als das sie wieder zu Kräften hätten kommen können."[239]

---

237 Barch, B 162 / 9069, S. 383f. – VP Sara S.

238 Eigentlich7-8 Tage. Hier ist wohl wie in anderen Protokollen die Gesamtdauer der Evakuierung gemeint. Der „Marsch" schließt die Zugfahrt mit ein.

239 Barch, B 162 / 9069, S. 394f. – VP Luba B.

Sonia B.:

„Im April 1945 wurde das Lager Hainichen evakuiert. Zunächst wurden wir zu Fuß getrieben, wobei zahlreiche Frauen erschöpft zusammenbrachen. Was später aus diesen Frauen geworden ist, entzieht sich meiner Kenntnis. Später wurden wir in Viehwaggons verladen. Wir waren in den Wagen so zusammengepfercht, daß wir kaum noch Platz zum Stehen hatten. Ohne Verpflegung fuhren wir 7 Tage nach Theresienstadt. Dort gab es noch ein kleines Ghetto, in dem noch Juden – ([aus] Mischehen) lebten. Wir blieben dort, bis uns russische Truppen befreit haben.
An die Stationen, die wir bis Theresienstadt passierten, kann ich mich nicht mehr entsinnen. Das Lager Hainichen verließen mit uns zusammen sämtliche SS-Leute und Aufseherinnen. Unterwegs begannen die Aufseherinnen allmählich zu verschwinden – am Ende blieben nur noch die SS-Männer und der Lagerführer. Sie übergaben uns lt. Namensliste den deutschen Behörden des Gettos Theresienstadt. Das ist alles woran ich mich noch erinnern kann. Ich bin schwerkrank, viele Einzelheiten aus jener Zeit sind mir bereits entfallen. Mein Gesundheitszustand ist seither sehr schlecht. Ich leide an Herz und Nerven.“[240]

Sara A:

„Etwa Anfang April 1945 hatten wir das Lager Hainichen evakuiert. Nach misslungenem Fußmarsch – wir wurden vom Wege zurückgewiesen – da sich die Frontlage rasch änderte wurden wir auf Eisenbahn gesetzt. Die letzte Nacht im Lager verbrachten wir mit einer hingebrachten Gruppe von jungen Polinnen, die dann mit uns weiterfuhren. Wir fuhren ungefähr zwei [sic! eine] Wochen. Ich bin nicht in der Lage die Route zu beschreiben. Erinnerlich ist mir bloß, dass ein Teil der Fahrt durch tschechoslowakisches Gebiet führte. Bei einem großen Fluss hatten wir übernachtet, wir durften uns dort waschen und sahen einem großen Luftangriff auf eine Stadt zu. Ich weiß nicht wo von uns die Polinnen abgetrennt worden sind. Unterwegs, mitten in der Fahrt, wurde eine unserer Leidensgenossinnen namens Sara Krel – damals etwa 17 Jahre alt – von einem der Begleitmannschaften, den ich nicht näher zu

[240] Barch, B 162 / 9070, S. 441 – VP Sonia B.

identifizieren vermag, der aber mit Sicherheit zu den Wachmannschaften von Hainichen gehört hat, schwer misshandelt. Sara Krel [FloNo.: 53337] hatte infolge der Misshandlung einen Blutsturz, nach Ankunft nach Theresienstadt wurde sie ins Krankenhaus geschafft. Sie verstarb kurz [wenige Jahre?] nach der Befreiung in einem polnischen Sanatorium.
Der Lagerführer Loh hat uns dann bis zum Eingang vom Ghetto Theresienstadt begleitet. Auch sein Vertreter Hans[241] war dort gewesen. Wir erreichten Theresienstadt ungefähr zwei Wochen vor unserer Befreiung.“ [242]

Anny R.:

„Nach Theresienstadt mussten wir zunächst 10 bis 12 [Tage] zu Fuß [falsch!] gehen. Frau Becker gestattete nicht, daß wir die Kranken unter uns auf den Wagen setzten, auf dem die Verpflegung war. […] Während des 10 bis 12-tägigen Marsches hörte ich mehrfach Schüsse hinter unserer Kolonne. Es wurde gesagt, daß diejenigen, die nicht mehr laufen können, erschossen werden. Eigene Wahrnehmungen habe ich jedoch nicht gemacht. Vor dem Abmarsch war uns jedoch ausdrücklich gesagt worden, daß jeder erschossen werde, der nicht mehr mitmarschieren könne. Bei diesem Marsch hatten wir nur männliches Bewachungspersonal. Die Aufseherinnen waren nicht dabei. Am Tage vor dem Abmarsch war eine andere Gruppe Polinnen und Ukrainerinnen zu uns ins Lager gekommen, die mit uns mitmarschierten. Sie wurden aber später von uns getrennt.“ [243]

Rozalia P.:

„Ungefähr in der zweiten Hälfte April 1945 kam die Ostfront nahe zu Hainichen. Eines Tages wurden ukrainische Häftlingsfrauen ins Lager hereingebracht – es kam zu Raufereien zwischen ihnen und uns. Den drauffolgenden Tag wurden wir von Hainichen zu Fuß herausgeführt. Nach einem Fußmarsch, dessen Dauer mir nicht mehr erinnerlich ist, wurden wir auf Eisenbahn gesetzt und gefahren. Irgendwo bei der Elbe mussten wir längere Rast halten, wir sahen einen Flugangriff auf

---

[241] Möglicherweise SS-Rottenführer Heinrich Michel.
[242] Barch, B 162 / 9070, S. 455f. – VP Sara A.
[243] Barch, B 162 / 9070, S. 466ff. – VP Anny R.

eine brennende Stadt zu. Ich weiß mit Sicherheit, dass die Oberaufseherin vor der Evakuation vom Lager verschwunden ist. Ich kann mich nicht mit Sicherheit erinnern, ob der Lagerführer mit uns am Wege war. Nach Theresienstadt kamen wir etwa zwei Wochen bevor uns die Russen befreiten. Am Wege flüchteten – ich glaube – drei Mädchen, sie wurden gefangen und zurückgebracht. Sie wurden nicht erschossen."[244]

Piroska und Livia S. 1945:

„Als die Russen sich dem Lager näherten, brannte die weibliche Bewachungsmannschaft durch und es blieben nur der Oberscharführer, der Rottenführer und ein SS-Mann aus Arad. Die Lebensmittellager wurde geplündert und schließlich das Lager evakuiert. Uns brachte der Oberscharführer – die übrigen hatten sich inzwischen aus dem Staub gemacht – nach Theresienstadt und übergab uns dort den deutschen Behörden. Am 8. Mai wurden wir von den Russen befreit."[245]

Eva G.:

„Dort [Hainichen] blieb ich bis April 1945, etwa bis zum 20. April. Dann wurden wir mit einem Fußtransport evakuiert. Zuerst mussten wir ein oder zwei Tage marschieren bis zu einer Stadt, deren Namen ich nicht mehr weiß. Dort wurden wir in offene Viehwaggons geladen. Wir wurden einige Tage herumgefahren, wir blieben etwa acht Tage ohne Essen. In einem Ort, der stark bombardiert war und dessen Namen nach meiner Erinnerung Aachen [Aussig?] war, verließen wir den Zug. Wir sind dann wieder zu Fuß nach Theresienstadt gegangen. Dieser Marsch hat wieder einen oder zwei Tage gedauert.[...]
Die ungarischen Mädchen, die in der Küche gearbeitet haben, haben erzählt, daß die Lagerführerin von den wenigen Lebensmitteln noch einiges für sich abgezweigt hat. So sollen vor der Evakuierung sechs Kilogramm Margarine in der Küche gewesen sein.
Die Lagerführerin erschien und nahm die Margarine weg. Sie und die anderen Aufseherinnen haben an der Evakuierung nicht teilgenommen. Sie sind einen Tag vorher verschwunden.

244 Barch, B 162 / 9070, S. 489f. – VP Rozalia P.
245 DEGOB-Protokoll 687 vom 02.07.1945 für Piroska und Livia S.

Als wir in Aschen [Wahrscheinlich Aussig und nicht Asch (Aš) im Kreis Eger (Cheb) s.u.] ankamen sind, auch die anderen SS-Männer nacheinander verschwunden. In Theresienstadt kamen wir nur noch mit ein oder zwei SS-Männern an. Ich bin nicht einmal sicher, ob überhaupt ein SS-Mann bis an die Tore von Theresienstadt mit uns kam.[…]
Bei dem Fußtransport gab es den Befehl, daß jeder, der nicht laufen könnte, erschossen würde. Uns wurde verboten zurückzuschauen. Es gab Leute, die nicht laufen konnten. Ich kann nicht sagen, was mit ihnen geschehen ist. Ich habe beim Marschieren hinter mir Schüsse gehört. Ich kann aber nicht sagen, ob dort tatsächlich Häftlinge erschossen wurden. Oder ob die Wachen nur schossen, um uns Angst einzujagen und uns anzutreiben.
In Aaahen [Aussig?], als sich die Ordnung langsam auflöste, versuchten zwei Mädchen, einfach über eine Eisenbahnbrücke wegzugehen. Die Wachen haben hinter ihnen hergeschossen und haben sie dann zum Transport zurückgeholt. Die Mädchen wurden nicht erschossen.“[246]

Eva Baron:

„Wir marschierten heraus. Das deutsche Teufelsweib [falsch! Gertrud Becker hatte das Lager bereits verlassen] war mit uns, zwei weitere SS-Frauen, der alte Mann [Wilhelm Loh], und sie hatten ein Pferd dabei, keine Kutsche, sondern wie man es in alten Filmen sieht, wenn Soldaten zurückkommen, um Verwundete zu holen und sie legten meine „Tante“ Margit [Angeblich eine Professorin für Französische Literatur an der Universität Cluj mit Hüftbruch] darauf. Es hatte zwei Räder und war dann an das Pferd gehängt. Sie ließen sie nicht zurück. Sie töteten sie nicht. Und sie war am Ende der Kolonne. Schlechter Zustand, aber sie kam durch. Und niemand hatte sie zu tragen. Ich weiß nicht wie lang, aber das Pferd verschwand irgendwann. Wir waren auf diesem Marsch für 3 Wochen [sic! 8 Tage, 5 im Zug]. Wir marschierten von morgens bis abends und ich wusste nicht wo wir waren. Wir aßen sehr schnell das Brot auf, das wir bekommen hatten. Danach bekamen wir nichts mehr, buchstäblich nichts. Wir schliefen in den Feldern. Wir waren auf einem Todesmarsch. Wir bezeichneten es später als „Todesmarsch“ weil es so häufig und in so vielen Lagern passierte. […]“ ZA562 S.26

[246] Barch, B 162 / 9067, S. 121ff. – VP Eva G.

Teil 2: Personen im Lagerumfeld

Wachpersonal, Belegschaft und Bevölkerung

2.1 Das Hainichener Wachpersonal

Die Namen und Daten des SS-Wachpersonals des KZ-Außenlagers Hainichen sind insgesamt nahezu vollständig überliefert. Lediglich bei den männlichen SS-Leuten fehlen die Geburtsdaten der Wachmannschaft. Dienstränge und Namen sind in einer Bewaffnungsaufstellung vom 28. November 1944 überliefert. [247]

Allen 10 Wachleuten, die Kommandoführer SS-Oberscharführer Wilhelm Loh unterstanden, wird in einer Aufstellung für den Waffenwart der Kommandantur (KZ Flossenbürg) ein Gewehr mit „30 Schuß“ Munition zugeordnet. Laut verschiedener Stärkemeldungen mit den Stichtagen 31. Januar, 28. Februar und 31. März 1945 blieb die Lagerbewachung und Bewaffnung von Gründung des Lagers bis zur Auflösung gleich. Kommandant Wilhelm Loh war mit einer Pistole bewaffnet. Stellvertretender Lagerführer dürfte der SS-Rottenführer Heinrich Michel gewesen sein. Ihm waren vermutlich fünf Donau-Schwaben oder Siebenbürgen-Sachsen, die als Volksdeutsche zur SS eingezogen worden waren, und vier Ukrainer oder Weißrussen unterstellt, die von der ehemaligen Oberaufseherin Gertrud Becker [s.u.] 1968 und 1970 bei Vernehmungen als Soldaten der Wlassow-Armee beschrieben werden. Ob es sich dabei tatsächlich um SS-Wachmänner aus den Freiwilligenverbänden der russischen Befreiungsarmee handelte, ließ sich bislang nicht bestätigen. Folgende Liste zeigt nach Dienstrang sortiert die Wachmannschaft und Befehlshierarchie des Lagers. Einzelnachforschungen im Berlin Document Center (BDC) zu möglichem SS-Eintritt sind bisher noch nicht erfolgt und wegen weitestgehend fehlender Geburts- und Herkunftsdaten schwierig, aber nicht gänzlich aussichtslos. Für das Verständnis des Geschehens im KZ-Außenlager Hainichen waren diese Daten aber nicht zwingend notwendig, weshalb auf entsprechende Anfragen oder einen Besuch im Berliner Bundesarchiv verzichtet wurde.

---

[247] Vgl. Barch, B 162 / 9070, S. 558

SS-Bewachung in Hainichen	Geburtstag Geburtsort	Beitritt zur SS	Dienstzeit in Hainichen
Lagerkommandant SS-Oberscharführer Loh, Wilhelm [Willi]	22.01.1892 Dutenhofen		Hainichen 28.08.1944 bis 14.04.1945
SS-Rottenführer Michel, Heinrich			
SS-Sturmmann Tittes, Alfred	Siebenbürgen		
SS-Sturmmann Stenzel, Andreas	Rumänien [Arad]		
SS-Schütze Alt, Adam	Rumänien [Arad]		
SS-Schütze Aufmuth, Jakob			
SS-Schütze Peters, Joseph			
SS-Oberwachmann Isnjuk, Stephan	Ukrainer / Weißrusse		
SS-Wachmann Archipenko, Iwan	Ukrainer / Weißrusse		
SS-Wachmann Chartschenko, Dymystrij	Ukrainer / Weißrusse		
SS-Wachmann Lipatow, Ilja	Ukrainer / Weißrusse		

Besonders eindrucksvoll bezüglich der Wachmannschaft sind die Erinnerungen der Viorica D.:

> „Auf die SS-Angehörigen befragt, erinnere ich mich an einen Oberscharführer, einen Rottenführer, zwei Wachposten, die ungarisch sprachen und es gab auch Ukrainer darunter. Die Gesamtzahl der Mannschaften kenne ich nicht. Der Lagerführer war der SS-Oberscharführer – namens Willi LOH, er war etwa 50 Jahre alt, der Rottenführer hieß beim Vornamen Michael [sic!]. Der Rottenführer hatte die Frauen geschlagen. Namen der übrigen Mannschaften kenne ich nicht.“ [248]

Dabei scheint sie den Nachnamen des SS-Rottenführers Michel versehentlich für einen Vornamen zu halten. Er soll also auch an den Misshandlungen der Jüdinnen beteiligt gewesen sein.

---

[248] Barch, B 162 / 9070, S. 484f. – VP Viorica D.

Die Lagerärztin Dr. Rita K. gibt 1969 zu Protokoll:

> „Über die Stärke des Bewachungspersonals kann ich keine genauen Angaben machen. Es waren 2 Männer und zwar Wilhelm LOH als Lagerführer, ein zweiter Mann mit einer Sonderfunktion und ca. 15 – 20 Aufseherinnen. Außerdem wurde das Lager von vier weißrussischen Soldaten von außen bewacht. […] Lagerführer war SS-Oberscharführer Wilhelm LOH. Der zweite, eben erwähnte Mann, dessen Name mir entfallen ist, war Arbeitseinsatzführer. Die Wachmannschaft bestand, wie gesagt, aus ca. 15 – 20 Aufseherinnen. Oberaufseherin war Gertrud BECKER. An die anderen kann ich mich namentlich nicht mehr entsinnen. […]
> Über die namentlich angeführten SS-Angehörigen kann ich nur hinsichtlich Wilhelm LOH aussagen, daß dieser äußerst menschlich gewesen ist. Er hat für manche Häftlinge sogar eigenhändig Schuhe repariert, hat ihnen warmes Wasser eingeleitet und sonstige Begünstigungen ermöglicht. Er war sehr menschlich. Anders war es bei Gertrud BECKER. Diese hat die Häftlinge mit allen möglichen Gegenständen mißhandelt. Sie war launisch und die Häftlingsfrauen bekamen das zu spüren.“ [249]

Seren B. bestätigt:

> „Im Gebäude waren nach meiner Erinnerung ständig etwa 10 Aufseherinnen in SS-Uniform. Diese waren nicht zu schlecht zu uns, lediglich die Oberaufseherin war brutal. Dann gab es in dem Gebäude noch einen Mann, der etwa 60 [sic! 52] Jahre alt gewesen sein mag. Er mag auch etwas jünger gewesen sein und mir nur so alt erschienen. Er war hochgewachsen und schlank. Er trug meist ein Käppi und hatte wohl braunes grau durchsetztes Haar. Er war Oberscharführer, und es mag sein, daß er auch zugleich die oberste Aufsicht über das Lager hatte. Auch er war nicht zu schlecht zu uns. An Namen weder dieses Oberscharführers noch anderen SS-Wachpersonals kann ich mich ebenso wenig erinnern wie an Namen von Funktionshäftlingen.“ [250]

---

[249] Barch, B 162 / 9068, S. 240 R – VP Rita K.
[250] Barch, B 162 / 9068, S. 203 – VP Seren B.

Auch Celina Z. identifiziert die Oberaufseherin Becker und Rottenführer Michel als die Schläger des Lagers:

> „Das Lager wurde nach meiner Schätzung von ca. 20 SS-Aufseher und ca. 10 SS-Aufseherinnen [sic! eher umgekehrt] bewacht. [...] Zum Lagerpersonal gehörten:
> 1 Oberscharführer, Name unbekannt. Er war damals bereits ca. 50 Jahre alt.
> 1 Oberaufseherin, Name Beck [Becker] oder ähnlich. Sie war ca. 35 Jahre alt.
> 1 Rottenführer, Name unbekannt.
> 1 Lagerärztin, Name unbekannt. Sie war Jüdin und Mithäftling und nur einige Monate da. [...] [Dr. Alice Lewin]
> Die Oberaufseherin und der Rottenführer waren im Lager gefürchtet und als Schläger bekannt.“ [251]

Zlata Lenke B.:

> „Lagerkommandant war ein hoher, magerer, dunkelblonder, etwa 40 jähriger Mann, dessen Dienstgrad ich nicht genau angeben mag, in seinem Titel waren die Worte Ober-Führer, was dazwischen lag ist mir nicht erinnerlich. An Namen des Personals kann ich mich nicht erinnern. Der Zweite in der Reihenfolge war ein Rottenführer, ein mittelgroßer, breitschultriger, etwa 30-40 jähriger Mann. Männliche SS-Angehörige, die die Wache besorgten und auch uns zur Arbeit begleiten pflegten waren noch einige, ihre Zahl kann ich nicht anführen. Es waren unter ihnen Ukrainer auch solche, die ungarisch sprachen. Im Lager waren etwa 5 [sic! 25] weibliche SS-Aufseherinnen, mit einer Oberaufseherin auf der Spitze. Namen kenne ich keine, wir benannten sie mit Spitznamen laut ihren Aussehen. Erinnerlich ist eine hohe, blonde mit aufgebundenem Zopfe, die nannten wir „Czeléd“ was auf ungarisch Magd bedeutet.“ [252]

Judith F. gibt über das Wachpersonal zu Protokoll:

> „Lagerführer war ein SS-Oberscharführer, dessen Name mir unbekannt ist. Er konnte etwa 50 Jahre alt gewesen sein, mit runzligem Gesichte, mittelgroß, immer aufgebracht, gutge-

[251] Barch, B 162 / 9068, S. 151 B – VP Celina Z.
[252] Barch, B 162 / 9067, S. 78 – VP Zlata Lenke B.

> baut, braunhaarig, stark angegraut, sein Gang erinnerte an Plattfuß. Des weiteren erinnere ich mich des Rottenführers, er war etwa 40 Jahre alt, stark, breitschultrig, gesundes Aussehen, dunkelhaarig, hohe Stirn. Erinnerlich ist mir weiter ein hochgewachsener, magerer, hellhaariger SS-Mann, der auch ungarisch gesprochen hat. Ich sah ihn oft am Wachturm. Auf weitere männliche SS-Angehörige erinnere ich mich nicht. Im Lager waren weibliche SS-Angehörige. Oberaufseherin war schwarzhaarig, etwa 40 Jahre alt, mittelgroß, es dünkt mir, sie hatte ein dunkles Muttermal am Gesichte, sie hatte schmale, zusammengepresste Lippen. Auf Namen [Gertrud Becker] kann ich mich nicht erinnern.
> Es war dort eine hohe, magere Blonde, die ich oft in der Küche gesehen hatte, sie hatte manchmal den Appell statt der Oberaufseherin empfangen. Begleiten pflegte uns außer anderen eine niedriggewachsene, mollette, etwa dreißigjährige, braunhaarige Aufseherin. Auf weitere erinnere ich mich nicht.“ [253]

Mit der blonden Aufseherin, die manchmal den Appel abnahm, könnte Gertrud Beckers Stellvertreterin Hildegard Ihle gemeint sein. Denn auch die gebürtige Polin Luba B. erinnert als vermeintliche Oberaufseherin eine blonde Person.

> „Der Lagerführer, dessen Namen ich nicht kenne, war eigentlich ein anständiger Mensch und so lange die Oberaufseherin nicht im Lager war, bezog er sich sehr korrekt zu uns. Die Oberaufseherin ist etwas später ins Lager gekommen und mit ihrer Ankunft verschlechterten sich die Verhältnisse im Lager zusehends. Wir konnten sehen, dass der Lagerführer vor der Oberaufseherin Angst hatte. Wenn sie nicht dabei war, war er ganz anders. Der Lagerführer war damals schon nicht mehr jung, er war groß, schlank. Die Oberaufseherin war etwa 30 Jahre alt, ausgesprochen hübsch, blond, groß, korpulent. Vor ihrer Ankunft ins Lager war das Essen besser, Strafen wie Haare abrasieren etc. Prügel gab es vorher nicht. Das kam aber mit ihrer Ankunft.“ [254]

Becker und Ihle trafen am 21. September in Hainichen ein.

---

[253] Barch, B 162 / 9067, S. 80f. – VP Judith F.
[254] Barch, B 162 / 9069, S. 393 – VP Luba B.

Elisabeth W. lässt protokollieren:

> „Im Lager war ein etwa 50 jähriger Uniformierter, Lagerführer – ich kann weder seinen Namen, noch seinen Dienstgrad, noch seine Einheitsangehörigkeit anführen. Auf Befragen kann ich nichts zu seiner Last angeben. Er pflegte bei den Appellen, die täglich morgens und abends stattfanden, zu erscheinen, doch den Appell nahm die Oberaufseherin entgegen. Auch Name der Oberaufseherin ist mir nicht erinnerlich. Dies war eine mittelgroße, kohlschwarze, etwa 40 jährige Frau, deren Augen an einen Uhu erinnerten. Sie war gefühllos. Ich weiß nicht die Zahl der Aufseherinnen anzugeben. Zur Arbeit und zurück wurden wir durch Mannschaften begleitet. In Hainichen wurde keine der Lagerinsassin[n]en gewaltsam getötet.“ [255]

Die Häftlinge wurden in Hainichen also von einem Kommandoführer SS-Oberscharführer Wilhelm Loh, dessen Vertreter ein SS-Rottenführer namens Heinrich Michel war befehligt und von volksdeutschen und ausländischen SS-Wachmannschaften bewacht. Oberaufseherin war die wegen ihrer Augen, Brauen und Haarfarbe als *schwarzer Uhu* beschriebene Gertrud Becker und ihre Stellvertreterin die blonde Hildegard Ihle, die etwa drei Wochen nach den ersten Häftlingen ins Lager kamen. Ihnen unterstanden während des Lagerbestehens etwa 25 weitere SS-Aufseherinnen. Die Häftlinge müssen aber nicht mit allen Personen des Wachpersonals in Kontakt gekommen sein, deshalb fallen ihre Schätzungen oftmals zu gering aus.
In folgender Tabelle finden Sie alle SS-Aufseherinnen, deren Daten bislang dokumentarisch belegbar sind.
Für die Tabelle kann nicht der Anspruch auf Vollständigkeit erhoben werden, wenngleich sich die Anzahl der bekannten Aufseherinnen quantitativ mit der höchsten überlieferten Stärkemeldung des Lagers deckt.

[255] Barch, B 162 / 9067, S. 64 – VP Elisabeth W.

Aufseherin	Geburtsdaten	Lehrgang & Dienstzeit	Strafverfolgung
Erstaufseherin Becker, Gertrud [Trude] *Stark	26.05.1909 Bojanowo Krs. Rawitsch	Lehrgang Ravensbrück 05.09. bis 21.09.1944 Laut Schreiben Wilhelm Lohs vom 02.11.1944: Eingetroffen 5.9.44 [Rekrutierung]: freiwillig; Hainichen weitere Erwähnungen: 7.11.1944, 14.12.1944; Am „16.4." Flossenbürg	Verhaftet: 16.06.1945 Döbeln:09/1945 Bautzen:01/1948 Hohenschönhausen Buchenwald: 06/1949 Waldheim Urteil 10.06.50: Lebenslang; 1954 begnadigt: auf 15 Jahre Zuchthaus; Entlassen: 31.12.1955
Ihle, Hildegard [Hilde] *Fleuti	02.02.1910 Reinholdshain	Lehrgang Ravensbrück; Laut Schreiben Wilhelm Lohs vom 02.11.1944: Eingetroffen 5.9.44 [Rekrutierung]: freiwillig; Hainichen weitere Erwähnungen: 7.11.1944, 14.12.1944; Am „16.4." Flossenbürg	Verhaftet: 21.09.1945 >Mühlberg, Buchenwald: 22.09.1948 Sowjetunion: 02.02.1950 Repatriiert: 15.10.1955
Barth, Lina [Loni] *Rück	29.01.1921 Schönbach Kreis Asch	Lehrgang Ravensbrück 08/44-09/44?; Abgestellt von Framo Ab 18.08.1944; Hainichen weitere Erwähnung: 07.11.1944; Am „16.4." Flossenbürg	Verhaftet: 13.06.1945 >Moosburg, Ludwigsburg, Dachau, Augsb. Entlassen: 17.02.1948
Biehlig, Hildegard [ledig] [Hilde] [‚Bielich']	07.08.1923 Hainichen	Lehrgang Ravensbrück; Abgestellt von Framo Ab 18.08.1944; Hainichen weitere Erwähnung: 07.11.1944	Verhaftet: 11.09.1945 >Mühlberg, Buchenwald: 22.09.1948 Entlassen: 30.01.1950
Giskes, Sybille *Becker	22.03.1921 ‚Wervelin' Wervelinghoven 22.08.1921 Düsseldorf „Von keinem Werk abgestellt freiwillig" Vgl. Fotini Tzani	Lehrgang unbekannt; Hainichen ab 8.9.44 von Leipzig-Markkleeberg Buchenwald-Außenlager; Hainichen weitere Erwähnung: 14.12.1944; 17.01.45 nach Venusberg Versetzt, 03.03.45 zurück	unbekannt

Aufseherin	Geburtsdaten	Lehrgang & Dienstzeit	Strafverfolgung
Gleich, Elfriede [ledig]	23.03.1921 Hainichen	Lehrgang Ravensbrück?; Abgestellt von Framo Ab 18.08.1944; Hainichen weitere Erwähnung: 07.11.1944	Zunächst nicht verhaftet wegen Schwangerschaft Vgl.Framo2.5.46
Glöß [Glöss], Anna *Heimann	23.08.1916 Kirschlau Schlesien	Lehrgang Ravensbrück?; Abgestellt Fa.Kirbach Pappendorf Ab 05.09.1944; Hainichen weitere Erwähnungen: 7.11.1944, 14.12.1944;	Verhaftet: 20.09.1945 >Jamlitz, Mühlberg, Buchenwald: 22.09.1948 Entlassen: 1950
Hauk, Irmgard *Kästner	24.12.1919 Berthelsdorf	Lehrgang unbekannt; Abgestellt Fa.Carl R Großlaub. Ab 08.09.1944 von Leipzig Markkleeberg Buchenwald-Außenlager Hainichen weitere Erwähnung:14.12.1944;	unbekannt
Hauk, Margarete *Uhlemann [Gretel]	04.12.1919 Berthelsdorf	Lehrgang Ravensbrück?; Abgestellt von Framo Ab 18.08.1944; Hainichen weitere Erwähnung: 07.11.1944	Zunächst nicht verhaftet da nur in d. Verwaltung eingesetzt Vgl.Framo2.5.46
Haupt, Dora [ledig]	17.12.1919 Hainichen	Lehrgang Ravensbrück?; Abgestellt von Framo Ab 18.08.1944; Hainichen weitere Erwähnung: 07.11.1944	Verhaftet: 21.09.1945 >Mühlberg, Buchenwald: 22.09.1948 Entlassen: 16.01.1950
Hautz, Ursula[Ursel] *Riemann	02.03.1922 Hainichen	Lehrgang Ravensbrück?; Abgestellt von Framo Ab 22.08.1944; Hainichen weitere Erwähnung: 07.11.1944, 14.12.1944	Verhaftet: 21.09.1945 >Mühlberg, Buchenwald: 22.09.1948 Verstorben: 03.11.1948
Heinz, Marianne	30.10.1922	Lehrgang unbekannt Rekrutierung unbekannt Hainichen erste Erwähnung: 20.01.1945 Weitere Erwähnung: 12.02.1945	Zunächst nicht verhaftet wegen Schwangerschaft Vgl.Framo2.5.46

Aufseherin	Geburtsdaten	Lehrgang & Dienstzeit	Strafverfolgung
Helbig, Hedwig *Naumann	11.06.1906 Pappendorf	Lehrgang Ravensbrück?; Abgestellt von Framo Ab 18.08.1944; Hainichen weitere Erwähnung: 07.11.1944	Verhaftet: 20.09.1945 >Mühlberg, Buchenwald: 22.09.1948 Entlassen: 16.01.1950
Höritzauer, Luise [‚Sybille'] *Rost	20.08.1920 Crumksch?	Lehrgang Ravensbrück?; Abgestellt von Framo Ab 18.08.1944;	Unbekannt
Homilius, Lina *Köhler	01.03.1923 Altenhain Einsiedel	Lehrgang Ravensbrück?; Abgestellt von Framo Ab 18.08.1944; Hainichen weitere Erwähnung: 07.11.1944	Verhaftet: 11.09.1945 >Mühlberg, Buchenwald 14.10.1948 Entlassen: 31.01.1950
Kaphammel, Rosa *Müller	15.11.1901 Colditz	Lehrgang Ravensbrück?; Abgestellt von Framo Ab 22.08.1944; Hainichen weitere Erwähnung: 07.11.1944, 14.12.1944	Verhaftet: 21.09.1945 >Mühlberg, Buchenwald 22.09.1948 Entlassen: 16.01.1950
Kretzschmar, Hertha [Herta] *Tiebach	20.04.1922 Berlin-Buchholz	Lehrgang Ravensbrück?; Abgestellt von Framo Ab 18.08.1944; Hainichen weitere Erwähnung: 14.12.1944	Verhaftet: 20.09.1945 >Mühlberg, Buchenwald 22.09.1948 Entlassen: 16.01.1950
Leuthold, Irene	1914 Hainichen	Lehrgang Ravensbrück Keine Erwähnung in der Lagerkorrespondenz Vgl. Framo 02.05.1946	Verhaftet: 21.09.1945 >Mühlberg Starb: 05.01.46
Lippmann, Hildegard [ledig]	18.06.1922 Hainichen	Lehrgang Ravensbrück Abgestellt von Framo Ab 18.08.1944; Hainichen weitere Erwähnung: 07.11.1944 Am „16.4." Flossenbürg	Verhaftet: 11.07.1945 25.09.1945 >Mühlberg, Buchenwald: 22.09.1948 Waldheim Urteil: 03.05.50 15 Jahre Zuchthaus Entlassen: 1954

Aufseherin	Geburtsdaten	Lehrgang & Dienstzeit	Strafverfolgung
Löbe, [Loebe] Gerda [ledig] [vgl."Löwe" >Uhlemann]	09.03.1922 Ottendorf [Hainichen]	Lehrgang Ravensbrück?; Abgestellt von Framo Ab 22.08.1944; Hainichen weitere Erwähnung: 07.11.1944, 14.12.1944	Verhaftet: 20.09.1945 >Mühlberg, Buchenwald 22.09.1948 Entlassen: 16.01.1950
Lungwitz, Martha [ledig]	13.03.1915 Greifendorf [Hainichen]	Lehrgang Ravensbrück?; Abgestellt von Framo Ab 22.08.1944; Hainichen weitere Erwähnung: 07.11.1944, 14.12.1944	Verhaftet: 20.09.1945 >Mühlberg, Buchenwald: 1948 [?] Entlassen: 16.01.1950
Michalik, Hildegard *Weise	17.01.1913 Hainichen	Lehrgang Ravensbrück?; Abgestellt von Framo Ab 18.08.1944; Hainichen weitere Erwähnung: 07.11.1944	Verhaftet: 19.06.1945 >Mühlberg, Verstorben: 14.10.1945 Mühlberg
Rudelt, Elfriede [ledig]	26.04.1923 Ottendorf [Hainichen]	Lehrgang Ravensbrück?; Abgestellt von Framo Ab 18.08.1944; Hainichen weitere Erwähnung: 07.11.1944	Zunächst nicht verhaftet; Grund unbekannt; Tochter des späteren Bürgermeisters von Ottendorf
Rüger, Hilde Hildegard [ledig]	21.11.1922 Hainichen	Lehrgang Ravensbrück?; Abgestellt von Framo Ab 22.08.1944; Hainichen weitere Erwähnung: 07.11.1944	Zunächst nicht verhaftet wegen Schwangerschaft Vgl.Framo2.5.46
Uhlig, Käthe [ledig]	28.10.1915 Chemnitz	Lehrgang Ravensbrück?; Abgestellt von Framo Ab 22.08.1944; Hainichen weitere Erwähnung: 07.11.1944, 14.12.1944	unbekannt
Unger, Dora *Bernhardt [‚Bernhard‘]	17.03.1914 Berbersdorf	Lehrgang unbekannt; Rekrutierung unbekannt; Hainichen ab 08.09.1944 Hainichen weitere Erwähnung: 04.11.1944, 14.12.1944	Verhaftet: 20.09.1945 >Mühlberg, Buchenwald: 22.09.1948 Entlassen: 16.01.1950

Aufseherin	Geburtsdaten	Lehrgang & Dienstzeit	Strafverfolgung
Wegner, Hildegard *Röger	21.01.1923 Hainichen	Lehrgang Ravensbrück?; Abgestellt von Framo Ab 18.08.1944; Hainichen weitere Erwähnung: 07.11.1944; 17.01. bis 03.03.45 nach Venusberg versetzt	unbekannt

2.1.1 Die Aufseherinnen

Alle Daten der Aufseherinnen konnten in erster Linie der Lagerkorrespondenz von 1944 und 1945 entnommen und mit Informationen über ihre spätere Strafverfolgung ergänzt werden. Der Verwaltungsakt der Einstellung in die Dienste - also ins Gefolge - der SS als KZ-Aufseherinnen hat dabei deutlich mehr dokumentarische Spuren hinterlassen als bei der männlichen Wachmannschaft. Die meisten der Frauen waren zunächst von zu Hause oder als Arbeiterinnen in die Rüstungsindustrie dienstverpflichtet worden und dann später von der eigenen Firma, den Framo-Werken zum Lehrgang in das Frauen-Konzentrationslager Ravensbrück geschickt worden. Dies muss im August 1944 gewesen sein, denn ab September wurde die Ausbildung dezentralisiert und jedes Konzentrationslager war für die Ausbildung seiner Aufseherinnen selbst verantwortlich. Schulungslager für das KZ Flossenbürg wurde im Zuge dieser Änderung das KZ-Außenlager Holleischen im Sudetenland.
Die Einstellungsvermerke vom 18. und 22. August 1944, mit Kontoeröffnung am 17.08.1944 für Biehlig, Haupt und Lippmann bei der Kreis- und Stadtsparkasse Neustrelitz, Zweigstelle Fürstenberg/Mecklenburg (überwiegend zuständig für das Personal des KZ Ravensbrück), sprechen also dafür, dass die am 17. bzw. 18. und 22. August im KZ Flossenbürg eingestellten und für die Framo-Werke zur Verfügung stehenden Frauen zu diesem Zeitpunkt auf die Schulung nach Ravensbrück geschickt wurden, die maximal drei Wochen gedauert haben dürfte. Im Laufe der Kriegsentwicklung war die Ausbildung zur Aufseherin immer weiter verkürzt worden.[256]

---

[256] Vgl. Fotini Tzani. Zwischen Karrierismus und Widerspenstigkeit. S.42ff.

Möglicherweise dauerte die Schulung in Ravensbrück auch nur 10 bis 14 Tage. Wann die Hainichener Frauen in Ravensbrück eingetroffen sind (möglicherweise in zwei Schüben kurz nacheinander) und zurückgeschickt wurden, ist nicht überliefert. Etwa zur gleichen Zeit waren am 15. August auch Chemnitzer Frauen nach Ravensbrück zum Lehrgang geschickt worden, von denen zahlreiche Nachkriegsaussagen über die Rekrutierung und Ausbildung in Ravensbrück vorliegen[257]. Das Freiberger Lager für die Freia GmbH einer Tochterfirma der Arado-Flugzeugwerke wurde Anfang September mit 250 Frauen aus Lodz eröffnet, die wie die Hainichener Häftlinge erst Tage zuvor in Auschwitz eingetroffen und wahrscheinlich im selben Transport nach Sachsen gebracht worden waren. Die angehenden Hainichener Aufseherinnen könnten also bei ihrer Ausbildung den künftigen Aufseherinnen aus Freiberg bzw. Chemnitz begegnet sein.
Neben den genannten Kontoeröffnungen oder vorliegenden Kontokarten liegen von der Historikerin Jeanette Toussaint gesammelte Informationen über spätere Kontoeröffnungen Hainichener Aufseherinnen und Besoldungszeiträume vor allem ab dem 5., 16., 20. und 21. September oder 23. Oktober 1944 vor. Dabei ist davon auszugehen, dass einige Frauen bei Einstellung im KZ bereits über persönliche Bankverbindungen verfügten und für die Besoldung angeben konnten, andere Frauen Konten nachträglich eröffneten (z.B. nach Rücksprache mit Ehemann oder Eltern) oder angehende Aufseherinnen später andere Bankverbindungen für den Zweck der Besoldung nutzten. Das Ende nachweisbarer Kontobewegungen ist also nicht mit einer Entlassung aus dem Gefolge der SS gleichzusetzen.
Anfang September 1944, spätestens jedoch am 21. dürften also den Framo-Werken etwa 20 frisch ausgebildete Aufseherinnen aus der deutschen Arbeiterschaft, also im Wesentlichen aus der Mitte der Bevölkerung, zur Verfügung gestanden haben. Die spätere Oberaufseherin Becker soll mit ihrer künftigen Stellvertreterin Hildegard Ihle, die sich beide freiwillig für den Aufseherinnen-Dienst gemeldet hatten, jedoch erst am 21. September in Hainichen eingetroffen sein. Sie waren am 4. oder 5. September durch die Verwaltung des KZ Flossenbürg eingestellt worden und erst dann mit einigen zusätzlich rekrutierten

[257] Vgl. Pascal Cziborra. KZ Freiberg. S.153ff.

Frauen auf einen zweiten 14tägigen Ausbildungslehrgang und zur Einkleidung nach Ravensbrück geschickt worden. Sie trafen also erst etwa drei Wochen nachdem die ersten 150 Häftlinge aus Auschwitz ins Lager überstellt worden waren in Hainichen ein. Für den ersten Todesfall im Lager war Becker somit sicher nicht verantwortlich.
Am 26. Oktober 1944, also gut zwei Wochen nach Ankunft des zweiten Transportes erreichen dann zwei neue Aufseherinnen, Irmgard Hauk und Sybille Giskes das Außenlager Hainichen. Sie kamen vom Kommando Leipzig-Markkleeberg. Laut Schreiben SS-Oberscharführers Loh betrug die Gesamtzahl im SS-Sonderkommando Hainichen jetzt 25 Aufseherinnen.[258]
Mit Schreiben vom 2. November 1944 erhalten sie ihre neuen Aufseherinnen-Ausweise aus dem Konzentrationslager Flossenbürg. [259] Ihre alten Ausweise, dem KZ Buchenwald oder Ravensbrück zugehörig, mussten abgegeben werden.
Am 2. November 1944 schickt Kommadoführer Loh eine ausführliche Liste seiner ihm unterstellten Aufseherinnen an die „Kommandantur K.L. Flo" mit Bezug auf ein Schreiben vom 6.10.44. Darin werden 22 Aufseherinnen mit vollständigen Geburts- und Ankunfts- bzw. Rekrutierungsdaten genannt. Wahrscheinlich werden mit diesem Schreiben die noch fehlenden Lichtbilder zur Erstellung der Aufseherinnen-Ausweise an die Kommandantur gesandt. Dies ist dem Vermerk zu entnehmen, dass für 3 Aufseherinnen die Lichtbilder noch fehlen und diese mit genauen Angaben zur Person der Kommandantur noch zugehen sollen. Kommandoführer Loh fehlen laut handschriftlicher Notiz auf dem Schreiben noch Angaben zur Aufseherin Dora Unger, Gertrud Becker und Sybille Giske[s]. Wegen der Doppeltnennung Beckers sind also nur 24 Aufseherinnen aufgeführt. Im Schreiben heißt es außerdem:

> „Die Aufseherinnen sind weder im Besitz eines Ausweises noch eines Einsatzbuches. Die Oberaufseherin ist Becker Gertrud geb. am 26.5.09 in Bojanowo/Posen." [260]

---

[258] Vgl. Barch, B 162 / 9070, S. 550 – Schreiben Lohs vom 26.10.44
[259] Barch, B 162 / 9070, S. 547 – Schreiben vom 2.11.44
[260] Barch, B 162 / 9070, S. 552 – Schreiben Lohs vom 2.11.44

Die fehlende 25. Aufseherin geht aus einem Schreiben vom 4. November 1944 hervor. Es handelt sich um Luise Höritzauer.[261] Am 7.11.1944 verschickt dann die Kommandantur die Ausweise für die Mehrheit, d.h. 21 Aufseherinnen, im Lager Hainichen per Einschreiben.[262] Irmgard Hauk hatte ihren Ausweis ja bereits kurz nach Versetzung von Leipzig-Markkleeberg erhalten. Die übrigen konnten wegen fehlender Passbilder noch nicht angefertigt werden.

Sybille Giskes, die wie Irmgard Hauk aus dem Markkleeberger Außenlager für das KZ Buchenwald in das KZ Flossenbürg versetzt wurde, hatte auch bereits im Zuge dieser Versetzung einen neuen Ausweis erhalten. Es dürften also nur noch die Ausweise für Luise Höritzauer und Dora Unger gefehlt haben.

Wenn SS-Oberscharführer Loh am 13. November 1944 also die Ausweise für Höritzauer Sybille und Unger Dora erhält, dürfte es sich entweder nur um einen Fehler im Anschreiben handeln, oder der Ausweis für Luise Höritzauer war versehentlich auf den falschen Vornamen, nämlich den von Sybille Giskes ausgestellt worden.[263] Eine Aufseherin Sybille Höritzauer ist für das KZ-Außenlager Hainichen also nicht nachzuweisen.

Für die Einstellung als SS-Aufseherin waren neben einem Lebenslauf auch ein polizeiliches Führungszeugnis einzureichen und diverse Verpflichtungen über die Geheimhaltung ihrer Arbeit zu unterschreiben. Aufseherinnen mussten daher volljährig[264] sein. Sie sollten also zwischen 21 und 45 Jahre alt und körperlich der Tätigkeit gewachsen sein. Die Tauglichkeit wurde durch ein Gesundheitszeugnis bestätigt.[265] Diese Einstellungsbedingungen wurden zum Teil aber erst nachträglich abgearbeitet, so auch im Fall Hainichen.

Für die Personalakten der Aufseherinnen in der Verwaltung des KZ Flossenbürg werden am 14. Dezember 1944 noch die Lebensläufe der zwölf Aufseherinnen Anna Glöss, Hilde Ihle, Dora Unger, Gertrud Becker, Sybille Giskes, Irmgard Hauk,

---

[261] Vgl. Barch, B 162 / 9070, S. 554 – Schreiben Lohs vom 4.11.44

[262] Vgl. Barch, B 162 / 9070, S. 555 – Schreiben aus Flossenbürg v. 7.11.44

[263] Vgl. Barch, B 162 / 9070, S. 557 – Schreiben aus Flossenbürg v. 13.11.44

[264] Damals 21 Jahre; erst seit 1950 [DDR] bzw. 1975 [BRD] ist man mit 18 Jahren volljährig.

[265] Vgl. Fotini Tzani. Zwischen Karrierismus und Widerspenstigkeit. S.36ff.

Ursel Hautz, Rosa Kaphammel, Hertha Kretzschmar, Gerda Loebe, Martha Lungwitz und Käthe Uhlig angefordert.[266]
Dies zeigt deutlich, dass sich die Frauen mehrheitlich nicht aus Eigeninitiative zu einer Wachtätigkeit für die SS beworben hatten, sondern überwiegend per Dienstverpflichtungsbescheid in einer Hauruckaktion auf einen Lehrgang geschickt worden waren und die offiziellen Einstellungsbedingungen nachträglich abgearbeitet wurden, Monate nachdem die Frauen ihren Dienst in ihrem Rüstungsbetrieb angetreten hatten.
Spätestens im Januar 1945 muss dann eine 26. Aufseherin, nämlich Marianne Heinz, ins Lager gekommen sein. Sie ist in einem Schreiben vom 20.01.1945 erstmals erwähnt.
Mit einem Schreiben der Kommandantur Flossenbürg vom 9. Januar 1945 wurden aber auch zwei Aufseherinnen in das Außenlager Venusberg beordert, das im Januar 1945 erst gegründet wurde und seine erste Häftlingszuweisung aus dem KZ Ravensbrück erwartete. Die Aufseherinnen sollten nur vorübergehend abgestellt werden, sehr wahrscheinlich bis genügend andere Aufseherinnen ausgebildet waren. Die Aufseherinnen Sybille Giskes und Hildegard Wegner wurden laut Schreiben vom 18. Januar am 17. Januar nach Venusberg in Marsch gesetzt[267] und könnten Anfang März von dort nach Hainichen, sonst ins Außenlager Mittweida, zurückgekehrt sein.[268] Möglicherweise hatten sie Kenntnis davon, dass es in Hainichen überzählige Häftlingsärztinnen gab und hatten eine spätere Anforderung einer Häftlingsärztin und damit die Überstellung der Dr. Alice Lewin nach Venusberg ausgelöst. Bereits am 8. Februar war eine Häftlingsärztin aus dem Außenlager Hainichen angefordert worden. Klare dokumentarische Hinweise auf einen solchen Zusammenhang gibt es allerdings nicht.
Die Versetzung zweier Aufseherinnen nach Venusberg kann das Lager Hainichen zu diesem Zeitpunkt scheinbar noch gut verkraften. Während in vielen Außenlagern des KZ Flossenbürg wegen der angespannten Personallage Urlaubssperre herrschte,

---

[266] Vgl. Barch, B 162 / 9070, S. 556 – Schreiben aus Flossenbürg v. 14.12.44
[267] Vgl. Barch, B 162 / 9070, S. 544f. – Schreiben vom 9.1.45 & 18.1.45
[268] Vgl. Barch, B 162 / 25696, S. 429 – Schreiben vom 3.3.45aus Flossenbürg „Die vom AL. in Mittweida vorübergehend nach dort [Venusberg] kommandierten Aufseherinnen Giskes Sybille und Wegner Hildegard treten mit sofortiger Wirkung zu ihrem Kommando bei C.Lorenz in Mittweida zurück.“

scheinen in Hainichen noch im Januar 1945 längere Urlaube genehmigt worden zu sein. So erhielt laut Schreiben des SS-Oberscharführers Loh vom 20. Januar 1945 die SS-Aufseherin Irmgard Hauk vom 25. Dezember bis zum 7. Januar und SS-Rottenführer Heinrich Michel vom 11. Januar bis zum 18. Januar Urlaub.[269]

Am 24. Januar muss Loh ein weiteres Urlaubsgesuch der Kommandantur Flossenbürg gemeldet haben. Am 26. Januar antwortet man in Vertretung des SS-Obersturmbannführers Koegel in Bezugnahme auf Lohs Schreiben:

> „Auf das Gesuch des Vaters der Aufs. Unger teilt die Kdtr. mit, dass ein Kurzurlaub von 3 Tagen der Aufs. genehmigt wurde. Ausserdem ist ein ärztliches Attest hier vorzulegen.“[270]

Ob Dora Unger wegen eigener gesundheitlicher Probleme oder der des Vaters Kurzurlaub erhielt, bleibt unklar. Möglicherweise ließ die 30jährige Frau nur durch ihren Vater dem eigenen Anliegen Nachdruck verleihen, um sich bei den verantwortlichen Stellen Gehör zu verschaffen.

Den Urlaub trat Unger laut Schreiben Lohs an die Kommandantur Flossenbürg vom 1. bis zum 3. Februar 1945 an.[271]

Laut *Stärkemeldung der Wachmannschaften und ihrer Bewaffnung sowie der Häftlinge der Arbeitslager im Dienstbereich des Höheren SS- und Polizeiführers des SS-Oberabschnittes Elbe* befanden sich nach Stand vom 31. Januar und 28. Februar 1945 jeweils 25 Aufseherinnen im Lager Hainichen. Zum Stichtag 31. März 1945 werden sogar 27 Aufseherinnen gemeldet.[272] Lagerkorrespondenz zum Zugang von zwei Aufseherinnen im März 1945 liegen nicht vor. Es wäre aber möglich, dass die im Januar nach Venusberg abgestellten Frauen wieder zurückgekehrt sind. Es hat also bei den Aufseherinnen in Hainichen nur eine geringe Fluktuation gegeben. Die Gesamtzahl blieb seit spätestens November 1944 weitestgehend gleich. Alle ehemaligen Aufseherinnen dürften namentlich überliefert sein. Um den Stand von 25

---

[269] Barch, B 162 / 9070, S. 547 – Schreiben Lohs vom 20.1.45

[270] Barch, B 162 / 9070, S. 547 – Schreiben der Kommandantur vom 26.1.45

[271] Barch, B 162 / 9070, S. 547 – Schreiben Lohs vom 3.2.45

[272] Vgl. ITS, Historische Abteilung Flossenbürg, Nr. 10 Bl.50ff.

Aufseherinnen Ende Januar 1945 zu komplettieren, müsste eine nicht dokumentierte weitere Aufseherin bis spätestens Januar 1945 in Hainichen eingetroffen sein. Bei der nicht in der Lagerkorrespondenz erwähnten Person dürfte es sich laut Schreiben von Framo vom 2. Mai 1946 um Irene Leuthold handeln, deren Tod im Speziallager Mühlberg zu diesem Zeitpunkt wohl noch nicht bekannt war. Sollten Giskes und Wegner nicht nach Hainichen rückkommandiert sondern nach Mittweida versetzt worden sein, müssten im März allerdings zwei nicht dokumentierte Aufseherinnen in Hainichen den Dienst aufgenommen haben. Auch die vermeintliche Dienstreise der Oberaufseherin Gertrud Becker und ihrer Stellvertreterin Hildegard Ihle, sowie Hilde Lippmann und Lina (Loni) Barth im April 1945 zum Stammlager Flossenbürg ließ sich dokumentarisch bislang nicht bestätigen. Die ehemaligen Häftlinge sind sich aber darin weitestgehend einig, dass die Oberaufseherin mit einigen anderen schlimmen Aufseherinnen nicht an der Evakuierung nach Theresienstadt teilgenommen hat und etwa am 12. oder 13. April laut Malvina S. im Morgengrauen mit Koffer das Lager verließ. Soweit decken sich also die Häftlingserinnerungen mit der Aussage Beckers, die allerdings nur von sich und Hilde Lippmann spricht. Die vernommene Loni Barth sagt 1970 aber aus:

> „Am 16.4.1945 fuhren die Aufseherinnen Becker, die Hilde Lippmann, die andere Hilde und ich mit der Bahn nach dem KZ Flossenbürg.“ [273]

An anderer Stelle des Vernehmungsprotokolls heißt es: *„Dort [in Hainichen] war ich Aufseherin bis zum 16.4.1945“*[274]. Während einige ehemalige Häftlinge davon sprechen, dass sich Aufseherinnen vor Evakuierung des Lagers abgesetzt hätten, ist tatsächlich von einer regulären Dienstreise auszugehen. Laut Becker sollten Uniformstücke und Wäsche besorgt werden, Barth spricht eher von Schuhen für die Häftlinge. Es wäre denkbar, dass u.a. für einen Evakuierungsmarsch geeignetes Schuhwerk für die Lagerauflösung besorgt werden sollte. Da dieser Reisezweck aber nur den Vernehmungen zweier betroffener

---

[273] Barch, B 162 / 9069, S. 334 – VP der ehemaligen Aufseherin Loni D.
[274] Barch, B 162 / 9069, S. 331 – VP der ehemaligen Aufseherin Loni D.

Aufseherinnen zu entnehmen ist, ist auch eine Versetzung nach Flossenbürg oder ein eigenmächtiges Absetzen nicht völlig auszuschließen. Auch könnte der Lagerführer nicht gewollt haben, einige der als brutal geltenden Aufseherinnen mit bei der Evakuierung der Jüdinnen dabei zu haben. Vor allem die Aussage Barths ist aber recht aufrichtig und es besteht bisher kein Grund, die Ausführungen über die Dienstreise anzuzweifeln.

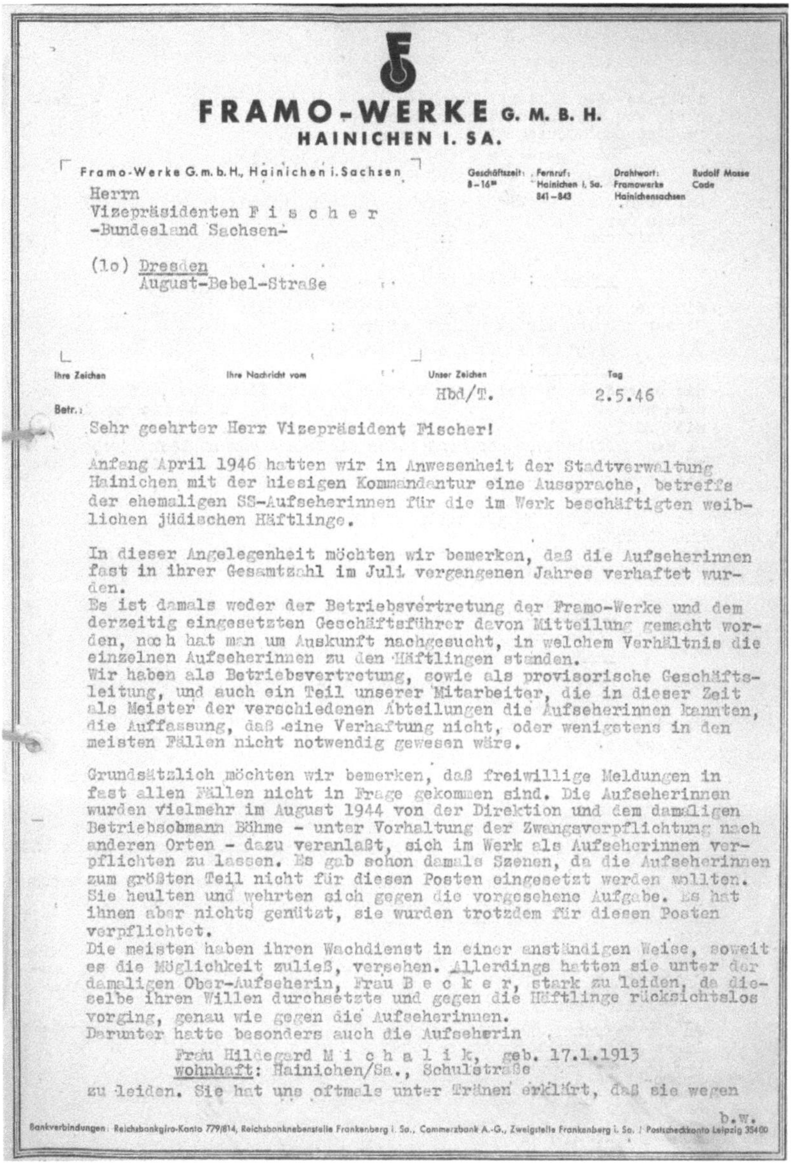

FRAMO-WERKE G. M. B. H.
HAINICHEN I. SA.

Framo-Werke G.m.b.H., Hainichen i.Sachsen

Geschäftszeit: 8–16 | Fernruf: Hainichen i. Sa. 841–843 | Drahtwort: Framowerke Hainichensachsen | Rudolf Mosse Code

Herrn
Vizepräsidenten F i s c h e r
-Bundesland Sachsen-

(10) Dresden
August-Bebel-Straße

Ihre Zeichen | Ihre Nachricht vom | Unser Zeichen Hbd/T. | Tag 2.5.46

Betr.:

Sehr geehrter Herr Vizepräsident Fischer!

Anfang April 1946 hatten wir in Anwesenheit der Stadtverwaltung Hainichen mit der hiesigen Kommandantur eine Aussprache, betreffs der ehemaligen SS-Aufseherinnen für die im Werk beschäftigten weiblichen jüdischen Häftlinge.

In dieser Angelegenheit möchten wir bemerken, daß die Aufseherinnen fast in ihrer Gesamtzahl im Juli vergangenen Jahres verhaftet wurden.
Es ist damals weder der Betriebsvertretung der Framo-Werke und dem derzeitig eingesetzten Geschäftsführer davon Mitteilung gemacht worden, noch hat man um Auskunft nachgesucht, in welchem Verhältnis die einzelnen Aufseherinnen zu den Häftlingen standen.
Wir haben als Betriebsvertretung, sowie als provisorische Geschäftsleitung, und auch ein Teil unserer Mitarbeiter, die in dieser Zeit als Meister der verschiedenen Abteilungen die Aufseherinnen kannten, die Auffassung, daß eine Verhaftung nicht, oder wenigstens in den meisten Fällen nicht notwendig gewesen wäre.

Grundsätzlich möchten wir bemerken, daß freiwillige Meldungen in fast allen Fällen nicht in Frage gekommen sind. Die Aufseherinnen wurden vielmehr im August 1944 von der Direktion und dem damaligen Betriebsobmann Böhme - unter Vorhaltung der Zwangsverpflichtung nach anderen Orten - dazu veranlaßt, sich im Werk als Aufseherinnen verpflichten zu lassen. Es gab schon damals Szenen, da die Aufseherinnen zum größten Teil nicht für diesen Posten eingesetzt werden wollten. Sie heulten und wehrten sich gegen die vorgesehene Aufgabe. Es hat ihnen aber nichts genützt, sie wurden trotzdem für diesen Posten verpflichtet.
Die meisten haben ihren Wachdienst in einer anständigen Weise, soweit es die Möglichkeit zuließ, versehen. Allerdings hatten sie unter der damaligen Ober-Aufseherin, Frau B e c k e r, stark zu leiden, da dieselbe ihren Willen durchsetzte und gegen die Häftlinge rücksichtslos vorging, genau wie gegen die Aufseherinnen.
Darunter hatte besonders auch die Aufseherin

Frau Hildegard M i c h a l i k, geb. 17.1.1913
wohnhaft: Hainichen/Sa., Schulstraße

zu leiden. Sie hat uns oftmals unter Tränen erklärt, daß sie wegen

b.w.

Bankverbindungen: Reichsbankgiro-Konto 779/814, Reichsbanknebenstelle Frankenberg i. Sa., Commerzbank A.-G., Zweigstelle Frankenberg i. Sa. / Postscheckkonto Leipzig 35400

Die Aufseherin Irene Leuthold wird in einem Schreiben von Framo an die Landesregierung Sachsens vom 2. Mai 1946, neben etlichen anderweitig dokumentierten Frauen aus Hainichen als ehemalige Aufseherin bestätigt. Es werden zudem fünf ehemalige Aufseherinnen genannt, die einer Verhaftung 1945 entgingen, drei davon wegen Schwangerschaft.

Quelle: Stadtarchiv Hainichen, StAHC EAn45

ihrer loyalen Haltung gegenüber den Häftlingen von ihrer Ober-Aufseherin zur Rechenschaft gezogen wurde.
Desgleichen möchten wir den Namen der Aufseherin

Frau Hedwig H e l b i g geb. 11.6.1906
wohnhaft: Ottendorf b. Hainichen/Sa.

anführen. Frau Helbig war eine Seele von Aufseherin, die bestimmt keinem der Häftlinge ein Leid zugefügt hat.
Des weiteren sei angeführt:

Frau Ursula H a u t z geb. 2. 3.1922
wohnhaft: Hainichen/Sa., Lange Straße

die auch keinem der Häftlinge ein Leid zugefügt haben wird.
Ferner möchten wir hier noch anführen:

Fräulein Irene L e u t h o l d,
wohnhaft: Hainichen/Sa., Mittweidaer Straße

die besonders auffiel durch ihre außergewöhnliche Ruhe, die niemals auch nur ein lautes Wort gegenüber den Häftlingen äußerte und immer wie auf ihren Platz hingesetzt, sitzen blieb. Wir glauben auch, wenn es den Häftlingen, oder wenigstens einigen davon möglich wäre, zurückzukehren, daß sie die von uns hier geschriebenen Zeilen nur bestätigen könnten. Wir haben nur einige Namen herausgezogen, um einmal zu der Frage grundsätzlich Stellung zu nehmen. Auf wessen Veranlassung die Verhaftung der Aufseherinnen seinerzeit vorgenommen wurde, ist uns nicht bekannt.
Von einer Verhaftung ausgenommen sind 5 Aufseherinnen, worunter drei waren, die ein Kind erwarteten. Es sind dies:

Elfride G l e i c h,
wohnhaft: Hainichen/Sa. Gartenstadt

Hildegard R ü g e r,
wohnhaft: Hainichen/Sa.,Schulstraße

Marienne H e i n z, jetzt Frau Martin
wohnhaft: Hainichen/Sa. Äußere Gerichtsstr.

Elfriede R u d e l t, wohnhaft Ottendorf b. Hainichen ist nicht verhaftet worden. Gründe hierfür sind uns unbekannt. Ihr Vater ist jetzt Bürgermeister von Ottendorf.
Weiter wurde nicht verhaftet Margarete H a u c k, wohnhaft Berthelsdorf b. Hainichen, die nur in der Verwaltung eingesetzt war.

Diese Fragen, die wir hier brieflich erörtern, haben wir in kürzerer Form mit der hiesigen Kommandantur besprochen und der Herr Kommandant hat empfohlen, uns in dieser Angelegenheit – in Zusammenarbeit mit der Stadtverwaltung und dem hiesigen Polizeiamt, die ihre Bestätigung zu dem Hieraufgeführten geben sollen – an Sie, Herr Vizepräsident, zu wenden und bei Ihnen eine Milderung für die Aufseherinnen zu erbitten.
Es dürfte uns auch nicht schwerfallen, für den größten Teil der Aufseherinnen, es würde sich um ca. 40 handeln, ein einwandfreies Leumundszeugnis der örtlichen politischen Parteien zu erhalten, falls Ihrerseits Wert darauf gelegt wird.

In der Hoffnung, daß diese Zeilen dazu beitragen mögen, unseren ehemaligen Arbeitskolleginnen zur Freiheit zu verhelfen, zeichnen
mit größter Hochachtung!

Framo-Werke G.m.b.H. — Der Betriebsrat i.A.:

Kommiss. Treuhänder

2.1.2 Anschuldigungs- und Entkräftungsaussagen in den Ludwigsburger Vorermittlungsakten:

In den Ludwigsburger Vorermittlungen wird konkret nach dem Verhalten des Wachpersonals und nach Personenbeschreibungen gefragt. Obwohl hier der Fokus auf Tötungshandlungen liegt, werden dennoch genügend andere Verhaltensweisen erwähnt, Taten, deren Straftatbestand zum Zeitpunkt der Zeugenvernehmung bereits verjährt ist. Dieses Kapitel soll einen Überblick über die Äußerungen der vernommenen ehemaligen Häftlinge geben. Vorab hinzuweisen ist auf die unterschiedliche Schärfe der Erinnerung. Viele Äußerungen und Anschuldigungen sind dennoch konkret personenbezogen, andere nur mit vagen Personenbeschreibungen verknüpft. Auch können unter Umständen Verwechslungen bei den genannten Vornamen vorliegen. So wird bei Chana R. scheinbar die Personenbeschreibung der Aufseherin Gertrud Becker fälschlicherweise mit dem Vornamen ihrer Stellvertreterin verknüpft:

> „Das Lager war durch einen etwa 50-jährigen SS-Oberscharführer geleitet, er war gutgebaut, etwas hoch, mit grauen Schläfenhaar, benahm sich ruhig – gutes Auftreten. Außer ihm waren noch etwa 5 – 6 männliche SS- Angehörige im Wachdienst. Im Lager waren auch weibliche SS-Angehörige – ihre Zahl belief sich auf etwa 20 Personen, auf ihrer Spitze stand eine Oberaufseherin, deren Name mir nicht bekannt war. Dies war eine etwa 30-jährige, mittelgroße, vollgebaute, schwarzhaarige, grünäugige[275], schlechte Person. Ihr Vorname war Hilda. Außer ihr gedenke ich bei Vornamen eine Lotte, eine mollette, blonde, mittelgroße, gutmütige. Die Aufseherinnen hatten uns zur und von der Arbeit begleitet und verweilten die Schichtzeit im Werke.“[276]

Auch einzelne Personenmerkmale können variieren. So die Augenfarbe oder die Körpergröße, die bei den Vernommenen oft in Relation zur eigenen Größe gesetzt wird.

---

[275] In anderen Aussagen ist von braunen oder gar schwarzen Augen die Rede.
[276] Barch, B 162 / 9067, S. 62 – VP Chana R.

2.1.2.1 Die Oberaufseherin

Die 35jährige SS-Oberaufseherin Gertrud Becker muss in Hainichen der Schrecken des Lagers gewesen sein. Dies kommt ganz deutlich durch die ihr zur Last gelegten Taten und in den weitestgehenden Übereinstimmungen bei den Personenbeschreibungen zum Ausdruck. Ihre Spitznamen unter der ungarischen Belegschaft waren wohl Schwarzer Uhu bzw. Eule (Fekete Bagoly) oder Tod (Halál), unter den polnischen Jüdinnen wurde sie auch Teufel oder Teufelsweib genannt. Celina Z. lässt protokollieren:

> „Ich nehme an, daß die im Schreiben der Staatsanwaltschaft bezeichnete 1. Aufseherin Gertrud Becker, die Oberaufseherin war. Ich könnte heute noch die Oberaufseherin auf einem Foto erkennen. Sie war ca. 35 Jahre alt, 165-170 cm groß, hatte dunkle Haare und dunkle Augen. Ihr Spitzname war ‚Teufel' oder ‚ Teufelsweib'. Nach Kriegsende wurde erzählt, daß die Oberaufseherin den Amerikanern oder Russen ausgeliefert wurde und heute nicht mehr leben sollte." [277]

Dieses Gerücht ist, wie die Vernehmungen Beckers zeigen, aber falsch und hängt möglicherweise mit der Verurteilung Lohs zusammen. In seinem Prozess 1947 in Dachau berichtete die ehemalige Aufseherin Lina (Loni) Barth über einen Tieffliegerangriff in der Nähe Flossenbürgs seitdem sie Becker nicht mehr gesehen hätte. [278] Möglicherweise interpretierten die anwesenden jüdischen Zeuginnen das als ihren Tod. Laut Loh soll aber eine jüdische Zeugin den Tod Beckers in seinem Prozess bezeugt haben. Das ließ sich wegen der schweren Zugänglichkeit der Militärgerichtsakten bislang noch nicht verifizieren. Andernfalls könnte das über Loh als Oberscharführer zunächst ausgesprochene Todesurteil in einem Missverständnis auf die Oberaufseherin („Oberscharführerin") Becker übertragen worden sein. Vor allem deren dunklen Augenbrauen und ihre dunklen lockigen Haare mit einem entsprechenden Blick, scheinen recht einprägsam gewesen zu sein. Selbst die ehemalige Aufseherin Loni D. sagt aus:

---

[277] Barch, B 162 / 9068, S. 152 B – VP Celina Z.

[278] Barch, B 162 / 9069, S. 334f. – VP der ehemaligen Aufseherin Loni D.

> „Die Oberaufseherin hieß Gertrud Becker. Sie dürfte damals etwa 36 Jahre alt gewesen sein. Ich schätze, daß sie 171 cm groß war, sie hatte schwarze Haare und dunkle Augen. Sie war ziemlich resolut und stolz.“ [279]

Die vielfacher Misshandlungen angeschuldigte ehemalige Oberaufseherin Gertrud Becker sagt am 23. September 1968 umfassend über ihre Lagerlaufbahn aus:

> „Etwa Mitte 1943 wurde ich dienstverpflichtet und arbeitete dann als Stanzerin bei den FRAMO-Werken in Hainichen/ Sachsen. Bei dieser Firma wurden damals Dreiradfahrzeuge und Granat- oder Nebelwerfer hergestellt. Am 4.9.1944 wurde ich dann als Aufseherin für das Arbeitslager der genannten Firma dienstverpflichtet. Dieses Lager bestand damals schon einige Zeit. Meiner Erinnerung nach ist es etwa 4 bis 6 Wochen vor diesem Zeitpunkt und nicht erst am 8.9.1944 errichtet worden.[280] Zum Zeitpunkt meiner Verpflichtung als Aufseherin befanden sich schon etwa 350 [sic! 150] Frauen in dem Arbeitslager. Ich selbst und auch einige andere Aufseherinnen wurden verpflichtet, weil noch weitere 150 [sic! 350] Frauen dazukommen sollten. Es handelte sich etwa um 7 oder 8 Aufseherinnen.[281] Ich kann mich nur an meine Nachbarin Hilde Lippmann[282] erinnern. Diese war damals etwa 21 Jahre alt und wohnt meines Wissens auch heute noch in Hainichen.
> Wir kamen dann zunächst für etwa 10 bis 14 Tage zur Einweisung in das Frauen-Konzentrationslager Ravensbrück. Hier erfolgte eine Einweisung in unsere spätere Tätigkeit und eine Registrierung. Das heißt, unsere Personalien wurden auf-

[279] Barch, B 162 / 9069, S. 332 – VP der ehemaligen Aufseherin Loni D.

[280] Hier täuscht sich Gertrud Becker. Nach Einstellung und Dienstverpflichtung war sie zunächst etwa 14 Tage in Ravensbrück zur Schulung und ist wohl am 21. September in Hainichen eingetroffen. Die ersten Häftlinge haben sich zu diesem Zeitpunkt etwa 3 Wochen im Lager befunden. Es ist natürlich möglich, dass einige Wochen zuvor bereits die Unterbringungsräume in der Frankenberger Str. 9 eingerichtet wurden. Das Datum vom 8.9.1944 stammt wahrscheinlich aus den Flossenbürger Nummernbüchern.

[281] Die Zahl der Aufseherinnen lässt sich dokumentarisch nicht verifizieren.

[282] Hilde Lippmann wurde bereits am 17. August 1944 vom KZ Flossenbürg eingestellt und dürfte daher bei dem ersten Ausbildungslehrgang in Ravensbrück dabei gewesen sein. Wahrscheinlicher ist, dass Hilde Ihle, die sich laut Lohs Schreiben freiwillig meldete, mit Becker nachrekrutiert wurde.

genommen, und wir wurden fotografiert. Praktischen Dienst haben wir in Ravensbrück nicht verrichtet.
Nach der Einweisung nahmen wir unseren Dienst im sogenannten „Strafarbeitslager Hainichen" auf. Wie schon erwähnt, handelte es sich um das Arbeitslager der Firma FRAMO. Es war ausschließlich mit Frauen belegt, die in der Fa. FRAMO arbeiten mußten. Hauptsächlich handelte es sich um Frauen aus Polen und Ungarn. Es befanden sich auch Jüdinnen darunter. Zahlen kann ich in diesem Zusammenhang nicht nennen.
Bei der Einweisung war uns gesagt worden, daß es sich um Frauen handele, die alle strafbare Handlungen begangen hätten. Uns wurde verboten, privat mit ihnen zu sprechen.[283]
Nachdem wir bereits etwa 4 Wochen in dem Lager waren, kamen zu den 350 Insassinnen noch etwa 150 dazu [sic! umgekehrt], so daß das Lager insgesamt ca. 500 Insassinnen hatte. Das Lager befand sich in der Frankenberger Straße in Hainichen. Das Lager war in mehreren festen Fabrikgebäuden der Fa. FRAMO untergebracht. Das Lager war mit Stacheldraht umzäunt und wurde von bewaffneten Posten bewacht. Bei den Bewachern handelte es sich um Russen, Rumänen und Jugoslawen[284]. Die Russen waren Angehörige der Wlassow-Truppen. Namen sind mir in diesem Zusammenhang nicht bekannt. Ich kann auch keine näheren Angaben dazu machen. Die Lagerinsassinnen mußten in drei Schichten arbeiten. Sie wurden jeweils von einigen Posten und den entsprechenden Aufseherinnen an ihre Arbeitsstellen begleitet. Die Bewacher kehrten dann zum Lager zurück, während die Aufseherinnen bei den Häftlingen blieben. Wir Aufseherinnen hatten die Aufgabe, eine Kontaktaufnahme zwischen den Lagerinsassinnen und den anderen dort beschäftigten Personen zu verhindern und die Häftlinge zum Arzt, zur Essensausgabe oder zur Toilette zu begleiten. Wir waren nicht bewaffnet[285].
Die Lagerinsassinnen wurden allgemein gut behandelt. Mißhandlungen[286] oder gar irgendwelche Tötungshandlungen sind

[283] Diese Aussagen erscheinen aufrichtig und plausibel.
[284] Eine jugoslawische Herkunft einzelner Personen ist nicht auszuschließen.
[285] Hier sind Schusswaffen gemeint, die in der Mitte des Krieges noch zur Ausrüstung der Aufseherinnen gehörten und die sie laut Dienstausweis bei sich tragen durften.
[286] Diese und die vorhergehende Aussage zur allgemein guten Behandlung der Häftlinge sind Selbstschutzbehauptungen. Beim Waldheimer Prozess gab

während meines Aufenthaltes im Lager nicht vorgekommen. Ich kann mich erinnern, daß während dieser Zeit etwa 2 oder 3 Insassinnen eines natürlichen Todes gestorben sind.[287] Die Todesursache wurde in diesen Fällen vom Betriebsarzt, an dessen Namen ich mich nicht mehr erinnern kann, festgestellt, und die Todesfälle wurden von Standesamt Hainichen[288] registriert.

Lagerleiter war der SS-Ober[schar]führer Loh. Außer Loh waren ausschließlich weibliche Aufseherinnen im Lager[289].

Loh war damals ca. 50 bis 55 Jahre alt. Er stammte aus Wetzlar oder aus der Gegend von Wetzlar. Er war vom Konzentrationslager Flossenbürg, zu dem auch unser Lager gehörte, nach Hainichen abgeordnet worden. Wenn ich mich recht erinnere, war er von Beruf Maler[290] (Anstreicher). [...]

Von den Aufseherinnen kann ich mich nur noch an die bereits erwähnte Hilde Lippmann und eine Hilde Bielich[sic! Biehlig] erinnern. Hilde Bielich [sic! Biehlig] wohnte damals ebenfalls in Hainichen und war etwa 21 Jahre alt. Sie soll auch heute noch in Hainichen aufhältlich sein.

Die Namen der anderen Aufseherinnen, die zum größten Teil ebenfalls aus Hainichen stammten, sind mir entfallen. Insgesamt waren etwa 20 bis 24 Aufseherinnen im Lager.[291]

Gegen Mitte April 1945 mußte ich zusammen mit Hilde Lippmann eine Dienstfahrt nach Flossenbürg unternehmen, um Uniformstücke, Wäsche pp. zu besorgen.[292]

Als wir im Lager Flossenbürg ankamen, befand sich dieses bereits im Aufbruch, weil die feindlichen Truppen näherkamen. Zusammen mit einigen Angehörigen des Lagerpersonals setzte ich mich Richtung Tegernsee ab. In Tegernsee wurde

---

Becker 1950 noch zu, dass Misshandlungen durch sie durchschnittlich zwei bis dreimal pro Woche vorgekommen seien [s.u.].

[287] In die Lagerzeit Beckers fielen aber fünf Todesfälle. Es könnte somit Fälle gegeben haben, denen eine Misshandlung vorausgegangen ist. [vgl. Teil e)]

[288] Das ließ sich bislang nicht bestätigen. Entsprechende Vermerke könnten aber gelöscht und Dokumente nach dem Krieg vernichtet worden sein. Möglicherweise wurden einige Todesfälle dem Sonderstandesamt Flossenbürg gemeldet.

[289] Hier sind wohl ausschließlich die Unterbringungsräume gemeint.

[290] In den Dachauer Prozessunterlagen ist „Carpenter" also „Zimmermann" angegeben. Ausbildung und spätere Tätigkeit können aber variieren.

[291] Diese Zahl deckt sich mit diversen Dokumenten.

[292] Das wäre durchaus möglich, könnte aber auch eine anderweitige Versetzung verschleiern.

ich Anfang Mai 1945 vom Amerikaner festgenommen und nach einigen Tagen wieder entlassen. Ich wollte mich nach Hainichen zurückbegeben, erkrankte aber unterwegs und war ca. 4 Wochen im Krankenhaus in Freising. Von dort aus begab ich mich dann zu Fuß nach Hainichen, wo ich am 16.06.1945 ankam. Am gleichen Abend wurde ich abgeholt, weil ich angeblich einem Verhör unterzogen werden sollte. In der Folgezeit war ich dann in den Lagern bzw. Gefängnissen in Döbeln, Bautzen, Hohenschönhausen, Buchenwald, Waldheim und später bis zur Entlassung in Hoheneck bei Chemnitz.

Erst 1950 wurde ich dann in den sogenannten Waldheimer Prozessen von der 1. und 2. Großen Strafkammer Chemnitz zu lebenslänglich Zuchthaus verurteilt, weil ich Aufseherin in einem Strafarbeitslager gewesen war. Konkrete Vorwürfe wurden in dem Prozeß gegen mich nicht erhoben. Es handelte sich also um ein Pauschalurteil.[293] Die Anklageschrift wurde mir nur ganz kurz gezeigt, so daß ich sie nicht lesen konnte. Auch andere schriftliche Unterlagen über das gegen mich ergangene Urteil besitze ich nicht.

Von den Aufseherinnen unseres Lagers war nur die Hilde Lippmann im gleichen Verfahren mitangeklagt. Sie wurde zu 15 Jahren Zuchthaus verurteilt. Soweit mir bekannt ist, sind die anderen Aufseherinnen alle 1950 entlassen und nicht verurteilt worden.[294] Ich nehme an, daß man mich verurteilt hat, weil ich die sogenannte 1. Aufseherin [Erstaufseherin, d.h. Oberaufseherin] und die Hilde Lippmann, weil sie angeblich meine Vertreterin war.

Der Lagerleiter – SS-Oberscharführer Loh – ist in dem Verfahren nicht mitangeklagt gewesen und somit auch nicht verurteilt worden.[295]

Das Aktenzeichen des Verfahrens, welches zu meiner Verurteilung führte, ist mir nicht bekannt.

---

[293] Das ist so nicht korrekt. Zwar handelte es sich um ein Schnellverfahren ohne intensive Beweisführung, Becker wurden aber konkrete Misshandlungen vorgeworfen, die sie zum Teil auch eingestand. Dass ein Teilgeständnis durch Androhung von Folter etc. erfolgt sei, beklagt sie nicht. Veruteilt wurde sie aber pauschal, wegen einer gehässigen Haltung, die sie gegenüber den Häftlingen und Gegnern Hitlers eingenommen habe.

[294] Das ist weitestgehend korrekt. Lediglich Hildegard Ihle wurde nicht 1950 entlassen, sondern in die Sowjetunion gebracht, von wo sie erst am 15. Oktober 1955 zurückkehrte.

[295] Wilhelm Loh musste sich im Dachauer Flossenbürg Prozess verantworten.

> Ich stelle meine Dienstverpflichtung, ein Schreiben des Kameradschaftskreises Waldheim und ein Schreiben des Generalstaatsanwalts in Celle zur Ablichtung zur Verfügung.
> Weitere Angaben zum Sachverhalt kann ich nicht machen.
> Ich möchte noch erwähnen, daß meine Strafe 1954 in 15 Jahre Zuchthaus umgewandelt wurde. Am 31.12.1955 wurde ich dann entlassen und kehrte nach Hainichen zurück. Etwa ein viertel Jahr später verzog ich von dort in die Bundesrepublik.“ [296]

Die Kommentierung des Vernehmungsprotokolls zeigt, dass die ehemalige Aufseherin Gertrud Becker die Hainichener Lagerverhältnisse und ihre eigene Biografie, abgesehen von kleinen zeitlichen Ungenauigkeiten und Zahlendrehern weitestgehend richtig und aufrichtig darstellt. Nicht korrekt ist allerdings ihre klare Beteuerung, dass es in Hainichen keine Misshandlungen gegeben habe und alle Häftlinge eines natürlichen Todes gestorben seien. Die Verurteilung in Waldheim, bei der sie zahlreiche Misshandlungen eingestand, wird infolge dieser Behauptung als Pauschalurteil ohne konkrete Anschuldigungen bzw. Vorwürfe hingestellt. Das Bild, das Becker 1968 von sich zeichnet, ist also sicher deutlich zu positiv. So betont sie auch mehrfach ihre Dienstverpflichtung, obwohl sie sich laut Schreiben des Kommandoführer Lohs vom 2. November 1944 freiwillig zum Aufsichtsdienst gemeldet hatte, als weitere Frauen für eine Aufseherinnentätigkeit nach Ankunft des ersten Transportes für und bei Framo nachrekrutiert wurden. Den Verpflichtungsbescheid hat es wohl vom Arbeitsamt dann pro forma aus einer Meldepflichtverordnung heraus für Becker trotzdem noch gegeben. Auch wenn es darin wahrscheinlich lautete,

> „Einsprüche und Beschwerden gegen diesen Verpflichtungsbescheid, ferner Gesuche um Zurückstellung oder Befreiung von der Dienstplicht haben keine aufschiebende Wirkung. Die Nichtbefolgung oder Verletzung der Ihnen auferlegten Verpflichtungen werden mit Gefängnis und Geldstrafe, letztere in unbegrenzter Höhe, oder mit einer dieser Strafen bestraft.“ [297],

[296] Barch, B 162 / 9067, S. 18ff. – VP der Gertrud Becker vom 23.09.1968
[297] Zitiert nach Tzani. Zwischen Karrierismus und Widerspenstigkeit. S.33

darf ein solcher Bescheid also nicht als pauschale Entlastung gewertet werden. Frauen aus der Arbeiterschaft, die einen mit diesen formulierten Druckmitteln ausgestatteten Dienstverpflichtungsbescheid für eine Aufseherinnen-Tätigkeit erhielten, dürften sich aber mehrheitlich einer solchen Verpflichtung des Arbeitsamtes in einem diktatorischen System, in dem solche Drohungen ernst zu nehmen und bei Weigerung erhebliche persönliche Nachteile zu befürchten waren, gefügt haben. Nur einzelne Frauen waren mit einer solchen Zivilcourage gesegnet, dass sie es auf einen Versuch ankommen ließen und sich gegen einen solchen Dienst für die SS auflehnten und Unterschriften verweigerten. Ihnen ist es in Einzelfällen dann auch gelungen, ohne Gefängnis- und Geldstrafe (abgesehen von persönlich zu tragenden Reisekosten) an den alten Arbeitsplatz zurückzukehren.[298] Deutlich schwieriger war es, nach erfolgter Einstellung aus dem KZ-Dienst wieder auszutreten.[299] Entlassungs- und Versetzungsgesuche diverser Aufseherinnen des KZ Flossenbürg wurden regelmäßig aus dienstlichen Gründen (wegen einer schwachen Personaldecke) abgelehnt.[300] Einige dienstverpflichtete Aufseherinnen, die den Dienst innerlich ablehnten, befürchteten außerdem sich durch ein solches Gesuch verdächtig zu machen und Nachteile zu erleiden. Ihre Haltung spiegelt sich dabei meist in der Dienstauffassung und bei einigen Aufseherinnen auch durch die Teilnahme am humanitären Widerstand in den Lagern wider. Oberaufseherin Gertrud Becker dürfte aber nicht zu diesem Personenkreis gehört haben. Auch 1970 bei einer erneuten Anhörung bleibt Becker bei ihrer Version und positiven Selbstdarstellung.

Bei ihrer Vernehmung am 13.10.1970 in Hannover äußert die ehemalige Oberaufseherin des Außenlagers Hainichen, inzwischen 61 Jahre alt, folgendes zu ihrem Lebenslauf:

> „Ich wurde am 26.05.1909 in Bojanowo, Kr. Rawitsch /Posen, geboren. 1910 verzogen meine Eltern nach Herrnstadt in Schlesien. Hier bin ich aufgewachsen und habe die dortige Volksschule bis zum Abschluß besucht. Nach dem Schulab-

[298] Vgl. Pascal Cziborra. KZ Freiberg. S.182f.
[299] Vgl. Fotini Tzani. S. 102f.
[300] Vgl. Pascal Cziborra. Frauen im KZ. S. 189ff.

schluß habe ich in Dresden im Haushalt gearbeitet. Im Januar 1938 habe ich in Hainichen meinen ersten Mann Fritz Becker geheiratet. Die Ehe ist 1951 oder 1952 aus Verschulden meines Mannes geschieden worden.
Vom Zeitpunkt meiner Eheschließung bis etwa Mitte 1943 war ich nicht beruflich tätig. Mitte 1943 wurde ich dienstverpflichtet und arbeitete als Stanzerin bei den Framo-Werken in Hainichen/Sachsen. Es handelte sich um einen Rüstungsbetrieb der hauptsächlich Nebelwerfer herstellte.
Anfang September 1944 wurde ich als Aufseherin für das Arbeitslager der Firma Framo dienstverpflichtet. Das Lager unterstand der SS. Es handelte sich um ein Nebenlager des KL Flossenbürg und war mit etwa 500 weiblichen Häftlingen belegt. Ich war zunächst als einfache Aufseherin und später[301] als Oberaufseherin bis April 1945 in diesem Lager tätig.
Nach Kriegsende, am 16.6.1945 wurde ich in Hainichen von deutscher Polizei festgenommen. In der Folgezeit war ich dann in den Gefängnissen bzw. Lagern in Döbeln, Bautzen, Hohenschönhausen, Buchenwald, Waldheim und Hoheneck b. Chemnitz inhaftiert.
Im Mai 1950 wurde ich in den sogenannten Waldheimer Prozessen von der 1. oder 2. Strafkammer Chemnitz zu lebenslänglich Zuchthaus verurteilt, weil ich Aufseherin in einem Arbeitslager der SS gewesen war. Es handelte sich um ein Pauschalurteil [s.o. Aussage von 1968], da konkrete Vorwürfe gegen mich nicht erhoben wurden. Meine Strafe wurde 1954 in 15 Jahre Zuchthaus umgewandelt. Am 31.12.1955 wurde ich dann entlassen und kehrte nach Hainichen zurück. Im März 1956 besuchte ich meine Schwester in Hannover und bin dann gar nicht mehr nach Hainichen zurückgekehrt.
Im April 1956 lernte ich meinen späteren Ehemann in Hannover kennen. Es handelte sich um den Polizei-Obermeister Ernst Robert Becker. Im Juni 1958 haben wir dann geheiratet. Ich muß hier noch erwähnen, daß mein Mann erst 1957 wieder in die Polizei eingestellt worden ist. Er war auf dem V. Revier in Hannover tätig.
Im Juli 1963 ist mein Mann in Hannover verstorben. Ich beziehe Witwenpension in Höhe von rd. DM 600,--. Ich bin nicht mehr beruflich tätig.“[302]

---

[301] Spätestens seit 02.11.1944. (vgl. Schreiben Wilhelm Lohs)
[302] Barch, B 162 / 9070, S. 509f. – VP der Oberaufseherin Gertrud Becker

Außerdem wird protokolliert:

> „Wie ich schon erwähnt habe, wurde ich Anfang September 1944 als Aufseherin für das Arbeitslager der Firma Framo dienstverpflichtet. Das Lager war zunächst mit etwa 350 [sic! 150] und später mit insgesamt etwa 500 weiblichen Häftlingen belegt.[303] Es handelte sich meines Wissens ausschließlich um Jüdinnen.
> Lagerleiter war der SS-Oberscharführer Loh. Bewacht wurde das Lager von SS-Angehörigen, die teilweise der Wlassow-Armee angehörten. Im Lager selbst waren etwa 12 bis 15 SS-Aufseherinnen tätig [sic! etwa 25 vgl. Aussage von 1968]. Ich selbst war zunächst Aufseherin und etwa ab Januar 1945 Oberaufseherin. Ich muß dazu bemerken, daß ich nicht offiziell zur Oberaufseherin ernannt worden bin, sondern es war so, daß der Lagerleiter mich mit dieser Tätigkeit beauftragte, da ich die älteste der Aufseherinnen war. Ich war dem Lagerleiter Loh direkt unterstellt.“[304]

Ob Becker wirklich erst im Januar 1945 zur Oberaufseherin befördert wurde, ist fraglich. Im Schreiben Kommandoführers Wilhelm Loh vom 02.11.1944 wird sie bereits als Oberaufseherin erwähnt. Es ist allerdings möglich, dass sie besoldungsmäßig erst nach ca. drei Monaten Probezeit als Ober- bzw. Erstaufseherin vergütet wurde. Möglicherweise war sie der Verwaltung des KZ Flossenbürg auch erst mit diesem Schreiben im November als von Loh eingesetzte Oberaufseherin mitgeteilt worden.
In Beckers Aussage stimmt jedenfalls auch nicht, dass sie die älteste Aufseherin im Lager war, Rosa Kaphammel und Hedwig Helbig waren noch ein paar Jahre älter. Beckers Ernennung zur Oberaufseherin dürfte also nicht nur eine Altersentscheidung gewesen sein und war eventuell sogar von der Verwaltung des KZ

[303] In den Flossenbürger Nummernbüchern wurden zunächst die 350 Häftlinge aus Ungarn, dann die 150 Häftlinge aus Polen registriert. Also bereits 1944 gab es bei der Verzeichnung der Häftlinge diesen Verdreher der Chronologie. Es ist daher möglich, dass Becker selbst die Urheberin dieses Versehens war und eine falsche Häftlingsaufstellung an die Verwaltung des KZ Flossenbürg übermittelte. Möglicherweise basiert ihre Erinnerungstäuschung auf dieser Verwechslung der Transportankunft.
[304] Barch, B 162 / 9070, S. 510f. – VP der Oberaufseherin Gertrud Becker

Flossenbürg angeordnet, sonst hätte Loh, sofern er ihr Verhalten gegenüber den Häftlingen missbilligte, sich ja ohne größere Befürchtungen ihrer entledigen können. Über Aufsichtsdienst und Bewaffnung lässt Becker 1970 protokollieren:

> „Die Lagerinsassinnen arbeiteten in zwei oder drei Schichten. Sie wurden jeweils von einigen Bewachern und den entsprechenden Aufseherinnen an ihre Arbeitsstellen begleitet. Die Bewacher kehrten dann ins Lager zurück, während die Aufseherinnen bei den Häftlingen blieben. Die Aufseherinnen hatten die Aufgabe, eine Kontaktaufnahme zwischen den Lagerinsassinnen und den anderen bei der Firma Framo beschäftigten Personen zu verhindern. Wir Aufseherinnen trugen die grüngraue Felduniform der SS, ohne Dienstgradabzeichen. Bewaffnet waren wir nicht.“ [305]

Dies ist wohl im Bezug auf Schusswaffen, wie von Becker schon 1968 so ausgesagt wurde, stimmig. Zwar gehörte in den Anfängen der Konzentrationslager auch eine Pistole in die Ausrüstung von SS-Aufseherinnen und in Aufseherinnenausweisen wurde ihnen das Tragen einer Schusswaffe gestattet[306], spätestens im letzten Kriegsjahr wurde Ausbildungsdauer und Ausrüstung aber drastisch gekürzt, so dass in den KZ-Außenlagern der Rüstungsindustrie die Aufseherinnen in der Tat in der Regel unbewaffnet waren. Das soll aber nicht heißen, dass nicht auf diverse Schlagwerkzeuge, wie Stöcke, Peitschen oder Gummiknüppel im Einzelfall zurückgegriffen wurde, oder Alltagsgegenstände wie Besenstiele, Metallrohre, oder Gürtel für Misshandlungen verwendet wurden. Kleinere Vergehen wurden durch Ohrfeigen oder Schläge ins Gesicht bestraft. Schwerere Vergehen waren an das Stammlager Flossenbürg zu melden, worauf nicht selten eine Prügelstrafe von 25 Stockhieben als Strafmaß erteilt wurde. Bei exzessiven Misshandlungen kamen auch Stiefeltritte vor.

---

[305] Barch, B 162 / 9070, S. 511 – VP der Oberaufseherin Gertrud Becker
[306] Vgl. Cziborra. Frauen im KZ. S.208

I. Misshandlungen durch die Oberaufseherin:

Die polnische Jüdin Anny R. berichtet:

> „Bis die Oberaufseherin Becker kam – sie kam etwa zwei bis drei Wochen nach mir ins Lager – war es erträglich. Wir arbeiteten 12 Stunden und lagen 12 Stunden in unseren Betten. Im übrigen ließ man uns in Ruhe. Als Frau Becker kam, begann ein regelrechter Terror. Ohne jeden Grund brüllte sie, schikanierte uns und schlug vor allem auf uns ein. Nach meinem Dafürhalten war die Frau geistig nicht normal. Sie war auch furchtbar eifersüchtig. Offenbar hatte sie ein Verhältnis mit dem Oberscharführer.“ [307]

Ein solches Verhältnis ist weniger wahrscheinlich und dürfte Lagergerüchten entspringen. Ansonsten deckt sich die Aussage inhaltlich mit anderen Protokollen und Dokumenten.
Zipora P. aus dem 2. Transport erinnert:

> „Die Oberaufseherin war über 30 Jahre alt, schwarzhaarig, dunklen Teints, normalgebaut. Zu Beginn war sie sehr gut gewesen, den Übergang von Birkenau – in ihre Herrschaft – empfanden wir wie Paradies; Doch dieser Zustand hat sich rasch verändert. Sie wurde grausam und bösartig, verursachte uns Qualen ohne Not, verbot uns uns zu waschen und strafte uns, als wir dann belaust wurden, schor [sie] uns die Haare, die kaum – nach Auschwitz auswuchsen – wieder ab.
> Die Oberaufseherin pflegte die Häftlingsfrauen zu hauen, es kam vor auch beim Appell und in den Wohnräumen. Als Grund zu[r] Misshandlung diente das Finden eines feuchten Kleides, denn es war uns untersagt die Kleider zu waschen. Zur Strafe musste solcherart überführte Häftlingsfrau im nassen Kleide 3 Stunden im Frost draußen stehen. Nach ihren Hieben pflegte den bestraften Frauenhäftlingen das Blut vom Gesichte zu schießen. Befragt über etwaige Todesfälle, als Folge solcher Misshandlungen, bin ich nicht in der Lage konkrete Fälle anzuführen.“ [308]

---

[307] Barch, B 162 / 9070, S. 464f. – VP Anny R.
[308] Barch, B 162 / 9069, S. 292 – VP Zipora P.

Die ungarische Jüdin Eva G. gibt zu Protokoll:

> „Der Dämon des Lagers war die Lagerführerin. An ihren Namen kann ich mich nicht erinnern. Sie tat mehr Schlechtes als ihre Befehle vorsahen. Wenn etwas Schlechtes gegen die Häftlinge geschah, so konnte man sicher sein, daß sie dahinter stand. Sie war auch die Einzige, die regelmäßig Häftlinge schlug. Mich hat sie einmal geschlagen weil ich wohl bei der Essensausgabe nicht ganz genau in der Reihe stand. Sie hat mich mit der Hand an den Kopf geschlagen. Sie trug aber auch immer einen Stock bei sich.[309]
> Bei einer anderen Gelegenheit hat sie mich geschlagen, weil in der Nacht meine Fräse angebrochen war. Man konnte aber noch mit der Fräse arbeiten. Das war ihr offenbar berichtet worden. Jedenfalls nahm sie sich mich am nächsten Tag bei der Essensausgabe vor. Sie schlug mir mit den Händen links und rechts ins Gesicht und brüllte mich an. Sie fragte mich, ob ich wüsste, was Sabotage sei. Sie sprach auch von Kriegsgericht und davon, daß ich erschossen würde. Diese Drohung hat sich aber nicht erfüllt.
> Diese Lagerführerin hat auch ein paar Mal Männer zu Hilfe gerufen, wenn es darum ging, Häftlinge zu schlagen. Ich kann nicht sagen, ob die Männer von sich aus die Häftlinge geschlagen hätten.
> Die Lagerführerin war etwa 30 bis 35 Jahre alt, hatte schwarzes, kurzes, gekraustes Haar, hatte eine runde, volle Figur, war vollbusig. Sie war mittelgroß, etwa 1 Meter 60 groß. Sie hatte ein von Natur rotes Gesicht. Sie hatte scharfe, durchdringende dunkle Augen. Sie trug immer schwarze Stiefel, einen Hosenrock und eine weiße Bluse im Herrenschnitt unter der grünen SS-Jacke. Auf dem Kopf trug sie ein Käppi. Nach meiner Erinnerung wurde sie Oberscharführerin [sic!] genannt. Im Winter trug sie, wie die anderen SS-Frauen, ein grünes Cape.“[310]

Eva G. lässt außerdem protokollieren:

> „Die Lagerführerin schnitt den Häftlingen zur Strafe auch oft die Haare ab. Sie schimpfte häufig und brachte sich dabei selbst in Wut. Ich habe zum Beispiel gehört, wie sie schrie, Ihr

[309] Dem widerspricht Gertrud Becker 1970 vgl. aber 1950!
[310] Barch, B 162 / 9067, S. 123 – VP Eva G.

schmutzigen Juden müsst lernen wie man in einer Reihe steht.“ [311]

Seren B.:

„Während meiner Zeit in Hainichen habe ich weder eine Tötungshandlung miterlebt noch davon gehört, daß diese vorgekommen sei. Lediglich einmal habe ich gesehen, wie die Oberaufseherin ein junges Mädchen aus mir nicht bekanntem Anlaß auf den Fußboden warf und dann mit ihren Stiefeln zusammentrat. Ich habe dieses Mädchen dann später wieder in Theresienstadt gesehen, und es hatte den Verstand verloren.“ [312] [vgl. Kapitel e) VI.]

Irene F.:

„Von den Aufseherinnen kann ich mich noch an eine erinnern, die Becker hieß. Sie war scheinbar die Oberaufseherin. So sagte man es uns wenigstens. Sie hat, wenn ihr etwas nicht gefiel, schnell zugeschlagen. Daß sie mit der Hand zuschlug, habe ich selbst gesehen. Ich wurde nicht geschlagen. Sie soll aber auch mit Gegenständen geschlagen haben. Das habe ich nicht selbst gesehen. Ich habe aber gehört, daß sie einmal ein Mädchen geschlagen haben soll, daß dieses später gestorben ist. Das Mädchen [Magda ?] soll irgendetwas gemacht haben, was mit der Essensausgabe zusammenhing.[…] Von Tötungsverbrechen ist mir nichts bekannt, außer dem genannten Fall. Dazu fällt mir noch ein, daß der Oberschar-Fhr. das Mädchen in diesem Fall auch geschlagen haben soll.“ [313]

Sidonia K.:

„Die Oberaufseherin war eine Hexe, etwa 38 Jahre alt, schwarzhaarig, etwa 165 cm. hoch, normalgebaut. Sie pflegte Frauen zu hauen, hatte harte Fäuste.“ [314]

---

[311] Barch, B 162 / 9067, S. 125 – VP Eva G.
[312] Barch, B 162 / 9068, S. 203f. – VP Seren B.
[313] Barch, B 162 / 9068, S. 147f. – VP Irene F.
[314] Barch, B 162 / 9069, S. 294 – VP Sidonia K.

Rosalia I.:

> „Die Oberaufseherin, deren Namen mir nicht in Erinnerung blieb, war hoch, schwarzhaarig, sehr schlecht. Wir hatten riesige Angst vor ihr. Sie trug immer einen Knüppel bei sich. [315] Sie schlug wegen der winzigsten Gründen. Sie hat meine Mutter schwer misshandelt, weil sie nicht gerade genug beim Appell stand.“ [316]

Arabela H.:

> „Die Oberaufseherin war etwa 30 Jahre alt, mittelgroß, hatte braune Augen[317] und dunkles Haar. Sie war munter, schlecht, behandelte uns unmenschlich, Ihren Namen kenne ich nicht. In der Fabrik durften wir zur Notdurft nur zu bestimmten Zeiten und nur mit SS-Aufsicht. Ich kann keinen vom SS-Personal beim Namen oder Spitznamen benennen.“ [318]

Piri D.:

> „Die Oberaufseherin war eine wahre Hexe. Sie war schwarzhaarig, niedrigen Wuchses, war nahe zu 40 Jahre alt. Ihren Namen gedenke ich nicht. Die Oberaufseherin hat uns mit Wonne sekiert. Wir durften bei der Arbeit nicht zur Notdurft nur zu bestimmten Zeiten – unter Aufsicht und kollektiv. Die frierenden Mädchen litten an Blasenkatharren – mussten ihre Notdurft vor den männlichen Zivilarbeitern auf der Arbeitsstelle verrichten. Die Meister hatten mit uns Mitleid, doch sie hatten vor den Aufseherinnen Angst. Die Zahl der Aufseherinnen kenne ich nicht. Zur Arbeit kamen immer etwa 3 mit uns. Eine kleine, blonde, etwas über 20-jährige benahm sich menschlich, doch sie hatte vor den anderen auch Angst. Die Oberaufseherin haute uns oft mit Gummiknüppel[319].“ [320]

---

[315] Dem widerspricht Gertrud Becker 1970.
[316] Barch, B 162 / 9069, S. 324 – VP Rosalia I.
[317] Chana R. spricht von grünen Augen, andere von dunklen Augen.
[318] Barch, B 162 / 9069, S. 356 – VP Arabela H.
[319] Dem widerspricht Gertrud Becker 1970.
[320] Barch, B 162 / 9069, S. 376 – VP Piri D.

Golda B.:

> „Die Oberaufseherin war über 30 Jahre alt, schwarzhaarig, sie wurde zum Schrecken des Lagers. Auch der Lagerführer hatte Angst vor ihr.“[321]

Sonia B.:

> „Die Aufseherinnen waren einer Oberaufseherin untergeordnet, die Becker geheißen hat. Es war ein[e] sehr grausame Person, die sich jeden Tag ein Opfer unter den Insassinnen aussuchte. Sie schlug uns auf sadistische Art und Weise. Ich selbst bin zweimal bis zur Bewußtlosigkeit durch sie geschlagen worden. […] Die Oberaufseherin Becker war etwa 40 Jahre alt, übermittelgroß, große schwarze Augen, schwarze Haare, war ebenfalls in eine Uniform gekleidet. Sie war ein Schrecken für uns alle. Wir fürchteten uns vor ihr, wie vor einem Teufel. Sie war auch ein Teufel in Menschengestalt. Nur ihr Anblick reichte aus, um das Blut erstarren zu lassen. Ich erlitt immer einen Angstschock, wenn ich sie sah.“[322]

Viorica D.:

> „Die Oberaufseherin hieß beim Vornamen Trude, so wurde sie von den anderen SS-Aufseherinnen angesprochen, deren Zahl etwa 6-8 [sic! 25-27] sein konnte. Einige von ihnen hießen Hilde[323], eine zumindest hieß Grete[324]. Die Oberaufseherin hat uns viel Leid zugefügt. Sie haute, trat mit Füßen, gestaltete die Lebensbedingungen in Hainichen ohne Not schlecht. Sie strafte jedes winzige Vergehen mit Prügelstrafen. Der Lagerführer hat uns nicht geschlagen, erinnerlich ist mir ein Vorfall, als wir eines Sonntags, wie sonst oft – in den Schnee – ohne Strümpfe – zu stundenlangen Appell – von der Oberaufseherin – herauskommandiert wurden. Damals hat uns der Oberscharführer ins Gebäude befohlen – trotz Befehl der Oberaufseherin. Die Sonntage, an denen wir – außer Anfang – nicht zur Schicht gingen, hatte uns die Oberaufseherin sehr vergellt.“[325]

---

[321] Barch, B 162 / 9069, S. 401 – VP Golda B.
[322] Barch, B 162 / 9070, S. 439f. – VP Sonia B.
[323] Auf 6 Aufseherinnen des Vornamens Hildegard oder Hilde trifft das zu.
[324] Wahrscheinlich Margarete (Grete) Hauk. Sie war Schreibkraft im Lager.
[325] Barch, B 162 / 9070, S. 485 – VP Viorica D.

Zahava Z.:

> „Die Oberaufseherin schlug auf den Kopf Frauen, die am Weg zur Arbeit nicht exakt marschierten, in einem Falle sah ich beim Essenverteilen, dass einer Leidensgenossin das Essen vom Gefäß herausfiel. Die Leidensgefährtin wollte ihr Essen aufheben, worauf sie von der Oberaufseherin grausam verprügelt worden ist, bis ihr schwarze Flecken am Körper blieben. Die Oberaufseherin wählte zum Lastschleppen die schwächsten, bejahrtesten Frauen aus. Sie haute die Frauen, die als letzte zum Appell kamen.“ [326]

Sara A.:

> „Wir hatten hingegen viel mehr zu leiden von den SS-Aufseherinnen, besonders von der Oberaufseherin, die Becker hieß. Die Oberaufseherin war schwarzhaarig, mittelgroß, krausköpfig. Sie war grausam und suchte, wo sie uns das Leben verbittern kann.
> Die Oberaufseherin kam nicht gleich am Anfang des Lagerbestehens nach Hainichen und blieb auch nicht bis zuletzt mit uns. Entschieden weiß ich, dass sie uns nicht bei der Evakuation des Lagers mit begleitete.“ [327]

Die letzte Aussage über Beckers Dienstzeit in Hainichen ist stimmig. Während diese in den Vernehmungen von 1968 und 1970 Häftlingsmisshandlungen ihrerseits kategorisch abstritt, gab sie solche 1950 zu. Einer *Auskunft des Generalstaatsanwaltes der Deutschen Demokratischen Republik vom 28.10.1970 in Bezugnahmen auf ein Rechtshilfeersuchen der BRD vom 30.09.1970* ist zu entnehmen, dass Becker am 4. Mai 1950 durch das Landgericht Chemnitz wegen Verbrechen gegen die Menschlichkeit zu lebenslänglichem Zuchthaus verurteilt wurde. Innerhalb des Verfahrens soll Becker folgendes erklärt haben:

> „Ich gebe zu, daß ich während der rund 6 Monate meiner Tätigkeit als SS-Aufseherin häufig KZ-Häftlingsfrauen geschlagen habe. Es kam dies in der Woche etwa 3 - 4 Mal vor. In der Regel habe ich sie mit der Hand geschlagen. Hin und wieder

[326] Barch, B 162 / 9070, S. 488 – VP Zahava Z.
[327] Barch, B 162 / 9070, S. 454 – VP Sara A.

lieh ich mir einen Ledergürtel zum Schlagen. Dies geschah nur während der Essensausgabe. Ich streite jedoch energisch ab, je einmal mit einem Gummiknüppel oder Stock, noch mit einem sonstigen Gegenstand geschlagen zu haben.
Im einzelnen ist mir noch erinnerlich, daß ich eine Jüdin in der Schreibstube in Anwesenheit des SS-Scharführers Wilhelm Lotz [sic! Loh], in Dietenogen/Wetzlar [sic! Dutenhofen] wohnhaft, tüchtig geohrfeigt habe, weil sie sehr frech war. Sie war gemeldet worden, da sie öfters Kartoffeln gestohlen hätte. Vorher ist sie vom o.a. SS-Scharführer geschlagen worden, wie und ob mit einem Gegenstand, weiß ich nicht, da ich nicht zugegen war. Ein anderer Fall ist mir noch erinnerlich, wo ich zwei Jüdinnen einen Büstenhalter ins Gesicht geschlagen habe. Der Fall kam daher, daß die eine mir meldete, die andere hätte ihr Handtuch gestohlen und sich einen Büstenhalter davon gemacht. Hierauf sagte die zweite, daß die Meldende ihr ebenfalls ihr Handtuch gestohlen und verschneidert hätte. Deshalb habe ich dann beide geschlagen.
Bei der Essensausgabe schlug ich Jüdinnen deshalb des öfteren, weil sich die Betreffenden unter Tarnung von gewechselter Kleidung zweimal zum Essensempfang anstellten.
Den Vorschriften nach sollten wir die Häftlinge, wenn sie sich in irgend etwas vergangen hatten, der Kommandantur Flossenbürg melden. Weil sie aber dann von Hainichen weggekommen wären, sagte uns der SS-Obersturmführer Völkner aus Aschersleben, der die einzelnen Lager kontrollierte, daß wir die Häftlinge selbst züchtigen sollten. Demzufolge habe ich keine einzige Meldung gemacht, sondern gegebene Fälle durch mein Schlagen selbst bestraft.
Ich gebe auch zu, daß ich häufig Häftlinge ausgeschimpft habe. Jedoch habe ich keine zu erhöhter Arbeitsleistung angetrieben oder Drohungen gegen sie ausgesprochen.
Wenn Aufseher der Fabrik Meldungen gegen Häftlinge machten. Habe ich ihnen gesagt, daß sie sie über die Köpfe schlagen sollen.
Ich gebe zu, daß ich durch meine o.a. verwerfliche Handlungsweise eine gehässige Haltung in Wort und Tat gegenüber Gegnern Hitlers und rassisch verfolgten ausländischen Personen eingenommen habe.“ [328]

[328] Barch, B 162 / 9070, S. 473f. – Geständnis der Gertrud Becker von 1950 Zitiert im Schreiben der Generalstaatsanwaltschaft der DDR vom 28.10.1970

Außerdem erklärt die Generalstaatsanwaltschaft der DDR dem bundesdeutschen Ermittler:

> „Zu Ihrer Information teile ich Ihnen mit, daß die eingangs erwähnte Verurteilung der Gertrud Becker wegen des vorstehend dargelegten Sachverhaltes erfolgte. Die in Ihrem Rechtshilfeersuchen vom 1. Juli 1970 erwähnten Tötungsverbrechen sind demzufolge nicht Gegenstand des Verfahrens vor dem damaligen Landgericht Chemnitz gewesen.
> Schließlich weise ich darauf hin, daß der von der Verurteilten Becker erwähnte SS-Obersturmführer Völkner identisch ist mit dem am 26.2.1898 in Quedlinburg geborenen Karl Völkner, der nicht in der Deutschen Demokratischen Republik wohnhaft ist und gegen den 1947 vor der Spruchkammer Hiddesen bei Detmold ein Spruchkammerverfahren anhängig war.“ [329]

Das Verfahren gegen Becker wegen Mordes vor dem Landgericht Hannover unter dem Aktenzeichen Az. 2 Js 514/70 wird schließlich per Verfügung vom 17.12.1971 eingestellt. Die Staatsanwaltschaft hatte durch die vorliegenden Zeugenaussagen vier Fälle möglicher Tötungsverbrechen isoliert, von denen sich Fall 2 und Fall 4 auf dieselbe Person Edzia Fajn, geborene Brajtsztajn bezog. Der dritte Fall wurde der möglichen Tötung Olga Reismanns zugeordnet.
Der 1. Fall war die potenzielle Misshandlung mit Todesfolge der jungen Ungarin namens Magda. In der Verfügung heißt es beurteilend:

> „Eine Strafverfolgung in dem Fall zu 1. ist wegen des Verbots der Doppelbestrafung (Artikel 103 Abs. 3 GG) unzulässig. Durch Urteil vom 5. Mai 1950 hatte das damalige Landgericht Chemnitz die Beschuldigte wegen Verbrechens gegen die Menschlichkeit zu lebenslänglicher Zuchthausstrafe verurteilt, aus der die Beschuldigte jedoch am 31.12.1955 entlassen worden ist. Der Urteilsspruch war u.a. auf ein Verhalten der Beschuldigten gestützt, das diese in dem Schreiben der Generealstaatsanwaltes der DDR vom 28. Oktober 1970 […] eingeräumt hatte. […] Es kann nicht ausgeschlossen werden,

[329] Barch, B 162 / 9070, S. 474f. – Schreiben der Generalstaatsanwaltschaft der DDR vom 28.10.1970

> daß es sich bei der in der Schreibstube geschlagenen Jüdin um die ungarische Häftlingsfrau mit dem Vornamen Magda gehandelt hat.“[330]

Es wird dabei u.a. auf die Zeugenaussagen der Irene F. und Eva G. [vgl. Kapitel e)] verwiesen.
Zu den Misshandlungen Reismanns und Fajns kommt die Staatsanwaltschaft zu folgender Einschätzung:

> „Bei der gegebenen Sachlage ist nicht mehr aufzuklären, ob die Opfer in den Fällen 2 bis 4 ~~an~~ den Folgen der Schläge erlegen sind oder ob sie wegen ihrer in fast allen Zeugenaussagen erwähnten Erkrankungen und allgemeinen körperlichen Schwäche den Bedingungen des Lagers nicht mehr gewachsen waren. Es braucht daher auch nicht näher darauf eingegangen zu werden, ob die Beschuldigte ihre Opfer mit Tötungsvorsatz – zumindest bedingten – geschlagen hat.
> Das Verfahren ist bezüglich der Fälle 2 bis 4 mangels hinreichenden Tatverdachts einzustellen.“[331]

Zur Sühnung ihrer Taten im KZ Hainichen saß Becker somit insgesamt reichlich 10 Jahre Haft ab, die aus der Verurteilung im Waldheimer Prozess resultierten. Die schweren Körperverletzungen, die schwerwiegende psychische Erkrankungen oder Hirnschäden ausgelöst haben könnten und in einzelnen Fällen wohl den Tod schwacher und kranker Häftlinge nach sich zogen, wurden nie konkret geahndet.

---

[330] Barch, B 162 / 9070, S. 495ff.
[331] Barch, B 162 / 9070, S. 507

2.1.2.2 Die übrigen Aufseherinnen

Gegen die meisten einfachen Aufseherinnen des KZ-Außenlagers Hainichen liegen keine belastenden Aussagen vor. Sara S. sagt folgendes über die Aufseherinnen aus:

> „Männliche SS-Angehörige waren etwa 6, zusammen mit den Aufseherinnen zählte das SS-Personal etwa 27 Personen. Die Oberaufseherin war etwa 30-35 Jahre alt, schwarzhaarig, dunklen Teints, energischen Auftretens. Sie war sehr schlecht zu uns. Ihren Namen kenne ich nicht. Eine von den Aufseherinnen hieß Hilda, sie war blond, verheiratet, Schwägerin[332] der Oberaufseherin, etwa 28-30 Jahre alt. Sie war korrekt. Eine von ihnen hießen wir „Kontyos“ sie stammte von der Gegend, war kinderlos, hatte einen Bauernhof, sie wurde zum Dienst eingezogen. Eine weitere hießen wir „Cseléd“, sie diente vormals bei Juden, pflegte mit uns zu weinen über unser Los. Eine nannten wir „Angyal“ (Engel auf Deutsch), sie war Tochter eines Meisters von der Fabrik. Eine von den Aufseherinnen hießen wir „Zita Kiralynö“ (Königin Zita) dies war ein Kosename, denn sie verhielt sich gut zu uns. Zwei argwöhnische hatten in unserem Munde die Spitznamen „Nagy Mundhalt“ und „Kis Mundhalt“. (Groß Mundhalt und Klein Mundhalt) laut den meistens von ihnen gebrauchten Redensarten.[...] Die Küchenchefin war die Aufseherin Hilda, sie hatte uns bestohlen, hatte unser Brot und Margarine über den Zaun einer alten Frau geworfen.“[333]

Luba B.:

> „In Erinnerung blieben mir nur noch der Lagerführer, die Oberaufseherin und eine Aufseherin, die wir „Dackel“ nannten, weil sie krumme Beine hatte.“[334]

Sonja P.:

> „Die Namen der Aufseherinnen gedenke ich nicht. Eine von ihnen war von Beruf Krankenschwester, sie war wenig über

[332] Möglicherweise ist Beckers Stellvertreterin Hildegard Ihle gemeint.
[333] Barch, B 162 / 9069, S. 382ff. – VP Sara S.
[334] Barch, B 162 / 9069, S. 393 – VP Luba B.

20 Jahre alt, stammte vom Orte Hainichen – war sehr freundlich – doch nur wenn sie die Oberaufseherin nicht gesehen hat. Des weiteren erinnere ich mich einer niedriggewachsenen, stämmigen, blonden Aufseherin – mit Vornamen Hilde – die war sadistisch. Die Zahl der Aufseherinnen war etwa 8-10.“[335]

Zahava Z.:

„In Hainichen waren SS-Aufseherinnen. Die Oberaufseherin war etwa 30 Jahre alt, schwarzhaarig, etwas mollett. Ihren Namen gedenke ich nicht. Die Oberaufseherin war der Schrecken des Lagers. Ihr unterstanden etwa 12 Aufseherinnen, ich glaube mich zu erinnern, dass in der Stanzerei Nr. 7 die Aufseherin Hilde geheißen hat. Die übrigen sind mir den Namen nach nicht mehr erinnerlich.“[336]

Eva G.:

„Wir wurden auch von etwa sechs bis acht Aufseherinnen bewacht. Sie lebten nicht im Lager. Ich glaube, die meisten von ihnen stammten aus Hainichen. Wenn mir die Zahl von 20 bis 24 Aufseherinnen vorgehalten wird, so kann ich diese Zahl nicht bestätigen. Es war ein sehr kleines Lager und es gab daher auch nicht viel Wachmannschaften. Wir wurden meist von einem Mann und zwei Frauen zur Fabrik begleitet. In der Fabrik wurden wir auch von SS überwacht. […] An Namen der SS-Frauen kann ich mich nicht erinnern. In meiner Erinnerung sind dunkel Namen wie Hilda und Gerda[337]. Der mir vorgehaltene Name Gertrud Becker geb. Stark sagt mir nichts. Bei den Namen Hilde Lippmann, Hilde Bielich, Hilde Ihle und Lotte kommt mir der Name Hilde und der Name Lotte[338] bekannt vor. Ich kann aber nichts Bestimmtes über diese Personen sagen. Ich erinnere mich, daß eine der SS-Aufseherinnen schwanger war. Nach meiner Erinnerung war ihr Vorname Hilde. Sie war eine blonde, junge Frau von vielleicht 20, 22 Jahren. Sie war weich. Ihren Nachnamen kenne ich nicht.“[339]

---

[335] Barch, B 162 / 9069, S. 398 – VP Sonja P.
[336] Barch, B 162 / 9070, S. 488 – VP Zahava Z.
[337] Wahrscheinlich Gerda Löbe.
[338] Der Vorname Lotte oder Charlotte lässt sich unter den dokumentierten Hainicher Aufseherinnen bislang nicht bestätigen.
[339] Barch, B 162 / 9067, S. 122f. – VP Eva G.

Anny R.:

„Der Oberscharführer war etwa 50 Jahre alt. Seinen Namen kenne ich nicht. Der Name LOH sagt mir nichts. Wieviel[e] Aufseherinnen im Lager waren, weiß ich nicht genau. Es mögen acht bis zehn gewesen sein. Zum Teil waren es sehr junge Mädchen. Mir wird die Zahl 20 bis 24 vorgehalten. Ich glaube nicht, daß es soviel[e] Aufseherinnen gab. Die Namen Hilde LIPPMANN, Hilde BIELICH und Hilde IHLE sagen mir nichts. Die Namen der Aufseherinnen waren uns auch nicht bekannt. Irgendwie klingt mir der Name Lotte vertraut. Ich meine, dies sei die Aufseherin gewesen, die wir die „Kleine" nannten. Außerdem gab es „die Blonde" usw. Nach einem Bild würde ich sie alle wiedererkennen können. Die Oberaufseherin Becker war mir dem Namen nach, wie ich bereits sagte, bekannt. Ihren Vornamen Gertrud kannte ich nicht. Frau Becker hatte schwarzes, krauses Haar, ein volles, aber nicht fettes Gesicht, war stark gebaut und gesund. Ich schätze sie auf damals etwa 40 Jahre." [340]

Zipora P.:

„Befragt auf die Aufseherinnen, erinnere ich mich einer Hochgewachsenen, über 30 Jahre alten, Blonden namens Hela. Hela – in Anbetracht des nahenden Ende[s] – suchte Kontakt bei den Häftlingsfrauen, die sie bat, sie nach ihrer Befreiung mit sich zu nehmen. Die übrigen Aufseherinnen fielen nicht besonders auf und ich kann mich keines Namens von ihnen erinnern." [341]

Sonia B.:

„Eine der mir im Gedächtnis haftenden Aufseherinnen hat Lea[342] geheißen. Zwei trugen den Vornamen Hilda. Eine von den beiden war eine gute Frau, die andere dagegen war schlecht. Soviel ich mich noch erinnern kann, verließ die „gute Hilda" noch vor der Evakuierung das Lager. Es würde mir schwerfallen, heute noch Personenbeschreibungen der

[340] Barch, B 162 / 9070, S. 465 – VP Anny R.
[341] Barch, B 162 / 9069, S. 292 – VP Zipora P.
[342] Möglicherweise ist Lina Barth oder Lina Homilius gemeint.

Aufseherinnen anzuführen. Sie alle[343] waren sehr böse und mißhandelten uns bei jeder Gelegenheit.“ [344]

Rosalia I.:

„Im Lager waren SS-Aufseherinnen. Sie begleiteten uns auch zur Arbeit, doch ihre Aufgabe bestand in der Aufsicht bei der Arbeit in der Fabrik und in der Behausung. Ihre Zahl ist mir nicht bekannt. Erinnerlich ist mir, dass eine Hilde hieß, eine andere Lotte.“ [345]

Golda B.:

„Der Oberaufseherin unterstanden SS-Aufseherinnen, ich glaube in der Zahl etwa sieben – acht. Eine von ihnen hieß Frieda[346], sie war wie die meisten etwa 25 Jahre alt, beleibt, argwöhnisch, schlug uns, war mittelgroß, blond. Es gab unter den Aufseherinnen auch gutmütige. Ich bin nicht mehr in der Lage Namen zu nennen.“ [347]

Rozalia P.:

„Die Oberaufseherin war eine etwa 30-jährige, dunkelhaarige, normalgroße Frau, mit stechendem Blick, deren Namen ich nicht kenne. Ich glaube mich zu erinnern, dass noch etwa drei weitere Aufseherinnen in Hainichen gewesen sind. Eine blonde von ihnen wurde Lotte genannt, diese war freundlich gewesen.“ [348]

Irene F.:

„Namen von anderen Aufseherinnen fallen mir nicht ein. Mir wurden eben einige Namen vorgelesen. Mir ist der Name Hilde Ihle bekannt. Es muß sich um die sehr gute Freundin der Becker handeln. Bei der Lotte fällt mir ein, daß es sich um ein wirklich hübsches Mädchen gehandelt hat. Ich habe das des-

[343] Das ist pauschal und widerspricht der zuvor getätigten Äußerung.
[344] Barch, B 162 / 9070, S. 440 – VP Sonia B.
[345] Barch, B 162 / 9069, S. 324 – VP Rosalia I.
[346] Möglicherweise ist Elfriede (Friedel) Gleich oder Elfriede Rudelt gemeint.
[347] Barch, B 162 / 9069, S. 401 – VP Golda B.
[348] Barch, B 162 / 9070, S. 489 – VP Rozalia P.

> halb in Erinnerung, weil wir uns immer wieder gefragt haben, wie ein so hübsches Mädchen so schlecht sein kann. Sie hat uns schikaniert, wo sie nur konnte. Auch hat sie uns geschlagen. An andere Namen kann ich mich nicht erinnern.“ [349]

Einige Namen von Aufseherinnen hatte der ehemalige Lagerführer Wilhelm Loh durch die Erwähnung bei seiner Vernehmung ins Spiel gebracht. Nach diesen zufällig erinnerlichen Personen wurde bei den Ermittlungen also verstärkt gefragt. Loh gab zu Protokoll:

> „Von den SS-Aufseherinnen, es waren insgesamt 15 [sic!˜ 25], kenne ich nur folgende:
>
> Gertrud Becker, 1. Aufseherin
> Hilde Lippmann,
> Hilde Bielich, [sic! Biehlig]
> Hilde Ihle,
> Gretel Hauk [Laut Loni D. als Schreibkraft tätig]
> eine weitere Frau namens Hauk. [Irmgard]
> Die Aufseherinnen und ein Teil der Wachmannschaft ist damals bei Auflösung des Lagers zurückgeblieben. Später habe ich gehört, daß sie alle in russische Gefangenschaft gekommen seien. Was [aus] ihnen geworden ist, weiß ich nicht. Bei der damaligen Verhandlung vor dem US-Militärgericht in Dachau wurde von einer jüdischen Zeugin[350] ausgesagt, daß die 1. Aufseherin Gertrud Becker tot sei.“[351]

Diese Aussage war nicht korrekt. Loh hat aber Recht was die russische Gefangenschaft der Hainichener Aufseherinnen angeht. Mindestens 16 von ihnen wurden 1945 festgenommen und in das Speziallager Mühlberg gebracht, von wo 14 1948 in das Speziallager Buchenwald überstellt wurden. Hildegard Michalik war bereits im Oktober 1945, Irene Leuthold im Januar 1946 in Mühlberg verstorben und Ursula Hautz starb 1948 in Buchenwald. Über die Hintergründe (Selbstmord, Krankheit, Hunger, Folter etc.?) liegen keine Informationen vor. Nur die Ober-

---

[349] Barch, B 162 / 9068, S. 148 – VP Irene F.
[350] Das wurde bislang nicht bestätigt. Die Aufseheirn Loni D. will über einen Tieffliegerangriff bei Flossenbürg berichtet haben, wo sie Becker zuletzt sah.
[351] Barch, B 162 / 9068, S. 134 – VP ehemaliger Lagerführer Wilhelm Loh

aufseherin Gertrud Becker und Hilde Lippmann wurden schließlich bei den Waldheimer Prozessen angeklagt und verurteilt und Hildegard Ihle 1950 in ein sowjetisches Lager gebracht aus dem sie 1955 als freie Frau zurückkehrte. Die anderen 10 überlebenden ehemaligen Aufseherinnen wurden 1950 ohne Prozess aus der erlittenen russischen „Untersuchungshaft“ aus dem Speziallager Buchenwald entlassen. Hertha Kretzschmar äußerte 1990 rückblickend in einem Brief an die Gedenkstätte Buchenwald:

> „Ich wurde nach 4 ½ Jahren ohne Verhör ohne Prozess sowie ohne Urteil entlassen. Es waren die schlimmsten Jahre meines Lebens.“

Wie vor allem die Aussage der Jüdin Sara A. verdeutlich [s.o.], dürften die meisten Hainichener Aufseherinnen weitestgehend unschuldig in den sowjetischen Speziallagern festgehalten worden sein. Sogar der Bürgermeister (vgl. Bürgermeisterakte Stadtarchiv Hainichen, StAHC 707 EAn45) soll sich für die Rehabilitierung und Freilassung einiger Hainichener Frauen und ehemaligen Framo-Arbeiterinnen eingesetzt haben.
Etliche andere ehemalige Aufseherinnen sind möglicherweise von einer Strafverfolgung nach dem Krieg gänzlich verschont geblieben. Einige dürften jedoch bei Spruchkammerverfahren sich den Entnazifizierungsinstanzen gegenüber verantwortet haben. Eine wenige Monate währende Aufseherinnen-Tätigkeit konnte aber leicht aus dem Lebenslauf getilgt und vertuscht werden.
Im Rahmen der Ludwigsburger Ermittlungen wurde außer dem Lagerführer Loh und der Oberaufseherin Becker allerdings sonst nur noch die ehemalige Hainichener Aufseherin Loni D. vernommen, die schon in Dachau zu Lohs Prozess gehört worden war. Sie gab 1970 zu Protokoll:

> „Ich bin bei meinen Eltern aufgewachsen und besuchte die Volksschule in Böhrigen/Sachsen. Nach Beendigung der Volksschule arbeitete ich in einer Strickerei in Roßwein. Später ging ich mit meinem Vater nach Asch. Asch befindet sich im Kreis Eger/Sudetenland. Dort arbeitete ich – in einer Textilfabrik bis zum Jahre 1941.

Mein Vater war in der Zwischenzeit Soldat geworden und ich ging zurück zu meiner Mutter nach Berbersdorf. Durch das Arbeitsamt Hainichen wurde ich in die Framowerke nach Hainichen dienstverpflichtet. Die Framowerke waren ein Rüstungsbetrieb. Dort arbeitete ich bis Sommer 1944.
In den Framowerken waren einige deutsche Soldaten, die als Feuerwerker fungierten. Der höchste Dienstgrad bei diesen Soldaten war ein Hauptmann, dann kam ein Feldwebel und dann noch 2 oder 3 Unteroffiziere. Diese Soldaten wohnten in Hainichen privat, hatten aber – in der Firma einen eigenen Arbeitsraum und nahmen auch hier ihre Mahlzeiten ein. Ich war damals beauftragt, den Soldaten das Mittagessen zu bringen. An irgendeinem – mir heute nicht mehr erinnerlichen Tag machte ich erst Toilette, bevor ich in die Werkküche gehen wollte, um das Essen zu holen. Ich ging übrigens täglich zum Waschraum und habe mir die Hände gewaschen, bevor ich das Essen austrug. An diesem einen Tag aber, habe ich ausgiebig Toilette gemacht. Ich habe mich gewaschen und frisiert.
Ich weiß es noch, als ob es gestern gewesen wäre. Als ich mich umdrehte, standen hinter mir 5 oder 6 deutsche Wehrmachtsoffiziere mit dem Betriebsobmann. Ich war so mit dem Kämmen meiner Haare beschäftigt gewesen, dass ich die Herren gar nicht bemerkt hatte. Es müssen Wehrmachtsoffiziere gewesen sein. Genaues kann ich jedoch über das Aussehen ihrer Uniformen nicht sagen. Ich war so erschrocken über das plötzliche Auftauchen der Männer, daß ich gleich wieder an meinen Arbeitsplatz zurücklief.
Ich habe aber dann den Feuerwerkern dennoch das Essen gebracht. Später kam der Hauptmann, der der Chef der Feuerwerker war, zu mir und sagte, daß ich in der Firma nicht mehr gebraucht würde. (Heeresabnahme) Der Grund dafür war, daß ich zu lange Toilette machte.
Einige Zeit später kam ich mit noch anderen Frauen aus den Framowerken in ein KZ bei Berlin. Wer die anderen Frauen waren, kann ich heute nicht mehr sagen. Wir erhielten in diesem KZ, dessen Name ich heute auch nicht mehr weiß, Rock, Bluse, Jacke, Schuhe, Schiffchen, Pellerine und Wintermantel. Weiterhin wurden wir über Art und Zweck unserer künftigen Aufsichtstätigkeit unterrichtet. Zur Gewöhnung waren wir auch beim Arbeitseinsatz von KZ-Häftlingen aus diesem Lager eingesetzt. Ich selbst war bei einer Arbeitskolonne, die in einer Sandgrube arbeitete.

Nach etwa einer Woche Einweisung kam ich mit noch weiteren 14 oder 15 Aufseherinnen in das Lager Hainichen. Dort war ich Aufseherin bis zum 16.4.1945“ [352]

Neben Loni D. gab es 12 weitere Hainichener Aufseherinnen die ebenfalls überwiegend von Framo am 18. August 1944 an das KZ Flossenbürg abgestellt worden waren. Weitere sechs Frauen folgten am 22. August. Sie dürften also alle in Ravensbrück ausgebildet worden sein und kamen dabei auch in Kontakt mit Arbeitskommandos von KZ-Häftlingen. Loni D. berichtet außerdem:

> „Das Kriegsende erlebte ich in Österreich. Vom 13. Juni 1945 bis 17.2.1948 war ich interniert. Zuerst war ich im Lager Moosburg/Bayern, später Ludwigsburg, dann Dachau und zuletzt in Augsburg-Göggingen. Ich meine, daß zu meinem Geburtstag am 29.1.1948 die Spruchkammerverhandlung in Augsburg stattgefunden hat. Jedenfalls war es die Spruchkammer in Augsburg.
> Nach meiner Entlassung aus der Internierungshaft blieb ich in Westdeutschland. Ich fand zunächst Unterkunft bei meiner Schwester [...].“[353]

Ergänzend gibt Loni D. über ihre Tätigkeit zu Protokoll:

> „Im Lager Hainichen befand ich mich von etwa September 1944 bis genau zum 16. April 1945 [354]. Wir waren dort ca. 15 oder 16 Aufseherinnen gewesen. Ich erinnere mich, daß das Lager schon mit weiblichen jüdischen Häftlingen belegt war, als wir ankamen. [355] Diese Häftlingsfrauen waren aus dem KZ

---

[352] Barch, B 162 / 9069, S. 328ff. – VP der ehemaligen Aufseherin Loni D.

[353] Barch, B 162 / 9069, S. 330 – VP der ehemaligen Aufseherin Loni D.

[354] Das erinnerte Datum ist wahrscheinlich falsch. Loni D. dürfte mit drei anderen Aufseherinnen das Lager noch vor dessen Evakuierung verlassen haben. Formal gehörte sie aber möglicherweise bis zum 16. April zum Außenlager Hainichen. An dem explizit genannten Tag könnte sie im Stammlager Flossenbürg eingetroffen sein oder sich dort abgesetzt haben.

[355] Möglicherweise traten die frisch ausgebildeten Aufseherinnen oder ein Teil von ihnen erst am Montag den 4 . September 1944 den Dienst bei Framo an. Die Häftlinge waren wohl spätestens am Freitag den 1. September in Hainichen eingetroffen und wurden am 2.9. erstmals zur Arbeit eingesetzt.

Auschwitz gekommen und waren als Arbeitskräfte in den Framowerken eingesetzt.
Wir Aufseherinnen hatten diese Arbeitskräfte an ihren Arbeitsplätzen zu beaufsichtigen. Es war darauf zu achten, daß keine Sabotage getrieben wurde, daß keine Kontakte mit anderen deutschen Arbeitskräften aufkamen und daß nichts herausgeschmuggelt wurde. Nach Arbeitsende wurden die Häftlingsfrauen wieder in das Lager zurückgebracht. Wir Aufseherinnen konnten danach nach Hause gehen.
Die Arbeitskolonnen wurden täglich zusammengestellt und waren unterschiedlich stark. Es kam darauf an, wie groß der Raum war, in den sie arbeiten sollten. Die Häftlingsfrauen arbeiteten in Schichten. Sie wurden von SS-Männern vom Lager zur Fabrik geführt, nach Arbeitsschluss ebenso wieder abgeholt. Wir Aufseherinnen waren nur als Begleiter dabei, hatten jedoch die Häftlinge bei der Arbeit zu beaufsichtigen."[356]

Nicht alle Dienstvorschriften der SS wurden jedoch auch streng eingehalten:

> „Persönlicher Umgang mit den Häftlingsfrauen war verboten, aber es kam doch vor, daß man mit den Häftlingen persönlich sprechen konnte. Über Mißhandlungen durch Aufseherinnen während der Arbeitszeit ist mir nichts bekannt geworden. Mir ist auch nichts darüber bekannt, daß Mißhandlungen im Lager selbst vorgekommen sind. Über stattgefundene Strafappelle habe ich auch nichts vernommen. [...] Wenn wir Aufseherinnen Aufsichtsdienst hatten, konnten wir nicht wissen, was in der Zwischenzeit im Lager vor sich ging. Wenn wir keinen Dienst hatten, waren wir zu Hause. Demzufolge konnten wir auch hier nicht wissen, ob und was sich im Lager abgespielt hat.
> Über Tötungshandlungen im Lager Hainichen ist mir nichts bekanntgeworden. Wenn solche Handlungen vorgekommen wären, wäre das nicht zu verheimlichen gewesen. Ich hätte davon bestimmt etwas erfahren."[357]

Die Vehemenz mit der Loni D. hier Tötungshandlungen im Lager Hainichen verneint, ist zunächst einmal vor dem Hintergrund einer juristischen Vernehmung zu verstehen, in der

---

[356] Barch, B 162 / 9069, S. 331f. – VP der ehemaligen Aufseherin Loni D.
[357] Barch, B 162 / 9069, S. 333f. – VP der ehemaligen Aufseherin Loni D.

belastende Aussagen über das Wachpersonal nicht im eigenen Interesse waren. Insgesamt wirken die Aussagen der ehemaligen Aufseherin aber aufrichtig und stimmig. Dennoch muss sie nicht jeden einzelnen Vorfall im Lager mitbekommen haben, insbesondere wenn er sich kurz vor der Evakuierung ereignet haben sollte, oder wenn es nur Zeugen aus der Häftlingsbelegschaft gegeben hat. Über das Ende des Lagers gibt Loni D. zu Protokoll:

> „Am 16.4.1945 fuhren die Oberaufseherin Becker, die Hilde Lippmann, die andere Hilde und ich mit der Bahn nach den KZ Flossenbürg. Damals habe ich erst erfahren, daß das Lager Hainichen ein Nebenlager des KZ Flossenbürg war.[358] Wir hatten den Auftrag, für die Häftlingsfrauen Schuhe abzuholen. In Flossenbürg kamen wir zwar gut an, konnten aber nicht mehr nach Hainichen zurückkehren, weil die amerik. Truppen schon zu weit herangekommen waren. Es fuhr auch keine Bahn mehr. Die wenigen Züge, die noch gefahren waren, wurden von Tieffliegern beschossen. Im übrigen befand sich das KZ Flossenbürg zu diesem Zeitpunkt in Auflösung.
> Ich wollte schon in Flossenbürg abhauen, weil ich einsah, daß unter den gegebenen Umständen ein weiterer Einsatz als Aufseherin nicht mehr in Frage kam. Ich äußerte mich dahingehend, daß wir doch am besten nach Hause gingen. Die Oberaufseherin Becker drohte jedoch, sie wolle uns erschießen lassen. Wir hätten einen Befehl auszuführen und daß solle auch geschehen.
> Vor der Oberaufseherin hatten nicht nur die Häftlingsfrauen Angst, sondern auch wir Aufseherinnen. Sie war sehr resolut und schaute ziemlich böse drein. Es war eine harte Person.
> Mir fällt gerade ein, daß aus Flossenbürg später doch noch ein Zug ausfuhr. Unterwegs jedoch wurde er von Tieffliegern beschossen. Der Zug war mit KZ-Häftlingen überfüllt. Bei den fraglichen Tieffliegerangriff unterwegs sind viele KZ-Häftlinge ums Leben gekommen.
> Darüber habe ich vor einem amerikanischen Militärgericht in Dachau in der Verhandlung gegen den damaligen Lagerkom-

[358] Das ist eher unwahrscheinlich. Die Zugehörigkeit zum KZ-Flossenbürg war auf ihrem Aufseherinnen Ausweis vermerkt, den sie im November 1944 bekommen haben dürfte. Möglicherweise sind ihr aber im Gespräch mit der Oberaufseherin und aufgrund des Reiseziels einige Zusammenhänge erst im April 1945 klarer geworden.

mandanten – Name unbekannt – ausgesagt. Damals habe ich mich mit der Hilde Lippmann abgesetzt. Zu Fuß sind wir weitermarschiert und trafen unterwegs auf eine Wehrmachtskolonne, die noch in Besitz von Kfz war. Es war sogar eine Versorgungskompanie gewesen. Die Soldaten nahmen uns mit bis nach Österreich.[359] Dort kamen dann die Amerikaner. Wir wurden nach Deutschland geschickt und hier kam ich in die Internierung.
Wie und wann das Lager Hainichen evakuiert wurde, weiß ich nicht. Die Oberaufseherin Becker habe ich seit jenem Tieffliegerangriff nicht mehr gesehen. Ihr Nachkriegsschicksal ist mir unbekannt.
Die Hilfsaufseherin Hilde Lippmann war in Österreich erkrankt und von den deutschen Soldaten und mir in ein Krankenhaus gebracht worden. Ich kann aber heute nicht mehr sagen, wo dies war. Ich habe seither von ihr nichts mehr gehört.“ [360]

Hilde Lippmann scheint also eine einfache Aufseherin gewesen zu sein, die später fälschlicherweise für Beckers Stellvertreterin gehalten wurde, was sich auf ihr Strafmaß ausgewirkt haben dürfte. Die tatsächliche Stellvertreterin dürfte aber Hildegard Ihle gewesen sein, die wohl die zweite Hildegard unter den vier Frauen war, die kurz vor Kriegsende nach Flossenbürg kamen.
Als ehemals gute Freundin Beckers, hatte diese Ihle wohl bei ihren frühen Vernehmungen bewusst nicht namentlich genannt und belastet. Hilde Lippmann dürfte, wie das Becker bei ihrer 1. Vernehmung 1968 nur schwach andeutet (Lippmann sei für ihre angebliche Stellvertreterin gehalten worden), die Leidtragende gewesen sein. Bei dem genannten 16. April könnte es sich um den Ankunftstag im Stammlager handeln. Möglicherweise hat die Zugreise von Hainichen nach Flossenbürg zu diesem Zeitpunkt des Krieges mehrere Tage gedauert. Zahlreiche Häftlinge suggerieren nämlich, dass die Oberaufseherin mit einigen anderen Frauen kurz vor der Evakuierung das Lager verlassen habe. Während Becker von der Beschaffung von Uniformstücken und Wäsche spricht, ist bei Loni D. von Schuhen für die Häftlinge die Rede. Beide Beschaffungsaufträge schließen sich nicht ge-

---

[359] Als letztes Bollwerk war eine sogenannte „Alpenfestung“ geplant.
[360] Barch, B 162 / 9069, S. 333ff. – VP der ehemaligen Aufseherin Loni D.

genseitig aus. Angesichts eines bevorstehenden Evakuierungsmarsches sollte möglicherweise geeigneteres Schuhwerk für die Häftlinge besorgt werden. Wegen der heranrückenden Front konnte mit der Auflösung des Lagers aber nicht bis zur Rückkehr der Aufseherinnen gewartet werden.
Interessant über das Verhalten der einzelnen Aufseherinnen sind auch die von Kretschmann gesammelten Zeitzeugenaussagen aus der Hainichener Bevölkerung. Dort heißt es:

> „Die jüdischen Häftlingsfrauen kamen mit einem Tafelwagen aus der Molkerei und hatten dort Molke in Milchkannen geholt. Sie hatten einen kahl geschorenen Kopf und diesen bedeckt mit einem Kopftuch, das sie sich vom Saum des Kleides abgerissen hatten. Einige waren in Holzpantoffeln barfuß. Sie hatten Mühe, im Winter die Brückenstraße hochzufahren. Einige Aufseherinnen, wie H.B. [Hilde Biehlig?], waren recht aggressiv zu den Frauen. Aber andere, wie U.R. [Ursula *Riemann?] halfen schieben und benahmen sich anständig.
> Viele der Häftlingsfrauen waren gebildet, zum Beispiel Ärztinnen, und einigen Aufseherinnen geistig überlegen. Unter den Aufseherinnen waren einige, die das Gefühl der Macht über andere zu haben, richtig genossen und das auch in der Öffentlichkeit herausstellten. Fräulein H. [Haupt, Hautz oder Heinz?] hat sich gut benommen. Die Oberaufseherin Trude Becker handelte mit Butter. Diese hat sie vermutlich von den ohnehin kargen Häftlingsrationen abgezweigt.“ [361]

Ein weiterer namentlich nicht belegter Zeitzeuge erinnert:

> „Ich habe jüdische Häftlingsfrauen, die mit einem Tafelwagen beim Bäcker Wächtler auf dem Neubau Brot zu holen hatten, mehrfach gesehen. Es waren ca. fünf Frauen mit Kopftüchern und der bekannten ungenügenden Kleidung. Bei günstiger Gelegenheit erhielt eine Frau von Frau Wächtler heimlich etwas zu trinken und auch zu essen.“ [362]

[361] Unbekannte(r) Zeitzeugin/Zeitzeuge. Kretschmann: Hainichen. S.87
[362] Unbekannter Zeitzeuge. Kretschmann: Hainichen. S.87

Über die Tochter des Bäckers berichtet Kretschmann:

> „Traudel Jentsch, die Tochter des Bäckers Wächtler berichtete, dass die Judenfrauen schon für einen freundlichen Blick dankbar gewesen sind. Bei den Aufseherinnen, die etwa sechs oder sieben Häftlinge mit Tafelwagen zum Bäcker führen mussten, gab es welche, die auf den Hinweis von Frau Wächtler, es seien noch Kuchenränder übrig, antworteten, dass, wenn sie diese den Häftlingen geben würden, sie sich ab nächster Woche gleich mit einreihen können. Andere Aufseherinnen hatten einfach Angst, das zu gestatten. Es gab aber auch Aufseherinnen, die einfach wegsahen oder, wie die Aufseherin Rosa Kaphammel (geb. Müller), den Häftlingen einfach sagte: ‚Geht mal hier schnell um die Ecke!‘ und so diese menschliche Geste ermöglichten.“ [363]

Rosa Kaphammel war laut Aussage Beckers von 1970 die Küchenaufseherin, was sich mit den beschriebenen Besorgungstätigkeiten von Lebensmitteln deckt. Humanitärer Widerstand ging also auch von einigen Aufseherinnen aus. Auffällig sind aber die Aussagen, dass Gertrud Becker mit Butter aus dem Lagermagazin gehandelt haben soll. Auch andere Lebensmittel sollen von ihr in Paketen verschickt worden sein (vgl. Sara R. Kapitel: d) IV. Verpflegung). Laut Sara A. (s.o.) habe sich auch eine Aufseherin namens Hilde, die Küchenchefin gewesen sei, an diesen Raubzügen auf Kosten der Häftlinge beteiligt. Dabei könnte es sich um die Stellvertreterin und gute Freundin Beckers, Hildegard Ihle, gehandelt haben (Vgl. Aussage Judith F. Kapitel 2.1). Ihle soll als einzige im Zuge der Strafverfolgung nach Sibirien in ein sowjetisches Lager gekommen sein, weil sie vor ihrer Tätigkeit als SS-Aufseherin in Hainichen in Minsk als Vertreterin des Ostministeriums sowjetische Bürger an die Gestapo (Geheime Staatspolizei) ausgeliefert habe.[364] Nähere Hintergründe hierzu sind nicht bekannt.

Wenn es um die Lebensgeschichten der Aufseherinnen geht, sollte aber auch die versöhnende Geste wahrgenommen werden, die es beim Aufeinandertreffen einer betagten Aufseherin mit einer überlebenden Jüdin in Hainichen gab (vgl.Kretschmann).

---

[363] Thomas Kretschmann: Hainichen. S.88

[364] GARF 9409/1/170/005 laut Auskunft der Gedenkstätte Buchenwald

2.1.2.3 Männliches Wachpersonal

Der ehemalige Lagerführer Wilhelm Loh gibt 1969 zu Protokoll:

> „Das Bewachungspersonal bestand aus 12 Wachmännern, wovon 6 im täglichen Wachdienst eingestellt waren. Der Wachdienst beschränkte sich auf die Besetzung der beiden Wachttürme und Begleitpersonal zu den Arbeitsplätzen. Das Wachpersonal bestand aus 6 Volksdeutschen und 6 Russen.
> Lagerführer war ich. Die Namen der 12 Männer, die die Wachmannschaft bildeten, kenne ich nicht mehr.“[365]

Laut Stärkemeldung und Bewaffnungsaufstellung dürften es aber nur 10 Wachmänner, 1 Rottenführer (möglicherweise Volksdeutscher), 5 Volksdeutsche und vier Russen gewesen sein. Die ehemalige Aufseherin Loni D. äußert 1970:

> „Ich sagte schon, daß die Arbeitskolonnen von männlichen Bewachern zu und von der Arbeitsstelle geführt wurden. Es waren übrigens immer 2 Bewacher gewesen, die SS-Uniform getragen haben. Meiner Erinnerung nach waren es Volksdeutsche aus Rumänien. Ich erinnere mich nur an diese beiden Männer. Ob weitere männliche Bewacher da waren, kann ich nicht sagen.“[366]

Zahava Z. sagt aus:

> „Der Lagerführer war ein bejahrter Mann, ich glaube im Range eines SS-Oberscharführers, seinen Namen kenne ich nicht. Der Lagerführer hatte einen Stellvertreter, der etwa 30 Jahre alt war. Weder sein Name noch sein Dienstgrad sind mir erinnerlich. Im Lagereingang standen zwei SS-Wachposten, ich glaube zwei patroullierten ums Lager, einige gingen mit den Frauen als Begleitung zur Fabrik. Die genaue Zahl der SS-Mannschaften kenne ich nicht. Ich bin nicht fähig über diese Wachmannschaften nähere Auskunft zu erteilen.“[367]

---

[365] Barch, B 162 / 9068, S. 134 – VP ehemaliger Lagerführer Wilhelm Loh
[366] Barch, B 162 / 9069, S. 334 – VP der ehemaligen Aufseherin Loni D.
[367] Barch, B 162 / 9070, S. 487f. – VP Zahava Z.

Sara A.:

> „Lagerführer war ein etwa über 50 Jahre alter SS-Funktionär, wir sprachen ihn per Herr Oberscharführer an. An seinen Namen kann ich mich nicht erinnern. Wenn mir der Name Wilhelm Loh vorgehalten wird, so erinnere ich mich, dass dies der Name des Lagerführers war.
> Sein Vertreter war etwa 30 Jahre alt, hieß beim Vornamen Hans[368], blond, mittelgroß. Über den Lagerführer kann ich nichts Konkretes zu seiner Last aussagen. Hans pflegte – als wir uns nackt wuschen – zuzuschauen, wir fühlten uns darob erniedrigt. Unter den Wachmannschaften, mit denen wir kaum in Berührung kamen, waren auch Ukrainer.“[369]

Rozalia P.:

> „Lagerführer war ein etwa 50-jähriger SS-Angehöriger – dessen Name und Dienstgrad mir nicht bekannt waren. Im Vergleich zur Oberaufseherin war sein Benehmen leidlich. Ein etwa 30-jähriger SS-Angehöriger hatte den Lagerführer vertreten. Die ganze Zahl der SS-Wachmannschaften könnte ich nicht genauer bezeichnen, einer zumindest von ihnen sprach auch ungarisch. Die Wachmannschaften hatten die Wachen gestellt und uns auch am Wege zur Fabrik begleitet.“[370]

Eva G.:

> „Der Lagerführer war ein Oberscharführer. Seinen Namen weiß ich nicht. Er wurde immer nur mit seinem Rang angeredet. Der mir vorgehaltene Name LOH sagt mir nichts. Ich glaube, dieser Mann war ein älterer Wehrmachtsangehöriger, für den man sonst keine Verwendung hatte. Er war etwa 60 bis 65 Jahre alt. Er trug zwar, wie alle anderen, die grüne SS-Uniform. Ich kann mich aber nicht daran erinnern, daß er SS-Abzeichen trug. Ich kann nicht sagen, daß irgendjemand von der Bewachung den Häftlingen etwas Gutes tat. Auf der anderen Seite tat dieser Lagerführer den Häftlingen auch nichts Schlechtes. Sein Vertreter war ein Rottenführer, dessen Namen ich auch nicht weiß. Es gab etwa sechs SS-Leute in

---

[368] Möglicherweise ist SS-Rottenführer Heinrich Michel gemeint.
[369] Barch, B 162 / 9070, S. 454 – VP Sara A.
[370] Barch, B 162 / 9070, S. 489 – VP Rozalia P.

dem Lager. Einer von ihnen sprach ungarisch. Er kam wohl aus dem Banat. Er war eine Person von sehr niedrigem Bildungsstand. Sein Wortschatz war sehr beschränkt, er konnte gut fluchen. Er schimpfte sogar auf ungarisch auf die Deutschen, die das nicht verstehen konnten. Meist beschimpfte er aber die Juden.“ [371]

Malvina S.

„Die Wachmannschaften waren SS-Angehörige – ihre Gesamtzahl kenne ich nicht. Ich habe dort zwei SS-Männer kennengelernt, die von Rumänien stammten, einer stammte von Arad, einer von Sibiu. Mit beiden sprach ich, doch ihre Namen kannte ich nicht.“ [372]

Sara S.:

„Unter den Wachmannschaften waren zwei von Arad – von Rumänien, einer hieß beim Vornamen Andréas, der andere Adam. Andréas war argwöhnisch.“ [373]

Bei den genannten Wachmännern dürfte es sich um Andréas Stenzel und Adam Alt handeln. Möglicherweise stammte auch nur einer von ihnen aus Arad und der andere aus Sibiu.

Zlata Lenke B.:

„Einer der ungarisch sprechenden SS-Männer stammte aus Arad – in Rumänien, er war sehr hoch, etwa 30 Jahre alt, oder jünger, hellbraun.“[374]

Zipora P.:

„Lagerführer war ein SS-Oberscharführer von etwa über 60 Jahren, hochgewachsen und mager, sprach schönes Deutsch, war streng, aber nicht grausam, verursachte keiner von uns den Tod durch die von ihm angewandten Strafen. Er blieb mit uns bis wir nach Theresienstadt kamen. Erinnerlich ist mir,

---

[371] Barch, B 162 / 9067, S. 122 – VP Eva G.
[372] Barch, B 162 / 9069, S. 354 – VP Malvina S.
[373] Barch, B 162 / 9069, S. 382 – VP Sara S.
[374] Barch, B 162 / 9067, S. 79 – VP Zlata Lenke B..

des Weiteren, ein etwa 50jähriger Rottenführer, sein Name ist mir nicht bekannt, er war auch streng, doch ledlich [sic]. Ein Wachposten stammte aus Timisoara, sprach ungarisch, etwa über 30 Jahre alt, ein anderer stammte aus Arad – in Rumänien, war auch kaum 30 Jahre alt, sprach ungarisch, die übrigen deren Zahl etwa 6 war, schienen aus Deutschland zu stammen.“ [375]

Golda B.:

> „Die ersten Wochen leitete das Lager der Lagerführer mit einem SS-Funktionär, der, wie ich mich zu erinnern glaube, Fritz[376], geheißen hat. Fritz war etwa 35 Jahre alt, seinen Dienstgrad kenne ich nicht. Fritz hat uns zur Arbeit geführt. Meine Schwester Leia […] war mit mir im Lager, sie arbeitete beim Transport der Einkäufe für die Küche – hatte täglich den Karren mit Produkten gezogen und kannte Fritz, der die Einkäufe machte – ziemlich gut.“ [377]

Magda S.:

> „An Namen des Bewachungspersonals kann ich mich auch auf Vorhalt nicht erinnern. Mir ist lediglich ein junger Mann, namens Fritzi erinnerlich. Er gehörte der SS an. Er war mittlerer Größe und schlank. Dieser Fritzi hat einmal ein polnisches Mädchen, die als Reinemachfrau bei der SS arbeitete, sehr geschlagen. Ich war im Nebenraum, der nur durch eine Holzwand von dem Raum, in dem sich Fritzi und die polnische Frau befanden, getrennt war. Ich hörte das polnische Mädchen schreien. Später habe ich dann gehört, daß er sie geschlagen hat, weil sie nicht seine Geliebte werden wollte. An den Namen des Mädchens kann ich mich nicht erinnern.“ [378]

---

[375] Barch, B 162 / 9069, S. 291f. – VP Zipora P.

[376] Dieser Vorname lässt sich bislang beim Wachpersonal nicht belegen. Als Herleitung käme bestenfalls Alfred Tittes in Frage. Es ist aber auch nicht ausgeschlossen, dass Wachmänner deutsche Spitznamen bekamen, der Name falsch erinnert wird oder eine andere Person aus dem Lagerumfeld, möglicherweise ein Werksangehöriger von Framo, ein Einkaufsleiter, der sich um die Verpflegung kümmerte, gemeint ist.

[377] Barch, B 162 / 9069, S. 401 – VP Golda B.

[378] Barch, B 162 / 9068, S. 255f. – VP Magda S.

Sara R.:

> „Der nächste in der Reihenfolge war ein SS-Unterscharführer, ich weiß nicht was seine offizielle Funktion gewesen ist. Er war etwa 42 Jahre alt, war etwas niedriger als sein Vorgesetzter, hatte schweren Gang, war normal gebaut, pflegte beim Essenverteilen beizuwohnen und uns in die Arbeit zu begleiten. Er pflegte Frauen zu hauen, ohne viel Grund dafür zu suchen. Von den SS-Mannschaften deren Gesamtzahl ich nicht anführen kann, erinnere ich mich zweier, die aus Rumänien stammten, sie sprachen sowohl rumänisch wie auch ungarisch, der eine stammte aus Arad. Erinnerlich sind mir zwei Vergewaltigungsversuche, in einem Falle wurde der SS-Angehörige vom Lager sofort entfernt. Näheres darüber kann ich nicht mehr angeben.“ [379]

Lagerkorrespondenz zu einem derartigen Vorfall liegt nicht vor. Ausgeschlossen werden kann eine Versetzung infolge eines solchen Vorfalles aber nicht. Es könnten aber auch Lagergerüchte gewesen sein oder entsprechende Wachmänner wurden dann nur noch zur äußeren Bewachung des Lagers eingesetzt, wo sie nicht mehr mit den Jüdinnen direkt in Kontakt kamen.

Rosalia I.:

> „Den Wachdienst versahen Soldaten, die ich für Wehrmachtsangehörige hielt. Auf Befragen, ob ich die deutschen Uniformen zu unterscheiden vermochte, erkläre ich, dass ich mich überhaupt in Uniformen nicht auskannte. Mein Eindruck stammt von der Tatsache, dass sich die Wachmannschaft uns gegenüber menschlich verhielten. Ich weiß von Fällen, in denen sie einigen der inhaftierten Mädchen mit Brot aushalfen. Vor der Evakuierung haben sie uns aufmerksam gemacht, dass sie keine Kranken und Erschöpften am Wege lebend zurücklassen dürfen und redeten uns zu, uns zusammenzunehmen und zu gehen. Die Zahl der Wachmannschaften kann ich nicht genauer angeben, ich schätze sie auf etwa 15 Mann. Sie haben uns auch in und von der Arbeit begleitet, immer zu 6-8 Mann.“ [380]

---

[379] Barch, B 162 / 9069, S. 297f. – VP Sara R.
[380] Barch, B 162 / 9069, S. 323 – VP Rosalia I.

Insgesamt liegen also gegenüber der Wachmannschaft des Lagers, insbesondere den Volksdeutschen kaum Belastungsaussagen vor. Die Vorwürfe zur versuchten Vergewaltigung sind nicht abgesichert. Der Lagerführer, vor allem aber sein Stellvertreter sollen sich nur an einzelnen Misshandlungen beteiligt haben. Hinweise auf die Identitäten und Nachkriegsschicksale der Wachmänner sind willkommen.

2.1.2.4 Lagerführer Wilhelm Loh

Wie bereits dargelegt werden konnte, ist Lagerführer Loh der einzige männliche Angehörige des Hainichener Wachpersonals, dessen Identität zweifelsfrei festgestellt werden konnte und von dem Stellungnahmen zu seiner Tätigkeit in Form von juristischen Vernehmungsprotokollen vorliegen. Er äußerte sich 1969 über seine Tätigkeit in Sachsen und im KZ Flossenbürg:

> „Von Anfang 1943 bis 1944 [sic! 1944 bis 1945] war ich Lagerführer im Nebenlager Hainichen-Sachsen. Dieses Lager gehörte zum Konzentrationslager Flossenbürg. Mein Dienstgrad war SS-Oberscharführer. Im April 1944 [sic! 1945] verließ ich mit den Häftlingen das Lager Hainichen aus eigener, freier Entscheidung und verbrachte sie nach Theresienstadt. Der Transport erfolgte per Bahn. Die Räumung des Lagers war erforderlich geworden, weil die Ostfront zu dieser Zeit schon ziemlich nahe war.
> Während meiner Tätigkeit als Lagerführer wurde das Nebenlager Hainichen eingerichtet und aufgelöst. Bei der Einrichtung des Lagers war ich maßgeblich beteiligt. Das Lager war mit genau 500 weiblichen Häftlingen belegt. Es handelte sich um ausschließlich jüdische Frauen, die aus polnischen und ungarischen Gebieten kamen. […]
> Zu den Verhältnissen im KL Flossenbürg und Nebenlager Hainichen bin ich bisher noch von keiner deutschen Behörde vernommen worden. Im Juni 1944 [sic! 1945] wurde ich in meinem Heimatort Dutenhofen vom Amerikaner verhaftet und in Dachau von einem US-Militärgericht zum Tode verurteilt. Nach der Verurteilung, die 1945 [sic! 1947] erfolgte, kam ich nach Landsberg (Lech). Dort wurde die Todesstrafe im Jahre 1946 [sic! 1948] in eine 20-jährige Haftstrafe umgewandelt. Im Januar 1954 wurde ich begnadigt.

Bei dem Prozeß wurde mir vorgeworfen, daß ich in meiner Eigenschaft als Lagerführer einen weiblichen Häftling [Edzia Fajn] geschlagen haben soll, der später an den Folgen gestorben sein soll. Dieser Vorwurf wurde mir zu unrecht gemacht. Die Tat als solche ist tatsächlich geschehen; darauf gehe ich aber bei einem der folgenden Punkte noch ein.
[…] Vor meiner Tätigkeit im Lager Hainichen war ich im KL Flossenbürg tätig. In dieses Lager kam ich bereits 1939. Von der Lagerleitung in Flossenbürg – Oberstbf. [Obersturmbannführer] KÖGEL – wurde ich nach Hainichen kommandiert. […]“[381]

Bei der erwähnten tatsächlich erfolgten Misshandlung, handelt es sich um die Schläge auf die polnische Jüdin Edith (Edzia) Fajn, geborene Brajtsztajn, die im Kapitel e) VII. bereits ausführlicher behandelt wurde.
Im Dachauer Flossenbürg Prozess vom 5. bis 12. November 1947 vor einem amerikanischen Militärgericht scheinen nur drei Jüdinnen gegen Loh aufgetreten sein, von denen ihn nur die Schwestern Hochmann in leicht widersprüchlichen Aussagen belasteten. Die dritte Zeugin geht nicht von einer Misshandlung mit Todesfolge aus.
Das Urteil wurde am 22. Januar 1948 einem Review, also einer Revision unterzogen, die allerdings nicht von Lohs Verteidigung beantragt worden war. In dieser Neubewertung des Falles Case No. 000-50-46-1 heißt es unter Evidence of Persecution:

„Der Angeklagte [Loh, „Technical Sergeant“] versah Dienst als Lagerführer des Außenlagers Hainichen, ein Nebenlager des Konzentrationslagers Flossenbürg, vom 28. August 1944 bis zur Evakuierung des Lagers, etwa am 24. April 1945. Das Außenlager war für etwa 500 weibliche Häftlinge ausgelegt, die in einer Fabrik arbeiteten, die Flugzeuge und Kanonen[382] produzierte (R 15, 16, 186, 199, 204).
Rivka Hochmann eine Insassin des Außenlagers Hainichen für acht Monate beginnend im August 1944 (R 15) bezeugte, dass der Angeklagte Lagerführer war und als solcher inspizierte er die Arbeit der Insassen. Der Angeklagte besuchte die Ba-

---

[381] Barch, B 162 / 9068, S. 132f. – VP ehemaliger Lagerführer Wilhelm Loh
[382] Im Original heißt es „guns“. Das kann sowohl für Gewehre als auch für Geschütze stehen.

racken der Insassen nur während des Tages (R 16). Sie sah wie der Angeklagte polnische und ungarische Frauen-Häftlinge schlug „etwa drei Mal". Sie sah den Angeklagten eine polnische Jüdin schlagen, namens Frau Fajnowa, in den Baracken an zwei aufeinanderfolgenden Tagen zwei Wochen bevor das Lager evakuiert wurde (R 18, 19, 23, 24). Das Opfer hatte nur eine Niere (R 27) und war nicht in der Lage zu arbeiten (R 18, 19). Der Angeklagte brachte sie in den Raum, wo die anderen Insassen schliefen und schlug sie mit einer Gürtelschnalle und seinen Fäusten bis sie bewusstlos wurde (R 20-22). Nachdem das Opfer ohnmächtig geworden war, wurde sie auf eine Pritsche gelegt und der Angeklagte ging.

Am nächsten Tag wurde das Opfer erneut zur Arbeit geschickt (R 22) und als sie ihre Arbeit nicht ausführen konnte, schlug sie der Angeklagte erneut (R 23). Frau Fajnowa wurde zurück in die Baracke [Unterkunft] gebracht, wo sie wieder von dem Angeklagten geschlagen wurde, bis sie ohnmächtig wurde. Am zweiten Tag war auch die Aufseherin Becker anwesend und sie schlug Frau Fajnowa ebenfalls mit ihren Fäusten (R 28). Sie wurde dann ins Krankenrevier gebracht (R 23, 24). Hochmann bezeugte des Weiteren, dass sie das Opfer am dritten Tag im Krankenrevier sah (R 24). Am nächsten Tag wurde ihr erzählt, dass Frau Fajnowa gestorben war und im Krankenrevier lag und später auf dem Friedhof begraben wurde (R 26).

Helena Hochmann, eine ehemalige Insassin des Außenlagers Hainichen (R 186) und Schwester der vorhergehenden Zeugin (R 188) bezeugte, dass der Angeklagte oft schlug und die Insassin Frau Fajnowa tötete, indem er sie verprügelte (R 187).

Sie bezeugt, dass Frau Fajnowa nur eine Niere hatte und immer krank und arbeitsunfähig war. Anfang April befand sich das Opfer im Bett in den Baracken als der Angeklagte eintrat. Er befahl ihr aus dem Bett aufzustehen und zur Arbeit zu gehen und begann sie zu schlagen. Das Opfer fiel in Ohnmacht. Der Angeklagte schlug sie weiter und beschuldigte sie Krankheit zu simulieren. Am nächsten Tag schickte der Angeklagte Frau Fajnowa zur Transportabteilung, zur härtesten Arbeit in der Fabrik. Als Frau Fajnowa nicht in der Lage war die Arbeit zu leisten, wurde sie zurück in die Unterkunft gebracht und der Angeklagte schlug sie erneut. Das passierte zwei oder drei Mal und nach ein paar Tagen starb das Opfer (R 187, 188). Es war keine Aufseherin anwesend während der Angeklagte prügelte. Sie war dort am ersten Tag aber nicht am zweiten Tag und sie beteiligte sich nicht. (R 189, 190). Nach den Schlägen starb Frau Fajnowa innerhalb weniger Tage. Sie sah die Leiche „weil es im selben Gebäude war". Sie bezeugte weiterhin, dass der Angeklagte öfters Insassen schlug. (R 187).[383]

Als „Evidence for Defense" werden folgende Entlastungsaussagen getroffen:

> „Pasalski, eine Insassin im Außenlager Hainichen von August 1944 bis zum Ende des Krieges (R 202), bezeugte, dass sie den Angeklagten als Kommandant des Lagers kannte (R 199), und dass seine Einstellung gegenüber den Lagerinsassen „nicht schlecht" war. Sie sah niemals den Angeklagten irgendeinen Häftling schlagen, noch hörte sie jemals, dass Häftlinge infolge der Schläge des Angeklagten verstorben wären. Sie kannte die Insassin Frau Fajnowa und bezeugte, dass sie starb weil sie sehr krank war. Sie hörte niemals, dass Frau Fajnowa zu Tode geschlagen wurde durch den Angeklagten, sondern nur dass er sie geschlagen hätte (R 200).
>
> Der Angeklagte bezeugte, dass er Lagerkommandant vom Außenlager Hainichen am 28. August 1944 wurde und dort bis zum Ende verblieb. (R 204). Er gab zu, die Insassin etwa fünf Mal mit seinen Händen auf den Kopf geschlagen zu haben (R 205). Die Aufseherin Becker war anwesend (R 209). Das Opfer wurde nicht ohnmächtig infolge seiner Schläge (R 210). Er erinnerte sich nicht an den Namen des Opfers (R 205). Er bezeugte, dass die Lagerärztin die Insassin als arbeitsfähig klassifiziert hatte. Er bestritt, dass das Transportkommando, ein besonders hartes war (R 205). Er bezeugte weiterhin, dass das Lager aus 500 Insassinnen bestand von denen nur fünf während des Lagerbestehens verstarben. Diese Insassen starben an Krankheit und keine starb jemals wegen Schlägen (R 204). Er wusste, dass drei der Insassen an Tuberkulose starben und dass die Frau, die er misshandelt hatte, an einer ihm unbekannten Krankheit verstarb (R 208). Er tat alles Mögliche für die Insassen. Er schickte einige Insassen außerhalb des Lagers zu einem örtlichen Arzt zur Untersuchung und beschaffte immer die verschriebene Medizin sofort (R 211).

[383] United States versus Wilhelm Loh und andere - Case No. 000-50-46-1 Review and Recommendations vom 22. Januar 1948 (Übersetzung Cziborra)

Es gibt keinen Beweis im Hauptfall über die existierenden Bedingungen im Außenlager Hainichen oder über Verbrechen, die dort begangen wurden.“ [384]

Unter „Sufficience of Evidence“ kommt man dann im Review-Verfahren zu folgender Einschätzung Lohs Verurteilung:

> „Das Gericht hatte berechtigte Beweise über die Natur und das Ausmaß seiner [Lohs] Teilhabe, insbesondere in Bezug auf seine Position als Lagerkommandant und etliche schwere Misshandlungen begangen an kranken Insassinnen, bei seiner Schuldfindung. Allerdings wurde nicht befriedigend festgestellt, dass Todesfälle von Taten des Angeklagten oder Taten anderer unter seiner Anordnung resultierten. Das Urteil ist unverhältnismäßig.“ [385]

Es wird daher die Empfehlung (Recommendation) gegeben:

> „dass die Gerichtsentscheidung und das Urteil gebilligt, aber dass das Urteil in lebenslängliche Haft umgewandelt wird.“ [386]

Das Urteil auf Tod durch Erhängen wurde also auf Empfehlung vom 22. Januar 1948 zurückgenommen und Loh begnadigt. Den Review-Unterlagen ist auch zu entnehmen, dass von Lohs Verteidigung bis zu diesem Tag kein Antrag zur Revision ausgefüllt wurde, aber dass seit dessen Verurteilung im November 1947 diverse Anträge auf Begnadigung eingegangen waren.
So von Harold Gerhardt, Deutscher Anwalt, am 11. Dezember 1947; von Josef Mille am 5. Januar 1947 [sic! 1948]; Pfarrer Weber, wahrscheinlich Rudi Weber aus Dutenhofen, am 20. November 1947; Bürgermeister Müller am 25. November 1947, der eine Petition einreichte, die Unterschriften von 650 Einwohnern der Gemeinde [Pfarrei = parish] Dutenhofen, Mitbürger des Angeklagten, beinhaltete. Niemand dieser Personen konnte natürlich genaue Kenntnisse von Lohs Verhalten als SS-

---

[384] United States versus Wilhelm Loh und andere - Case No. 000-50-46-1 Review and Recommendations vom 22. Januar 1948 (Übersetzung Cziborra)
[385] United States versus Wilhelm Loh und andere - Case No. 000-50-46-1 Review and Recommendations vom 22. Januar 1948 (Übersetzung Cziborra)
[386] United States versus Wilhelm Loh und andere - Case No. 000-50-46-1 Review and Recommendations vom 22. Januar 1948 (Übersetzung Cziborra)

Lagerkommandant in Hainichen haben. Es spricht aber vieles dafür, dass er aus einer christlichen Familie stammte und ihm die wenigsten einen Mord, bzw. Körperverletzungen mit Todesfolge zutrauten. Juristisch dürften diese Unterschriften aber keine Rolle gespielt haben, sondern vielmehr die sich in der Kausalität von Misshandlung und Todesfolge widersprechenden Zeugenaussagen. Die zunächst verhängte Todesstrafe basierte also auf zwei vagen Aussagen zweier Schwestern, denen die bislang nicht näher identifizierte Zeugin Pasalski sogar widersprach. Das Urteil ist also nur im Zusammenspiel mit der langjährigen Tätigkeit Lohs in und für das KZ Flossenbürg zu verstehen. Die Härte des Strafmaßes ist dabei zudem in Verbindung mit einem medienwirksamen Hauptverfahren mit 52 Angeklagten zum Stammlager Flossenbürg anzusehen, dem 18 Nebenverfahren mit weiteren 42 Angeklagten anhängig waren. Unter den Verurteilten befanden sich auch Funktionshäftlinge. 12 von 15 Todesurteilen des Hauptverfahrens wurden auch vollstreckt. Lohs Verurteilung und Begnadigung gehörte den Nebenverfahren an, von deren Angeklagten von 11 Todesurteilen sechs vollstreckt wurden.
Seinem Verhalten nach dürfte Loh aber zumindest in Hainichen nicht als rigoroser Nazi, brutaler Schläger oder Antisemit aufgefallen sein. Er gibt 1969 zu Protokoll:

> „Zu den bisherigen Sachverhalt möchte ich abschließend sagen, und ich glaube, dies auch mit einem ruhigen Gewissen sagen zu können, daß die mir unterstellten Häftlinge sowohl in Hainichen als auch im Lager Flossenbürg von mir menschenwürdig behandelt wurden. Ich möchte noch hinzufügen, daß ich im Lager Flossenbürg wenig mit Häftlingen zu tun hatte. Ich war dort bei der Wachkompanie, die die Außenbewachung des Lagers durchzuführen hatte. Im Lager Flossenbürg sind mir Tötungsverbrechen nicht bekanntgeworden. Wenn in dieser Richtung tatsächlich etwas geschehen sein sollte, so wäre das sowieso ohne Wissen der Wachmannschaft ausgeführt worden.“[387]

[387] Barch, B 162 / 9068, S. 136 – VP ehemaliger Lagerführer Wilhelm Loh

Dass Loh bei einer mehrjährigen Wachtätigkeit in Flossenbürg keine Häftlingstötungen gesehen, noch davon etwas gehört haben will, ist allerdings höchst unwahrscheinlich und muss als juristische Selbstschutzbehauptung bezeichnet werden. Dennoch wird Loh von diversen Jüdinnen als guter Mensch beschrieben.

Irene F.:

> „Die Halle, in der wir wohnten, war von SS-Leuten bewacht. Sie unterstanden, genau wie die Aufseherinnen, einem SS-Oberscharführer, an dessen Namen ich mich beim besten Willen nicht mehr erinnere. Auch nicht, wenn man ihn mir nennen würde. Er war damals etwa 60 [sic! 52] Jahre alt, eventuell etwas jünger. Er war ein guter Mensch.“[388]

Rosalia I.:

> „Der Lagerführer war etwa 50 Jahre alt, hochgewachsen, angegraut, sein Name und Dienstgrad sind mir nicht bekannt. Ich habe die besten Erinnerungen an ihn. Wären alle Deutschen so gewesen, wäre unser Los ein anderes gewesen.“[389]

Golda B. bestätigt:

> „Die Wachmannschaften bewegten sich nur außerhalb des Lagers, sie waren uniformierte, doch ich kann nicht mit Sicherheit behaupten zu welcher Einheit sie gehört haben. Lagerführer war ein SS-Oberscharführer dessen Name ich nicht gekannt habe. Er war über 50 Jahre alt, hochgewachsen, gutgenährt, mit runden Gesicht; Wären alle Deutschen wie er gewesen, hätten wir nicht so grausam leiden müssen.“[390]

Sidonia K.:

> „Der Lagerkommandant war ein etwa 60-jähriger SS-Oberscharführer, seinen Namen habe ich nie gehört. Ich kann ihm nichts zur Last zuschreiben.“[391]

---

[388] Barch, B 162 / 9068, S. 147 – VP Irene F.
[389] Barch, B 162 / 9069, S. 323f. – VP Rosalia I.
[390] Barch, B 162 / 9069, S. 401 – VP Golda B.
[391] Barch, B 162 / 9069, S. 294 – VP Sidonia K.

Arabela H.:

> „Der Lagerführer war ein etwa 50-jähriger, hochgewachsener, grauhaariger SS-Funktionär. Namen und Dienstgrad vermag ich nicht anzugeben. Der Lagerführer war gutmütig, ich kann nichts zu seiner Belastung angeben.“ [392]

Sara S.:

> „Der Lagerführer war ein etwa 50 jähriger SS-Oberscharführer, normalgebaut, seinen Namen kenne ich nicht. Ich gedenke ihn im Guten. Er hat sich angestrengt unser Leiden erträglicher zu machen.“ [393]

Sara R.:

> „Lagerführer war etwa 56 Jahre alt, hochgewachsen, wenig gebäugt [sic!], mager, im Dienstgrad eines SS-Oberscharführers. Ich habe ihn in guter Erinnerung, er hatte uns menschlich behan-delt. Ich mache mir Vorwürfe, dass wir – nachdem er uns nach Theresienstadt verbrachte, nicht zu seinem Gunsten was unternommen haben. Der Lagerführer beherrschte die Situation im Lager nicht. Er hatte Angst vor der Oberaufseherin. Der Name des Lagerführers ist mir nicht bekannt.“ [394]

Sonja P.:

> „Die Oberaufseherin war über 40 Jahre alt, schwarz-haarig, festgebaut, schwarze-Eulenaugen. Sie war der Schrecken des Lagers. Auch der Lagerführer, ein SS-Oberscharführer und bejahrter Mann, dessen Name mir nicht bekannt war und der ansonsten ein ruhiger Mensch war und uns zu helfen suchte – hatte vor der Oberaufseherin Angst und benahm sich gänzlich anders in ihrer Anwesenheit.“ [395]

---

[392] Barch, B 162 / 9069, S. 356 – VP Arabela H.
[393] Barch, B 162 / 9069, S. 382 – VP Sara S.
[394] Barch, B 162 / 9069, S. 297 – VP Sara R.
[395] Barch, B 162 / 9069, S. 398 – VP Sonja P.

Die einzelnen vorgekommenen Misshandlungstaten scheinen also unter Einfluss Gertrud Beckers motiviert gewesen zu sein. Sie kann aber auch nicht als Sündenbock für alle Verbrechen im Lager Hainichen herangezogen werden. Gerade ein Lagerführer kann nicht komplett der eigenen Verantwortung für seine Taten freigesprochen werden.

Bei den Misshandlungen Fajnowas wird er von den Schwestern Hochmann auch als Hauptakteur beschrieben und er gesteht 1947 die etwa fünfmalig verabreichten Schläge ein. Er scheint die nierenkranke Frau für eine Simulantin gehalten zu haben, die aber nicht in Folge der Misshandlung, sondern an ihrer, ihm unbekannten Krankheit, verstorben sei. Diese Äußerung im Zusammenhang mit dem Eingeständnis hat doch einen Beigeschmack. Auch scheint Loh an einer weiteren Misshandlung einer ungarischen Jüdin beteiligt gewesen zu sein, die möglicherweise infolgedessen wahnsinnig wurde. [vgl. Kapitel e) VI.] Die Schilderungen etlicher in den Ludwigsburger Ermittlungen vernommennen Jüdinnen lassen aber auch im Fall Fajn einen Zusammenhang zwischen Misshandlung und Tod aufgrund extremer zeitlicher Nähe vermuten. Dass Pasalski scheinbar nichts davon hörte, könnte daran liegen, dass die Frau erst im April 1945 im Krankenrevier verstarb und das Lager kurz danach evakuiert wurde. Für das Opfer Edith (Edzia bzw. Ester Chaja) Fajnowa Jahrgang 1912 wurde durch ihre Schwester Gina Wyszegrodzki, geborene Brajtsztajn am 26.06.1956 ein Gedenkblatt bei Israels zentraler Gedenkstätte Yad Vashem eingereicht. Als Todesdatum ist der 5. April 1945 angegeben.

Dennoch blieb Loh den meisten Häftlingen in guter Erinnerung und Sara R. bedauert es sogar, sich kurz nach dem Krieg, oder bereits bei Ablieferung in Theresienstadt nicht für eine milde Strafverfolgung eingesetzt zu haben.

90166 1779

4

רשות־זכרון לשואה ולגבורה, ירושלים

דף־עד

לרשום חללי השואה והגבורה

יד ושם
ירושלים, רחוב בן־יהודה 12

1. שם המשפחה — בעברית / בשפת ארץ המוצא (באותיות לטיניות)	פיין / Fajn	
2. שם פרטי — בעברית / בשפת ארץ המוצא (באותיות לטיניות)	אסתר־חיה / Ester Chaja	
3. שם האב	שלמה יצחק	
4. שם האם	לאה	
5. תאריך הלידה	26 IX 1912	
6. מקום וארץ הלידה (גם באותיות לטיניות)	לודז׳-פולין / Lodz- Polin	
7. מקום המגורים הקבוע (גם באותיות לטיניות)	" " / " "	
8. המקצוע	פקידה	
9. הנתינות לפני הכבוש הנאצי	פולין	
10. מקומות המגורים במלחמה (גם באותיות לטיניות)	לודז׳ / Lodz	
11. מקום המות, הזמן והנסיבות (המקום גם באותיות לטיניות)	מחנה עבודה בגרמניה 5.IV 1945	
12. מצב משפחתי	רווק/נשוי/מספר הילדים	
13. שם האשה ושם משפחתה לפני הנישואין	גילה	
שם הבעל	יעקב פיין	גילו 40

14. שמות הילדים עד גיל 18 שנספו (מעל לגיל זה רושמים "דף־עד" מיוחד)	הגיל	המקום והזמן שנספו

הערה: את הילדים יש לרשום ב„דף־העד" של אחד ההורים אך לא יותר מפעם אחת.

מס. האישור ...... №

תמונה

חוק זכרון השואה והגבורה –

יד ושם

תשי"ג 1953

קובע בסעיף מס׳ 2

תפקידו של יד־ושם הוא לאסוף אל המו־לדת את זכרם של כל אלה מבני העם היהודי, שנפלו ומסרו את נפשם, נלחמו ומרדו באויב הנאצי ובעוזריו, ולהציב שם וזכר להם, לקהילות, לארגונים ולמוסדות שנחרבו בגלל השתייכותם לעם היהודי, ולמטרה זו יהא מוסמך –

...(4) להענק לבני העם היהודי שהושמדו ונפלו בימי השואה והמרי אזרחות־זכרון של מדינת ישראל לאות היאספם אל עמם.

(ספר החוקים מס׳ 132 י"ז אלול תשי"ג 28.8.53)

אני וישגרודסקי גינה הגר ב (כתובת מלאה) דרך בית לחם 76 ירושלים

קרוב/ה מכר/ה אחות של אסתר חיה פיין

מצהיר/ה בזה כי העדות שמסרתי כאן על פרשיה היא נכונה ואמתית, לפי מיטב ידיעתי והכרתי.

אני מבקש/ת להעניק לנ"ל אזרחות־זכרון מטעם מדינת ישראל.

מקום ותאריך ירושלים 26 VI 1956 חתימה וישגרודסקי גינה

חתימת המפקד [signature]

אזרחות־זכרון הוענקה
מספר №

לידיעת „האגף המדעי" בירושלים, רחוב בן־יהודה 12

הייתי בזמן המלחמה במחנה (הסגר, עבודה, השמדה וכו׳) ...... בגיטו לודז׳

במחתרת ...... ביערות ...... וכו׳ ...... ואני מוכן למסור עדות על כך.

חתימת העד וישגרודסקי גינה כתבתו דרך בית לחם 76 ירושלים

Nach dem Urteilsspruch im Dachauer Flossenbürg Prozess und der drohenden Todesstrafe setzen Lohs Anwälte aber einiges in Bewegung. Neben den oben erwähnten Anträgen auf Begnadigung, lässt Loh die ehemalige Lagerärztin ausfindig machen, deren Aussage wohl zu einer frühzeitigen Entlassung Lohs im Jahre 1954 führte. Die ehemalige Lagerärztin Rita K. sagt 1969 aus:

> „Ich wurde noch nie zu den Verhältnissen im Nebenlager Hainichen vernommen. Allerdings schickte mein Mann, […], anlässlich der Hauptverhandlung gegen Wilhelm LOH an dessen Verteidiger einen Brief, in welchem er in meinem Namen bestätigte, daß sich LOH als Lagerführer sehr fair und anständig benommen hätte. Diesen Brief hat mein Gatte in meinem Namen geschrieben.“ [396]

Auch die ehemalige Aufseherin Loni D. kann Loh nichts Belastendes vorwerfen:

> „In das Lager selbst kamen wir einfachen Aufseherinnen gar nicht hinein. Das konnte nur der Lagerführer Loh, der den Dienstgrad eines Oschaf hatte. Loh war ein ordentlicher Mann. Über ihn sind mir keine Klagen bekanntgeworden.“ [397]

Das anfängliche Todesurteil wäre also in der Tat, vor allem im Vergleich mit anderen Urteilssprüchen, keinesfalls angemessen gewesen. Mit den letztlich reichlich 8 Jahren in Landsberg abgesessener Haft dürfte Lohs Schuld und Verantwortung an dem Geschehen in Hainichen und die Unterstützung des KZ-Komplexes durch seine langjährige Involvierung aber aus historischer Perspektive und Beurteilung abgegolten sein. Ungesühnte Verbrechen während seiner Flossenbürger Wachtätigkeit können allerdings nicht gänzlich ausgeschlossen werden.

---

[396] Barch, B 162 / 9068, S. 240 – VP Rita K.

[397] Barch, B 162 / 9069, S. 332 – VP der ehemaligen Aufseherin Loni D.

2.2 Widerstand aus Belegschaft und Bevölkerung

Humanitärer Widerstand unter Personen aus der Belegschaft und Bevölkerung ist auch für das KZ-Außenlager in Hainichen dokumentiert und muss als wichtige Überlebenshilfe für die Jüdinnen und als Ausdruck genereller Ablehnung solch menschenverachtender Haftbedingungen angesehen werden. Im diktatorischen System erforderten bereits geringfügige „Regelbrüche“ und kritische Meinungsäußerungen ein großes Maß an Zivilcourage und Mut. Die Angst aufzufliegen oder denunziert zu werden und am Ende möglicherweise selbst Repressalien erleiden zu müssen oder gar in einem KZ zu landen, ließ viele Andersdenkende bereits im Keim des Gedankens vor humanitären Hilfsmaßnahmen zurückschrecken. In Wirklichkeit gab es jedoch vielfältige Möglichkeiten und diverse Grauzonen schon mit kleinen Gesten den Häftlingen zu helfen und Mut zum Durchhalten zu machen, ohne derartige Bestrafungen riskieren zu müssen. In Hainichen dürfte auch ein moderater Lagerkommandant humanitären Widerstand begünstigt haben. So soll Herbert Ziolkowsky, ein Arbeiter an einem Horizontalbohrwerk der Framo-Werke, den Jüdinnen heimlich mit Socken, Seife, Essen und einer Zahnbürste etc. ausgeholfen haben.

Die von der Hilfe profitierende ungarische Jüdin Sara Lang bedankte sich kurz vor Evakuierung des Lagers bei ihrem Meister, für alles was er für sie getan hatte und hofft sich einmal dafür revanchieren (zurückdienen) zu können. In einer zweiten Mitteilung bat sie ihn um seine Adresse, um nach dem Krieg zu ihm Kontakt aufnehmen zu können. Nach ihrer Rückkehr in Ungarn erhielt Herbert Ziolkowsky dann einen Brief von ihr aus Vác. Seine Antwort hat Sari Lang vermutlich nicht mehr erreicht; der Briefkontakt brach daraufhin jedenfalls ab. Die wertvollen Dokumente sind in der Publikation von Thomas Kretschmann abgebildet. Aus den handschriftlichen Mitteilungen in gebrochenem Deutsch geht hervor, dass selbst Unterhaltungen mit dem wohlgesinnten Meister schwierig waren und dass Sara Lang ihn auch keine Unannehmlichkeiten verschaffen wollte, da private Unterredungen mit den Jüdinnen strengstens verboten waren. Auch die polnischen Jüdinnen und Schwestern Rosa Rotblatt und Rifka Freimark sollen nach dem Krieg Kontakt zu Ziolkowsky gesucht und an „Herbert in Hainichen“

geschrieben haben. Es dürfte sich dabei um die Häftlinge 53350 und 53351 gehandelt haben. Die ältere Schwester war bereits verheiratet aber beide wurden in den Flossenbürger Nummernbüchern unter ihrem gemeinsamen Geburtsnamen Lina (bzw. Lena) geführt, den sie so wahrscheinlich bereits in Auschwitz angegeben hatten, um nicht voneinander getrennt zu werden. Bei Kretschmann ist außerdem davon die Rede, dass die Wissenschaftlerin Dr. Olga Barnitsch von der Universität Tel Aviv in der Nachkriegszeit ebenfalls Kontakt zu Ziolkowsky suchte. Sie dürfte aber kein Häftling in Hainichen gewesen sein.[398]
Ein weiterer Angestellter der Framo-Werke, Ewald Halm, hatte ebenfalls ein gutes Verhältnis zu den Zwangsarbeitern. Sein Sohn Dr. Fritz Halm berichtet:

> „Meinem Vater [Ewald Halm] waren russische Gefangene als Gehilfen zugeordnet. Jüdische Frauen haben die Maschinen geputzt. Die russischen Gefangenen konnte Vater mitunter sonntags zur Gartenarbeit zu uns nach Hause holen, das war aber nicht der wahre Grund. Mutter hat da immer ordentlich gekocht. Von einem hat Vater zwei selbst gemalte Bilder bekommen, eins davon stelle ich dem Museum der Stadt zur Verfügung, ebenso das andere Geschenk, die Zigarettenbox. Das zweite Bild, was ich noch besitze, zeigt eine Flusslandschaft mit Birken – sicher eine Erinnerung an seine Heimat. Jüdische Frauen, denen Vater Brot und vor allem Salz zusteckte, hatten gestrickte Putzlappen aufgedröselt und daraus drei Schlipse gestrickt. Leider sind sie von den Motten zerfressen worden.“[399]

---

[398] Leider existiert ihr Brief nicht mehr. Bei der Person dürfte es sich um die als Michalina Pikholz geborene Freiheitskämpferin und Historikerin handeln, die unter dem Namen Olga M. Pickholz-Barnitsch (1914-1964) eine wissenschaftliche Arbeit über die Evakuierung des KZ Stutthof verfasste. Ihr Aufsatz „The evacuation of the Stutthof concentration camp: January - April, 1945” erschien posthum 1965 im Yad Vashem Bulletin. Ihre Anfrage dürfte also nur indirekt mit dem Außenlager in Hainichen in Zusammenhang gestanden haben. Zu Kriegszeiten dürfte ihr bürgerlicher Name Auerbach gewesen sein. „Olga Barnitsch“ war ihr selbstgewähltes Partisanen-Pseudonym. Möglicherweise wollte sie sich nach Angehörigen aus Lodz erkundigen.
[399] Erinnerungsbericht von Dr. Fritz Halm aus dem Jahr 2013
Zitiert nach Kiese. Framo + Barkas 1923 – 1993. S. 25

Die Häftlinge wussten also die menschlichen Zuwendungen der Arbeiter zu schätzen und versuchten ihren Dank dafür im Rahmen der Lagermöglichkeiten zum Ausdruck zu bringen. Solche Beziehungsgeflechte haben sich in zahlreichen KZ-Außenlagern entwickelt. Von Ewald Halm existiert auch ein Foto an seiner Maschine bei Framo in der Publikation Manfred Kieses.
Kleinere Hafterleichterungen für die Jüdinnen wurden in verschiedenen Abteilungen praktiziert. So sollen Eimer für die Notdurft hinter einen Vorhang gestellt worden sein, um das laut Lagerordnung vorgesehene gruppenweise Austreten für die Häftlinge mit Blasenleiden heimlich flexibler zu gestalten.[400] Auch sollen Arbeiter das Abbrechen von Gewindeschneidbohrern oder anderen Bohrwerkzeugen zum Teil auf sich genommen haben, um die Jüdinnen vor Strafen wie Essensentzug, Haareabschneiden oder Schlägen zu bewahren.[401]
Insbesondere die Rolle der Meister in den Betrieben spielt im humanitären Widerstand eine große Rolle. Gerade in größeren Flossenbürger Außenlagern kam es nicht unerheblich darauf an, in welcher Abteilung und bei welchem Meister man eingesetzt wurde. Die Erfahrungen der Häftlinge im selben Lager unterscheiden sich durch das unterschiedliche Umfeld des Wachpersonals und der Zivilangestellten mancherorts eklatant.
Die übrige Bevölkerung Hainichens dürfte eher selten mit den jüdischen Häftlingen in Kontakt gekommen sein. Sie waren aber beim Marsch von und zur Arbeit im Stadtbild deutlich wahrnehmbar. Eine Zeitzeugin berichtet:

> „Sie durften den Fußweg nicht benutzen und mussten stattdessen auf der Straße laufen. Außerdem durften die Judenfrauen keinen Blickkontakt zu den Einwohnern suchen. Sie haben einen elenden Eindruck gemacht. Mutter steckte mitunter etwas Essbares sichtbar durch den Zaun, was die Frauen, wenn günstige Gelegenheit war, sofort annahmen.“[402]

Einige Anwohner hatten sogar ständig Sichtkontakt zum Lagergelände. Ein Hainichener Bürger berichtet:

---

[400] Vgl. Thomas Kretschmann. Hainichen. S.84
[401] Vgl. Thomas Kretschmann. Hainichen. S. 84
[402] Unbekannte Zeitzeugin. Kretschmann: Hainichen. S.87

> „Ich wohnte damals in der Frankenberger Straße gegenüber der Nadelfabrik. Rechts neben dem Eingang zum Gelände der Nadelfabrik stand parallel zur Straße eine Baracke, die die Einsicht in den Hof versperrte. Am Tor stand ein Wachturm. Meine Mutter litt sehr unter dem Anblick der Häftlinge. Diese waren kahl geschoren. Sie trugen unpassende Sachen, die zum Teil eher Lumpen ähnelten und wurden von Aufsehern zur Arbeit geführt. Zum Teil führten die Männer dabei scharfe Hunde mit.“ [403]

Außerdem berichtet ein Anwohner:

> „Es war schrecklich anzusehen, wie die Häftlinge im Freien stehend, mit Blechbüchsen in der Hand, in langer Schlange nach ihrem Essen anstehen mussten.“ [404]

Während sich der Marsch von und zur Arbeit in den Framo-Werken eher am Stadtrand Hainichens abspielte, wurde vor allem das Küchenkommando des KZ-Außenlagers in der Frankenberger Straße häufig bei den Einkäufen und dem Transport von Lebensmitteln in Hainichen, aber auch beim Bauern Eckhard am Stadtgut[405] gesichtet. Ein namentlich unbekannter Zeitzeuge berichtet außerdem:

> „Die Judenfrauen mussten mit einem Tafelwagen beim Fleischer Günther [Albertstraße 4][…] Waren abholen und kamen bei der winterlichen Glätte nicht den Berg hinauf. Sie waren schon auf die Knie gegangen und wurden von der Aufseherin geschlagen.“ [406]

Ein weiterer erinnert:

> „Ich stand im Winter 1945 an der Ecke Mühlstraße zur Brückenstraße, gegenüber dem Rathaus und sah, wie jüdische Häftlingsfrauen, deren Köpfe kahl geschoren waren, sich bemühten, einen Tafelwagen die eisglatte Brückenstraße hinaufzuschieben und immer wieder ausrutschten. Kurz entschlossen

[403] Unbekannte(r) Zeitzeugin/Zeitzeuge. Kretschmann: Hainichen. S.88
[404] Unbekannte Zeitzeugin. Kretschmann: Hainichen. S.87
[405] Vgl. Unbekannte Zeitzeugin. Kretschmann: Hainichen. S.87
[406] Unbekannte(r) Zeitzeugin/Zeitzeuge. Kretschmann: Hainichen. S.87

> ging ich zum Wagen und half schieben. Dafür bekam ich vom begleitenden Aufseher sofort eine kräftige Ohrfeige, die ich lange nicht vergessen konnte.“ [407]

Das beherzte Eingreifen der Bevölkerung wurde also in diesem Fall nicht vom männlichen Wachposten geduldet. Umgekehrt wurde ein ziviler Umgang mit Jüdinnen teilweise auch von der Bevölkerung zur Denunziation gebracht.

> „Eine ehemalige Aufseherin sollte einen verletzten Häftling zum Arzt bringen und benutzte dabei mit diesem den Fußweg. Sie wurde von einem Mann „angefahren“, ob sie denn nicht wüsste, dass „dieses Viehzeug“ auf der Straße zu laufen hat. Als die Aufseherin ins Lager zurück kam, hatte der Mann schon Meldung erstattet.“ [408]

Sogenannte strafbare „Häftlingsbegünstigungen“ mussten also heimlich geschehen. Insbesondere die volksdeutschen ausländischen SS-Wachmänner dürften unter besonderer Beobachtung gestanden haben und sich in der Öffentlichkeit möglichst SS-konform verhalten haben, um Disziplinarmaßnahmen vorzubeugen.

Die humanitäre Katastrophe der KZ-Lager war also, wie die zitierten Berichte zeigen, nicht vor den Augen der Bevölkerung zu verstecken. Arbeiter, Nachbarn und Bürger, aber auch Angehörige des Wachpersonals waren sich durchaus bewusst, welches menschenverachtende Regime dort geführt wurde und sind als Beteiligte des humanitären Widerstandes überliefert. Die Empathie für die jüdischen Häftlinge, Zwangsarbeiter und Kriegsgefangenen erstreckte sich aber längst nicht auf die gesamte Bevölkerung. Der Krieg und das eigene Schicksal, vor allem aber die nationalsozialistische Rassenideologie mit einem Verbrechen rechtfertigenden Überlegenheitsgefühl, hatte viele Menschen egoistisch, kalt und hart gemacht. Wachpersonal und Bevölkerung sollte also stets differenziert betrachtet und Pauschalurteile vermieden werden.

---

[407] Unbekannte(r) Zeitzeugin/Zeitzeuge. Kretschmann: Hainichen. S.88

[408] Thomas Kretschmann. Hainichen. S.88

Teil 3: Stationen der Deportation
Häftlingsüberstellungen und Transporte

3.1 Der 1. Transport vom September 1944

3.1.1 Die „polnischen Jüdinnen“

Alle 150 registrierten Frauen und Mädchen des ersten Transportes stammen aus dem Ghetto Lodz bzw. Litzmannstadt. Sie wurden im Zuge der Liquidierung des Ghettos Ende August 1944 nach Auschwitz deportiert und dort im Durchgangslager untergebracht. Dort hielten sie sich nur wenige Tage auf und wurden ohne Registrierungsprozedur, einschließlich der Tätowierung einer Häftlingsnummer, in Arbeitstransporte eingereiht und Ende August 1944 nach Hainichen transportiert

Celina Z.:

> „Ich war von Okt./Nov. 1939 bis 26. August 1944 im Getto Lodz inhaftiert. Dort waren ca. 70 000 Häftlinge, die im August 1944 mit Transporten, wie ich aus der Presse erfuhr, bis auf ca. 800 Häftlingen ins KL Auschwitz überstellt wurden. Am 26.8.44 wurde auch ich in einem Güterwaggon ins KL Auschwitz gebracht. Im KL Auschwitz war ich 4-5 Tage. Anschließend wurde ich in einem Güterzug ins NL Hainichen/ Sachsen gebracht. Dort war ich zwischen Anfang Sept. 1944 und Anfang oder Mitte April 1945.“ [409]

Irene F.:

> „Ich befand mich etwa von September 1944 bis April 1945 im Lager Flossenbürg, Nebenlager Hainichen/Sachsen. Ich war direkt aus dem Get[t]o Lodz/Polen nach dort gekommen. Ich kam über das KL Auschwitz, wo ich vielleicht drei Tage war, nach Hainichen. In anderen Lagern war ich nicht.“ [410]

[409] Barch, B 162 / 9068, S. 151 – VP Celina Z.
[410] Barch, B 162 / 9068, S. 147 – VP Irene F.

Luba B.:

> „Ich bin in Lodz geboren und wohnte dort bis August 1944. Bei der Liquidierung des dortigen Ghettos kam ich, wie alle anderen ins KL Auschwitz. In Auschwitz blieb ich nur drei Tage und wurde mit einem Frauentransport nach Hainichen verschickt. Wir waren im Lager 500 Frauen aus Polen und Ungarn, alles Jüdinnen.“[411]

Zahava Z.:

> „Im August 1944 wurde ich von Lodz mit einem großen Transport nach Auschwitz deportiert. Die Zahl der Deportierten bin ich nicht in der Lage zu benennen. Bei Ankunft nach Auschwitz wurden wir selektiert. Bis zur Rampe von Auschwitz fuhr ich mit meiner Schwester Luba, die mit einem Säugling war und mit zwei Brüdern, von denen Moshe, damals 17 Jahre alt – und die Schwester samt Kind nicht zurückkehrten. In Auschwitz blieb ich etwa vier Tage, dann wurde ich mit einer Gruppe von etwa 150 Mädchen und Frauen, die insgesamt vom Ghetto Lodz kamen per Eisenbahn nach Hainichen überstellt. In Hainichen wurden wir in einem Gebäude untergebracht, in dem auch Frauen von Ungarn wohnten. Unsre Gruppe – vom Ghetto Lodz – bezog das Parterre, die aus Ungarn stammenden Frauen wohnten in den oberen zwei Stockwerken. […] Unser Lager war umzäunt, im Lagerbereich stand noch ein Gebäude, in dem sich die Küche und die Vorratskammer befanden.“[412]

Sonja P.:

> „Nach Auflösung des Ghettos Lodz wurde ich mit meinem Ehegatten und Sohn nach Auschwitz verbracht. Nach Verlauf von etwa drei Wochen wurde ich mit einer großen Gruppe Frauen auf Eisenbahn gesetzt und nach Hainichen überstellt. In Auschwitz wurde ich von meinen Familienangehörigen getrennt, meinen Gatten habe ich niemals wiedergesehen. Die Zahl der mit mir gefahrenen Frauen weiß ich nicht anzugeben.“[413]

---

[411] Barch, B 162 / 9069, S. 393 – VP Luba B.
[412] Barch, B 162 / 9070, S. 487 – VP Zahava Z.
[413] Barch, B 162 / 9069, S. 398 – VP Sonja P.

Golda B.:

> „Im August 1944 wurde das Ghetto Lodz aufgelöst und ich wurde – wie alle – nach Auschwitz-Birkenau deportiert. Nach etwa 4-5 Tagen wurde ich mit ungefähr 200 jüdischen Frauenhäftlingen nach Hainichen überstellt. Wir waren die ersten Häftlinge in Hainichen gewesen. Einige Tage nach uns kamen Frauen vom ungarischen Gebiet, ihre Zahl war ungefähr die selbe wie die unsere. Wir wurden in einem zweietagenhohen Gebäude untergebracht, wir – als erste Lagerinsassinnen bezogen die untere Etage, die Ungarinnen wurden über uns einquartiert. Außer unsrem Wohnhaus war im Lager noch ein Bau, in dem sich die Küche befand. Das Lager war mit Stacheldraht umfriedet, erinnerlich ist mir auch ein Wachturm.“ [414]

Anny R.:

> „In meiner Heimatstadt Lodz wurde das Ghetto Ende 1939 oder Anfang 1940 gebildet. Ich meine, es sei schon 1939 gewesen. Ich lebte im Ghetto bis zum Jahre 1944, als das Ghetto liquidiert wurde. […] Ich wurde nach Auschwitz deportiert, wo ich aber nur einige Tage blieb, dann wurde ich […] in das Lager Hainichen gebracht.“ [415]

Das nach dem General und NSDAP-Mitglied Karl Litzmann benannte Ghetto Litzmannstadt (Lodz) wurde im Februar 1940 per Dekret zum Ghetto erklärt. Zu etwa 60.000 ansässigen Juden in den nördlichen Stadtvierteln Stare Miasto, Baluty und Marysin wurden weitere ca. 100.000 jüdische Menschen angesiedelt. Bis zur Auflösung des Ghettos im August 1944 starben mehr als 43.000 der Ghettobewohner in Lodz. 1942 waren zudem etwa 55.000 Juden in das Vernichtungslager Kulmhof (Chelmno) zur Liquidierung deportiert worden. Mehr als 65.000 Menschen wurden bei Auflösung des letzten polnischen Ghettos nach Auschwitz-Birkenau deportiert, wo etliche Tausende in Arbeitstransporte und KZ-Außenlager gelangten. Insgesamt haben über 200.000 Menschen das Ghetto Lodz durchlaufen und nur wenige Tausend den Krieg und den Genozid überlebt.(Vgl. Wulf&Löw)

---

[414] Barch, B 162 / 9069, S. 401 – VP Golda B.
[415] Barch, B 162 / 9070, S. 463 – VP Anny R.

3.2 Der 2. Transport vom Oktober 1944

3.2.1 Die „ungarischen Jüdinnen“

348 Häftlinge des 2. Transportes nach Hainichen sind in den Flossenbürger Nummernbüchern als ungarische Jüdinnen verzeichnet. Die meisten von ihnen wurden aber nicht vom heutigen Staatsgebiet Ungarns deportiert, sondern aus dem ungarischen Sprachraum über die Landesgrenzen hinweg und aus annektierten Gebieten Rumäniens und der Tschechoslowakei, die heute in Rumänien, der Slowakei und zum Teil sogar in der Ukraine liegen. Fast alle Frauen dürften im Mai und Juni 1944 in Auschwitz eingetroffen und ins Durchgangslager B II c, das sogenannte C-Lager, eingewiesen worden sein. Dort erhielten auch sie keine Häftlingsnummern sondern waren als Durchgangsjuden und Depothäftlinge für die Zwangsarbeit in deutschen Rüstungsbetrieben bestimmt.

Aus dem Raum Budapest konnten bislang Deportationen Hainichener Häftlinge über die Ghettos Budakalász, Békásmegyer, und Pestszentlörinc bzw. Pesterzsébet über Monor nachgewiesen werden. Außerdem wurde aus Szolnok, den Ghettos Barcs an der kroatischen Grenze und Nyiregyháza in Ostungarn deportiert, weitere Ausgangsghettos nicht ausgeschlossen. Große Gruppen von Frauen stammen allerdings aus den Ghettos Szátmar (Satu Mare) und Kolozsvár (Cluj), aber auch aus Nagyvárad (Oradea), Szováta (Sovata) und Marosvásárhely (Targu Mures), die auf rumänischem Territorium liegen. Zudem kamen viele Hainichener Häftlinge aus den Ghettos Ungvár (Uzhhorod), Munkács (Mukacheve), Huszt (Chust) und Tecsö (Tjatschiw), die heute zur Ukraine gehören. Auch hier sind weitere Deportationen nach Auschwitz aus anderen Ghettos denkbar. Die überlieferten Geburts- und Herkunftsorte legen zudem Transporte aus Szobránc, dem slowakischen Sobranice, Elesd, dem rumänischen Alesd, und Dombó, dem ukrainischen Dubove nahe.

Auch als ungarische Jüdin registriert ist die Wiener Lagerärztin Rita Smrcka. Sie gibt 1969 zu Protokoll:

> „Ich wurde im November 1943 – ich stelle richtig – im November [sic! 25.09.] 1942 in das KL. Theresienstadt [Terezin]

> eingewiesen. Von dort kam ich nach Auschwitz und schließlich von Auschwitz in das Nebenlager nach Hainichen. Soweit ich mich entsinnen kann, war es Ende Oktober oder Anfang November 1944, als ich nach Hainichen kam. Es war jedenfalls schon sehr kalt.“ [416]

Sie wurde am 1. Oktober aus Theresienstadt nach Auschwitz eingewiesen und nach Ankunft am 3. Oktober 1944 ebenfalls im Durchgangslager untergebracht, wo sie sich scheinbar nur drei Tage aufhielt. Zu diesem Zeitpunkt befanden sich über 43.400 weibliche Häftlinge im Lager. Viele Jüdinnen aus Smrckas Transport wurden am 12. Oktober in das benachbarte Außenlager Freiberg überstellt.[417] Rita Smrcka wurde wohl schon am 6. Oktober als Lagerärztin dem Transport nach Hainichen zugeteilt. Sie hatte österreichische Staatsangehörigkeit.
Die übrigen Deportationsberichte sollen weitestgehend unkommentiert bleiben, sind aber nach Ghetto-Herkunft zusammengestellt. Piroska S. und Livia S. berichten 1945:

> „Im Mai 1944 wurden wir mit den übrigen Juden unseres ständigen Wohnortes Pestszentlörinc in der Nähe von Budapest im Getto konzentriert, aber schon nach einer Woche brachte man uns mit den übrigen Juden nach Monor, wo wir gleichfalls eine Woche blieben. Dann wurden wir einwaggoniert und fuhren direkt nach Auschwitz. Wir litten auf dieser Reise sehr viel, weil wir achtzig Personen in einem Waggon waren und kaum etwas Lebensmittel und überhaupt kein Wasser hatten. Zur Zeit unsrer Ankunft war Auschwitz derart überfüllt, dass wir in den Blocks überhaupt keinen Platz finden konnten; so wies man uns die Aborte als Unterkunftsstätte an, in denen wir vier Tage verbringen mussten. Erst dann hatten sich die Raumverhältnisse derart gebessert, dass wir auf die einzelnen Blocks aufgeteilt werden konnten. Wir blieben in Auschwitz dreieinhalb Monate, in denen wir nichts anderes taten als Appell stehen. Von einer Verpflegung konnte überhaupt nicht gesprochen werden, da das, was wir bekamen, verschwindend wenig und nahezu vollkommen ungenießbar war. Mitte September [sic! Oktober] wurden wir mit einem größeren

---

416 Barch, B 162 / 9068, S. 240 – VP Rita K.

417 Vgl. Pascal Cziborra. KZ Freiberg. S.203ff.

Arbeitstransport nach Hainichen gebracht, wo wir in einer Munitionsfabrik [Rüstungsfabrik] zu arbeiten hatten.“ [418]

H.H. lässt ebenfalls 1945 protokollieren:

> „Das Ghetto Pesterzsébet,[…][oder die Behandlung der Juden?][419] war nicht allzu streng. Nicht nur eine oder zwei Straßen, sondern einige Hausgruppen wurden an uns abgetreten. Zuvor gab es einen großen Luftangriff und möglicherweise wurden die durch eine Bombe beschädigten Häuser den Juden zugeteilt. Aber was auch immer zur Einteilung der ausgewählten Häuser geführt hat, niemand konnte sich unkontrolliert frei in der Stadt bewegen, nicht nach 18:00 Uhr. Eines Abends hat die Gendarmerie eine Kette um die jüdischen Häuser gebildet und zwei Tage später nahmen wir den Zug zur Ziegelei in Monor. Wir verbrachten eine Woche in der Ziegelfabrik. Es gab viele Ziegeltrockner, aber die meisten verbrachten Tag und Nacht unter freiem Himmel. Es gab einen Sommerschauer, knietief im Schlamm und Ton hatte ich zu schlafen.
> Wir wurden nach Auschwitz einwaggoniert und wurden nach zwei Tagen am achten Juni ausgeladen. Hier wurde ich von meiner Familie getrennt, dann brachten sie mich in ein Bad, wo sie mir alles wegnahmen, nackt ausgezogen, rasiert und gebadet gaben sie uns dann gestreifte Häftlingskleidung. Während ich dort war musste ich nicht arbeiten, stand nur Appell morgens, nachmittags und [ebédért][420] mussten in der Reihe stehen. Die Aufseherinnen schlugen uns nur, weil wir ein wenig benommen wegen dem Brom in Essen[421] wussten unser Schicksal zu ertragen. Ende August [sic! Anfang Oktober] selektierten sie mich für einen Transport und brachten mich im Zug nach Hainichen. Fünfzig waren in einem Waggon und unterwegs haben wir nichts zu essen bekommen. Man produzierte Munition, Geschütze, machte Teile. Die Arbeitszeit betrug 12 Stunden am Tag, abwechselnd eine Woche nachts, eine Woche tags. Das Lager war

---

[418] DEGOB-Protokoll 687 vom 02.07.1945 für Piroska und Livia S.

[419] Übersetzung unsicher: Pesterzsébeten a gettó, illetőleg a szidók összeköltöztetése nem volt túlságosan szigorú.

[420] Übersetzung unsicher: Amíg itt voltam nem dolgoztam semmit, csak appellt álltam délelőtt, délután és az ebédért is sorba kellett állni.

[421] Bislang gibt es anscheinend keine dokumentarische Bestätigung für das Lagergerücht, dass in Auschwitz dem Essen Brom beigemischt wurde. Vgl. Pascal Cziborra. KZ-Autobiografien. S.125ff.

ziemlich sauber. Es gab genug Wasser, aber wir konnten uns nicht waschen und so bekamen wir Läuse. Das Essen hier war sehr wenig und man konnte sich keinen Ersatz beschaffen. Die Behandlung war grausam. SS-Männer und Frauen kümmerten sich um uns. Die Kontrollen waren extrem streng. Für das geringste Vergehen wurden die Sünder zu Tode geprügelt.[422] Gegen Ende April flüchteten die SS-Männer und SS-Frauen größtenteils und eine kleine Eskorte begleitete uns teils zu Fuß teils mit dem Zug nach Theresienstadt. Wir kamen in einem so schlechten Zustand an, dass wir sofort ins Krankenhaus eingeliefert wurden, dort befanden wir uns, als uns die Russen befreiten."[423]

Sidonia K.:

„Ich wurde am 6. Oktober 1944 mit einer Gruppe von etwa 200 [sic! 350] Frauen – die sämtlich von ungarischem Gebiete stammten – nach Hainichen verbracht. Wir kamen hin von Birkenau, wohin ich am 27.5.1944 angekommen war. Im Transport nach Hainichen befand sich auch meine Mutter Magdalene B. […]. Als wir nach Hainichen ankamen, fanden wir dort schon Frauenhäftlinge aus Polen an [sic! vor]. Ihre Zahl kann ich nicht mit Sicherheit anführen, ich gebe zu, dass auch die Zahl der mit mir angekommenen Gruppe größer, als ich es oben anführte, sein konnte. […] In Birkenau sah ich Häftlinge vor Verzweiflung in die stromgeladenen Drähte laufen. Ich sah die Insassen des tschechischen Lagers in die Gaskammern abführen, ich hörte über Tötung eines Mädchens, das seine Mutter in anderer Baracke sehen wollte. Augenzeugin von Tötungen war ich dort nicht gewesen."[424]

Zipora P.:

„In der zweiten [sic! erste] Hälfte Oktober 1944 wurde ich von Auschwitz-Birkenau mit einer Gruppe von etwa 200 [sic! 350] Frauenhäftlingen per Eisenbahn nach Hainichen verbracht. Alle stammten wir vom ungarischen Gebiete. Als wir nach Hainichen ankamen fanden wir dort schon eine Gruppe von 300 [sic! 150] Jüdinnen aus Polen. Möglicherweise war

---

[422] Möglicherweise eine Anspielung auf die Misshandlung Ester Chaja Fajns.
[423] DEGOB-Protokoll 1337 vom 10.07.1945 von H.H. *19.06.1920 Csepel
[424] Barch, B 162 / 9069, S. 294ff. – VP Sidonia K.

unsere Gruppe 300 Seelen stark und die dort vorgefundene 200. In Birkenau war ich von Anfang Mai 1944, dahin kam ich vom Ghetto Nyiragyháza. […] Im August 1944 – war ich in Birkenau – Lagerabschnitt „C" Augenzeugin eines Mordes gewesen. Eines Tages – als wir von Nachtdunkel an zum Morgenappell aufgestellt worden sind, der sich bis [in die] späte[n] Morgenstunden verzog, hatte ein SS-Angehöriger, der regulär beim Block XVII [17] zu Appellen erschien, eine Leidensgefährtin, die aus religiösen Gründen nicht auf die Knie wollte, mit einem Stock zu Tode geprügelt. Die Frau war etwa 40 Jahre alt, stammte aus Ungarn. Weitere Einzelheiten – außer, dass der SS.Mann den Eindruck eines Besoffenen machte, normalgebaut und etwa 40 Jahre alt war, sind nicht erinnerlich."[425]

Zlata Lenke B.:

„Am 29. Mai 1944 kam ich mit einem Transporte vom Sammellager Barcs in Ungarn nach Birkenau. Die Zahl der mit mir Deportierten kann ich nicht benennen, es war ein langer Zug gewesen. Ich fuhr mit meinen Eltern, meinen Vater sah ich zum letzten Mal beim Einwaggonieren in Barcs, meine Mutter auf der Rampe vor dem Lager. Ich kam ins C Lager in den Block XXXI [31], später in den Block XXIX [29]. Etwa Ende September oder Anfang Oktober 1944 wurde ich durch eine weitere Selektion in eine Gruppe gewählt, die per Eisenbahn nach Hainichen überstellt worden ist. In Hainichen waren wir 350 ungarisch sprechende und 150 polnisch sprechende Frauen. Ob beide Gruppen zugleich hingefahren worden sind, weiß ich nicht."[426]

Chana R.:

„Mein Geburtsort [Cluj] gehörte zur Kriegszeit zu Ungarn so wurde mein Schicksal das der ungarischen Judenheit. Am 26. Mai 1944 wurde ich mit einem Transporte, dem zweiten in der Reihenfolge – vom Ghetto Cluj nach Birkenau deportiert. Ich ging mit meiner Mutter und zwei Schwestern; Am letzten Maitag kamen wir an die Rampe von Birkenau an. Es glückte uns allen die Selektion zu passieren – und wir blieben beisam-

[425] Barch, B 162 / 9069, S. 291ff. – VP Zipora P.
[426] Barch, B 162 / 9067, S. 78 – VP Zlata Lenke B.

men bis zur Befreiung. In Birkenau waren wir im C Lager Block XXV [25], dann Block XXIV [29]. Im Oktober 1944 wurden wir einer großen Selektion untergeworfen, bei der alle Häftlingsfrauen entkleidet durch eine Kommission, die durch einen SS-Arzt geführt war, ausgesondert worden waren. Ich kam mit Mutter und Schwestern in eine Gruppe von 350 ausgewählte Häftlingsfrauen, mit der ich nach Hainichen überstellt worden bin. In Hainichen angekommen, fanden wir dort schon 150 Häftlingsfrauen von Polen vor. Unsere Gruppe bestand nur aus Jüdinnen vom ungarischen Gebiete."[427]

Viorica D.:

„Etwa Ende Mai 1944 wurde ich von Cluj, das damals ungarisch besetzt war, nach Auschwitz-Birkenau deportiert. Ich fuhr mit dem dritten Transport – die Zahl der mit mir Deportierten war sehr groß, doch ich bin nicht fähig mich auf Zahlen einzulassen. Wir wurden auf der Rampe von Birkenau vom Zuge herausgetrieben, wurden sofort einer Selektion untergezogen. Da die jüdischen Männer in der Kriegszeit zum Militär-Arbeitsdienst eingezogen gewesen waren, bestand unser Transport zum Großteil aus Frauen, Kindern und Alten. Dies hatte sich bei der Selektierung ausgewirkt. Wenn ich mich auch nicht in Zahlen auszudrücken vermag, weiß ich positiv, dass nur ein Bruchteil des Transportes ins Lager hereingeführt worden ist. Mit mir wurde mein Vater, meine Mutter und zwei Schwestern deportiert, die Selektion überstanden wir alle.

Bei der Selektion sah ich meinen Vater zum letzten Mal. Auch eine Schwester von den mit uns deportierten [sic!] kam von den Lagern nicht zurück. Ich kam in den Lagerabschnitt „C" des KL-Birkenau. Ich blieb in Birkenau bis etwa Ende [sic! Anfang] Oktober 1944. In der Zeit meines Aufenthaltes in Birkenau wurde ich einige Male selektiert. Ich erkannte in dem SS-Offizier der die Selektion vornahm, denselben Mann, der uns auch bei unsrer Ankunft selektierte. Im Lager erfuhr ich, dass es Dr. Mengele gewesen ist. Vor meiner Überstellung von Birkenau nach Hainichen wurden wir auch selektiert. In die ausgesonderte Gruppe geriet ich mit meiner Mutter und Schwester Rosalia […]. Die jüngere Schwester Maria wurde nicht zu unsrer Gruppe genommen. Ich habe sie seither nicht

[427] Barch, B 162 / 9067, S. 62 – VP Chana R.

mehr gesehen. Unsere Gruppe, die etwa 350 Frauen zählte, bestand aus Frauenhäftlingen vom ungarischen Sprachgebiet. In Hainichen waren auch Frauen aus Polen, etwa in der Zahl 150. In Hainichen bezogen wir ein 3-Etagenhohes Gebäude, unten wohnten die Frauen aus Polen, in den zwei oberen Stockwerken die vom ungarischen Gebiet. Außer dem Wohnhaus war im Lagerhof noch ein kleines Gebäude, in dem die Küche und die Vorratskammer gewesen sind. Das Lager war durch einen Drahtzaun umfriedet, ich erinnere mich auch an einen Wachtturm. Das Lager war von SS-Angehörigen geleitet und bewacht."[428]

Malvina S.:

„Am 1.4.1944 wurde ich ins Ghetto Cluj genommen und etwa nach 3 Wochen wurde ich mit dem ersten Transport nach Auschwitz-Birkenau deportiert. Ich kam in den Lagerabschnitt „C" wo ich bis zum 15.10.1944 [sic!] verblieb. In dieser Zeit sah ich oft meine Leidensgenossinnen bestialisch misshandeln, doch ich war keine Augenzeugin einer Tötung. Ich bin wiederholte Male selektiert worden. Die Aussonderungen hatte Dr. Mengele geleitet. Am 15. Oktober 1944 wurde ich mit einer Gruppe von etwa 250 Frauen für das Arbeitslager Hainichen ausgesondert. Wir alle stammten vom ungarischen Sprachgebiet. Wir wurden nach Hainichen per Eisenbahn gefahren. Angekommen, fanden wir in Hainichen etwa 250 Frauenhäftlinge – Jüdinnen von Polen – an [sic! vor]."[429]

Elisabeth W.:

„Ich kam ins Lager Hainichen etwa Mitte November 1944 [sic! Oktober], in dieser Angabe bin ich jedoch nicht völlig sicher. Am Tage vor unserer Überstellung von Birkenau nach Hainichen wurde eine enorme Selektion vollbracht, bei der aus etwa 30.000 versklavten Frauen etwa die Hälfte zur Vernichtung ausgesondert worden ist.[430] Schon am Tage unsrer

[428] Barch, B 162 / 9070, S. 484 – VP Viorica D.
[429] Barch, B 162 / 9069, S. 354 – VP Malvina S.
[430] Die Aussage ist fraglich. Möglicherweise wurde eine große Zahl Zwangsarbeiterinnen für die Rüstungswirtschaft gebraucht und es sollte wieder Platz für neue Häftlinge geschaffen werden. Es ist nicht davon

Ankunft nach Birkenau wurde meine Mutter, zwei Schwestern, Schwägerin samt Kindern vergast. Ich geriet nach Hainichen mit einer Gruppe die genau 500 [sic! spätere Lagerstärke in Hainichen, der Transport dürfte aus 1150 Frauen bestanden haben] Personen zählte, so gedenke ich – wurde bei der Einwaggonierung gesprochen. Ich könnte nicht mit Entschiedenheit behaupten, dass vor uns in Hainichen keine Häftlingsfrauen im Lager gewesen waren.“ [431]

Rosalia I.:

„Etwa am 11. Oktober 1944 kam ich vom KZ-Lager Birkenau nach Hainichen an. Ich wurde vom Lagerabschnitt „C“ mit einer Gruppe die etwa 300 Frauen zählte, die insgesamt vom ungarischen Gebiet stammte, überstellt. Als wir nach Hainichen ankamen fanden wir dort schon Häftlingsfrauen vor – Polen. Wie ich mich erinnere, war ihre Zahl 500 [sic! das ist die Gesamtbelegung]. Ich blieb in Hainichen bis zur Evakuierung des Lagers, die etwa im April 1945 stattgefunden hat. Dann kam ich nach Theresienstadt. Vor Hainichen war ich etwa 8 Monate in Birkenau. […] Ich war in Birkenau keine Augenzeugin von Tötungen. Ich sah verzweifelte Häftlinge an die stromgeladenen Drähte laufen und sah viele Leichen.“ [432]

Stefanie G.:

„Um die Pessachzeit 1944 kam ich in Satomare in das Ghetto. Im Juni 1944 wurde ich nach Auschwitz gebracht. Dort war ich im C-Lager. Ich habe dort nicht gearbeitet. Im Oktober 1944 wurde ich in Viehtransportwagen nach Hainichen gebracht.“ [433]

Eva G.:

„Ende April oder Anfang Mai 1944 kam ich in das Ghetto Satomare. Von dort kam ich mit dem dritten Transport nach Auschwitz, ich glaube, das war am 25. Mai. In Auschwitz war

---

auszugehen, dass automatisch alle nicht für die Arbeit selktierten Häftlinge vernichtet wurden. In Auschwitz gab es auch Arbeitskommandos.

[431] Barch, B 162 / 9067, S. 64 – VP Elisabeth W.

[432] Barch, B 162 / 9069, S. 323ff. – VP Rosalia I.

[433] Barch, B 162 / 9067, S. 117 – VP Stefanie G.

ich im C-Lager, Block 21, ich habe dort nicht gearbeitet. Im Oktober 1944 wurde ich mit einem Zug von Viehtransportwagen nach Hainichen in Sachsen gebracht.“ [434]

Piri D.:

„Nach dem Shawuoth Feste 1944 wurde ich vom Ghetto Satu Mare nach Birkenau deportiert. Etwa nach dem Sukkoth-Feste 1944 wurde ich in einen langen Zug gesetzt, von diesem Zug wurde eine Gruppe von etwa 200-500 Frauen in Hainichen abgesetzt. Als wir ins Lager hereinkamen, fanden wir dort schon etwa 200 jüdische Frauen von Polen an. Meine Gruppe bestand von jüdischen Frauen vom ungarischen Gebiete.“ [435]

Jenny R.:

„Vor Hainichen war ich im KZ Lager Auschwitz-Birkenau, wohin ich etwa im Mai 1944 vom Ghetto Szatmár deportiert worden bin. […]
In Birkenau sah ich Leichen von Häftlingen, war aber keine Augenzeugin von Tötungen gewesen.“[436]

Elsa Ester B.:

„Im Juni 1944 wurde ich vom Ghetto Satu Mare nach Auschwitz-Birkenau deportiert. Ich war im Transport mit meinem Vater, Mutter und sechs Geschwistern. Bei der Selektion – in der Stunde unsrer Ankunft wurden beide Eltern und eine Schwester für den Gastod bestimmt. Ich kam mit drei Schwestern und einer Schwägerin in den Lagerabschnitt „C“ des KL Lagers Birkenau. Im Oktober 1944 wurde ich mit einer Gruppe von etwa 200-300 [sic! 350] Häftlingsfrauen nach Hainichen überstellt. In dieser Gruppe befanden sich auch meine Schwestern. Die Gruppe, mit der ich fuhr bestand fast ausschließlich von Frauen vom ungarischen Sprachgebiet. In Hainichen angekommen fanden wir schon eine Großzahl von Frauenhäftlingen vor, diese stammten aus Polen. Unsere Gesamtzahl zählte 500 Seelen. […] Etwa im September oder Oktober 1944 sah ich in Birkenau – im Lagerabschnitt „C „ –

[434] Barch, B 162 / 9067, S. 121 – VP Eva G.
[435] Barch, B 162 / 9069, S. 375 – VP Piri D.
[436] Barch, B 162 / 9069, S. 302f. – VP Jenny R.

etwa in 4 oder 5 Vorfällen Frauenhäftlinge, die sich dem Drahtzaun näherten, zu erschießen. Keines der Opfer war mir persönlich bekannt. Das Feuer wurde vom Wachturm eröffnet. Die Täter sind mir unbekannt.“ [437]

Chana S.:

„Mein Geburtsort gehörte während der Kriegsjahre zu Ungarn. Die jüdische Bevölkerung wurde von meinem Gebiete etwa Ende Mai 1944 deportiert. Ich musste diesen Leidensweg durch Ghetto in Oradea Mare – (Gross Vardein) gehen. Ich war noch im Elternhause – wurde zusammen mit 7 Geschwistern und Eltern verschleppt. Bei der Selektion – in der Stunde der Ankunft nach Birkenau, wurden Eltern mit drei Schwestern und einem Bruder, die jünger als ich waren, für den Gastod bestimmt. Ich kam ins Lager Birkenau, in dem ich bis zum 8. Oktober 1944 verbleiben musste. Dann wurde ich mit einer Gruppe von 350 ausgesonderten Häftlingsfrauen einwaggoniert und nach Hainichen verbracht. In Hainichen fanden wir schon etwa 150 Frauenhäftlinge vom polnischen Gebiete vor. Laut ihren Erzählungen waren sie schon im Orte längere Zeit vor uns.“ [438]

Judith F.:

„Etwa Ende Mai 1944 kam ich vom Ghetto meiner Geburtsstadt [Tirgu Mures], die damals zu Ungarn gehört hat, nach Birkenau. Auf der Rampe bei der Ankunft wurden beide Eltern und meine siebenjährige Schwester für die Vernichtung ausgesondert. Ich kam mit meiner Schwester Lili und meiner 14-jährigen Schwester Mirjam ins Lager C-Block XXVII [27]. In den folgenden Monaten wurden wir weiteren Selektionen unterworfen, bei einer solchen Aussonderung wurde auch Mirjam uns entrissen und getötet. Etwa Ende Oktober oder Anfang November 1944 wurde ich für eine Gruppe ausgewählt, die nach Hainichen verbracht worden ist.“ [439]

---

[437] Barch, B 162 / 9069, S. 321ff. – VP Elsa Ester B.
[438] Barch, B 162 / 9067, S. 65 – VP Chana S.
[439] Barch, B 162 / 9067, S. 80 – VP Judith F.

Sara R.:

„Ich wurde vom Ghetto Uzschhorod etwa im Mai 1944 deportiert. Der Transport bestand aus einer Großzahl Juden – die ich nicht genauer bezeichnen vermag – in meinem Waggon fuhren wir 83 Personen. Wir kamen nach Auschwitz-Birkenau am Vortage des Shawuoth-Festes an. Wir passierten sofort nach Ankunft eine Selektion, die Dr. Mengele, den ich später wiederholte Male sah, geleitet hatte. Bei der Selektion wurde meine Mutter mit meinem zweieinhalbjährigen Bruder für den Gastod bestimmt. Ich kam mit meinen Schwestern Hilda [...] und Rosa[,] die später Mengele für den Tod ausgesondert hat, in den Lagerabschnitt „C" des KL Birkenau. Ungefähr nach sechs Monaten, in denen wir viele Male selektiert und von Block in Block verlegt worden sind, wurde ich in eine Gruppe von 500 [sic! 350] Häftlingsfrauen, sämtlich vom ungarischen Gebiete stammend, eingereiht und nach Hainichen überstellt. In Hainichen fanden wir schon 500 [sic! 150] Frauenhäftlinge von Polen an [sic! vor]. Wir wurden in einem großen Gebäude untergebracht, in dem wir, Mädchen von Ungarn zwei Etagen bezogen haben, die polnischen Leidensgefährtinnen wohnten unter diesen Etagen. Die Küche befand sich in einem besonderen Hause neben der Behausung. [...] In Hainichen verblieben wir bis etwa Ende April 1945."[440]

Seren B.:

„Im Lager Hainichen war ich von etwa Mitte Dezember 1944 [sic! Oktober] bis wenige Wochen vor Kriegsende. Anfang 1944 wurde ich in der tschechischen Stadt Techo [Tecsö] in ein Ghetto gebracht, in dem ich etwa einen Monat lang blieb. Dann kam ich nach Auschwitz, wo ich mehrere Selektionen mitmachte und wo ich dann bis Dezember 1944 blieb. Viele weibliche Häftlinge, darunter auch ich, mußten dann Eisenbahnwaggons besteigen, auf denen wir während einer mehrtägigen Fahrt in das Lager Hainichen gebracht wurden. Von Hainichen aus kam ich wenige Wochen vor Kriegsende nach Theresienstadt, wo ich durch die Russen befreit wurde."[441]

---

[440] Barch, B 162 / 9069, S. 297 – VP Sara R.
[441] Barch, B 162 / 9068, S. 202f. – VP Seren B.

Piroska G. berichtet 1945 nach Rückkehr in Ungarn:

„In Munkács gab es ungefähr 25.000 Juden, meist wohlhabende Kaufleute, wir selbst waren gut situiert. Anfang April 1944 begannen die antisemitischen Verordnungen. Ich erinnere mich, dass der Gemeindenotar Jozsef Biró, wo er konnte, die Juden hart bedrängte. Wir mussten alle Augenblicke etwas abgeben, einmal 150 Leintücher, einmal mussten wir eine halbe Million Pengö sammeln, Silber abgeben usw. Es wurde uns gedroht, wir würden erschossen wenn wir nichts abgäben. Die christliche Einwohnerschaft freute sich über alles, was geschah, wenn auch niemand seine Freude ganz offen zeigte. Wir unternahmen gar nicht[s], weil alle sagten, dass alles nicht länger als einige Wochen dauern würde weil ja nirgends mehr Platz wäre, um Juden hinzudeportieren. Inzwischen hetzte Biró die Leute fortwährend gegen die Juden auf, ermutigte sie zu Raub und Misshandlungen, zwang uns zu unseren Osterfeiertagen, sogar noch am Vorabend zur Arbeit. Bevor wir ins Ghetto gebracht wurden mussten wir in die Ziegelfabrik. In einem Zimmer wohnten 30 bis 35 Personen. Zweimal wöchentlich kamen Gestapo-Leute um die Reinlichkeit in den Häusern zu kontrollieren. Wir wurden in der Stadt zu Arbeit befohlen, z.B. Fussbodenreiben bei den Einwohnern. Ich muss auch noch bemerken, dass es hie und da Leute gab, die mit uns Mitleid hatten. Ein gewisser János Csule bot uns an meine Familie mit falschen Dokumenten zu verstecken. Wir nahmen das nicht an, weil wir vor der Entdeckung Angst hatten. Das Ghetto war mit Draht umzäunt und Polizei gab auf uns acht. Wir durften unbeschränkt Lebensmittel mitnehmen. 3-4 Kleider und Wäsche 2-3 mal zum Wechseln, 1-2 Paar Schuhe. Jede Wohnung hatte eine eigene Küche und in der Stadt hatten wir noch genug zum Essen. Wer nicht genug zum Essen hatte, bekam von allen anderen, die Geld und Lebensmittel sammelten. Einige Beamte im Gemeindehaus bekamen von uns Geld und teilten uns mit, dass wir deportiert werden würden. Die offizielle Benachrichtigung erhielten wir von der Gestapo 5 Tage vorher durch den Judenrat, dessen eine wichtige Person Márton Rosenheck war.

Nach einer Woche wurden wir nach Rosenheck einwaggoniert. Wir wurden von Gendarmen zu den Waggons geführt, die uns sehr schlugen. §0 [sic!] Leute waren in einem Waggon. Manchen wurden die Pakete weggenommen, manche die Kleider. Die Gendarmen verlangten fortwährend Gold und

Geld von uns. Sie sagten wir hätten ganz sicher welches und drohten uns fortwährend mit dem Tod. Wir hatten kein Wasser und keinen WC Eimer im Waggon. Es war schrecklich. Während der 4 Tage lange[n] Reise wurde der Waggon zweimal geöffnet. Bauern, vor allem Slowaken standen an den Stationen und gaben uns Wasser. In Kaschau [Kosice] wurden wir Deutschen übergeben und zwar der Wehrmacht. Diese waren besser als die ungarischen Gendarmen. Sie trösteten uns, dass uns nichts Schlechtes geschehen würde, wir müssten nur zur Arbeit gehen. Abends kamen wir in Auschwitz an. Männer und Frauen wurden getrennt. Wir wurden abgezählt, gebadet und die Haare wurden uns abrasiert. Wir sahen aus den Rauchfängen Flammen schlagen und waren entsetzt, keiner von uns glaubte er würde je zurückkommen. Die ältere Häftlinge, Slovaken, sagten uns wir sollte[n] Vater und Mutter vergessen und auch wir müssten nur einige Wochen aushalten, denn wir würden ohnehin getötet werden. In dem Lager, wo ich war, mussten wir nicht arbeiten. Wir standen um vier Uhr früh auf, mussten dann zum Zählappell, wo wir gegen drei Uhr in strammer Haltung stehen mussten, dann konnten wir ins Lager. Es war das C-Lager, ein sogenanntes Vernichtungslager [sic! Durchgangslager im Vernichtungslager Birkenau]. Zwei Wochen haben wir nichts gegessen, weil das Essen so widerlich war. Nach zwei Wochen hielten wir den Hunger nicht mehr aus, und gossen alles hinunter, was wir bekamen, weil wir leben wollten. Viele freilich hielten dieses Leben nicht aus und gingen zum elektrischen Draht, den man nur berühren musste um rasch zu sterben. Das war die gewöhnliche Art Selbstmord zu begehen.

Nach Hainichen fuhren wir fünfzig in einem Waggon. Es gab genug Wasser und Essen. Wehrmachtsoldaten führten die Aufsicht und behandelten uns nicht schlecht. In Hainichen arbeiteten wir in einer Bombenfabrik [Rüstungsfabrik] 12 Stunden täglich. SS-Soldaten hatten die Aufsicht. Diese behandelten uns schrecklich. Sie schlugen uns alle Augenblicke, z.B. wenn sie ein Taschentuch oder Messer bei uns fanden, das wir mit zur Arbeit genommen hatten. Die Fabrik zahlte uns Arbeitslohn, den aber die SS bekamen. Dafür aber erhielten wir aber Nahrung, die dort nicht sehr schlecht war. Täglich wurden schon die Engländer erwartet und deshalb mussten wir auch von dort weg und wurden von einem Ort zum anderen geschleppt. Wir waren in Leipzig, gingen von dort nach Dresden, von dort nach Auszig [Usti nad Labem], es gab viele

> Luftangriffe und wir durften nicht aus dem Waggon. In Theresienstadt endlich übernahm uns das Rote Kreuz, die Deutschen flohen. Wir blieben dort, bis die Russen uns befreiten und mit allem guten versahen.“ [442]

Der Versuch bei der Evakuierung per Zug zunächst Leipzig und Dresden zu erreichen, ließ sich bislang nicht bestätigen. Lediglich ein längerer Aufenthalt in Aussig ist bislang klar überliefert. Dort wurden die Jüdinnen auch Zeugen der Bombardierung der Stadt.

3.2.2 Die “rumänischen Jüdinnen”

Zwei Jüdinnen sind in den Nummernbüchern als rumänische Jüdinnen registriert: die in Bukarest geborene Speranca Friedmann (FloNo.: 52974) und Dora Diamantstein aus Suczawa (Suceava) (FloNo.: 52956). Sie dürften beim Registriervorgang explizit auf ihre rumänische Identität bzw. Nationalität hingewiesen haben. Über ihre Deportation ist nichts Näheres bekannt. Sie dürften aber aus denselben Gebieten stammen wie die „ungarischen“ Jüdinnen im Lager Hainichen. Auch sie wurden im Durchgangslager selektiert.

---

[442] DEGOB-Protokoll 264 vom 17.07.1945 für Piroska G.

Teil 4: Statistik, Daten, Diagramme

Forschungsstand und Datenbasis

Da eine Reihe statistischer Daten bereits in die Dokumentation eingeflossen ist, sollen in diesem Kapitel die Diagramme weitestgehend unkommentiert bleiben. Sie dienen in erster Linie Visualisierungszwecken und als wissenschaftliches Bonusmaterial.

4.1 Die Häftlingszwangsgemeinschaft

D1 Altersstruktur der Hainichener Häftlinge - 506 Personen

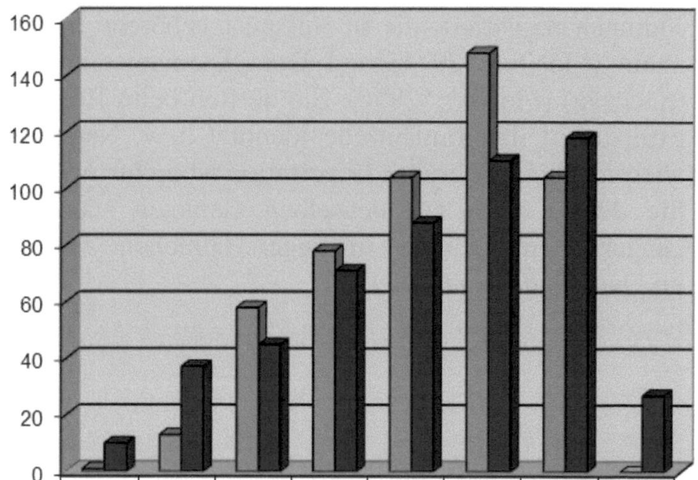

	vor 1900	1900-1904	1905-1909	1910-1914	1915-1919	1920-1924	1925-1929	1930-1934
registriert	1	13	58	78	104	148	104	0
real	10	37	45	71	88	110	118	27

D2: Altersstruktur des 1. Transportes – 150 Personen

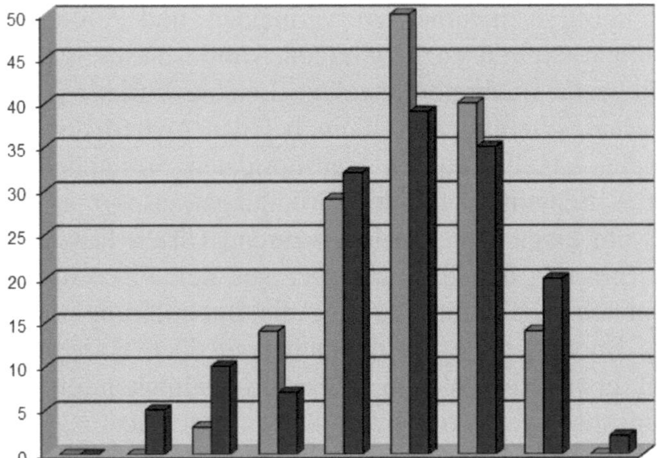

	1890-1894	1895-1899	1900-1904	1905-1909	1910-1914	1915-1919	1920-1924	1925-1929	1930-1934
registriert	0	0	3	14	29	50	40	14	0
real	0	5	10	7	32	39	35	20	2

D3: Altersstruktur des 2. Transportes – 350 Personen

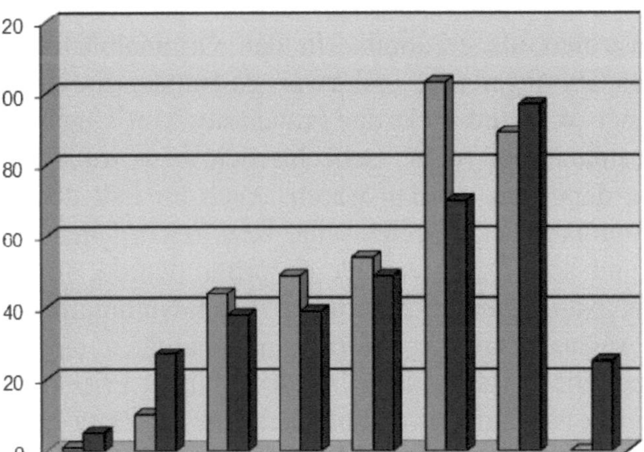

	vor 1900	1900-1904	1905-1909	1910-1914	1915-1919	1920-1924	1925-1929	1930-1934
registriert	1	10	44	49	54	103	89	0
real	5	27	38	39	49	70	97	25

4.2 Fehlerhafte Literatur und falsche Daten

Um künftige Irrtümer zu vermeiden und fehlerhafte Informationen explizit zu berichtigen, wurde dieses Kapitel für die vorliegende Buchreihe angelegt. Leichte Varianz gibt es in der Forschungsliteratur vor allem bei der Anzahl der Todesopfer und den Angaben zu den Transportdaten. So handelt es sich bei dem 9. September für den Gründungstransport in „Frauen im KZ" um einen Druckfehler, während Ulrich Fritz in „Der Ort des Terrors", den 8. September aus den Flossenbürger Nummernbüchern übernimmt, ohne die Buchführung weitestgehend ohne Rückdatierung zu thematisieren. Der Transport traf also wohl etwa eine Woche früher in Hainichen ein (vgl. Forderungsnachweis). Außerdem heißt es bei Fritz:

> „Am 8. Oktober trafen weitere 350 Häftlinge aus Auschwitz ein, fast ausschließlich ungarische Jüdinnen. Die Eintragungen in den Flossenbürger Nummernbüchern weisen außerdem zwei Tschechinnen sowie einige Frauen ohne verzeichnete Staatsangehörigkeit auf." [443]

Wie Fritz auf diese Nationalitäten-Angaben kommt, ließ sich nicht ganz nachvollziehen. Entweder gibt es verschiedene Abschriften der Nummernbücher oder Fritz hat die Angaben anders rekonstruiert als er angibt. In den Originalbüchern sind 348 Frauen als ungarische und zwei als rumänische Jüdinnen verzeichnet, während viele der Frauen aus von Ungarn annektierten rumänischen oder tschechischen bzw. ruthenischen Gebieten deportiert worden waren. Auch im Fall der Lagerärztin Dr. Smrcka, die österreichischer bzw. reichsdeutscher Herkunft war und aus Theresienstadt deportiert wurde, liegt also eine falsche Nationalitäten-Zuordnung in den Nummernbüchern vor.
Die Angaben zu den Häftlingsnationalitäten sind also nicht immer sehr aussagekräftig. Auch verbindet Fritz den Todesfall der Edith Fajn mit dem Abmeldedatum der Zlata Lasmann vom 1. Oktober 1944, die aber bereits am 9. September 1944 verstarb, einem Zeitpunkt zu dem sich die Oberaufseherin noch gar nicht im Lager befunden haben soll. Auch stellt Fritz den Tod eines ungarischen Mädchens nach Misshandlung als Tatsache

[443] Ulrich Fritz. Hainichen In: Der Ort des Terrors. Band 4. S.132f.

dar, der hier in diesem Band dem Mädchen Magda zuzuordnen ist und sich bislang nicht als Todesfall in Hainichen bestätigen ließ. Zudem vermutet Fritz, bei den eine Nacht vor Evakuierung nach Hainichen gebrachten Frauen könne es sich um die Häftlinge aus dem Außenlager Chemnitz handeln. Das kann aber ausgeschlossen werden. Es muss sich um die Häftlinge des Außenlagers in Mittweida gehandelt haben.

Auch die weitere Evakuierung wird fehlerhaft geschildert. So sind die Häftlinge sicher nicht zu Fuß von Aussig nach Theresienstadt überführt worden, sondern per Zug bis nach Leitmeritz. Während die Formulierung bei Fritz nach einer Woche Fußmarsch klingt, handelte es sich nur um einen kurzen Marsch vom Bahnhof zum Ghetto am Ende der Evakuierung. Leider wurde in „Frauen im KZ“ den Ausführungen des Gedenkstätten-Mitarbeiters diesbezüglich vertraut und die abgeschwächte Formulierung eines Fußmarsches nach Leitmeritz ohne Zeit- und Distanzangabe übernommen. Es wird aber wegen widersprüchlicher Datenlage dort auch darauf hingewiesen, dass zur Evakuierung noch tiefergehende Recherchen notwendig seien[444], die mit dem vorliegenden Buch zum KZ Hainichen nachgeholt wurden. Auch ist recht wahrscheinlich, dass die nichtjüdischen Häftlinge aus Mittweida, wie dies Fritz beschreibt nicht erst in Leitmeritz vom Transport getrennt wurden, denn zu diesem Zeitpunkt dürften längst die Häftlinge aus Zschopau und Wilischthal dem Transport angeschlossen gewesen sein, die offenbar gemeinsam am 21.04.1945 Theresienstadt erreichten.

Außerdem scheinen zwei Aufseherinnen in Mühlberg und eine dritte in Buchenwald verstorben zu sein. Auch geht Fritz nur von 15 statt 25-27 Aufseherinnen aus und er übernimmt die Zahl der männlichen Wachmannschaft (12 statt 10) einer Aussage Lohs, obwohl er später noch die Stärkemeldung des HSSPF Elbe erwähnt ohne die Widersprüchlichkeit zu kommentieren. Der kurze Aufsatz des damaligen Gedenkstätten-Mitarbeiters strotzt also leider vor inhaltlichen und historisch-handwerklichen Fehlern. So werden viele Aussagen über die Lagerbedingungen, die aus Vernehmungsprotokollen von ehemaligen Häftlingen stammen, nicht als solcher Herkunft bezeichnet und als scheinbar allgemein bekannte Tatsachen dargestellt.

---

[444] Vgl. Pascal Cziborra. Frauen im KZ. S.63ff.

Auch die Ausführungen von Thomas Kretschmann über das KZ-Außenlager in „Hainichen: Zeitzeugen-Berichte & Dokumente 1930 – 1950“ von 2008 sind an einigen Stellen fehlerhaft. So vertraute auch er bereits dem Gedenkstättenmitarbeiter Ulrich Fritz bei den Evakuierungsangaben zum vermeintlichen Fußmarsch von Aussig nach Theresienstadt. Das problematische an dieser Publikation ist aber vor allem die „populär-historische“ Herangehensweise, ohne öffentlich zugängliche Quellen- und Literaturangaben. Kretschmann schreibt:

> „Von den etwa 500 in Hainichen in Marsch gesetzten Frauen haben mindestens drei Frauen den Marsch nicht überlebt. Insgesamt sind in Theresienstadt 41 Frauen nicht als „angekommen“ registriert worden. Die Mehrzahl der Nichtregistrierten wird vermutlich geflohen sein.“ [445]

Woher die Zahl der bislang nicht zu belegenden drei Toten kommt, ist unklar. Die Zahl von 41 nicht in Theresienstadt angekommenen Frauen gilt jedoch als überholt und liegt tatsächlich bei maximal 12 Personen, da die Theresienstädter Archive nicht vollständig sind und nicht alle Ankommenden lückenlos dokumentieren. Einzelne Personen können natürlich geflohen sein. Berichtet wird aber stets nur von missglückten Fluchtversuchen, bei denen Jüdinnen wieder dem Transport angeschlossen wurden. Würde sich Kretschmann auf Historiker, wissenschaftliche Literatur oder Auskünfte von Gedenkstätten berufen, so wären die Urheber der Fehlinformationen leicht zu identifizieren, so wird er aber selbst zum „Urheber“ solcher Fehlinformationen.

Falsch ist zum Beispiel auch, die ungarische Jüdin Sara Lang sei am 8. September 1944 von Auschwitz nach Hainichen gebracht worden. [446] Sie gehörte dem 2. Transport im Oktober an.

Auch Katja Uhlemann von der Freien Presse liegt falsch, wenn sie über das Schicksal der Towah Karni schreibt:

> „Acht Monate musste sie als Zwangsarbeiterin bei Framo schuften; jeden Tag von sechs bis sechs, entweder tagsüber oder die Nacht hindurch. Damals, im September 1944 hieß

---

[445] Thomas Kretschmann. Hainichen. S.85

[446] Vgl. Thomas Kretschmann. Hainichen. S.86 (vergleiche S.83!)

> Towah Karni noch Klara, kam direkt aus dem KZ in Auschwitz."

Als ungarische Jüdin gehörte auch Karni dem 2. Transport nach Hainichen an, der das Lager am 8. Oktober erreichte. Bis zum 14. April 1945 arbeitete sie also nur reichlich 6 Monate für Framo. Hier wurden die Daten von der Journalistin wahrscheinlich ohne Prüfung aus der Aussage der Überlebenden übernommen. Karni gab das Interview 22355 für die Shoah Visual History Foundation, dabei wird ihr versehentlich als Haftstätte das „KZ Sachsenhausen" zugeordnet.

Besonders schade ist auch, dass Kretschmann die Zeugenberichte aus der Hainichener Bevölkerung über die Begegnungen mit den Jüdinnen fast ausnahmslos anonym veröffentlichte und nicht einmal Angaben dazu macht, ob es sich um Briefe an ihn oder Erinnerungsprotokolle von Gesprächen oder ähnliches handelt. Auch die Angabe der Quellen zur Internierung der ehemaligen KZ-Aufseherinnen wäre hilfreich. So geht er von 18 Internierten und drei während der Haft verstorbenen Aufseherinnen aus [vgl. Kretschmann S.139]. Während die nicht in der Lagerkorrespondenz erwähnte Irene Leuthold dem Außenlager Hainichen durch ein Schreiben Framos vom 02.05.1946 als Aufseherin zugeordnet werden konnte, gilt das für Ellie Heßler *07.05.1924 Roitzsch, die sich ebenfalls in einer 18-Personen-Aufstellung der Gedenkstätte Buchenwald zu den internierten Hainichener „Aufseherinnen" befindet, nicht. Das angegebene Geburtsjahr spricht auch eher gegen eine SS-Aufseherin, denn für die Einstellung musste man, abgesehen von seltensten Ausnahmen, volljährig sein, was man damals erst mit 21 Jahren war. Zudem wird noch Irene Hüttig (*21.12.1921 Hainichen) erwähnt, für die es in der Lagerkorrespondenz zum KZ Hainichen auch bislang keinen Nachweis gibt. Es ist aber nicht gänzlich auszuschließen, dass die Genannten nicht doch kurz vor Kriegsende noch zur Wachmannschaft gestoßen sind.

Kretschmanns eindrucksvolles Buch über die Hainichener Stadtgeschichte zwischen 1930 und 1950 ist trotz der genannten Mankos ein wichtiger Beitrag zur historischen Forschung und Dokumentation und durchaus lesenswert.

I. Unstimmige Häftlingserinnerungen:

Wie in diesem Buch an diversen Stellen bereits deutlich wurde, sind Zeitzeugen in ihren Angaben nicht immer verlässlich. Vor allem bei zeitlichen und quantitativen Angaben sind menschliche Aussagen und Schätzungen häufig nicht sonderlich präzise. Solche Angaben wurden in der Regel innerhalb der Zitate [durch Einfügungen] korrigiert oder anderweitig kommentiert. In Einzelfällen gibt es aber auch Irrtümer, die bei der historischen Aufarbeitung schwerwiegende Folgen haben können. So ließ Rozalia P. 1970 protokollieren:

> „Die Oberaufseherin hat die Lagerinsassinnen oft und ausgiebig geschlagen. Befragt auf Tötungen, weiß ich von keinem Tötungsfalle in Hainichen. Hingegen glaube ich mich zu erinnern, dass drei Leidensgenossinnen im Lager verstarben. Eine von ihnen war eine Frau Karp aus Cluj, etwa 45 Jahre alt. Ich weiß die Frage über Krankenrevier nicht zu beantworten. Ich war niemals krank gewesen. Ich wusste aber, dass in Hainichen eine polnische und auch eine ungarische Häftlingsfrau – als Lagerärztinnen tätig gewesen waren.“ [447]

Die explizit angesprochene Eszti Karp (FloNo.: 53044), die mit ihren Töchtern in Hainichen war, wurde aber in Theresienstadt befreit. Ihre Todesdaten liegen bislang allerdings hier nicht vor. Möglicherweise starb Frau Karp schon kurz nach dem Krieg.

Im Vernehmungsprotokoll ihrer Tochter Rozalia I. ist davon aber nicht die Rede, obwohl ihre Mutter als gebrechliche, kranke und auch misshandelte Frau mehrfach zur Sprache kommt.

Ein weiterer Fall einer „kurz“ nach dem Krieg verstorbenen Frau liegt bei der wohl 1948 oder 1949 verstorbenen Sara Krell (FloNo.: 53337) vor, für die ein Gedenkblatt durch ihre Cousine Ester Bachinski Hecht 1999 bei der zentralen Gedenkstätte Yad Vashem eingereicht wurde, bei dem das angegebene Alter zum Zeitpunkt des Todes von 21 Jahren bei Geburtsjahrgang 1927 auf das Todesjahr 1948 verweist. Sara Krell soll in einem Krankenhaus für Lungenpatienten in Stary Rynek bei Posen ums Leben gekommen sein. Sie scheint also ein spätes, nie erholtes Opfer der KZ-Haft geworden zu sein.

---

[447] Barch, B 162 / 9070, S. 489 – VP Rozalia P.

YAD VASHEM — **יד ושם**

The Holocaust Martyrs' and Heroes' Remembrance Authority — רשות הזיכרון לשואה ולגבורה

Hall of Names — היכל השמות

Page of Testimony דף עד

דף עד לרישום והנצחה של הנספים בשואה; נא למלא דף עבור כל נספה בנפרד, בכתב ברור ובאותיות דפוס.

Page of Testimony for commemoration of the Jews who perished during the Holocaust; please fill in a separate form for each victim, in block capitals

חוק זיכרון השואה והגבורה–יד ושם, תשי"ג 1953 קובע בסעיף מס' 2 כי "תפקידו של יד ושם הוא לאסוף אל המולדת את זכרם של כל אלה מבני העם היהודי שנפלו ומסרו את נפשם, נלחמו ומרדו באויב הנאצי ובעוזריו ולהציב שם וזכר להם, לקהילות, לארגונים ולמוסדות שנחרבו בגלל השתייכותם לעם היהודי".

The Martyrs' and Heroes' Remembrance Law 5713-1953 determines in section 2 that: "The task of Yad Vashem is to gather into the homeland material regarding all those members of the Jewish people who laid down their lives, who fought and rebelled against the Nazi enemy and his collaborators, and to perpetuate their **names** and those of the communities, organizations and institutions which were destroyed because they were Jewish".

תמונת הנספה (דרכון). נא לרשום את שמו של הנספה בצד האחורי של התמונה. נא לא להדביק.
Victim's photo. Please write victim's name on back. Do not glue.

Victim's family name: / שם משפחה של הנספה: Krell
Maiden name: / שם משפחה לפני הנישואין: /
First name (also nickname): / שם פרטי (גם שם חיבה/כינוי): Sara
Previous/other family name: / שם משפחה קודם/אחר:
Approx. age at death: / גיל משוער בעת המוות: 21
Date of birth: / תאריך לידה: 1927
Gender: M/F / מין: ז/נ (נ circled)
Title: / תואר: uczenica
Nationality: / נתינות:
Country: / ארץ: Polska
Region: / מחוז:
Place of birth: / מקום לידה: Łódź

Victim's father: / אב הנספה: Family name: / שם משפחה: Krell — First name: / שם פרטי: Szyja

Victim's mother: / אם הנספה: Maiden name: / שם לפני הנישואין: Szejnwald — First name: / שם פרטי: Regina

Victim's wife/husband: / אישה/בעל של הנספה: No. of children: / מס' ילדים: — Family status: / מצב משפחתי: panna — Maiden name: / שם לפני הנישואין: — First name: / שם פרטי:

Address: / כתובת: Aleja 1 Maja 29 — Country: / ארץ: Polska — Region: / מחוז: — Permanent residence: / מקום מגורים קבוע: Łódź

Member of org./movement: / חבר בארגון/תנועה: — Place of work: / מקום העבודה: — Profession: / מקצוע: uczenica

Address: / כתובת: Stary Rynek — Country: / ארץ: Polska — Region: / מחוז: — Residence before deportation: / מגורים לפני הגירוש: Getto Łódź

אירועים / פעולות ומקומות בזמן המלחמה (מעצר / גירוש / גטו / מחנה / צעדת מוות / מסתור / בריחה / התנגדות / לחימה):
Places, events and activities during the war (prison / deportation / ghetto / camp / death march / hiding / escape / resistance / combat): (ghetto, deportation circled)

Date of death: / תאריך המוות: — Country: / ארץ: Polska — Region: / מחוז: — Place of death: / מקום המוות: Szpital dla Płucno chorych

Circumstances of death: / נסיבות המוות:

76400

אני, הח"מ, מצהיר בזה כי העדות שמסרתי על פרטיה נכונה ואמיתית לפי מיטב ידיעתי והכרתי.
I, the undersigned, hereby declare that this testimony is correct to the best of my knowledge.

Previous/maiden name: / שם משפחה קודם: הכל — Family name: / שם משפחה: בצ'ינסקי — First name: / שם פרטי: אסתר

State/Zip code: / אזור/מיקוד: 58350 — City: / עיר: חולון — Apt.: / דירה: 2 — Entrance: / כניסה: 14 — House no.: / מס' בית: — Street: / רחוב: ליליינבלום

Relationship to victim (family/other): / הקרבה (משפחתית/אחרת) לנספה: בת - כיתה — I am / I am not a survivor / הנני ניצול השואה: כן/לא (כן circled) — Tel.: / מס' טלפון: 03-5059661 — Country: / מדינה: ישראל

ניצולי השואה יכולים לציין את פרטיהם ע"ג טופס מיוחד הניתן להזמנה.
Holocaust survivors may order a special form in which to fill in their details.

בזמן המלחמה הייתי: במחנה / בגטו / במסתור / בזהות בדויה / ביערות / במחתרת (הקף בעיגול)
During the war I was in a camp / ghetto / forest / the resistance / in hiding / had false papers (circle relevant options) (camp, ghetto circled)

Date: / תאריך: 5.12.1999 — Place: / מקום: חולון — Signature: / חתימה: Bacynski Ester

"ונתתי להם בביתי ובחומותי יד ושם...אשר לא יכרת" ישעיהו נ"ו ה'
"...And I shall give them in My house and within My walls a memorial and a name...that shall not be cut off" Isaiah 56:5

Auch solche Gedenkblätter sind nicht immer in allen Einzelheiten und Daten verlässlich. So reichte Sara Mairi, geborene Mondrala für ihre Nichte Malka Klainbaum am 08.05.1999 ein Gedenkblatt mit den Todesangaben „1944 Auschwitz" ein. Als Geburtsdatum ist 1927 angegeben. Klajnbaums Cousin David Prince (vgl. SVHF 19359) gibt 2010 hingegen als Geburtsdatum den 28.11.1930 an und notiert ihre Deportation von Lodz nach Auschwitz im August 1944. Von dort ist sie aber nach Hainichen deportiert worden und nach der Befreiung in Theresienstadt verstorben, wo ein Urnengrab für sie belegbar ist. Beiden Angehörigen war also der tatsächliche Todesort in Theresienstadt scheinbar nicht bekannt. In den Flossenbürger Nummernbüchern war Mala Kleinbaum mit dem geschönten Geburtsdatum 28.11.1925 registriert, in Theresienstadt ist ihr Tod unter dem Geburtsdatum 22.11.1929 vermerkt.

Es gibt also in vier verschiedenen „Dokumenten" vier verschiedene Geburtsdaten, aber es handelt sich nur um eine Person, deren Kriegsschicksal eindeutig zu rekonstruieren ist. Es ist davon auszugehen, dass Klajnbaum 1929 oder 1930 geboren worden ist. Sie wurde nur 14 oder 15 Jahre alt. Es ist durch die Familie ein Portraitfoto von ihr überliefert.

Auch für die in Theresienstadt verstorbene Jolan Beinhorn liegt ein Gedenkblatt von ihrem Bruder Moshe vom 27.06.1999 vor, in dem wahrscheinlich ein falscher Geburtsjahrgang, nämlich 1927 statt 1929, und auch der falsche Todesort „Auschwitz" für den Teenager angegeben ist. Wie dem Interview 7082 ihrer ebenfalls nach Hainichen deportierten Schwester Sara Schwartz, geborene Beinhorn, für die Shoah Visual History Foundation zu entnehmen ist, verstarb Jolan Beinhorn aber erst nach der Befreiung in Theresienstadt. Möglicherweise existiert ein Foto von Yochwed bzw. Jolan Beinhorn. Da es aber fünf Töchter in der Familie gab und keine Online-Einsicht des Interviews möglich war, war anhand der Videosegmentbeschreibungen nicht abschließend zu klären, welche Schwestern auf den Familienfotos abgebildet sind. Der Familie müsste aber eigentlich Todeszeitpunkt und Ort bekannt gewesen sein. Es ist schade, dass man sich bei Einreichung der Gedenkblätter so wenig Mühe für genaue Daten macht.

YAD VASHEM **יד ושם**

The Holocaust Martyrs' and Heroes' Remembrance Authority — רשות הזיכרון לשואה ולגבורה

Hall of Names — היכל השמות

Page of Testimony דף עד

דף עד לרישום והנצחה של הנספים בשואה; נא למלא דף עבור כל נספה בנפרד, בכתב ברור ובאותיות דפוס.

...commemoration of the Jews who perished during the Holocaust; please fill in a separate form for each victim, in block capitals

חוק זיכרון השואה והגבורה–יד ושם תשי"ג 1953 קובע בסעיף מס' 2 כי "תפקידו של יד ושם הוא לאסוף אל המולדת את זכרם של כל אלה מבני העם היהודי שנפלו ומסרו את נפשם, נלחמו ומרדו באויב הנאצי ובעוזריו ולהציב שם וזכר להם, לקהילות, לארגונים ולמוסדות שנחרבו בגלל השתייכותם לעם היהודי".

The Martyrs' and Heroes' Remembrance Law 5713-1953 determines in section 2 that: "The task of Yad Vashem is to gather into the homeland material regarding all those members of the Jewish people who laid down their lives, who fought and rebelled against the Nazi enemy and his collaborators, and to perpetuate their **names** and those of the communities, organizations and institutions which were destroyed because they were Jewish".

Victim's family name: / שם משפחה של הנספה:	KLAINBAUM קלינבאום
Maiden name: / שם משפחה לפני הנישואין:	
First name (also nickname): / שם פרטי (גם שם חיבה/כינוי):	MALKA מלושה מלכה
Previous/other family name: / שם משפחה קודם/אחר:	
Approx. age at death: / גיל משוער בעת המוות:	16-17
Date of birth: / תאריך לידה:	1927
Gender: M/F / מין: ז/נ	
Title: / תואר:	
Nationality: / נתינות:	
Country: / ארץ:	POLIN
Region: / מחוז:	CONGRES POLIN
Place of birth: / מקום לידה:	LODZ לודז
Victim's father: Family name: / שם משפחה:	KLAINBAUM
Victim's father: First name: / שם פרטי:	WOLF וולף
Victim's mother: Maiden name: / שם לפני הנישואין:	MONDRALA מונדרלה
Victim's mother: First name: / שם פרטי:	BELA דבורה-בלה
Victim's wife/husband: No. of children / Family status / Maiden name / First name	
Address: / כתובת:	KILINSKIEGO 15 קילינסקיגו
Country: / ארץ:	POLIN
Region: / מחוז:	
Permanent residence: / מקום מגורים קבוע:	LODZ לודז
Member of org./movement: / חבר בארגון/תנועה:	
Place of work: / מקום העבודה:	
Profession: / מקצוע:	תלמידה
Address: / כתובת:	DREWNOSKA
Country: / ארץ:	
Region: / מחוז:	
Residence before deportation: / מגורים לפני הגירוש:	LODZ GETTO לודז

אירועים / פעולות ומקומות בזמן המלחמה (מעצר / גירוש / גטו / מחנה / צעדת מוות / מסתור / בריחה / התנגדות / לחימה):

Places, events and activities during the war (prison / deportation / ghetto / camp / death march / hiding / escape / resistance / combat):

Date of death: / תאריך המוות:	1944
Country: / ארץ:	
Region: / מחוז:	
Place of death: / מקום המוות:	OŚWIENCIM אושוויצים
Circumstances of death: / נסיבות המוות:	שואה

אני, הח"מ, מצהיר בזה כי העדות שמסרתי על פרטיה נכונה ואמיתית לפי מיטב ידיעתי והכרתי.

I, the undersigned, hereby declare that this testimony is correct to the best of my knowledge.

Previous/maiden name: / שם משפחה קודם:	MONDRALA מונדרלה
Family name: / שם משפחה:	MAIRI מאירי
First name: / שם פרטי:	SARA שרה
State/Zip code: / אזור/מיקוד:	64958
City: / עיר:	תל-אביב
Apt.: / דירה:	13
Entrance: / כניסה:	
House no.: / מס' בית:	33
Street: / רחוב:	בבלי
Relationship to victim (family/other): / הקרבה (משפחתית/אחרת) לנספה:	בת דודה
I am / I am not a survivor / הנני ניצול השואה: כן/לא	I am
Tel.: / מס' טלפון:	03-6961740
Country: / מדינה:	ישראל

ניצולי השואה יכולים לציין את פרטיהם ע"ג טופס מיוחד הניתן להזמנה. Holocaust survivors may order a special form in which to fill in their details.

בזמן המלחמה הייתי במחנה / בגטו / במסתור / באזות בדויה / ביערות / במחתרת (הקף בעיגול) During the war I was in a camp / ghetto / forest / the resistance / in hiding / had false papers (circle relevant options)

Date: 8.5.99 תאריך: Place: בבלי 33 - תל-אביב מקום: Signature: ש. מאירי חתימה:

6505?

"ונתתי להם בביתי ובחומותי יד ושם...אשר לא יכרת" ישעיהו נ"ו ה'

"...And I shall give them in My house and within My walls a memorial and a name...that shall not be cut off" Isaiah 56:5

YAD VASHEM — **יד ושם**

The Holocaust Martyrs' and Heroes' Remembrance Authority — רשות הזיכרון לשואה ולגבורה

Hall of Names — היכל השמות

Page of Testimony דף עד

דף עד לרישום והנצחה של הנספים בשואה; נא למלא דף עבור כל נספה בנפרד, בכתב ברור ובאותיות דפוס.
Page of Testimony for commemoration of the Jews who perished during the Holocaust; please fill in a separate form for each victim, in block capitals

חוק זיכרון השואה והגבורה–תשי"ג 1953 קובע בסעיף מס' 2 כי "תפקידו של יד ושם הוא לאסוף אל המולדת את זכרם של כל אלה מבני העם היהודי שנפלו ומסרו את נפשם, נלחמו ומרדו באויב הנאצי ובעוזריו ולהציב שם וזכר להם, לקהילות, לארגונים ולמוסדות שנחרבו בגלל השתייכותם לעם היהודי".
The Martyrs' and Heroes' Remembrance Law 5713-1953 determines in section 2 that: "The task of Yad Vashem is to gather into the homeland material regarding all those members of the Jewish people who laid down their lives, who fought and rebelled against the Nazi enemy and his collaborators, and to perpetuate their **names** and those of the communities, organizations and institutions which were destroyed because they were Jewish".

תמונת הנספה (דרכון). נא לרשום את שמו של הנספה בצד האחורי של התמונה. נא לא להדביק.
Victim's photo. Please write victim's name on back. Do not glue.

Victim's family name: שם משפחה של הנספה: KLAJNBAUM
Maiden name: שם משפחה לפני הנישואין:
First name (also nickname): שם פרטי (גם שם חיבה/כינוי): MALKA
Previous/other family name: שם משפחה קודם/אחר:

Approx. age at death: גיל משוער בעת המוות:
Date of birth: תאריך לידה: 28.11.1930
Gender: מין: M/(F) ז/נ
Title: תואר: schoolgirl

Nationality: נתינות: Polish
Country: ארץ: Poland
Region: מחוז: Jewish
Place of birth: מקום לידה: Lodz

Victim's father: אב הנספה: Family name: שם משפחה: Wolf — First name: שם פרטי: —

Victim's mother: אם הנספה: Maiden name: שם לפני הנישואין: Beba (Bajla) — First name: שם פרטי: —

Victim's wife/husband: אישה/בעל של הנספה: No. of children: מס' ילדים: — Family status: מצב משפחתי: — Maiden name: שם לפני הנישואין: — First name: שם פרטי: —

Address: כתובת: — Country: ארץ: — Region: מחוז: — Permanent residence: מקום מגורים קבוע: —

Member of org./movement: חבר בארגון/תנועה: — Place of work: מקום העבודה: — Profession: מקצוע: —

Address: כתובת: Country: ארץ: Region: מחוז: Residence before deportation: מגורים לפני הגירוש:

אירועים / פעולות ומקומות בזמן המלחמה (מעצר / גירוש / גטו / מחנה / צעדת מוות / מסתור / בריחה / התנגדות / לחימה):
Places, events and activities during the war (prison / deportation / ghetto / camp / death march / hiding / escape / resistance / combat):
Deported August 1944

Date of death: תאריך המוות: ~~28.11.1930~~
Country: ארץ: Region: מחוז: Place of death: מקום המוות:

Circumstances of death: נסיבות המוות: Litzmannstadt-Ghetto — deported 1944

אני, הח"מ, מצהיר בזה כי העדות שמסרתי על פרטיה נכונה ואמיתית לפי מיטב ידיעתי והכרתי.
I, the undersigned, hereby declare that this testimony is correct to the best of my knowledge.

Previous/maiden name: שם משפחה קודם: PRYNE DAWID
Family name: שם משפחה: PRINCE
First name: שם פרטי: DAVID

State/Zip code: אזור/מיקוד: 3183
City: עיר: St Kilda East Victoria
Apt.: דירה:
Entrance: כניסה:
House no.: מס' בית: 1A
Street: רחוב: Pullman Crt

Relationship to victim (family/other): הקרבה (משפחתית/אחרת) לנספה: ~~Aunt~~ 1st cousin
הנני ניצול השואה: כן/לא — (I am) I am ~~not~~ a survivor
Tel.: מס' טלפון: 61.3.9528-2613
Country: מדינה: Australia

11585Y

ניצולי השואה יכולים לציין את פרטיהם ע"ג טופס מיוחד הניתן להזמנה.
Holocaust survivors may order a special form in which to fill in their details.

בזמן המלחמה הייתי במחנה / בגטו / במסתור / בזהות בדויה / ביערות / במחתרת (הקף בעיגול)
During the war I was in a camp / ghetto / forest / the resistance / in hiding / had false papers (circle relevant options)

Date: 12.1.2010 תאריך: Place: Melbourne מקום: Signature: [signature] חתימה:

"ונתתי להם בביתי ובחומותי יד ושם...אשר לא יכרת" ישעיהו נ"ו ה'
"...And I shall give them in My house and within My walls a memorial and a name...that shall not be cut off" Isaiah, 56:5

YAD VASHEM
Martyrs' and Heroes'
Remembrance Authority
P.O.B. 3477 Jerusalem, Israel

דף-עד

רשות-הזיכרון
לשואה ולגבורה, ירושלים

יד ושם
ירושלים, הר הזיכרון
ת.ד. 3477

THE MARTYRS' AND HEROES' REMEMBRANCE LAW, 5713–1953 determines in article No. 2 that – The task of YAD VASHEM is to gather into the homeland material regarding all those members of the Jewish people who laid down their lives, who fought and rebelled against the Nazi enemy and his collaborators, and to perpetuate their NAMES and those of the communities, organisations, and institutions which were destroyed because they were Jewish.	חוק זכרון השואה והגבורה - תשי"ג 1953 קובע בסעיף מס' 2 : תפקידו של יד-ושם הוא לאסוף אל המולדת את זכרם של כל אלה מבני העם היהודי, שנפלו ומסרו את נפשם, נלחמו ומרדו באויב הנאצי ובעוזריו, ולהציב **שם וזכר להם**, לקהילות, לארגונים ולמוסדות שנחרבו בגלל השתייכותם לעם היהודי. (ספר החוקים מס' 132, י"ז אלול תשי"ג 28.8.53)

פרטי הניספה: נא לרשום את שמו של כל ניספה על דף נפרד ולכתוב באותיות דפוס ובנקוד
DETAILS OF VICTIM: INSCRIBE EACH VICTIM ON A SEPARATE PAGE, IN BLOCK LETTERS

תמונת הניספה (דרכון) נא לרשום את שמו של הניספה על הצד השני של התמונה
Victim's photo write victim's name on back side please

Family name:	קיינהורן	1. שם משפחה מנוקד:
First name:	יאנה	2. שם פרטי:
Previous name. (nee for woman)		3. שם משפחה קודם: (אישה, לפני נישואים)
6. מצב משפחתי Fam. status: — 5. מין Sex:	1927	4. תאריך לידה/גיל משוער: Birth date or appr. age
Birth place and country:	מיני צכיה	7. מקום לידה וארץ:
Victim's mother - First name: - Maiden name/nee:	רבקה קיינהורן	8. אם הניספה - שם פרטי: - שם מהבית:
Victim's father - First name:	אליהו	9. אב הניספה - שם פרטי:
Victim's spouse - First name: - Maiden name/nee:	—	10. בן-זוגו של הניספה - שם פרטי: - שם מהבית:
Permanent residence place and country:	מיני צכיה	11. מקום מגורים קבוע וארץ:
Wartime residence place and country:	מיני צכיה	12. מקום מגורים בזמן המלחמה וארץ:
Date/year of death: 14. תאריך/שנת המוות:	Victim's profession: תלמידה	13. מקצוע הניספה:
Death place: Circumstances of death:	אושוויץ	15. מקום המוות: ונסיבות המוות:

Reported by: / פרטי המצהיר

I, the undersigned / אני, החתום (שם): משה קיינהורן

Residing at (address) / הגר בכתובת: רמות ג' רח' סולם יעקב 10/3 ירושלים

Relationship to victim (family/other) / קירבה לניספה (משפחתית/אחרת): אח

מצהיר/ה בזה כי העדות שמסרתי על פרטיה היא נכונה ואמיתית לפי מיטב ידיעתי והכרתי
HEREBY DECLARE THAT THIS TESTIMONY IS CORRECT TO THE BEST OF MY KNOWLEDGE

647 Place and date / מקום ותאריך רישום: 27.6.99 ירושלים   Signature / חתימה: [signature]

During the war I was in: Camp/Ghetto/Resistance: ______ בזמן המלחמה הייתי במחנה/גטו/מחתרת/יערות:

"...ונתתי להם בביתי ובחומותי יד ושם..אשר לא יכרת". ישעיהו נו ה
"...even unto them will I give in mine house and within my walls a place and a name...that shall not be cut off." isaiah, lvi,5

Für den ebenfalls in Theresienstadt verstorbenen Teenager Miriam Schönberg liegen sogar drei verschiedene Gedenkblätter durch ihre ebenfalls nach Hainichen deportierte Schwester Rivka Schreiber, später Mittelman, von 1957, 1998 und 1999 vor. Die Schwestern waren mit ihrer Mutter im Lager. Während das frühe Gedenkblatt von 1957 „15" als Todesalter nennt und damit aufgrund des späten Geburtstages im Jahr auf den Jahrgang 1929 verweist – in den Flossenbürger Nummernbüchern wurde sie mit dem Jahrgang 1926 registriert – gibt die Schwester 1998 als Todesalter „16" Jahre an. Zwar wird in der Datenbank Yad Vashems daraus der Jahrgang 1929 automatisch berechnet, aber Miriam Schönberg dürfte keine 16 Jahre alt geworden sein und ist gut fünf Monate vor diesem Geburtstag in Theresienstadt an Erschöpfung verstorben. Einem dritten Gedenkblatt durch dieselbe Schwester, die sie durch die gesamte Lagerzeit begleitete, ist 1999 dann etwa ein Jahr später wieder das Todesalter „15" zu entnehmen. Als Geburtsjahr wird aber „1933" explizit angegeben und als Todesjahr 1945. Diese Angaben des Gedenkblattes sind also in sich inkonsistent. Es ist davon auszugehen, dass es sich bei dem Jahrgang 1933 um einen Schreibfehler handelt und eigentlich 1930 gemeint ist. Wäre Miriam Schönberg im November 1930 geboren, wäre sie aber bereits als 14jährige verstorben. Die Theresienstädter Daten zum Tod und zu ihrer Einäscherung nennen jedoch den Jahrgang 1929. Wie diese Problematik der Datenunsicherheit, selbst durch Angaben nahester Angehöriger, die das Kriegsschicksal miteinander teilten, zeigen, lassen sich zwar familiäre Identitäten und Todesfälle bestimmen und klar belegen, es ist aber in nicht wenigen Fällen beinahe unmöglich, konkrete Personendaten (vgl. auch die Namensvarianten Schönberg / Szejnberg) mit letzter Sicherheit zu ermitteln. Es müssen also für Opferbilanzen und Statistiken die Variationen stets mitgedacht und dokumentiert werden.

52

ק.א.

643.059

רשות-זכרון לשואה ולגבורה, ירושלים

דף-עד

לרשום חללי השואה והגבורה

יד ושם

ירושלים, רחוב בן-יהודה 12

אנא, מלא(י) עד כמה שידוע לך!

1. שם המשפחה — בעברית: שינברג — בשפת ארץ המוצא (באותיות לטיניות): Szejnberg
2. שם פרטי — בעברית: מרים — בשפת ארץ המוצא (באותיות לטיניות): Miriam
3. שם האב: אשר
4. שם האם: רבקה
5. תאריך הלידה
6. מקום וארץ הלידה (גם באותיות לטיניות): רומניה — Rumunia
7. מקום המגורים הקבוע (גם באותיות לטיניות): [illegible] — Sowoto, Transilvania
8. המקצוע
9. הנתינות לפני הכבוש הנאצי
10. מקומות המגורים במלחמה (גם באותיות לטיניות)
11. מקום המות, הזמן והנסיבות (המקום גם באותיות לטיניות): טרזינשטט — Terezienszstadt
12. מצב משפחתי: רווק / נשוי / מספר הילדים
13. שם האשה ושם משפחתה לפני הנישואין — גילה 15

שם הבעל — גילו

14. שמות הילדים עד גיל 18 שנספו (מעל לגיל זה רושמים "דף-עד" מיוחד)

שמות הילדים	הגיל	המקום והזמן שנספו

הערה! את הילדים יש לרשום ב"דף-העד" של אחד ההורים אך לא יותר מפעם אחת.

אני שנייבר רבקה הגר ב (כתובת מלאה) [illegible] חיים [illegible] 37

קרוב/ה מכר/ה: אחותה של הנ"ל

מצהיר/ה בזה כי העדות שמסרתי כאן על פרטיה היא נכונה ואמיתית, לפי מיטב ידיעתי והכרתי.

אני מבקש/ת להעניק לנ"ל אזרחות-זכרון מטעם מדינת ישראל.

מקום ותאריך: 17.II.57 — חתימה: רבקה שנייבר

חתימת הפוקד

מס' האשור ... No

תמונה

חוק זכרון השואה והגבורה — יד ושם תשי"ג 1953 קובע בסעיף מס' 2

תפקידו של יד-ושם הוא לאסוף אל המולדת את זכרם של כל אלה מבני העם היהודי, שנפלו ומסרו את נפשם, נלחמו ומרדו באויב הנאצי ובעוזריו, ולהציב שם וזכר להם, לקהילות, לארגונים ולמוסדות שנחרבו בגלל השתייכותם לעם היהודי, ולמטרה זו יהא מוסמך — ...(4)להעניק לבני העם היהודי שהושמדו ונפלו בימי השואה והמרי אזרחות-זכרון של מדינת ישראל לאות היאספם אל עמם.

(ספר החוקים מס' 132 י"ז באלול תשי"ג 28.8.53)

אזרחות-זכרון הוענקה

מספר No

לידיעת "האגף הסרעי" בירושלים, רחוב בן-יהודה 12

הייתי בזמן המלחמה במחנה (הסגר, עבודה, השמדה וכו') ______ בגיטו ______

במחתרת ______ ביערות ______ וכו' ______ ואני מוכן למסור עדות על כך.

חתימת העד ______ כתובתו ______

YAD VASHEM
EMLÉKHATOSÁG, Jeruzsálem
Hár-Házikáron P.O.B 3477

243363

דף-עד
Emlék-Lap

יד ושם
ירושלים, הר הזיכרון
ת.ד. 3477

חוק זכרון השואה והגבורה - תשי״ג 1953
קובע בסעיף מס׳ 2 :
תפקידו של יד-ושם הוא לאסוף אל המולדת את זכרם של כל אלה מבני העם היהודי, שנפלו ומסרו את נפשם, נלחמו ומרדו באויב הנאצי ובעוזריו, ולהציב **שם וזכר להם**, לקהילות, לארגונים ולמוסדות שנחרבו בגלל השתייכותם לעם היהודי.
(ספר החוקים מס׳ 132, י״ז אלול תשי״ג 28.8.53)

A VESZKORSZAK ES HOSIESSEG MARTIRJAINAK BEJEGYZESE

A Vészkorszak és Hösiesség Emlékhatosága Törvényének 1953 eikkelye elöirja: A YAD-Vashém feladata, osszegyüjteni és megörökiteni hazánkban a zsidó nép mindazon fiainak a nevét, akik mártirhalált haltak: akik a náci ellenség és cinkostársai elleni küzdelemben fellázadtak, harcoltak, elestek: emlékmüvet állitani a megsemmisült zsidó hitközségeknek, szervezeteknek és intézményeknek.

132. sz. Törvénykönyv 28.8.1953–5713 Elul 17.

פרטי הניספה: נא לרשום את שמו של כל ניספה על דף נפרד ולכתוב באותיות דפוס ובנקוד
ALDOZAT ADATAI : MINDEN EGYES ALDOZAT NEVET KULON LAPRA NYOMTATOTT BETUVEL IRNI

תמונת הניספה (דרכון) נא לרשום את שמו של הניספה על הצד השני של התמונה
Áldozat fényképe a kép tulodalára a nevet felirni
nem maradt fénykép

1. Családi Neve: SCHÖNBERG	שם משפחה מנוקד:
2. Neve: MIRIAM	שם פרטי:
3. Leánykori Neve: SCHÖNBERG	שם משפחה קודם: (נשים, לפני נישואים)
4. Születési dátum/kor: 18	תאריך לידה/גיל משוער:
5. Nem: Nő	מין:
6. Csal. helyzet	מצב משפחתי
7. Születési hely: (ország, város) LUPENY HUNYAD MEGYE	מקום לידה וארץ: רומניה
8. Áldozat anyja - Neve: BERTA. - Leánykori neve: AUSCH	אם הניספה - שם פרטי: - שם מהבית:
9. Áldozat apja - Neve: ANTON	אב הניספה - שם פרטי:
10. Áldozat házastársa - Neve: - Leánykori neve:	בן-זוגו של הניספה - שם פרטי: - שם מהבית:
11. Háború elötti lakhelye (ország, város): SZOVATA ERDELY	מקום מגורים קבוע וארץ:
12. Háború alatti lakhelye (ország, város):	מקום מגורים בזמן המלחמה וארץ:
14. Halál dátum/eve: 1945	תאריך/שנת המוות:
13. Áldozat foglalkozás:	מקצוע הניספה:
15. Halál helye: Terezienstadt Halál oka: végelgyengelés	מקום המוות: ונסיבות המוות:

Áláíro adatai: MITTELMAN	פרטי המצהיר:
Alulírott (neve)	אני, החיים (שם)
Lakik, (teljes cim) BNEI BRAK 17.	הגר בכתובת
Családi/más kapcsolat Testvér	קירבה לניספה (משפחתית/אחרת)

מצהיר/ה בזה כי העדות שמסרתי על פרטיה היא נכונה ואמתית לפי מיטב ידיעתי והכרתי
KIJELENTEM HOGY A TANUVALLOMAS IGAZ AMELYET A LEGJOBB TUDOMASOM SZERINT ADTAM MEG

Hely, keltezes Bnei Brack 1998 מקום ותאריך רישום — Aláírás [signature] חתימה

"...ונתתי להם בביתי ובחומותי יד ושם..אשר לא יכרת". ישעיהו נו ה
"...és adtam nekik házamban és falaïmon helyet és nevet, amely soha nem vész el". JESAJAHU LVI, 5

YAD VASHEM — יד ושם

The Holocaust Martyrs' and Heroes' Remembrance Authority — רשות הזיכרון לשואה ולגבורה

Hall of Names — היכל השמות

Page of Testimony — דף עד

דף עד לרישום והנצחה של הנספים בשואה; נא למלא דף עבור כל נספה בנפרד, בכתב ברור ובאותיות דפוס.
Page of Testimony for commemoration of the Jews who perished during the Holocaust; please fill in a separate form for each victim, in block capitals

תמונת הנספה (דרכון). נא לרשום את שמו של הנספה בצד האחורי של התמונה. נא לא להדביק.
Victim's photo. Please write victim's name on back. Do not glue.

חוק זיכרון השואה והגבורה-תשי"ג 1953 קובע בסעיף מס' 2 כי "תפקידו של יד ושם הוא לאסוף אל המולדת את זכרם של כל אלה מבני העם היהודי שנפלו ומסרו את נפשם, נלחמו ומרדו באויב הנאצי ובעוזריו ולהציב שם וזכר להם, לקהילות, לארגונים ולמוסדות שנחרבו בגלל השתייכותם לעם היהודי".
The Martyrs' and Heroes' Remembrance Law 5713-1953 determines in section 2 that: "The task of Yad Vashem is to gather into the homeland material regarding all those members of the Jewish people who laid down their lives, who fought and rebelled against the Nazi enemy and his collaborators, and to perpetuate their **names** and those of the communities, organizations and institutions which were destroyed because they were Jewish".

Victim's family name: / שם משפחה של הנספה:	שנברג
Maiden name: / שם משפחה לפני הנישואין:	היתה ילדה
First name (also nickname): / שם פרטי (גם שם חיבה/כינוי):	מרים
Previous/other family name: / שם משפחה קודם/אחר:	
Title: / תואר:	תלמידה
Gender: / מין: M / F	נ
Date of birth: / תאריך לידה:	1933
Approx. age at death: / גיל משוער בעת המוות:	15.
Place of birth: / מקום לידה:	אובני
Region: / מחוז:	טרנסלוניה
Country: / ארץ:	רומניה
Nationality: / נתינות:	רומנית
Victim's father: First name: / אב הנספה: שם פרטי:	יושר
Victim's father: Family name: / שם משפחה:	שנברג.
Victim's mother: First name: / אם הנספה: שם פרטי:	ברכה
Victim's mother: Maiden name: / שם לפני הנישואין:	אוליט
Victim's wife/husband: First name: / אישה/בעל של הנספה: שם פרטי:	—
Maiden name: / שם לפני הנישואין:	
Family status: / מצב משפחתי:	ילדה
No. of children: / מס' ילדים:	
Permanent residence: / מקום מגורים קבוע:	סוניטה
Region: / מחוז:	טרנסלוניה
Country: / ארץ:	רומניה
Address: / כתובת:	—
Profession: / מקצוע:	תלמידה
Place of work: / מקום העבודה:	—
Member of org./movement: / חבר בארגון/תנועה:	—
Residence before deportation: / מגורים לפני הגירוש:	סוניטה
Region: / מחוז:	טרנסלוניה
Country: / ארץ:	רומניה
Address: / כתובת:	—

אירועים / פעולות ומקומות בזמן המלחמה (מעצר / גירוש / גטו / מחנה / צעדת מוות / מסתור / בריחה / התנגדות / לחימה):
Places, events and activities during the war (prison / deportation / ghetto / camp / death march / hiding / escape / resistance / combat):

Place of death: / מקום המוות:	ברגן בלזן
Region: / מחוז:	
Country: / ארץ:	צ'כוסלובקיה
Date of death: / תאריך המוות:	1945
Circumstances of death: / נסיבות המוות:	חולתה כליות ודלקת ריאות

אני, הח"מ, מצהיר בזה כי העדות שמסרתי על פרטיה נכונה ואמיתית לפי מיטב ידיעתי והכרתי.
I, the undersigned, hereby declare that this testimony is correct to the best of my knowledge.

First name: / שם פרטי:	רבקה
Family name: / שם משפחה:	מוטלון
Previous/maiden name: / שם משפחה קודם:	שנברג.
Street: / רחוב:	יוחנן הקוצביאו
House no.: / מס' בית:	17.
Entrance: / כניסה:	ב.
Apt.: / דירה:	—
City: / עיר:	בני ברק
State/Zip code: / אזור/מיקוד:	
Country: / מדינה:	ישראל
Tel.: / מס' טלפון:	6182384.
הנני ניצול השואה: כן/לא — I am / I am not a survivor	לא
Relationship to victim (family/other): / הקרבה (משפחתית/אחרת) לנספה:	אחות

15153

בזמן המלחמה הייתי במחנה / בגטו / במסתור / באחות בדויה / ביערות / במחתרת (הקף בעיגול)
During the war I was in a camp / ghetto / forest / the resistance / in hiding / had false papers (circle relevant options)

ניצולי השואה יכולים לציין את פרטיהם ע"ג טופס מיוחד הניתן להזמנה.
Holocaust survivors may order a special form in which to fill in their details.

Date: 28.7.99. :תאריך Place: בני ברק :מקום Signature: רבקה מוטלון :חתימה

"ונתתי להם בביתי ובחומותי יד ושם...אשר לא יכרת" ישעיהו נ"ו ה'
"...And I shall give them in My house and within My walls a memorial and a name...that shall not be cut off" Isaiah, 56:5

Auch Angaben in Haftbestätigungen müssen nicht immer korrekt sein. So ist für die Hainichener Lagerärztin Rita Smrcka ein solches Dokument vom 12. Mai 1947 überliefert.

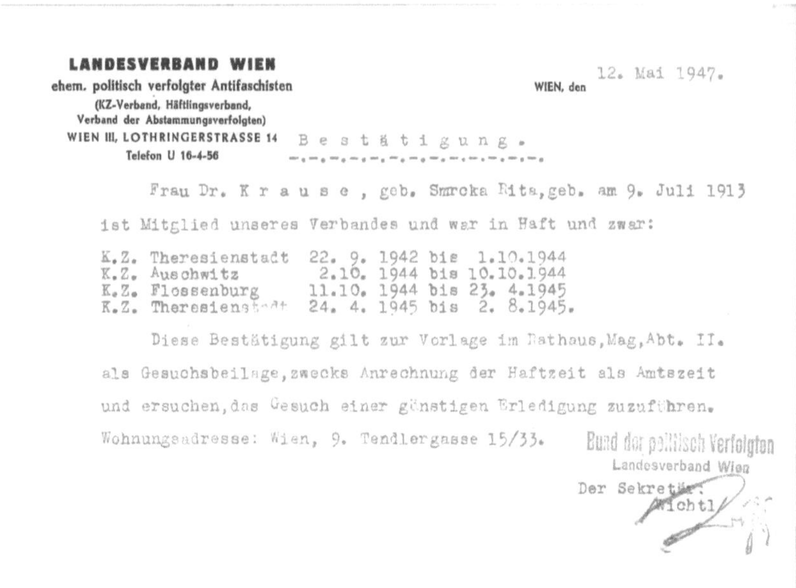

LANDESVERBAND WIEN
ehem. politisch verfolgter Antifaschisten
(KZ-Verband, Häftlingsverband,
Verband der Abstammungsverfolgten)
WIEN III, LOTHRINGERSTRASSE 14
Telefon U 16-4-56

WIEN, den 12. Mai 1947.

B e s t ä t i g u n g .

Frau Dr. K r a u s e , geb. Smrcka Rita, geb. am 9. Juli 1913 ist Mitglied unseres Verbandes und war in Haft und zwar:

K.Z. Theresienstadt 22. 9. 1942 bis 1.10.1944
K.Z. Auschwitz 2.10. 1944 bis 10.10.1944
K.Z. Flossenburg 11.10. 1944 bis 23. 4.1945
K.Z. Theresienstadt 24. 4. 1945 bis 2. 8.1945.

Diese Bestätigung gilt zur Vorlage im Rathaus, Mag, Abt. II. als Gesuchsbeilage, zwecks Anrechnung der Haftzeit als Amtszeit und ersuchen, das Gesuch einer günstigen Erledigung zuzuführen.

Wohnungsadresse: Wien, 9. Tendlergasse 15/33.

Bund der politisch Verfolgten
Landesverband Wien
Der Sekretär:
Wichtl

Laut Theresienstädter Gedenkbuch erreichte Smrcka das Ghetto erst am 25.09.1942 als Begleitung eines Alterstransportes mit 1300 Deportierten aus Wien. Möglicherweise wurde der Transport bereits am 22. September in Wien zusammengestellt. Laut Danuta Czech soll er erst am 3. und nicht schon am 2. Oktober in Auschwitz eingetroffen sein. Auch verließ Smrcka wohl schon am 6., spätestens am 7. Oktober 1944 das KZ Auschwitz-Birkenau. Ihre Lagerzeit in Auschwitz wurde mangels entsprechender überlieferter Dokumente wohl nahtlos zwischen die Aufenthalte in Theresienstadt und Flossenbürg konstruiert. Das Stammlager Flossenbürg hat Smrcka aber nie betreten. Hier ist ihr Lageraufenthalt in Hainichen gemeint. Dabei wurde der 11. Oktober wohl aus dem Flossenbürger Nummernbuch übernommen. Der 23. April 1945 ist der Tag der Befreiung des KZ Flossenbürg. In Theresienstadt ist sie also bereits am 21.04.1945 angekommen und wurde am 8. bzw. 9. Mai befreit. Eine „Haft" bis zum 2. August 1945 ist also leicht irreführend.

Für den Dienstbereich des Höheren SS- und Polizeiführers des SS-Oberabschnittes Elbe existieren einige Stärkemeldungen der Wachmannschaften und ihrer Bewaffnung sowie die Häftlingszahlen diverser Arbeitslager, d.h. auch der Flossenbürger KZ-Außenlager.[448] Während sich im Fall Hainichen die Zahlen zum Lagerpersonal weitestgehend bestätigen lassen, gibt es bei den angegebenen Häftlingszahlen kleinere Unstimmigkeiten. So werden zum 31. Januar 1945 498 Häftlinge gemeldet, obwohl zu diesem Zeitpunkt bereits mindestens vier Hainichener Häftlinge verstorben waren und nur noch 496 Häftlinge im Lager inhaftiert gewesen sein dürften. Sehr wahrscheinlich wurden in der Stärkemeldung nur die Todesfälle der Kornelia Herz und der Hella Treimann berücksichtigt. Der dem Lager Hainichen zuzuordnende Todesfall der Zlata Lasmann dürfte zunächst übersehen worden sein und die erst am 31. Januar abgemeldete Rifka Lefkowicz dürfte wohl auch noch nicht statistisch verarbeitet sein. Diese beiden Todesfälle werden wahrscheinlich erst zum 28. Februar 1945 berücksichtigt. Zum Stichtag werden dann passend 496 Häftlinge gemeldet. Im Februar hat es aber keine Todesfälle in Hainichen gegeben.

Am 31. März 1945 befanden sich dann nur noch 494 Häftlinge im Lager. Diese Angabe deckt sich jetzt mit den Flossenbürger Nummernbüchern. Denn im März wurde die Lagerärztin Dr. Alice Lewin in das Außenlager Venusberg überstellt und die ungarische Jüdin Olga Reizmann ist in Hainichen verstorben. Der Todesfall der Edita Fajn im April 1945 wird dann nicht mehr vermerkt und wohl auch in der letzten überlieferten Stärkemeldung bzw. Arbeitseinteilungsaufstellung vom 13. April 1945[449], die 500 Häftlinge unter dem Kommando Lohs nennt, nicht mehr berücksichtigt. Statistische Daten aus den Kriegs- und Nachkriegszeiten können also nur so gut, verlässlich und akkurat sein, wie die zugrundeliegende Datenerhebung. Lagerstärken wurden also wahrscheinlich von der Kommandantur des KZ Flossenbürg gemeldet und basierten im Wesentlichen auf den Stand der Flossenbürger Nummernbücher.

---

[448] Vgl. ITS, Historische Abteilung Flossenbürg, Nr. 10, Bl. 52ff.

[449] Vgl. ZStA Potsdam, Film 14430

Wie bereits in verschiedenen Kapiteln dieses Buches deutlich wurde, müssen auch Angaben in Lagerdokumenten richtig interpretiert und kommentiert werden. Die Eintragungen der Hainichener Häftlinge sind gleich in mehrerer Hinsicht ungewöhnlich und fallen durch Anomalien auf. So ist die Chronologie der Transporte nicht eingehalten und der 2. Transport aus dem Oktober 1944 erhält die niedrigeren Häftlingsnummern, wird in der Verbleibsspalte aber ebenfalls unter dem Verweis „8.9.44 Hainichen" geführt. Der Überstellungsspalte ist jedoch „v. Auschwitz 8.9. u 11.10." zu entnehmen, woraus ersichtlich wird, dass es sich um zwei verschiedene Transporte handelte. Die Häftlinge 52924 bis 53273 sind also erst im Oktober in Hainichen eingetroffen. Die Häftlinge 53274 bis 53422 gehörten dem Gründungstransport an, sind aber fälschlicherweise alle als ungarische Jüdinnen registriert, obwohl es sich nahezu ausnahmslos um polnische Jüdinnen aus dem Ghetto Lodz handelte. Bei den Datierungen ist anzumerken, dass sie durch den Verwaltungsakt oft den realen Ereignissen hinterherhinken. Beide Transporte sind also einige Tage eher eingetroffen, als ihre Ankunft bzw. Überstellung in den Lagerbüchern vermerkt wird. Selbige Verzögerungen durch den Meldeweg gelten für verzeichnete Todesfälle.

Insgesamt lässt sich daraus folgern, dass der 1. Transport nach Hainichen frühestens sechs Wochen nach seiner Ankunft in den Flossenbürger Nummernbüchern registriert wurde. Möglicherweise entschied man sich bewusst dafür, den früheren Transport aus Lodz ans Ende der Hainichener Liste zu setzen, da sich so in den Nummernbüchern direkt der 1. Transport ins Außenlager Freiberg anschließt, der ja mit hoher Wahrscheinlichkeit gemeinsam aus Auschwitz abging. Somit bilden also die Häftlingsnummern 53274 bis 53671 einen Transport aus Auschwitz.

Ebenfalls bereits thematisiert wurde, dass bei den Alters- bzw. Geburtsangaben in den Häftlingsregistern aus taktischen Gründen oftmals geschummelt wurde. Es muss also in registriertes und tatsächliches Alter unterschieden werden. Neben dieser durch oftmals mündliche Registriervorgänge begünstigten Datenvarianz gibt es aber auch noch Fehler, die durch die Schreibvorgänge in die Lagerbücher gelangten. Es ließ sich belegen,

dass Lagerschreiber Häftlingsdaten in der Regel mittels einer spaltenweisen Abschrift aus nicht überlieferten Originallisten kopierten. Ließen sie versehentlich einen Nachnamen, Vornamen oder ein Geburtsdatum aus, stimmen die Personendaten einer Zeile also nicht mehr überein. Durch solche *Zeilensprünge* sind imaginäre Identitäten entstanden, also vermeintliche Personen, die es so in den entsprechenden Lagern niemals gegeben hat. Für die Nummernbucheinträge zum Außenlager Hainichen ließen sich mehrere solcher Zeilensprünge identifizieren und in der Regel auch die eigentlichen Häftlingsdaten z.B. durch überlieferte Häftlingskarteikarten der Verwaltung des KZ Flossenbürg rekonstruieren. Zeilensprünge betreffen die Nummernbuchzeilen 52989, 52990, 53184 bis 53200, 53316 bis 53320. Zudem scheint es Verschiebungen bei den Geburts- bzw. Herkunftsorten zu geben, die z.B. die Häftlinge 53038 bis 53041 und möglicherweise auch 53080, 53081 sowie 53295 bis 53297 betreffen. Im Fall der Einträge zum Familiennamen Hochmann, scheint nach Abgleich mit den Häftlingskarteikarten das Geburtsdatum der Rifka Hochmann ausgelassen worden zu sein.
Bei der in Theresienstadt befreiten Ita Hochmann müsste es sich also um die registrierte Hedwig Hochmann handeln.[450]
Der Eintrag war 2010 für „Frauen im KZ“ aufgrund des Geburtsdatums noch Minna Hochmann zugeordnet worden; für sie liegen also keine Befreiungsdaten vor.
Folgende Häftlingsliste basiert auf den Flossenbürger Nummernbüchern und wurde mit der Theresienstädter Datenbank und Unterlagen aus dem Ghetto Lodz abgeglichen und zahlreichen zusätzlichen Daten und Hinweisen angereichert. Rückmeldungen zu Ergänzungen (insbesondere den einzelnen fehlenden Befreiungsorten) und zur Klärung der 10 unbekannten Schicksale wären hilfreich.

[450] Vgl.ITS 1.1.8.4/ 11068096; Pascal Cziborra. KZ Flossenbürg. S.27ff.

FloNo. Nation	**Name**, *Mädchenname **Vorname** [Varianten]	**Geburtsdaten** **Deportationsdaten**	**Opferstatus** **Quellennachweis**
	Überstellung vom „11.10.1944" aus Auschwitz		
52924 **HUN**	Berger, Rozsi	17.12.1905 [27.12.1910] Sátoraljaújhely	Befreit am 08.05.1945 in Theresienstadt, TDB
52925 **HUN**	Berger, Edith [>Fuchs] [>Edith Rosenfeld] F: Schwester v. 52926 F: Schwester v. 52927 F: Schwester v. 52928 [Durchgangslager]	23.03.1916 23.03.1918 Szatmar [Ghetto Szatmár]	Befreit am 08.05.1945 in Theresienstadt, TDB PWR: Kiriat Motzkin Vgl.B162/9069S.321ff.
52926 **HUN**	Berger, Esztera Elza [>Elsa Ester Berger] F: Schwester v. 52925 F: Schwester v. 52927 F: Schwester v. 52928 [Durchgangslager]	17.11.1921 Szatmar [‚22.11.1922'] [‚19.11.1929'] [Satu-Mare]	Befreit am 08.05.1945 in Theresienstadt, TDB B 162 / 9069 S.321ff. VP vom 28.12.1969 PWR: Qiryath Motzkin
52927 **HUN**	Berger, Vera [>Viorika Lövy] F: Schwester v. 52925 F: Schwester v. 52926 F: Schwester v. 52928	27.04.1932 [27.04.1924] Nyirtass [‚Nyrtasch'] [Ghetto Szatmár]	Befreit am 08.05.1945 in Theresienstadt, TDB Vgl.B162/9069S.321ff. PWR: Masra/Israel
52928 **HUN**	Berger, Ibi F: Schwester v. 52925 F: Schwester v. 52926 F: Schwester v. 52927	27.07.1931 [28.03.1924] Szatmar [Ghetto Szatmár]	Befreit am 08.05.1945 in Theresienstadt, TDB
52929 **HUN**	Berko, Eva [Chawa] [>Eva Hirschfeld]	25.08.1921 Uzhorod [‚Ungbar']	Befreit am 08.05.1945 in Theresienstadt, TDB
52930 **HUN**	Berko, Szidi [>Sidonia Kövári] F: Tochter von 52931	10.11.1929 [‚10.10.24'] Budapest	Befreit am 08.05.1945 in Theresienstadt, TDB B 162 / 9069 S.294 VP vom 11.12.1969 PWR: Ashquelon
52931 **HUN**	Berko Magda F: Mutter von 52930	29.08.1906 [25.08.1906] Batu	Befreit am 08.05.1945 in Theresienstadt, TDB Vgl. B 162/9069 S.294 PWR: Kiron
52932 **HUN**	Braver [Künstlinger], Rozsi F: vgl. 52933	28.06.1905 [28.01.1907] [‚Bilisohesoha']	Befreit am 08.05.1945 in Theresienstadt, TDB

52933 **HUN**	Braver [Künstlinger], Klari F: vgl. 52932	23.08.1926 ‚Balatonbrgl' Balatonboglar	Befreit am 08.05.1945 in Theresienstadt, TDB
52934 **HUN**	Braver, Lenke [>Zlata Lenke Bihari] [Durchgangslager] [Block 31 und 29]	12.06.1923 Balaton Boglar	Befreit am 08.05.1945 in Theresienstadt, TDB B 162 / 9067 S.78f. VP vom 20.10.1968 PWR: Eilat
52935 **HUN**	Berkovics, Jolan	31.03.1912 [31.03.1914] [‚Gawa']	Befreit am 08.05.1945 in Theresienstadt, TDB
52936 **HUN**	Berkovics Gizella [Durchgangslager]	08.04.1926 Szobranc [‚Sobranz'] R: Barkaszó [Ghetto Munkács]	Befreit am 08.05.1945 in Theresienstadt, TDB DEGOB-1356 vom 12.07.1945
52937 **HUN**	Beinhorn, Jolan [Yached] F: Schwester v. 52938 [Durchgangslager]	06.04.1929 [‚07.04.1924'] [‚Kellergen'] [‚1927'] R: Minaj [Ghetto Uzhorod]	**Starb am 01.06.1945** **nach der Befreiung** **in Theresienstadt** TDB, vgl. SVHF 7082 YV Item ID: 7064637 PoT YV: 1146675 Bruder Moshe 27.06.99
52938 **HUN**	Beinhorn [Beischorn] Scheren [Szeren] [>Sara Schwartz] F: Schwester v. 52937 [Durchgangslager]	14.11.1925 [‚14.11.1924'] Koncovo [‚Konhars'] R: Minaj [Ghetto Uzhorod]	Befreit am 08.05.1945 in Theresienstadt, TDB SVHF 7082
52939 **HUN**	Bleier [Blayer], Eva [>Eva Green] [Durchgangslager] [Block 21]	31.05.1925 Satu Mare [‚Satmar'] [Ghetto Satu Mare]	Befreit am 08.05.1945 in Theresienstadt, TDB B 162 / 9067 S.120ff. VP vom 07.08.1969 PWR: New York SVHF 51458
52940 **HUN**	Breier, Borbala [Barbara]	30.05.1908 [‚Büdensenmik.']	Befreit am 08.05.1945 in Theresienstadt, TDB
52941 **HUN**	Breier, Etel [Etus]	05.06.1927 05.06.1926 [‚Weidasniw']	Befreit am 08.05.1945 in Theresienstadt, TDB
52942 **HUN**	Bleich [Blech], Edith	04.12.1918 04.12.1920 Budapest	Befreit am 08.05.1945 in Theresienstadt, TDB USHMM: A:Lonyai 18 Budapest 1946, Nevek
52943 **HUN**	‚Bjnier' [Bonitzer], Edith F: vgl. 52943	18.08.1929 18.03.1925 [‚Galgo']	Befreit am 08.05.1945 in Theresienstadt, TDB

52944 HUN	‚Bojnier' [Bonitzer], Anna F: vgl. 52943	02.11.1922 [‚Galgo']	Befreit am 08.05.1945 in Theresienstadt, TDB
52945 HUN	Blau [Blaum], Erzsebet	16.12.1906 [16.12.1914] [Cluj] [‚Glausenburg']	Befreit am 08.05.1945 in Theresienstadt, TDB
52946 HUN	Blau [Blaum], Mathild	30.11.1917 [Cluj] [‚Glausenberg']	Befreit am 08.05.1945 in Theresienstadt, TDB
52947 HUN	Benjamin, Anna	25.03.1919 [‚Bialromiang']	Befreit am 08.05.1945 in Theresienstadt, TDB
52948 HUN	Bergfeld [‚Begfeld'] Rozsi	15.07.1915 [15.07.1916] Belteg	Befreit am 08.05.1945 in Theresienstadt, TDB
52949 HUN	Borsa, Adrien	23.05.1912 [‚13.05.1912'] Kenyeri	Befreit am 08.05.1945 in Theresienstadt, TDB
52950 HUN	Benedek [Benedik], Judith	18.06.1925 [‚20.06.1925'] [‚Elesch'] Alesd [?]	Befreit am 08.05.1945 in Theresienstadt, TDB
52951 HUN	Brummer [Brunner], Fani	04.05.1912 [‚04.03.1914'] [‚Defsc']	Befreit am 08.05.1945 in Theresienstadt, TDB
52952 HUN	Bisztriczer, Helene	10.01.1925 [‚Alsonriarc']	Befreit am 08.05.1945 in Theresienstadt, TDB
52953 HUN	Beilusch [Nebenzall], Eta [Tuka]	05.03.1919 [‚05.03.1920'] Nyirbátor	Befreit am 08.05.1945 in Theresienstadt, TDB
52954 HUN	Moszkovics [Maszkovies], Rosalia	01.01.1926 Huszt [Chust]	Befreit am 08.05.1945 in Theresienstadt, TDB
52955 HUN	Davidovics, Jolan	25.11.1915 Sowala	Befreit am 08.05.1945 in Theresienstadt, TDB
52956 ROM	Diamantstein, *Fliegmann Dora	24.04.1909 (10.09.1909) ‚Suezawa' Suceava	Befreit am 08.05.1945 in Theresienstadt, TDB
52957 HUN	Diamantstein, Maria	28.03.1909 Braschо	Befreit am 08.05.1945 in Theresienstadt, TDB
52958 HUN	Diamantstein Ordentlich, Eva	14.07.1921 Marosvásár	Befreit am 08.05.1945 in Theresienstadt, TDB
52959 HUN	Dromer [Drommer], Manci	30.09.1916 Nagyvárad = Oradea	Befreit am 08.05.1945 in Theresienstadt, TDB

52960 HUN	Elias, Margit	06.02.1916 [02.06.1916] [‚Boponasch‘]	Befreit am 08.05.1945 in Theresienstadt, TDB
52961 HUN	Engel, Stefi [>Stefanie Gabel] F: Schwester v. 52962 [Durchgangslager]	05.01.1927 [05.01.1929] Satomare [‚Satmar‘]	Befreit am 08.05.1945 in Theresienstadt, TDB B162/9067 S.31, 116 VP vom 06.08.1969 PWR: Forest Hills, NY
52962 HUN	Engel, Margit [>Margaret Braun] F: Schwester v. 52961 [Durchgangslager]	22.07.1927 [22.06.1923] Satu Mare [‚Szatmar‘]	Befreit am 08.05.1945 in Theresienstadt, TDB Vgl.B162/9067S.116ff. PWR: Forest Hills, NY
52963 HUN	Einzig, Gizi	05.08.1930 [05.08.1919] Nagyszölös	Befreit am 08.05.1945 in Theresienstadt, TDB
52964 HUN	Erisz [Eröss], Veronika	12.08.1921 12.09.1923 Debrecen	Befreit am 08.05.1945 in Theresienstadt, TDB
52965 HUN	Edelmann, Fanni	02.04.1926 Huedin Bánffyhunyad [‚Banfihun‘]	**Schicksal ungeklärt**
52966 HUN	Farkas, Piri [Peppi] [>Piroska Grossmann]	03.01.1924 (‚17.01.1924‘) Munkacs [‚Kritschfalva‘]	Befreit am 08.05.1945 in Theresienstadt, TDB DEGOB-Protokoll 264 vom 17.07.1945
52967 HUN	Farkas, Erzsebet [>Elisabeta Kohn]	04.08.1929 [04.08.1924] Marosvásárhely [Targu Mures] [‚Marosvásárh‘]	Befreit am 08.05.1945 in Theresienstadt, TDB
52968 HUN	Farkas, Iren [>Iren Karpelesz]	05.06.1927 [05.06.1923] Marosvásárhely [Targu Mures] [‚Marosvásár]	Befreit am 08.05.1945 in Theresienstadt, TDB
52969 HUN	Farkas, Helena	15.10.1930 Dombó [15.10.1926]	Befreit am 08.05.1945 in Theresienstadt, TDB
52970 HUN	Freund, Tilda	10.06.1932 [‚10.05.1927‘] Faluszlatina	Befreit am 08.05.1945 in Theresienstadt, TDB
52971 HUN	Freund, *Kohn Zerena [Sara]	10.05.1901 [‚10.06.1905‘] Nagybocskó	Befreit am 08.05.1945 in Theresienstadt, TDB [spät. 1968 verstorben]
52972 HUN	Fuchs, Blanka	21.08.1912 [21.08.1917] Oszantófalva	Befreit am 08.05.1945 in Theresienstadt, TDB

52973 **HUN**	Fuchs, Piri [>Piri Daszkal]	30.12.1917 (‚30.12.1919‘) Satu Mare [‚Auro‘] = Aloridejos	Befreit am 08.05.1945 in Theresienstadt, TDB B 162 / 9069 S.375 VP vom 05.03.1970 PWR: Benaya, Rechowoth
52974 **ROM**	Friedmann, *Bercivici Speranca [Sprinza]	25.09.1901 Vaduri (25.09.1906) [‚25.09.1909‘] [Bukarest]	Befreit am 08.05.1945 in Theresienstadt, TDB PWR: Jerusalem
52975 **HUN**	Friedmann, Hanna [Honny] F: vgl. 52976, 52977	07.04.1929 [‚07.04.1927‘] [‚Nagygaieg‘]	Befreit am 08.05.1945 in Theresienstadt, TDB
52976 **HUN**	Friedmann, Gitella F: vgl. 52975, 52977	10.01.1925 [‚Nagygaieg‘]	Befreit am 08.05.1945 in Theresienstadt, TDB
52977 **HUN**	Friedmann, Helene F: vgl. 52975, 52976	04.02.1923 [‚Nagygaieg‘]	Befreit am 08.05.1945 in Theresienstadt, TDB
52978 **HUN**	Feher, Hilda [>Hilda Reichenberg] F: Schwester v. 52979 [Durchgangslager]	15.11.1930 [‚15.10.1925‘] Botvalva [Tarnowce]	Befreit am 08.05.1945 in Theresienstadt, TDB Vgl.B162/9069S.297ff. PWR: Pittsbourgh
52979 **HUN**	Feher, Blanka [>Sarah B. Reisman] F: Schwester v. 52978	30.01.22 Tarnowce [‚19.03.1924‘] Ungdaroc ? [‚Ungtarnots‘]	Befreit am 08.05.1945 in Theresienstadt, TDB vgl. B 162 / 9067 S.2
52980 **HUN**	Fischer Jakob, Rizsi [Rosa]	27.06.1912 27.01.1920 [‚Nagylwa‘]	Befreit am 08.05.1945 in Theresienstadt, TDB
52981 **HUN**	Feuerstein, Lili	16.02.1916 [‚Beregfürm‘]	Befreit am 08.05.1945 in Theresienstadt, TDB
52982 **HUN**	Fülop, Dora F: vgl. 52983	28.06.1922 Tiszanagyfalu [‚Tiesanyagyflu‘]	Befreit am 08.05.1945 in Theresienstadt, TDB
52983 **HUN**	Fülop, Magda [>Magda Segal] F: vgl. 52982	14.09.1923 [‚17.091923‘] Tiszanagyfalun [‚Tiesanyagyflu‘]	Befreit am 08.05.1945 in Theresienstadt, TDB B162/9068 S.254ff. PWR: Melbourne
52984 **HUN**	Fülop, Iren	25.08.1922 [‚25.08.1920‘] Alsóhunkóc [‚Alschuhunkco‘]	Befreit am 08.05.1945 in Theresienstadt, TDB
52985 **HUN**	Fürst, Magda [>Perl]	03.08.1922 Arad [‚Arat‘] 03.08.1919	Befreit 1945 Ort unbekannt ITS TD 190336

52986 HUN	Frankovics, Lea	14.07.1925 [‚Ref‘]	Befreit am 08.05.1945 in Theresienstadt, TDB
52987 HUN	Frankovics, Judith [‚Juduth‘]	19.12.1922 Bánffyhunyad [‚Banfiteumyad‘]	Befreit am 08.05.1945 in Theresienstadt, TDB
52988 HUN	Groß Aranka	10.06.1912 Schislote	Befreit am 08.05.1945 in Theresienstadt, TDB
52989 HUN	Grausz [Graus] Jolan ['Klara'] [Zeilensprung]	06.03.1918 16.03.1918 [‚Keceb‘]	Befreit am 08.05.1945 in Theresienstadt, TDB
52990 HUN	Gross Wartenberg Klara ['Lili'] [Zeilensprung]	04.06.1905 04.07.1908 Kezmarok [Kesmark]	Befreit am 08.05.1945 in Theresienstadt, TDB
52991 HUN	Gross *Mühlbauer *‘Mühlbaum‘ Lili F: Schwester v. 52992 [Durchgangslager]	01.04.1927 [01.04.1925] [Sawada]	Befreit am 08.05.1945 in Theresienstadt, TDB Vgl. B 162/9067 S.80f.
52992 HUN	Gross *Mühlbauer *‘Mühlbaum‘ Judith [>Fischl] F: Schwester v. 52991 [Durchgangslager] [Block 27 bzw XXVII]	19.07.1925 [19.07.1924] Tirgu Mures [Sasregen]	Befreit am 08.05.1945 in Theresienstadt, TDB B 162 / 9067 S.80f. VP vom 11.11.1968 PWR: Tel Aviv
52993 HUN	Glück, Etel	05.02.1920 Nyirbogdány [‚Nyrógdany‘]	Befreit am 08.05.1945 in Theresienstadt, TDB
52994 HUN	Bergowitsch Regina	11.09.1905 [11.09.1906] Sobranz [Sobrance]	Befreit am 08.05.1945 in Theresienstadt, TDB
52995 HUN	Grünbaum, Rozsi	05.05.1926 [05.05.1925] Horlow	Befreit am 08.05.1945 in Theresienstadt, TDB
52996 HUN	Grünbaum, Rozsi	07.11.1918 [‚Weschgoe‘]	Befreit am 08.05.1945 in Theresienstadt, TDB
52997 HUN	Grünberger, Gizella	14.03.1904 [‚15.03.1915‘] [‚Welete‘]	Befreit am 08.05.1945 in Theresienstadt, TDB
52998 HUN	Grünberger, *Mayer Sari [>Sara Schönwirth]	15.08.1898 Cicerovce [‚09.10.1908‘] [‚Cincer‘] [Ghetto Uzhorod]	Befreit am 08.05.1945 in Theresienstadt, TDB B 162 / 9069 S.382ff. VP vom 10.03.1970 PWR: Kerem Maharal

52999 **HUN**	Grünfeld Weisz, Sara	02.10.1900 21.10.1908 [‚Maramanosch.‘]	Befreit am 08.05.1945 in Theresienstadt, TDB
53000 **HUN**	Grünfeld, Erzsbeth	08.08.1911 [‚Felschoderno‘]	Befreit am 08.05.1945 in Theresienstadt, TDB
53001 **HUN**	Grünfeld, Agnes	02.09.1930 [‚02.10.1926‘] Szátmar [‚Sadmar‘]	Befreit am 08.05.1945 in Theresienstadt, TDB
53002 **HUN**	Grünfeld, Gizella	01.05.1904 [‚01.05.1916‘] Nygwarod	Befreit am 08.05.1945 in Theresienstadt, TDB
53003 **HUN**	Goldstein, Klari	22.03.1928 22.07.1922 [‚Badchasa‘]	Befreit am 08.05.1945 in Theresienstadt, TDB
53004 **HUN**	Gottesmann, Rozsena [Ruzi]	12.11.1928 Ungwar [12.11.1926] [Uzhhorod]	Befreit am 08.05.1945 in Theresienstadt, TDB
53005 **HUN**	Gross, Eszter	20.09.1921 [‚Olschoborga‘]	Befreit am 08.05.1945 in Theresienstadt, TDB
53006 **HUN**	Grün, Margit F: vgl. 53007	28.03.1930 [‚28.07.1926‘] Marosvasarhely [‚Maroschwarch.‘]	Befreit am 08.05.1945 in Theresienstadt, TDB
53007 **HUN**	Grün, Ilus [Ilona] F: vgl. 53006	05.03.1928 [05.03.1924] Marosvasarhely [‚Maroschwarch.‘]	Befreit am 08.05.1945 in Theresienstadt, TDB
53008 **HUN**	Grün, Sara	27.12.1930 [27.12.1926] [‚Geryjodolghes‘]	Befreit am 08.05.1945 in Theresienstadt, TDB
53009 **HUN**	Halaschitz, Anna	20.02.1912 Carei Nagykaroly	Befreit am 08.05.1945 in Theresienstadt, TDB
53010 **HUN**	Hartstein [Herstein], Blanka [Elenka]	01.05.1914 [01.05.1922] Alsóhunkóc [‚Alschohunkoc‘]	Befreit am 08.05.1945 in Theresienstadt, TDB
53011 **HUN**	Heinrich, Helene	15.07.1929 [‚Kosarwar‘]	Befreit am 08.05.1945 in Theresienstadt, TDB
53012 **HUN**	Horowitz, Ilona [>Belané] [>Ilona Ferenczi] F: Halbschwester von 53012	‘19.06.20 Csepel’ 19.10.1920 Sátoraljaújhely [‚Schatoralicuhey‘] [Ghetto Monor, Pestszenterzsébet]	Befreit am 08.05.1945 in Theresienstadt, TDB SVHF 51826 Vgl. SVHF 51811 Vgl. DEGOB 1337 [?]

53013 **HUN**	Horowitz, Rozsi [>Miklósné] [>Rózsi Markovics] F: Halbschwester von 53012	20.07.1926 Sátoraljaújhely [,Schatoralicuhey‘] [Ghetto Sátoraljaúhely]	Befreit am 08.05.1945 in Theresienstadt, TDB SVHF 51811 Vgl. SVHF 51826
53014 **HUN**	Honig, [Hönig] Blanka	01.05.1913 29.04.1913 Alsóhunkóc [,Alschochunkoc‘]	Befreit am 08.05.1945 in Theresienstadt, TDB
53015 **HUN**	Heinrich Panna [Piri]	18.10.1927 [,18.10.1924‘] [,Kosarwar‘]	Befreit am 08.05.1945 in Theresienstadt, TDB
53016 **HUN**	Hecht, Helen	05.05.1925 [05.05.1924] Mesoband Mezobánd	Befreit am 08.05.1945 in Theresienstadt, TDB
53017 **HUN**	Horvath, Ica [Ilona]	11.06.1900 [11.06.1908] Begasendgy	Befreit am 08.05.1945 in Theresienstadt, TDB
53018 **HUN**	Hiller, Ilona	25.11.1899 [,28.11.1900‘] [,Görischbatag‘]	Befreit am 08.05.1945 in Theresienstadt, TDB
53019 **HUN**	Herz, Kornelia [Cornelia]	26.09.1916 26.09.1906 Szatmár R: Alesd	**Starb am 19.11.1944 in Hainichen** an „Nierenentzündung“ Abmeldung: 28.11.44 Beisetzung: 11.12.1944 Chemnitz 64b/240 ITS 2.2.2.5 / 77117641
53020 **HUN**	Hajmovics [Chajmovitz] Eva [>Eva Baron] [Durchgangslager] [Lager C Block 27]	21.04.1931 [21.04.1925] Horincovo [Herintsche] [Ghetto Chust]	Befreit am 08.05.1945 in Theresienstadt, TDB SVHF 51215; [Fotos] Freie Universität Berlin zwangsarbeit-archiv.de Transkript za562
53021 **HUN**	Herkovics, Maria Manci	21.03.1922 24.03.1922 Máramarossziget ‚Maromaroschiget‘	Befreit am 08.05.1945 in Theresienstadt, TDB
53022 **HUN**	Herkovics, Zserena	11.09.1912 Cizcer	Befreit am 08.05.1945 in Theresienstadt, TDB
53023 **HUN**	Herkovics, [Feher] Rizsi [Rosalie]	28.06.1917 08.06.1919 [,Uikemence‘]	Befreit am 08.05.1945 in Theresienstadt, TDB
53024 **HUN**	Herkovics, Sarolta	26.07.1904 Sobran [Sobranz] [Sobrance]	Befreit am 08.05.1945 in Theresienstadt, TDB

53025 HUN	Herkovics, Martha [Magda]	16.10.1929 [‚26.10.1926‘] [‚Kegsedmarton‘]	Befreit am 08.05.1945 in Theresienstadt, TDB
53026 HUN	Herschkovics Sz. [Szeren?] [Durchgangslager] [C Block 29]	22.02.1913 Rikopa [‚Brigibo‘] [Ghetto Uzhorod]	Befreit am 08.05.1945 in Theresienstadt, TDB DEGOB 1303 vom 04.07.1945
53027 HUN	Herschkovics, Roze F: vgl. 53028, 53029	24.12.1928 [‚24.12.1925‘] Botfalwa Botfalva	Befreit am 08.05.1945 in Theresienstadt, TDB
53028 HUN	Herschkovics, Man. [Margit] F: vgl. 53027, 53029	28.08.1929 [‚18.08.1924‘] Botfalwa Botfalva	Befreit am 08.05.1945 in Theresienstadt, TDB
53029 HUN	Herschkovics, Cila F: vgl. 53027, 53028	28.08.1930 [‚29.08.1925‘] Botfalwa Botvalva	Befreit am 08.05.1945 in Theresienstadt, TDB
53030 HUN	Israel, Szara	14.01.1901 [‚14.12.1906‘] [‚Bogdauhasa‘]	Befreit am 08.05.1945 in Theresienstadt, TDB
53031 HUN	Izsak, Leona	15.05.1928 [‚15.05.1925‘] Bigsan	Befreit am 08.05.1945 in Theresienstadt, TDB
53032 HUN	Izsak, Veronika	15.03.1922 10.08.1921 Bigsan	Befreit am 08.05.1945 in Theresienstadt, TDB
53033 HUN	Jakobovits, *Weber Dora	11.12.1928 11.12.1920 Cojan =? Mezökajàn [‚Mesrkaryam.‘]	Befreit am 08.05.1945 in Theresienstadt, TDB
53034 HUN	Jakobovits, Ibolya F: vgl. 53035	21.12.1921 [‚Nedisaniogy‘]	Befreit am 08.05.1945 in Theresienstadt, TDB
53035 HUN	Jakobovits, Iren	16.05.1920 [‚Nedisaniogy‘]	Befreit am 08.05.1945 in Theresienstadt, TDB
53036 HUN	Jakobowics, Lea [Gisela]	28.12.1915 13.12.1918 Bajok	Befreit am 08.05.1945 in Theresienstadt, TDB
53037 HUN	Jakubowics, Helena Ilona [>Hanna Klopott] F: Schwester v. 53038	11.10.1922 Cop [‚11.10.1921‘] „Csok“ [‚Bajok‘] [Zeilensprung] [Ghetto Uzhorod]	Befreit am 08.05.1945 in Theresienstadt, TDB SVHF 185
53038 HUN	Jakobowics, Margit [>Malka Herskovitz] F: Schwester v. 53037	19.01.1930 [19.01.1925] Csok [Ghetto Uzhorod]	Befreit am 08.05.1945 in Theresienstadt, TDB Vgl. SVHF 185

53039 **HUN**	Kalus [,Kallos'], Jolan [Joli] [,Jente Kalush'] F: Schwester v. 53039	1927 [,15.05.1925'] [,Csok'] Rjapid [Zeilensprung] [Ghetto Mukacevo]	Befreit am 08.05.1945 in Theresienstadt, TDB Vgl. SVHF 24030
53040 **HUN**	Kalus [,Kallos'], Edith [Edita] [>Edith Schwartz] F: Schwester v. 53040	17.03.1926 [,16.03.1903'] Rjapid [,Rebede'] [Ghetto Mukacevo]	Befreit am 08.05.1945 in Theresienstadt, TDB SVHF 24030
53041 **HUN** **ROM**	Karp, Magda F: Schwester v. 53042 F: Schwester v. 53043 F: Tochter v. 53044 [Durchgangslager]	27.11.1924 Cluj [,Rebede'] [Zeilensprung bei der Ortsangabe]	Befreit am 08.05.1945 in Theresienstadt, TDB Vgl. B162/9067 S.62f.
53042 **HUN** **ROM**	Karp, Ibolya [Grizicki] [Zuckermandel] [>Chana Roth] F: Schwester v. 53041 F: Schwester v. 53043 F: Tochter v. 53044 [Durchgangslager]	16.06.1926 Cluj [Kalosswar]	Befreit am 08.05.1945 in Theresienstadt, TDB B162/9067 S.62f VP vom 09.09.1968 PWR: Tel Aviv
53043 **HUN** **ROM**	Karp, Roszi [>Rosalia Izsák] F: Schwester v. 53041 F: Schwester v. 53042 F: Tochter v. 53044 [Durchgangslager]	23.07.1921 Kluj [Kolosswar]	Befreit am 08.05.1945 in Theresienstadt, TDB B 162 / 9069 S.323ff. Vgl. B162/9067 S.62f PWR: Giwat Jeshajahu
53044 **HUN** **ROM**	Karp, Eszti F: Mutter v. 53041 F: Mutter v. 53042 F: Mutter v. 53043 [Durchgangslager]	24.06.1897 Cluj [16.07.1900] [Kalosswar]	Befreit am 08.05.1945 in Theresienstadt, TDB Vgl. B162/9067 S.62f
53045 **HUN**	Katz, Regina	20.08.1927 [,20.12.1926'] [,Meseormnesch.']	Befreit am 08.05.1945 in Theresienstadt, TDB
53046 **HUN** **[CZE]**	Katz, Seren [>Seren Blumenfeld]	25.01.1926 Dubove [25.01.1925] [,Awaschuifalu']	Befreit am 08.05.1945 in Theresienstadt, TDB B162/9068, S.202ff. VP vom 25.09.1969 PWR: Los Angeles

53047 HUN	Krauss, Edith	08.09.1927 [08.09.1926] [‚Awaschuifalu‘]	Befreit am 08.05.1945 in Theresienstadt, TDB
53048 HUN	Kraus, Anna [Annemarie]	26.08.1930 [26.08.1927] [‚Damb‘]	Befreit am 08.05.1945 in Theresienstadt, TDB
53049 HUN	Kraus, Irene	06.12.1908 26.12.1908 Györ	Befreit am 08.05.1945 in Theresienstadt, TDB
53050 HUN	Kellner, Iren	26.05.1916 [‚Neugyotal‘]	Befreit am 08.05.1945 in Theresienstadt, TDB
53051 HUN	Koffer [Kofler], Klara	30.10.1928 [30.10.1926] Kisvárda [‚Kischwarda‘]	Befreit am 08.05.1945 in Theresienstadt, TDB
53052 HUN	Kohn, Eva	24.04.1929 [‚26.04.1925‘] [‚Nibeschit‘]	Befreit am 08.05.1945 in Theresienstadt, TDB
53053 HUN	Kovacs [Kovass], Rosza	02.08.1918 [‚Remetewajogh.‘]	Befreit am 08.05.1945 in Theresienstadt, TDB
53054 HUN	Kirschenbaum, Magda	11.11.1922 [11.11.1923] ‚Eleschd‘ = Alesd ?	Befreit am 08.05.1945 in Theresienstadt, TDB
53055 HUN	Kiselstein, Margit [Manci]	20.05.1925 [Kosarwar]	Befreit am 08.05.1945 in Theresienstadt, TDB
53056 HUN	Kiselstein [Kiszerstein], Cila	15.04.1918 [‚Moschoin‘]	Befreit am 08.05.1945 in Theresienstadt, TDB
53057 HUN	Kiselstein [Koszerstein], Maria F: vgl. 53059	05.03.1923 [‚Bagala‘]	Befreit am 08.05.1945 in Theresienstadt, TDB
53058 HUN	Kiselstein [Kiszerstein], Lotte	09.06.1911 09.07.1911 Galgo	Befreit am 08.05.1945 in Theresienstadt, TDB
53059 HUN	Blau [Kiczerstein], Wilma F: vgl. 53057	25.09.1910 25.08.1910 [Bogala]	Befreit am 08.05.1945 in Theresienstadt, TDB
53060 HUN	Klein / Posner, Sara F: vgl 53061	16.08.1915 [‚Hoscbay‘]	Befreit am 08.05.1945 in Theresienstadt, TDB
53061 HUN	Klein, Edith F: vgl. 53060	12.11.1929 [‚10.05.1928‘] [‚Hoscbay‘]	Befreit am 08.05.1945 in Theresienstadt, TDB

53062 HUN	Klein, Helena F: vgl. 53063	10.09.1926 10.10.1926 [‚Neulgrisch']	Befreit am 08.05.1945 in Theresienstadt, TDB
53063 HUN	Klein, Olga F: vgl. 53064	07.09.1929 [‚07.08.1928'] [‚Neulgrisch']	Befreit am 08.05.1945 in Theresienstadt, TDB
53064 HUN	Klein, Ilonka [>Ilonka F. Bergman]	08.08.1928 [‚08.05.1927'] [‚Seretge']Szeredne	Befreit am 08.05.1945 in Theresienstadt, TDB
53065 HUN	Klein, Klara	21.08.1924 21.08.1923 [‚Dunausekjö']	Befreit am 08.05.1945 in Theresienstadt, TDB
53066 HUN	Klein, Gisela	07.04.1900 [07.04.1909] ‚Sombo'= Sombor?	Befreit am 08.05.1945 in Theresienstadt, TDB
53067 HUN	Klein, Lenke	26.10.1925 [‚Brikopa']	Befreit am 08.05.1945 in Theresienstadt, TDB
53068 HUN	Klein, Erzsi [Elisabeth] F: Schwester v. 53069	14.06.1921 [15.06.1921] [‚Koksemata'] [Ghetto Szatmár]	Befreit am 08.05.1945 in Theresienstadt, TDB Vgl.B162/9069 S.302f. PWR: Haifa
53069 HUN	Klein, Jenny [>Ridel] F: Schwester v. 53068	29.03.1918 Szatmar [‚29.03.1920'] [‚Koksemata'] [Ghetto Szatmár]	Befreit am 08.05.1945 in Theresienstadt, TDB B 162 / 9069 S.302f. VP vom 21.12.1969 PWR: Haifa
53070 HUN	Kramer, Jolan F: vgl. 53071, 53072	21.12.1923 [‚21.12.1918'] [‚Marwschludasch']	Befreit am 08.05.1945 in Theresienstadt, TDB
53071 HUN	Kremer, Giza F: vgl. 53070, 53072	16.06.1919 [‚16.06.1916'] [‚Marwschludasch']	Befreit am 08.05.1945 in Theresienstadt, TDB
53072 HUN	Kremer, Fegi F: vgl. 53070, 53071	04.04.1921 [‚04.03.1917'] [‚Marwschludasch']	Befreit am 08.05.1945 in Theresienstadt, TDB
53073 HUN	Kornhauser, Janka	27.10.1907 27.11.1907 [‚Hejoschaba']	Befreit am 08.05.1945 in Theresienstadt, TDB
53074 HUN	Knöpfer, Hedi [Hedwig]	04.12.1920 05.12.1920 Szátmár [‚Sadmar']	Befreit am 08.05.1945 in Theresienstadt, TDB
53075 HUN	Königsbach, Regina [>Regina Hoffman] F: Schwester v. 53075 [Durchgangslager]	24.01.1920 Seredne 24.01.1922 [Ghetto Mukacevo]	Befreit am 08.05.1945 in Theresienstadt, TDB Vgl. SVHF 14552

53076 HUN	Königsbach , Lea [Lily] [>Lillian Saunders] F: Schwester v. 53075 [Durchganslager]	07.07.1929 [07.06.1926] Mukacevo [,Mungkatsch‘] [Ghetto Mukacevo]	Befreit am 08.05.1945 in Theresienstadt, TDB SVHF 14552 05.06.1996
53077 HUN	Kronovic [Karonovicz], [Edita] Edith [>Weissmann] F: Schwester v. 53078	02.11.1929 [02.11.1926] Sobran [Sobranz] Ghetto Uzhorod	Befreit am 08.05.1945 in Theresienstadt, TDB SVHF 26998
53078 HUN	Kronovic [Karonovicz], Erzsebet [>Betty Feld] F: Schwester v. 53077	26.06.1928 [26.06.1926] Sobran [Sobranz] Ghetto Uzhorord	Befreit am 08.05.1945 in Theresienstadt, TDB Vgl. SVHF 26998
53079 HUN	Krug [Kruk], Helen F: vgl. 53080	18.08.1920 18.08.1916 [,Velschewischa‘]	Befreit am 08.05.1945 in Theresienstadt, TDB
53080 HUN	Krug [Kruk], Zseni F: vgl. 53079	23.12.1922 16.12.1922 [,Golozasch‘] [Zeilensprung?]	Befreit am 08.05.1945 in Theresienstadt, TDB
53081 HUN	Kohn, Rozsi F: vgl. 53082	24.08.1916 27.08.1916 [[Golozasch?]] [Lücke wegen Zeilensprung?]	Befreit am 08.05.1945 in Theresienstadt, TDB
53082 HUN	Kohn, Iren F: vgl. 53081	20.04.1911 [,Golozasch‘]	Befreit am 08.05.1945 in Theresienstadt, TDB
53083 HUN	Kohn, Piroska	20.02.1916 [,Gawo‘]	Befreit am 08.05.1945 in Theresienstadt, TDB
53084 HUN	Lang, Sara	12.09.1917 12.10.1917 [,Kischewischa‘]	Befreit am 08.05.1945 in Theresienstadt, TDB
53085 HUN	Lazar, Sara F: vgl. 53086	20.05.1922 20.05.1921 Szentpéterszeg [,Sentbeterseg‘]	Befreit am 08.05.1945 in Theresienstadt, TDB
53086 HUN	Lazar, Erzsebet F: vgl. 53085	05.06.1919 05.07.1914 Szentpéterszeg [,Sentbeterseg‘]	Befreit am 08.05.1945 in Theresienstadt, TDB
53087 HUN	Lichtstein, Lichtenstein Ella F: Tochter von 53088	20.12.1932 [,30.12.1926‘] [,Husc‘]	Befreit am 08.05.1945 in Theresienstadt, TDB Vgl. Eva Baron
53088 HUN	Lichtstein, Lichtenstein Rozsi F: Mutter von 53087	16.01.1910 [16.01.1916] [,Husc‘]	Befreit am 08.05.1945 in Theresienstadt, TDB

53089 HUN	Lövy Sugar, Adolfine	11.08.1905 14.08.1905 [‚Nipest‘] Ujpest	Befreit am 08.05.1945 in Theresienstadt, TDB
53090 HUN	Löwy [Lövy] Elisabeth [>Weiss]	15.02.1905 Cluj 15.02.1908 15.02.1910 [‚Kaoloschwar‘]	Befreit am 08.05.1945 in Theresienstadt, TDB Vgl. B162/9067 S.64 PWR: Tel Aviv
53091 HUN	Löwy [Lövy], Sara F: vgl. 53092	08.07.1922 [‚Neutschkarei‘]	Befreit am 08.05.1945 in Theresienstadt, TDB
53092 HUN	Löwy [Lövy], Eta F: vgl. 53091	01.11.1916 01.12.1916 [‚Neutschkarei‘]	Befreit am 08.05.1945 in Theresienstadt, TDB
53093 HUN [CZE]	Lebowicz [Livovits], Paula [>Paula Steinmez] F: Sarah Sosnovits	03.07.1920 Trnava (‚Tarnow‘) [‚Kökönesch‘] [Dep.: Budakalász]	Befreit am 08.05.1945 in Theresienstadt, TDB SVHF 7204 PWR: Haifa
53094 HUN	Lebowicz [Lebovits] Ewa [Eva] F: Schwester v. 53093?	10.11.1923 [‚Kökönesch‘]	Befreit am 08.05.1945 in Theresienstadt, TDB Vgl. B162/9067 S.31 Vgl. SVHF 7204 ?
53095 HUN	Lazarovicz, Jetta	26.07.1905 [‚Homona‘]	Befreit am 08.05.1945 in Theresienstadt, TDB
53096 HUN	Lebowicz, Sara F: Schwester v. 53093?	04.06.1930 [‚04.04.1927‘] [Alschotsalascha‘]	Befreit am 08.05.1945 in Theresienstadt, TDB Vgl. SVHF 7204 ?
53097 HUN	Lebowicz, Malwin	28.11.1913 [‚Neutgoitasch‘]	Befreit am 08.05.1945 in Theresienstadt, TDB
53098 HUN	Lebowicz, Amalia	23.03.1923 23.12.1923 [‚Roschna‘]	Befreit am 08.05.1945 in Theresienstadt, TDB
53099 HUN	Lichtmann, Ita F: vgl. 53100	27.07.1927 [‚Erdöl‘]	Befreit am 08.05.1945 in Theresienstadt, TDB
53100 HUN	Lichtmann [Lischtmann], Roszi F: vgl. 53099	20.05.1924 24.05.1924 [‚Erdöl‘]	Befreit am 08.05.1945 in Theresienstadt, TDB
53101 HUN	Müller Neumann, Elisabeth Bezsi	15.04.1914 [15.04.1918] [‚Schoprenlek‘]	Befreit am 08.05.1945 in Theresienstadt, TDB
53102 HUN	Müller Oermin, Rozsi Rosa	22.06.1907 [‚Delrenen‘]	Befreit am 08.05.1945 in Theresienstadt, TDB

53103 HUN	Müller [Möller], Sara	15.05.1904 [15.05.1910] [‚Meusin']	Befreit am 08.05.1945 in Theresienstadt, TDB
53104 HUN	Markusz, Falerie [Vali]	28.07.1928 [‚28.06.1924'] [‚Neutschwarad']	Befreit am 08.05.1945 in Theresienstadt, TDB
53105 HUN	Meer Leby [Löwy], Franziska	24.07.1922 24.07.1918 Budapest	Befreit am 08.05.1945 in Theresienstadt, TDB
53106 HUN	Marthazei [Messey], Erzsebet	02.08.1912 ‚Eleschtt'= Alesd?	Befreit am 08.05.1945 in Theresienstadt, TDB
53107 HUN	Mermelstein, Fani [F: vgl. 53111]	10.07.1922 [‚Dusina']	Befreit am 08.05.1945 in Theresienstadt, TDB
53108 HUN	Markowisz, Margit	05.02.1918 [‚Berigvwa']	**Schicksal ungeklärt**
53109 HUN	Moskowicz Pepi [>Josephine Weisz] F: Ruchel Moskowicz	13.11.1929 [‚06.02.1926'] Chust [‚Hust'] [Ghetto Chust]	Befreit am 08.05.1945 in Theresienstadt, TDB SVHF 20045
53110 HUN	Moldowan, Ilona	25.10.1925 26.10.1924 Marmaros-Sziget ‚Maromaroschiget'	Befreit am 08.05.1945 in Theresienstadt, TDB
53111 HUN	Mermelstein, Edith F: vgl. 53107	26.02.1929 [26.02.1924] [‚Dusina']	Befreit am 08.05.1945 in Theresienstadt, TDB
53112 HUN	Mittelmann, Berta	26.12.1904 [26.12.1911] [‚Estey']	Befreit am 08.05.1945 in Theresienstadt, TDB
53113 HUN	Neumann, *Milder Luisa [Luiza]	28.05.1902 [‚1904'] Sobran [Sobranz]	Befreit 1945 Ort unbekannt ITS TD 177444
53114 HUN	Nußbaum, Risa	18.02.1920 Retteg [Reteag]	Befreit am 08.05.1945 in Theresienstadt, TDB
53115 HUN	Osterreicher, Marie	28.06.1918 [‚28.06.1920'] ‚Elescht' = Alesd	Befreit am 08.05.1945 in Theresienstadt, TDB
53116 HUN	Pollak, Helen [>Soldan] [>Helena Roth]	15.07.98 Ruskowa [‚15.07.1908'] [‚Wischrowschi']	Befreit am 08.05.1945 in Theresienstadt, TDB ITS TD 340737
53117 HUN	Preisler, Bella	27.03.1927 [‚24.03.1924'] ‚Ragoschizfaborak'	Befreit am 08.05.1945 in Theresienstadt, TDB
53118 HUN	Prerau [Preron], Miriam	03.03.1909 [‚Kizeielmec']	Befreit am 08.05.1945 in Theresienstadt, TDB

53119 **HUN**	Pucovan, Olga	12.10.1914 [‚Romansendmik.‘] Roman Szentmiklos	Befreit am 08.05.1945 in Theresienstadt, TDB
53120 **HUN**	Polak, Rezi	10.05.1920 [‚Wiscorosi‘]	Befreit am 08.05.1945 in Theresienstadt, TDB
53121 **HUN**	Perl, Helen [>ChanaSteinberger]	07.07.1925 Kreczest [‚Kratschfallu‘]	Befreit am 08.05.1945 in Theresienstadt, TDB Vgl. B 162/9067 S.65f. VP vom 18.09.1968 PWR: Bat Jam
53122 **HUN**	Perl, Frieda	08.03.1918 08.03.1921 Balatschkomoroz	Befreit am 08.05.1945 in Theresienstadt, TDB
53123 **HUN**	Perl, Margit	14.05.1916 14.04.1918 Balatschkomoroz	Befreit am 08.05.1945 in Theresienstadt, TDB
53124 **HUN**	Reismann, [Reizmann] Olga F: Dr. Zoltan Reizmann	01.09.1923 Budapest	**Starb 1945** **in Hainichen** Abmeldung: 20.03.45 ITS TD 378829
53125 **HUN**	Ritter, Gisi F: vgl. 53126, 53127, 53128	15.01.1917 Mesoladan	Befreit am 08.05.1945 in Theresienstadt, TDB
53126 **HUN**	Ritter, Cili Cecilia F: vgl. 53125, 53127, 53128	21.10.1921 20.10.1921 Mesoladan	Befreit am 08.05.1945 in Theresienstadt, TDB
53127 **HUN**	Ritter, Ina Rezsi F: vgl. 53125, 53126, 53128	16.03.1915 15.03.1915 Mesoladan	Befreit am 08.05.1945 in Theresienstadt, TDB
53128 **HUN**	Ritter, Malvin F: vgl. 53125, 53126, 53127	12.02.1915 [12.02.1916] Mesoladan	Befreit am 08.05.1945 in Theresienstadt, TDB
53129 **HUN**	Ringer [Ringel], Ilona	24.02.1908 [‚23.02.1912‘] [Bogata‘]	Befreit am 08.05.1945 in Theresienstadt, TDB
53130 **HUN**	Rosenthal, Charlotte Sarolta	31.12.1907 [31.12.1916] [‚Beregschon‘]	Befreit am 08.05.1945 in Theresienstadt, TDB
53131 **HUN**	Rosenberg, Sara	04.03.1927 [‚Dipowaroja‘]	Befreit am 08.05.1945 in Theresienstadt, TDB
53132 **HUN**	Rosenfeld, Else	15.04.1909 [15.04.1910] [‚Newilzge‘]	Befreit am 08.05.1945 in Theresienstadt, TDB

53133 HUN	Rosner, Eta	28.08.1912 [‚Krscha‘]	Befreit am 08.05.1945 in Theresienstadt, TDB
53134 HUN	Rosmann, Ester F: vgl. 53135	18.03.1927 [18.03.1922] Mukacevo [‚Mungatsch‘]	Befreit am 08.05.1945 in Theresienstadt, TDB
53135 HUN	Rosmann, Sidonia F: vgl. 53134	15.03.1917 07.03.1918 Munkács [‚Mungatsch‘]	Befreit am 08.05.1945 in Theresienstadt, TDB
53136 HUN	Rosenbaum, Klara [> Towah Karni]	10.08.1926 Ungwar [Uschhorod] [Ghetto Uzhorod]	Befreit am 08.05.1945 in Theresienstadt, TDB SVHF 22355
53137 HUN	Richter, Teres	11.02.1920 11.02.1922 ‚Felschöschegeschl.	Befreit am 08.05.1945 in Theresienstadt, TDB
53138 HUN	Rosner, Olga [Helga] [>Chana Bar-Yasha]	01.02.1932 [‚01.02.1926‘] Uzhorod[‚Ungwar‘] [Ghetto Uzhorod]	Befreit am 08.05.1945 in Theresienstadt, TDB SVHF 40139 [Holocaustspeaker]
53139 HUN	Roth, [Lazarowitz] Ita [Ida]	29.04.1906 [‚28.04.1908‘] [‚Samoschts.‘]	Befreit am 08.05.1945 in Theresienstadt, TDB
53140 HUN	Roth, Margit [Margarete] [>Hittner]	30.08.1903 Sopron [‚30.08.1906‘] [‚Schobran‘]	Befreit am 08.05.1945 in Theresienstadt, ITS TD 513009
53141 HUN	Rosenberg, Irma F: vgl. 53142	09.02.1931 [‚09.01.1926‘] Szátmár [‚Sodmar‘]	Befreit am 08.05.1945 in Theresienstadt, TDB
53142 HUN	Rosenberg, Eva F: vgl. 53141	05.10.1924 Szátmár [‚Sodmar‘]	Befreit am 08.05.1945 in Theresienstadt, TDB
53143 HUN	Rosenberg, *Katz Maria [Mariska]	21.07.1913 21.06.1913 [‚Biharbischhege‘]	Befreit am 08.05.1945 in Theresienstadt, IST TD 974516
53144 HUN	Rosenberg, Irene	04.06.1928 [‚Üllö‘]	Befreit am 08.05.1945 in Theresienstadt, TDB
53145 HUN	Spiro, Iren	11.03.1923 ‚Elscht‘ = Alesd ?	Befreit am 08.05.1945 in Theresienstadt, TDB
53146 HUN	Sandor, Adele	06.05.1925 [06.05.1923] [‚Enutschilbwa‘]	Befreit am 08.05.1945 in Theresienstadt, TDB
53147 HUN	Salomon, *Weinberger Ella [>Arabela Herman]	01.03.1917 Budapest [Ghetto Satu Mare]	Befreit am 08.05.1945 in Theresienstadt, TDB B 162/9069 S.356f. VP vom 27.01.1970 PWR: Akko / Israel

53148 **HUN**	Salamon, Iren [>Zipora Iren Perl]	19.09.1928 Balkan [‚27.09.1922‘] [‚Malschgoala‘]	Befreit am 08.05.1945 in Theresienstadt, TDB PWR: Chedera
53149 **HUN**	Salamon, Helen F: vgl. 53148	06.11.1918 10.11.1918 [‚Bolkan‘][Balkan]	Befreit am 08.05.1945 in Theresienstadt, TDB PWR: Chedera Schikun
53150 **HUN**	Salamon, *Mayer Malvin [Durchgangslager] [Krankenpflegerin]	14.12.1901 [‚14.12.1907‘] Sintereag [‚Schumkereg‘]	Befreit am 08.05.1945 in Theresienstadt, TDB B 162/9069 S.354f. VP vom 20.01.1970 PWR: Jerusalem
53151 **HUN**	Salamon, Magda	15.10.1926 Sobram [Sobranz]	**Schicksal ungeklärt**
53152 **HUN**	Salamon [>Fülöp], Rozsi [>Rosalia Porat] F: Schwester v. 53154 F: Tochter v. 53153 [Durchgangslager]	02.06.1920 Ciglean 17.05.1921 [17.05.1920] [‚Schklen‘]	Befreit am 08.05.1945 in Theresienstadt, TDB B 162/9070 S.489f. VP vom 23.11.1970 PWR: Tel Aviv
53153 **HUN**	Salamon, *Berkovits Magda F: Mutter von 53152 F: Mutter von 53154 [Durchgangslager]	14.03.1902 [‚14.04.1906‘] Ciglean b. Jibou [‚Schklen‘] [Ghetto Cluj]	Befreit am 08.05.1945 in Theresienstadt, TDB vgl. B 162/9070 S.484ff. ITS TD 207622
53154 **HUN**	Salamon, Ibolya [>Ibolia Viorica Dawid-Salomon] [>Viorica David] F: Tochter von 53153 F: Schwester v. 53152 [Durchgangslager]	24.11.1924 Cluj [‚06.11.1924‘] Kluj [‚Koloschwar‘]	Befreit am 08.05.1945 in Theresienstadt, TDB B 162/9070 S.484ff. VP vom 16.11.1970 PWR: Tel Aviv
53155 **HUN**	Samuel, Sarolta	25.01.1903 [25.01.1905] [‚Kleschd‘] Alesd?	Befreit am 08.05.1945 in Theresienstadt, TDB
53156 **HUN**	Steinberg [Stamberg], *Malka Ganz Margit [>Malka Leyst] [Leist]	01.07.22 Alsoviso 15.07.27 [15.07.22] Unterwischau [‚Olschwischo‘] [Ghetto Satu Mare]	Befreit am 08.05.1945 in Theresienstadt, TDB SVHF 44338 [?]
53157 **HUN**	Smilanski, Erzi	01.01.1927 30.12.1926 [‚Bolkam‘] [‚Bolkani‘]	Befreit am 08.05.1945 in Theresienstadt, TDB

53158 HUN	Salamonovics, Gizi F: vgl. 53159	26.07.1929 [26.07.1927] Ungwar [Uzhgorod]	Befreit am 08.05.1945 in Theresienstadt, TDB
53159 HUN	Salamonovics, Er. F: vgl. 53158	19.11.1930 [19.11.1928] Ungwar [Uschgorod]	Befreit am 08.05.1945 in Theresienstadt, TDB
53160 HUN	Silber, Lili	28.03.1927 [28.03.1923] [,Schadozuchery']	Befreit am 08.05.1945 in Theresienstadt, TDB
53161 HUN	Silbermann, Adele	15.05.1924 [,Nieferkerdo']	Befreit am 08.05.1945 in Theresienstadt, TDB
53162 HUN	Sved Lebovicz, Frida [Fenny]	10.11.1908 [10.11.1909] [,Eeketeuhto']	Befreit am 08.05.1945 in Theresienstadt, TDB
53163 HUN	Scheer, Magda [Malvin]	21.01.1927 [,21.01.1924'] Szatmár [,Sagmar']	Befreit am 08.05.1945 in Theresienstadt, TDB
53164 HUN	Szekely, Kato	13.10.1901 [13.10.1904] Örkény [,Orkeny']	Befreit am 08.05.1945 in Theresienstadt, TDB
53165 HUN	Schwarz, Helen F: vgl. 53167	27.11.1928 [,23.11.1925'] [,Halotasch']	Befreit am 08.05.1945 in Theresienstadt, TDB
53166 HUN	Schwarz, Judith	10.08.1928 [,10.08.1925'] [,Herstkense']	Befreit am 08.05.1945 in Theresienstadt, TDB
53167 HUN	Schwarz, Dora F: vgl. 53165	27.10.1926 [,Galotasch']	Befreit am 08.05.1945 in Theresienstadt, TDB
53168 HUN	Schwarz, Etel	18.03.1905 [,15.03.1908'] [,Reschzce']	Befreit am 08.05.1945 in Theresienstadt, TDB
53169 HUN	Schwarz, Sara	24.08.1914 24.04.1914 [,Gyergo']	Befreit am 08.05.1945 in Theresienstadt, TDB
53170 HUN	Schönberger Ullmann, Ilona	24.06.1911 [24.06.1914] Szatmár [,Satmar']	Befreit am 08.05.1945 in Theresienstadt, TDB

53171 HUN	Schönberg [Szejnberg] Miriam [,Miariam‘] F: Tochter von 53172 F: Schwester v. 53173	10.11.1928 [,1933‘] [10.11.1926] [1929] [,Lobezy‘] [Lupeni?] Dep: Sovata Mures Szovata	**Starb am 31.05.1945 nach der Befreiung in Theresienstadt** végelgyengülés = Schwäche/Erschöpfung TDB, PoT YV u.a.vom 17.02.1957 & 28.07.99 der Schwester Rifka YV Item ID: 2029131 YV Item ID: 3946339 YV Item ID: 1300847 ITS TD 672014
53172 HUN	Schönberg, *Ausch Bertha [Bracha] F: Mutter von 53171 F: Mutter von 53173	(03.09.1905) [,03.11.1906‘] Olaszliszka [,Olaslisza‘] Dep.: Sovata	Befreit am 08.05.1945 in Theresienstadt, TDB Vgl. PoT YV
53173 HUN	Schönberg, Rena [>Rifka Schreiber?] [>Rifka Mittelman?] F: Tochter von 53172 F: Schwester v. 53171	07.09.1927 [07.09.1926] [,Lubeny‘] [Lupeni ?] Dep.: Sovata	Befreit am 08.05.1945 in Theresienstadt, TDB Submitter of PoT YV? YV Item ID: 2029131 YV Item ID: 1300847 YV Item ID: 3946339
53174 HUN	Sporn, Piri	13.12.1929 [,12.12.1926‘] [,Felscho‘]	Befreit am 08.05.1945 in Theresienstadt, TDB
53175 HUN	Sporn, Szerena	10.10.1909 [,Nagykawl‘]	Befreit am 08.05.1945 in Theresienstadt, TDB
53176 HUN	Stern, Jolan F: vgl. 53179	17.06.1932 [,17.06.1926‘] [,Bortorschog‘]	Befreit am 08.05.1945 in Theresienstadt, TDB
53177 HUN	Stern, Helen	21.01.1924 21.01.1923 [,Sarilorwar‘]	Befreit am 08.05.1945 in Theresienstadt, TDB
53178 HUN	Stern, Piroska	15.11.1909 (15.11.1913) Chust [,Husc‘]	Befreit am 08.05.1945 in Theresienstadt, TDB
53179 HUN	Stern, Iren F: vgl. 53176	27.01.1900 [,27.01.1904‘] [,Borsorschek‘]	Befreit am 08.05.1945 in Theresienstadt, TDB
53180 HUN	Steiner, Judith F: vgl, 53181	28.02.1924 (28.02.1921) Örkény [,Örken‘]	Befreit am 08.05.1945 in Theresienstadt, TDB
53181 HUN	Steiner, Bertha [Berta] F: vgl. 53180	[,27.05.1909‘] Örkény [,Orken‘]	**Schicksal ungeklärt**

53182 HUN	Schön, Emilia [Lilly]	07.11.1928 [‚07.11.1925‘] Kralovsky Chlmec Kiralyhelmec [‚Kiraikelmes‘]	Befreit am 08.05.1945 in Theresienstadt, TDB
53183 HUN	Schön, Szeren	24.03.1905 [‚04.03.1914‘] [‚Wamoschuif.‘]	Befreit am 08.05.1945 in Theresienstadt, TDB
53184 HUN	Adler, Pesi [>Pessie Muller]	29.05.1926 Saldobos [Zeilensprung] ['18.03.1912'] [‚Hust‘] [Ghetto Chust]	Befreit am 08.05.1945 in Theresienstadt, TDB SVHF 4073 Vgl. SVHF 20045
53185 HUN	Singer, Gizella	18.03.1906 [Zeilensprung] ['13.05.1908'] [‚Schard‘]	Befreit am 08.05.1945 in Theresienstadt, TDB
53186 HUN	Tessler, Rozsi	13.05.1912 [Zeilensprung] ['21.07.1914'] [‚Sarwasa‘]	Befreit am 08.05.1945 in Theresienstadt, TDB
53187 HUN	Tusak, Wilma	21.07.1904 [Zeilensprung] ['13.02.1922'] [‚Orkien‘]=Örkény?	Befreit am 08.05.1945 in Theresienstadt, TDB
53188 HUN	Tratner, Boris [Borbala]	13.11.1929 [Zeilensprung] ['11.02.1910'] Bolwalwa	Befreit am 08.05.1945 in Theresienstadt, TDB
53189 HUN	Takacs, Edith	11.10.1902 [Zeilensprung] ['15.06.1913'] [‚Lib.Schd.Mikol.‘] Liptovsky Mikulas Liptó Szent Miklós	Befreit am 08.05.1945 in Theresienstadt, TDB
53190 HUN	Unterberger, Szer. [Szerena]	15.07.1913 [Zeilensprung] ['27.06.1915'] [‚Magyarnem.‘]	Befreit am 08.05.1945 in Theresienstadt, TDB
53191 HUN	Wassermann , Ita	27.06.1915 [Zeilensprung] ['25.12.1915'] [‚Schargermil.‘]	Befreit am 08.05.1945 in Theresienstadt, TDB

53192 HUN	Weißmann, Barbara [Boris]	24.12.1910 [Zeilensprung] ['06.05.1913'] [,Sobran'] Sobranz	Befreit am 08.05.1945 in Theresienstadt, TDB
53193 HUN	Wetzberger, Ilona	06.05.1913 [Zeilensprung] ['25.02.1918'] [,Bösetuifala']	Befreit am 08.05.1945 in Theresienstadt, TDB
53194 HUN	Weingarten, Fanny	15.01.1925 [Zeilensprung] ['29.04.1921'] [,Mischtarwolwa']	Befreit am 08.05.1945 in Theresienstadt, TDB
53195 HUN	Weingarten, Cili	29.04.1930 [Zeilensprung] ['25.12.1916'] [,Eberösch']Eperjes	Befreit am 08.05.1945 in Theresienstadt, TDB
53196 HUN	Berkowicz [Welkovics], Erzebet [Elisabeth V.]	25.12.1906 Eperjes [= Presov] [Zeilensprung] ['07.03.1921'] [,Botjan'] [Ghetto Ungwár] [=Ghetto Uzhorod]	Befreit am 08.05.1945 in Theresienstadt, TDB DEGOB 1182
53197 HUN	Weiser, Sidonia	07.03.1921 [Zeilensprung] ['25.10.1909'] [,Moinscht']	Befreit am 08.05.1945 in Theresienstadt, TDB
53198 HUN	Wieder [Widder], Rosa	15.01.1904 [Zeilensprung] ['15.05.1921'] [,Sobran'] Sobranz	Befreit am 08.05.1945 in Theresienstadt, TDB
53199 HUN	Wiesner, Cecilia F: vgl. 53200	15.11.1922 [Zeilensprung] ['12.07.1926'] [,Sobran'] Sobranz	Befreit am 08.05.1945 in Theresienstadt, TDB
53200 HUN	Wiesner, Elisabeth F: vgl. 53199	12.07.1929 Sobranz [Zeilensprung] ['07.01.1908'] [,Sadulmare']	Befreit am 08.05.1945 in Theresienstadt, TDB
53201 HUN	Werner Lasarowits, Roza	07.01.1905 [07.01.1908] [,Sadulmare'] Satu Mare = Szatmár	Befreit am 08.05.1945 in Theresienstadt, TDB
53202 HUN	Weinberger [Winberger], Paula	24.04.1906 [24.04.1910] [,Sileighsohan']	Befreit am 08.05.1945 in Theresienstadt, TDB

53203 HUN	Weiß, Frida F: vgl. 53204	25.08.1928 [‚21.08.1921‘] [‚Andalok‘]	Befreit am 08.05.1945 in Theresienstadt, TDB
53204 HUN	Weiß, Eta F: vgl. 53203	(05.01.1917) [‚02.01.1918‘] [‚Andalok‘]	Befreit am 08.05.1945 in Theresienstadt, TDB
53205 HUN	Weiß, Ilona	13.03.1929 Szatmár [13.03.1923] [‚Satmarnamte‘] Szatmárnémety	Befreit am 08.05.1945 in Theresienstadt, TDB
53206 HUN	Weiß Salgo, Maria	20.12.1907 [‚Bitschgo‘]	Befreit am 08.05.1945 in Theresienstadt, TDB
53207 HUN	Weiß, Ilona	26.06.1926 [‚01.06.1925‘] [‚Noigtwarod‘] Nagyvárad =Oradea	Befreit am 08.05.1945 in Theresienstadt, TDB
53208 HUN	Weiß, Ita [>Yehudit Fridman] F: Schwester v. 53209	14.01.1924 [14.07.1925] Rakosin [‚Berekrakosch‘] [Ghetto Uzhorod]	Befreit am 08.05.1945 in Theresienstadt, TDB SVHF 23197
53209 HUN	Weiß Piroska [>Pninah Shamir] F: Schwester v. 53209	02.04.1928 [‚02.04.1927‘] [‚Berekrakosch‘] [Ghetto Uzhorod]	Befreit am 08.05.1945 in Theresienstadt, TDB Vgl. SVHF 23197
53210 HUN	Weiß, Elvira	15.02.1921 10.02.1921 [‚Bajok‘]	Befreit am 08.05.1945 in Theresienstadt, TDB
53211 HUN	Weiß, Magda	04.12.1923 [04.12.1922] [‚Doschnst‘]	Befreit am 08.05.1945 in Theresienstadt, TDB
53212 HUN	Wolf, Etel	14.03.1927 [‚28.03.1926‘] [‚Satmar‘] Szatmár	Befreit am 08.05.1945 in Theresienstadt, TDB
53213 HUN	Zweig, Iren	15.10.1920 [‚Kogsenmaton‘] = Kunszentmárton?	Befreit am 08.05.1945 in Theresienstadt, TDB
53214 HUN	Blum, Marie	03.10.1910 Mátézsalka [‚Matesalka‘]	Befreit am 08.05.1945 in Theresienstadt, TDB
53215 HUN	Fleischer, Katalin F: vgl. 53216	08.05.1915 Budapest	Befreit am 08.05.1945 in Theresienstadt, TDB
53216 HUN	Fleischer / Sachs, Margit F: vgl. 53215	21.02.1920 Budapest	Befreit am 08.05.1945 in Theresienstadt, TDB

53217 HUN	Feldmann, Ilona	01.11.1919 [01.11.1914] [‚Laschgut']	Befreit am 08.05.1945 in Theresienstadt, TDB
53218 HUN	Faerber [Ferberg], Karolina Carola	20.08.1923 [20.08.1917] [‚Natschida']	Befreit am 08.05.1945 in Theresienstadt, TDB
53219 HUN	Farkas, Bella	08.06.1923 08.08.1923 [‚Eleschbech']	Befreit am 08.05.1945 in Theresienstadt, TDB
53220 HUN	Groß, Magda	09.03.1926 [‚Eleschbech']	Befreit am 08.05.1945 in Theresienstadt, TDB
53221 HUN	Grauner, Ilona	15.05.1898 Budapest	**Schicksal ungeklärt**
53222 HUN	Glück Mathilde [>Mathilda Glück]	03.09.1917 Budapest [‚Neuchflöta'] [Zeilensprung?] [Ghetto Békásmegyer]	Befreit am 08.05.1945 in Theresienstadt, TDB SVHF 48003 DP Camp Pöcking
53223 HUN	Grünmann, Klara F: vgl. 53224	13.12.1913 (16.12.1918) [‚Neuchflöta']	Befreit am 08.05.1945 in Theresienstadt, TDB
53224 HUN	Grünmann, Hena [Ilona] F: vgl. 53223	08.02.1914 [‚Neuchflöta']	Befreit am 08.05.1945 in Theresienstadt, TDB
53225 HUN	Gyemant [Geimant], Eva	23.12.1926 12.12.1926 [‚Barmasuiward']	Befreit am 08.05.1945 in Theresienstadt, TDB
53226 HUN	Hoffmann, Gisela	27.01.1929 [27.07.1927] Chust [‚Hust']	Befreit am 08.05.1945 in Theresienstadt, TDB
53227 HUN	Hirschler [Hirscher], Katalin [Kata]	28.07.1921 (28.06.1920) ‚Maroschwarschay'	Befreit am 08.05.1945 in Theresienstadt, TDB
53228 HUN	Hersko, Margit	23.08.1908 Budapest	Befreit am 08.05.1945 in Theresienstadt, TDB
53229 HUN	Hirschler, Martha	23.04.1922 23.04.1923 [‚Samoschnivar']	Befreit am 08.05.1945 in Theresienstadt, TDB
53230 HUN	Hirsch, Maria	[‚01.01.1900'] [Samoschniwar']	**Schicksal ungeklärt**
53231 HUN	Iro, Jolan [Martine] [>Yolande Iro] F: Mutter von 53232	05.05.1907 [‚05.05.1913'] [‚Ileschrawa'] [Ghetto Cluj]	Befreit am 08.05.1945 in Theresienstadt, TDB Vgl. SVHF 1611

53232 HUN	Iro, Ilona [>Elena Berkovits] F: Tochter von 53231	26.02.1928 Cluj [,26.02.1926'] [,Kolischwar'] [Ghetto Cluj]	Befreit am 08.05.1945 in Theresienstadt, TDB SVHF 1611
53233 HUN	Jakubowits, Vanny [>Faina Kontratovich]	05.12.1919 Kobyláry [Köbler] [Ghetto Uzhorod]	Befreit am 08.05.1945 in Theresienstadt, TDB SVHF 39737
53234 HUN	Kornblüh [Korobluk], Ilona	12.08.1919 12.08.1918 [,Salnar']	Befreit am 08.05.1945 in Theresienstadt, TDB
53235 HUN	Klein, Maria	01.09.1923 01.08.1923 [,Nibescht] Ujpest?	Befreit am 08.05.1945 in Theresienstadt, TDB
53236 HUN	Löwy [Lexi], Gisela	14.05.1919 15.05.1919 [,Silalschwuho']	Befreit am 08.05.1945 in Theresienstadt, TDB
53237 HUN	Lipner Eisikovitz, Franziska	23.04.1902 [23.04.1908] Nagyvárad =Oradea [,Nagywarad']	Befreit am 08.05.1945 in Theresienstadt, TDB
53238 HUN	Lebowitz, Maria [Manci]	22.08.1921 [,Nagyberema']	Befreit am 08.05.1945 in Theresienstadt, TDB
53239 HUN	Lacko, Olivia [Lyvia]	16.08.1914 16.08.1907 Budapest	Befreit am 08.05.1945 in Theresienstadt, TDB
53240 HUN	Nußbaum, Magda	25.04.1925 [,10.04.1926'] Barodbesnye [,Bawdbesnin'] Borod - Beznea	**Starb am 03.07.1945 nach der Befreiung in Theresienstadt** TDB [Urne 2099]
53241 HUN	Neumann, Renée	20.09.1904 [,Schyn']	**Schicksal ungeklärt**
53242 HUN	Mittelmann, *Kohn Gisi [Gizella][Gisela] F: Ehefrau von Samuel B: Hausfrau	11.01.1906 [11.01.1908] Pereczen Perecseny Perechin ['Bereeschen']	**Starb am 20.06.1945 nach der Befreiung in Theresienstadt** TDB [Urne 2000] 21.6. YV Item ID: 6770457 YV Item ID: 7309390 YV Item ID: 8180832
53243 HUN	Markowits, *Bajor Agnes [>Gisella-Agnes (Jenoné) Schwimmer]	20.09.1931 [,20.09.1928'] Szolnok [,Solno'] [Ghetto Szolnok]	Befreit am 08.05.1945 in Theresienstadt, TDB SVHF 50539
53244 HUN	Moses, Lili	01.10.1927 [01.10.1926] Nagyvárad =Oradea [,Nagywarot']	Befreit am 08.05.1945 in Theresienstadt, TDB

53245 HUN	Orstein, Vera	17.04.1928 Eger	Befreit am 08.05.1945 in Theresienstadt, TDB
53246 HUN	Appel [Oppl], Fanny	06.10.1911 [‚Surdok']	Befreit am 08.05.1945 in Theresienstadt, TDB
53247 HUN	Rosenfeld, Jozsa	13.07.1902 (13.07.1907) [‚Baya']	Befreit am 08.05.1945 in Theresienstadt, TDB
53248 HUN	Riemer [Romer], Janka [Marianka]	10.01.1918 Ungvar = Uzghorod	Befreit am 08.05.1945 in Theresienstadt, TDB
53249 HUN	Reinhard, Etel	24.04.1909 Kolozsvár = Cluj = Klausenburg [‚Koloschwar']	Befreit am 08.05.1945 in Theresienstadt, TDB
53250 HUN	Reinhard, Margit	24.11.1929 [‚24.10.1924'] [‚Sormyrnek']	Befreit am 08.05.1945 in Theresienstadt, TDB
53251 HUN	Zelig [Seleg], Gisi	05.12.1925 05.12.1924 [‚Nkschukol']	Befreit am 08.05.1945 in Theresienstadt, TDB
53252 HUN	Salamon, *Belenyesi Margit [Magda Margareta]	12.12.1900 Gross- [12.12.10] wardein [‚Nagywasch']	Befreit am 08.05.1945 in Theresienstadt, TDB ITS TD 618355
53253 HUN	Samogyi [Somogyi] Livia Lili	08.08.1909 Budapest [Ghetto Pestszentlörinc]	Befreit am 08.05.1945 in Theresienstadt, TDB DEGOB-Protokoll 687 vom 02.07.1945
53254 HUN	Samogyi [Somogyi] Piroska	27.04.1919 Rakosliget [‚Ragoschliget'] [Ghetto Pestszentlörinc]	Befreit am 08.05.1945 in Theresienstadt, TDB DEGOB-Protokoll 687 vom 02.07.1945
53255 HUN	Schwarz, Eva F: vgl. 53256	08.12.1928 [08.12.1926] Szatmár [‚Salmar']	Befreit am 08.05.1945 in Theresienstadt, TDB
53256 HUN	Schwarz, Katalin F: vgl. 53255	02.07.1927 Szatmár [02.07.1925] Szatmárnémeti [‚Satmarnemete']	Befreit am 08.05.1945 in Theresienstadt, TDB
53257 HUN	Schwarz, Jolan	28.12.1910 Oradea [‚Nagywasch']	Befreit am 08.05.1945 in Theresienstadt, TDB
53258 HUN	Schwarz, Rozi	13.09.1904 [13.10.1908] [‚Köwarhas.']	Befreit am 08.05.1945 in Theresienstadt, TDB
53259 HUN	Weißmann, Aranka F: vgl. 53260	05.03.1912 [‚Batrona']	Befreit am 08.05.1945 in Theresienstadt, TDB

53260 **HUN**	Weißmann, Iren F: vgl. 53259	13.03.1909 [13.03.1910] [‚Batrona']	Befreit am 08.05.1945 in Theresienstadt, TDB
53261 **HUN**	Viranyi [Wiranyi], Margit	29.07.1910 26.06.1910 Budapest	Befreit am 08.05.1945 in Theresienstadt, TDB
53262 **HUN**	Weiß, Sidonia F: vgl. 53263	08.09.1923 08.11.1923 Chust [Hust]	Befreit am 08.05.1945 in Theresienstadt, TDB
53263 **HUN**	Weiß, ‚Hola' [Paula] [Pola] F: vgl. 53262	25.05.1925 19.05.1925 Chust [Hust]	Befreit am 08.05.1945 in Theresienstadt, TDB
53264 **HUN**	Zilberstein, Maria [Malwine]	10.05.1921 [‚Eleschtlok']	Befreit am 08.05.1945 in Theresienstadt, TDB
53265 **HUN**	Wesztfried Dr. Kepes Roza [Häftlingsärztin]	05.03.1910 Cluj Kolozsvár Klausenburg [‚Wien']	Befreit am 08.05.1945 in Theresienstadt, TDB
53266 **HUN** **[RD]**	Smrcka [Dr. Smrcka], Rita [>Krause] [Häftlingsärztin] [Durchgangslager]	09.07.1913 Wien [‚Kaloschwa'] Von Thersienstadt nach Auschwitz: Em: 01.10.1944	Befreit am 08.05.1945 in Theresienstadt, TDB B 162/9068 S.240ff. VP vom 10.11.1969 PWR: Wien
53267 **HUN**	Adler, Sara F: vgl. 53268, 53269	22.04.1923 Dubove = Dombó [‚Dombo']	Befreit am 08.05.1945 in Theresienstadt, TDB
53268 **HUN**	Adler, Piri F: vgl. 53267, 53269	06.09.1930 Dombó [06.11.1926] [‚Dombo']	Befreit am 08.05.1945 in Theresienstadt, TDB
53269 **HUN**	Adler, Margit [Magda] F: vgl. 53267, 53268	05.03.1931 Dombó [05.03.1928] [‚Dombo']	Befreit am 08.05.1945 in Theresienstadt, TDB
53270 **HUN**	Alter, Margit [Margarete]	06.10.1919 06.12.1919 [‚Nirigako']	Befreit am 08.05.1945 in Theresienstadt, TDB
53271 **HUN**	Ausländer, Ilonka [Aranka]	07.04.1930 [07.04.1927] [Nagügnjddosch']	Befreit am 08.05.1945 in Theresienstadt, TDB
53272 **HUN**	Abraham, Regina	20.05.1910 Cluj = Klausenburg = Kolzsvár	Befreit am 08.05.1945 in Theresienstadt, TDB
53273 **HUN**	Berger, Eva	04.05.1932 [04.05.1926] Szatmár [‚Sadmar']	Befreit am 08.05.1945 in Theresienstadt, TDB

Überstellung vom „08.09.1944“ aus Auschwitz			
53274 POL	Altschüler [Chana Laja Altszyler] [>Stern] Hanna	15.01.1920 Lodz [15.01.1919] [Ghetto Lodz] A: Insel Str. 34F15	Befreit am 08.05.1945 in Theresienstadt, TDB YV Item ID: 4447181 SVHF 22761 PWR: Tel Aviv
53275 POL	Beatusz [Beatus] Leona [Leonia] [Leorina]	03.06.1915 03.06.1908 Warschau [Ghetto Lodz] A: Alexanderhof21F1 Alexanderhof28F76	Befreit am 08.05.1945 in Theresienstadt, TDB YV Item ID: 4451935 YV Item ID: 4451934
53276 POL	Bernstein [Bernstejn] [‚Berenstein‘], Sonia	25.12.1913 Lodz (‚25.12.1911‘) [‚25.12.1914‘] [Ghetto Lodz] A: Kuhle Str. 6F18, Matrosen Gasse 15, Braune Gasse15F36	Befreit am 08.05.1945 in Theresienstadt, TDB B 162 / 9069 S.391f. VP vom 15.03.1970 B 162 / 9070 S. 438ff. PWR: Holon YV Item ID: 4456773 YV Item ID: 4456764
53277 POL	Berlinska, Halina	12.10.1924 [12.09.1922] Lodz [Ghetto Lodz]	Befreit am 08.05.1945 in Theresienstadt, TDB
53278 POL	Boriska, Dora	01.01.1913 [01.01.1914] Lodz	Befreit am 08.05.1945 in Theresienstadt, TDB
53279 POL	Bornstein, Hanna	08.05.1919 Lodz [Ghetto Lodz]	Befreit am 08.05.1945 in Theresienstadt, TDB
53280 POL	Srebrnogura [Srebrnagura], Bron.	18.03.1913 19.03.1913 Lodz [Ghetto Lodz]	Befreit am 08.05.1945 in Theresienstadt, TDB
53281 POL	Dzialowska [Dzialowski] [‚Czelowska‘] Eva [Chawa] F: vgl. 53282	14.05.1922 [14.05.1920] Dep.: Belchatow [Ghetto Lodz] A: Blei Gasse 21F4	Befreit am 08.05.1945 in Theresienstadt, TDB YV Item ID: 4485239
53282 POL	Dzialowska [‚Czelowska‘] Elka Etka [Eta Cyrl] F: vgl. 53281	01.03.1920 [01.03.1917] Petrikau [Piotrkow] Dep.: Belchatow [Ghetto Lodz] A: Blei Gasse 21F3	Befreit am 08.05.1945 in Theresienstadt, TDB YV Item ID: 4485117
53283 POL	Czynsz, Genia [Gitla]	03.05.1909 Lodz [Ghetto Lodz] A: Franz Str. 61F52	Befreit am 08.05.1945 in Theresienstadt, TDB YV Item ID: 4479081

53284 POL	Dorembus, Lola	01.01.1922 01.01.1920 20.11.1922 Otwock Lodz: Targowastr. [Ghetto Lodz]	Befreit am 08.05.1945 in Theresienstadt, TDB
53285 POL	Engel Wollmann, Franziska	01.10.1912 [01.10.1913] Lodz [Ghetto Lodz]	Befreit am 08.05.1945 in Theresienstadt, TDB
53286 POL	Engel, Ina	18.08.1924 (18.09.1918) Lodz [Ghetto Lodz]	Befreit am 08.05.1945 in Theresienstadt, TDB
53287 POL	Englard, Helena	25.10.1917 Lodz [Ghetto Lodz]	Befreit am 08.05.1945 in Theresienstadt, TDB
53288 POL	Eckstein, Ester	(‚18.03.1902‘) [‚06.04.1908‘] [Ghetto Lodz]	Befreit am 08.05.1945 in Theresienstadt, TDB
53289 POL	Feder, Rosa	15.03.1916 Lodz [Ghetto Lodz]	Befreit am 08.05.1945 in Theresienstadt, TDB
53290 POL	Feldmann, Rachela [Roza]	18.12.1901 [18.12.1908] Lodz [Ghetto Lodz]	Befreit am 08.05.1945 in Theresienstadt, TDB
53291 POL ‚HUN‘	Fein [Fajn] [Feinowa], *Brajtsztajn[Breitstein] Edith [Edzia] [Estera Chaja] F: Ehefrau v. Jakow F. *1903	26.11.1912 Lodz [‚29.11.1913‘] [‚29.09.1912‘] Lodz [Ghetto Lodz] A: Sterlinga 17a Cranach Str. 26F4	**Verstarb am 05.04.45 in Hainichen** Abmeldung: keine YV Item ID: 4493286 PoT der Schwester Gina Wyszegrodzki vom 26.06.1956: YV Item ID: 389545 Vgl. YV Item ID: 650539, 479987 USHMM: Card 17206
53292 POL	Fein [Fajn], Anka [Chana] [Hanna]	27.11.1921 [‚27.11.1920‘] Lodz [Ghetto Lodz] A: Franz Str. 38F27	Befreit am 08.05.1945 in Theresienstadt, TDB YV Item ID: 4491242
53293 POL	Feiner [Fajner] Sura [>Sarah Finer] F: Mutter von 53294	1891 [?] (‚10.01.1897‘) [03.07.1906‘] Dep.: Opoczno [Ghetto Lodz] A: Sulzfelder Str. 42F2 Sulzfelder Str. 42F3	Befreit am 08.05.1945 in Theresienstadt, TDB Vgl. SVHF 22974 YV Item ID: 4491412 YV Item ID: 4491414

53294 POL	Feiner, [Fajner] Ita [Ita Rachla] [>Ida Lubliner] F: Tochter von 53293	02.02.1925 [02.07.1923] Opatów Dep.: Opoczno [Ghetto Lodz] A: Sulzfelder Str. 42F3	Befreit am 08.05.1945 in Theresienstadt, TDB SVHF 22974 YV Item ID: 4491386
53295 POL	Ferst, *Brzezinski Sonia [Sonja]	08.06.1911 18.06.1911 ‚Apatschna' = Opoczno [Zeilensprung?]	Befreit am 08.05.1945 in Theresienstadt, TDB PWR: New York Vgl. B 162/9067 S.VIII
53296 POL	Flanzbaum, *Szajnzilber Hanna [>Anne Buchsbaum] F: Schwester v.53297	10.03.1920 Lodz [Ghetto Lodz] ‚Apatschna' = Opoczno [Zeilensprung?]	Befreit am 08.05.1945 in Theresienstadt, TDB SVHF 15298 Vgl. SVHF 30004
53297 POL	‚Flanzbaum', *Szajnzylber Rachele [Ruta] [>Ruth Bestman] F: Schwester v. 53296	17.04.1925 Lodz [‚17.04.1922'] [Ghetto Lodz]	Befreit am 08.05.1945 in Theresienstadt, TDB SVHF 30004 Vgl. SVHF 15298
53298 POL	Flanzbaum Reibenbach Regina [Rene] [Renia]	(23.05.1918) [‚23.12.1919'] [Ghetto Lodz]	Befreit am 08.05.1945 in Theresienstadt, TDB
53299 POL	Friedmann [‚Freidmann'], Rachela	17.07.1918 [Ghetto Lodz]	Befreit am 08.05.1945 in Theresienstadt, TDB
53300 POL	Fuchs, Bella	25.08.1910 [Ghetto Lodz]	Befreit am 08.05.1945 in Theresienstadt, TDB
53301 POL	Fujura, Sara	15.02.1923 15.03.1923 Kalisch	Befreit am 08.05.1945 in Theresienstadt, TDB
53302 POL	Gellerstein, [Gelerstein] *Baruchin Sonia [Sofie] [>Sonia Paller] [Durchgangslager]	04.01.1902 Warschau (‚04.01.1901') [‚04.01.1906'] Brest Litowsk [Ghetto Lodz] Runge Str. 4F15 Franz Str. 8	Befreit am 08.05.1945 in Theresienstadt, TDB B 162 / 9069 S.398ff. VP vom 08.07.1970 PWR: Rischon Lezion YV Item ID: 4507391 YV Item ID: 4507393
53303 POL	Gomberg, Bronisl.	22.11.1917 [Ghetto Lodz]	Befreit am 08.05.1945 in Theresienstadt, TDB
53304 POL	Grünball, Hanna [Anna]	(‚10.10.1920') [‚10.08.1917'] [Ghetto Lodz]	Befreit am 08.05.1945 in Theresienstadt, TDB

53305 POL	Grünberg, Sascha [Sala] F: vgl. 53307	23.12.1918 23.12.1919 [‚23.12.1922‘] [Ghetto Lodz] A: Alexanderhof Str. 26F10	Befreit am 08.05.1945 in Theresienstadt, TDB YV Item ID: 4522520
53306 POL	Grünberg, Felicia	15.06.1900 [15.06.1910] [Ghetto Lodz]	Befreit am 08.05.1945 in Theresienstadt, TDB
53307 POL	Grünberg, Ester [Estera] F: vgl. 53305	24.04.1924 (23.03.1925‘) [‚05.05.1925‘] A: Alexanderhof Str. 36F10 & 36F12	Befreit am 08.05.1945 in Theresienstadt, TDB YV Item ID: 4522501 YV Item ID: 4520821
53308 POL	Grünspan, [Grynszpan] Terese [Teresa] F: vgl. 53309	19.03.1923 19.03.1920 [Ghetto Lodz] A: Holz Str. 79F1 Basar Gasse 7F32	Befreit am 08.05.1945 in Theresienstadt, TDB YV Item ID: 4524964 YV Item ID: 4524963
53309 POL	Grünspan, [Grynszpan] Anna [Chana] F: vgl. 53308	16.05.1902 14.06.1902 [‚14.06.1910‘] A: Basar Gasse 7F32	Befreit am 08.05.1945 in Theresienstadt, TDB YV Item ID: 4524746
53310	Gumener [Cumener], [>Rechtmann] Margot	19.12.1922 19.12.1923 Jena [Ghetto Lodz]	Befreit am 08.05.1945 in Theresienstadt, TDB PWR: Jena USHMM, Aufbau
53311 POL	Gumener [Cumener], Elza	17.01.1930 [17.01.1925] [17.01.1927] Lodz A: Holz Str. 22F3 A: Basar Gasse 8	Befreit am 08.05.1945 in Theresienstadt, TDB YV Item ID: 4525430
53312 POL	Hanela, Fronia [Frymeta]	06.12.1917 [‚06.12.1919‘] [Ghetto Lodz] A: Brunnen Str. 6F15	Befreit am 08.05.1945 in Theresienstadt, TDB YV Item ID: 4528461
53313 POL	Hirschin, *Lasmann Ljuba [Liba] [>Luba Burgin] [Durchgangslager]	07.05.1907 Lodz [Ghetto Lodz] A: Insel Str. 9F59, SulzfelderStr.23F26	Befreit am 08.05.1945 in Theresienstadt, TDB B 162 / 9069 S.393ff. VP vom 20.03.1970 PWR: Tel Aviv YV Item ID: 4533674 YV Item ID: 4533675
53314 POL	Hochmann, Helena F: Schwester v. 53316	10.05.1916 [Ghetto Lodz]	Befreit am 08.05.1945 in Theresienstadt, TDB Case No. 000-50-46-1

53315 **POL**	Hochmann, [Hochman] Bella [Bajla] [>Lenczner]	17.03.1913 27.05.1918 [1915] [Ghetto Lodz] A: Hohensteiner 84F9	Befreit am 08.05.1945 in Theresienstadt, TDB YV Item ID: 4534184 Vgl. ITS TD 277317
53316 **POL**	Hochmann, Rifka [Rivka] F: Schwester v. 53314	05.10.1924 [‚26.11.1920‘] [Ghetto Lodz]	Befreit Ort unbekannt Zeugin im Dachauer Flossenbürg-Prozess
53317 **POL**	Hochmann, Minna	26.11.1920 [‚10.06.1922‘] [Ghetto Lodz]	**Schicksal ungeklärt** [Zeilensprung] vgl. Häftlingskartei
53318 **POL**	Hochmann, Hedwig [>Ita Lewin]	10.06.1918 ‚10.06.1922‘ ['17.02.1908'] [Ghetto Lodz] A: Hohensteiner 84F9	Befreit am 08.05.1945 in Theresienstadt, TDB YV Item ID: 4534273 Vgl. ITS TD 311357 [Zeilensprung]
53319 **POL**	Icekson, [Izigson] Berta	17.02.1901 „17.02.1908“ ['20.12.1918'] [Zeilensprung] [Ghetto Lodz] A: Korn Gasse 5F20	**Starb am 01.07.1945** **nach der Befreiung** **in Theresienstadt** TDB YV Item ID: 4536344 ITS 1.1.8.4 / 11068641
53320 **POL**	Sacks [Zaks], Bronia	20.12.1918 ['10.02.1918'] [Zeilensprung] [Ghetto Lodz] A: Siegfried Str.12F11 Blei Gasse 27F28	Befreit am 08.05.1945 in Theresienstadt, TDB YV Item ID: 4672810 YV Item ID: 4672811
53321 **POL**	Jerozolimska, Kajla	10.07.1917 [‚10.02.1918‘] Belchatow [Ghetto Lodz] A: Insel Str. 38F7	Befreit am 08.05.1945 in Theresienstadt, TDB YV Item ID: 9077714 YV Item ID: 4542298 YV Item ID: 4542227
53322 **POL**	Katz, [Kac] Jacheta	25.04.1904 [‚25.03.1908‘] [Ghetto Lodz]	Befreit am 08.05.1945 in Theresienstadt, TDB Vgl. YV Item: 4569602
53323 **POL**	Kaufmann [Kaufman] Schlesinger, [Szlezyngier] Chawa [Chava] Ewa	31.01.1921 [‚01.01.1921‘] [Ghetto Lodz] A: Am Bach 31F18	Befreit am 08.05.1945 in Theresienstadt, TDB YV Item ID: 4646586 YV Item ID: 4569788
53324 **POL**	Kandel, *Wajntraub Taube [Tauba]	1906 [‘16.02.1908’] Pabianice [Pabianitz] [Ghetto Lodz] A: Pfeffer Gasse 4F23	Befreit am 08.05.1945 in Theresienstadt, TDB YV Item ID: 4547242
53325 **POL**	Karmiong, Mella [vgl. Bela Karmiol]	15.01.1919 [Ghetto Lodz] [vgl. *14.11.1916]	**Schicksal ungeklärt** [Vgl. Brunnen Str. 18F64]

53326 **POL**	Kanterowics, Rachel [>Ruth Scherman]	28.01.1925 Lodz [Ghetto Lodz] A: Hohensteiner 9	Befreit am 08.05.1945 in Theresienstadt, TDB SVHF 27803
53327 **POL**	Kanterowics, *Lieberman Hanna [Hanka][Chana] [>Anny Rosenblum] B: Strickerin	01.06.1920 Lodz (01.06.1917) [Selow] [Ghetto Lodz] A: Hohensteiner 17	Befreit am 08.05.1945 in Theresienstadt, TDB B 162 / 9070 S.462ff. VP vom 22.09.1970 PWR: New York
53328 **POL**	Kanterowics, Hinda	10.10.1914 (15.10.1916) [Ghetto Lodz]	Befreit am 08.05.1945 in Theresienstadt, TDB
53329 **POL**	Kanterowics Hanni [>Hanka Kleinmann] F: Schwester v. 53326?	25.12.1917 Lodz [‚25.12.1915‘] [Ghetto Lodz]	Befreit am 08.05.1945 in Theresienstadt, TDB
53330 **POL**	Kesselmann, Tauba	20.04.1913 [‚15.08.1919‘] Przdborz	Befreit am 08.05.1945 in Theresienstadt, TDB
53331 **POL**	Klein, Mania [Maria]	15.11.1924 [‚15.09.1924‘] Kalisch	Befreit am 08.05.1945 in Theresienstadt, TDB
53332 **POL**	Kleinbaum, [Klajnbaum] Mala [Malka]	28.11.1930 Lodz 22.11.1929 [28.11.1927] [‚28.11.1925‘] [Ghetto Lodz] A: Hanseaten Str. 34F8A, Insel Str. 35 [Kilinskiegeo 15] [Drewnoska]	**Starb am 28.06.1945** **nach der Befreiung** **in Theresienstadt** TDB YV Item ID: 4573483 PoT YV 12.01.2010 v. Cousin David Prince YV Item ID: 9349366 08.05.1999 PoT YV Tante Sara Mairi Mondrala [Foto] YV Item ID: 3625344
53333 **POL**	Klugmann, Sara [>Urbach?] [>Sara Aurbach] F: Schwester v. 53334	09.05.1925 Lodz [‚09.05.1915‘] [Ghetto Lodz] A: Kelm Str. 81F4 A: Am Bach 10F10	Befreit am 08.05.1945 in Theresienstadt, TDB B 162 / 9070 S.453ff. VP vom 10.08.1970 PWR: Ramat Gan SVHF 9082 YV Item ID: 4575536 YV Item ID: 4575539
53334 **POL**	Klugmann Rena [>Renya Zelig] F: Schwester v. 53333	25.12.1927 [?] [‚15.06.1916‘] [Ghetto Lodz] A: Kelm Str. 81F4 A: Am Bach 10F12	Befreit am 08.05.1945 in Theresienstadt, TDB Vgl. SVHF 9082 YV Item ID: 4575532 YV Item ID: 4575533

53335 POL	Kozlowska, [Kozlowski] Raca [>Rennie Rosenzweig]	27.12.1927 Lodz [‚27.12.1926‘] ‚27.12.1918‘ Dep.: Maliniec [?] [Ghetto Lodz] A: Rauch Gasse 30F30	Befreit am 08.05.1945 in Theresienstadt, TDB SVHF 24535 YV Item ID: 4581413
53336 POL	Flint, Helene	25.12.1925 25.12.1913 [Ghetto Lodz]	Befreit am 08.05.1945 in Theresienstadt, TDB
53337 POL	Krell, [Krel] Sara	25.09.1927 Lodz [‚25.09.1916‘] [Ghetto Lodz] A: Altmarkt 7F1	Befreit am 08.05.1945 in Theresienstadt, TDB **Verstarb 1945 [?] im Sanatorium in Polen** Vgl. B 162/ 9070 S.456 YV Item ID: 4583020 PoT YV ID: 3960107 05.12.1999 Cousine Ester Bazcynski Hecht [Stary Rynek 1948 ?]
53338 POL	Kuffert, Bluma	15.04.1925 [‚18.04.1925‘] Dobra [Ghetto Lodz]	Befreit am 08.05.1945 in Theresienstadt, TDB
53339 POL	Kupfermünz [Kupfernitz], Franka	26.12.1918 [‚26.01.1918‘] Dobra [Ghetto Lodz]	Befreit am 08.05.1945 in Theresienstadt, TDB
53340 POL	Kurek [‚Kutek‘], *Glater Mirla	10.05.1898 (1902) [‚15.07.02‘] Dobra [Ghetto Lodz] A: Am Bach 10F46 A: Am Bach 12F43	Befreit am 08.05.1945 in Theresienstadt, TDB YV Item ID: 4551894 YV Item ID: 4551915
53341 POL	Kuropatwa [Kuropadfa], Luba	10.03.1925 Dobra [Ghetto Lodz]	Befreit am 08.05.1945 in Theresienstadt, TDB
53342 POL	Lefkowicz, [‚Lekowicz‘] Helena	18.04.1910 [‚22.05.1910‘] Chartek [Ghetto Lodz]	Befreit am 08.05.1945 in Theresienstadt, TDB
53343 POL	Lefkowicz, Rifka	21.05.1916 21.06.1917 [Ghetto Lodz]	**Starb am 23.01.1945 in Hainichen** Abmeldung: 31.01.45 Beisetzung: 25.01.45 Chemnitz Sond. Abt. 64b/264 Vgl. Nitsche & Röcher

53344 **POL**	Lefkowicz-Stitelman, Gustava	16.12.1914 16.12.1910 Wien [Ghetto Lodz]	Befreit am 08.05.1945 in Theresienstadt, TDB
53345 **POL**	Lefkowicz, Hanna	01.09.1922 [01.09.1919] [Ghetto Lodz]	Befreit am 08.05.1945 in Theresienstadt, TDB
53346 **POL**	Lefkowicz, Rosa [Rajzla]	22.05.1907 [‚22.05.1909''] [Ghetto Lodz] A: Holz Str. 11F14	Befreit am 08.05.1945 in Theresienstadt, TDB
53347 **POL**	Lefkowicz, [‚Lekowicz'] Sissla	03.01.1928 [‚03.11.1926'] [Ghetto Lodz]	Befreit am 08.05.1945 in Theresienstadt, TDB
53348 **‚POL'** **RD**	Lewin, *Belgard Alice [‚Elisa'] [Alice Alwine] [Ärztin] [Dr. med.] [Durchgangslager] F: Ehefrau von Dr. Herbert Lewin	[30.08.1898] 30.08.1899 [‚30.08.1910'] Königsberg R: Berlin Dep.: Köln – Lodz 22.10.1941 Lodz-Auschwitz: 25.08.1944 [Ghetto Lodz] A: Königsberger Str. 34F13 Rauch Gasse 33F21	Am 6.3.1945 nach Venusberg überstellt **Starb [April?] 1945** **Ort unbekannt** PoT YV vom Ehemann Prof.Dr. Herbert Lewin vom 26.01.1977 [Foto] YV Item ID: 725352 YV Item ID: 4559400 YV Item ID: 4559401 YV Item ID: 11576082 Für tot erklärt „08.05.1945" [ITS]
53349 **POL**	Liebermann *Weißberg, Cela [Selina] [>Celina Zylberberg] [Durchgangslager]	09.05.1914 09.05.1911 Lodz [‚Assorbau'] [Ghetto Lodz]	Befreit am 08.05.1945 in Theresienstadt, TDB Vgl.B162/9068S.151ff. VP vom 08.05.1969 PWR: München
53350 **POL**	Kaczka, *Lina Ruza [Rajzla Sura] F: Schwester v. 53351 [> Rosa Rotblatt ?]	04.04.1913 [1911] [04.04.1916] Klowo [Ghotto Lodz] A: Hohensteiner80F36	Befreit am 08.05.1945 in Theresienstadt, TDB YV Item ID: 4563990 Vgl. ID: 4563987
53351 **POL**	Lina [Lena], Rifcza [Rywka Dwojra] F: Schwester v. 53350 [>Rifka Freimark ?]	1924 [‚09.03.1920'] Klowo [Ghetto Lodz] A: Hohensteiner80F36	Befreit am 08.05.1945 in Theresienstadt, TDB YV Item ID: 4563989
53352 **POL**	Lipsmann [Lipsman] (‚Liebsmann'), Eva	15.06.1910 [Ghetto Lodz]	Befreit am 08.05.1945 in Theresienstadt, TDB

53353 POL	Löwenstein, [Lewensztejn] [Lewensztajn] Minna [Mindla][Minia]	03.05.1920 [Ghetto Lodz] A: Brunnen Str. 18F51 Holz Str. 75F32 Tirpitz Str. 9	Befreit am 08.05.1945 in Theresienstadt, TDB YV Item ID: 4558826 YV Item ID: 4558844
53354 POL	Lubliner, Hella [Chaja] F: vgl. 53356	10.06.1927 [10.06.1926] [‚10.06.1923‘] [GhettoLodz] A: Holz Str. 4F27	Befreit am 08.05.1945 in Theresienstadt, TDB YV Item ID: 4567397
53355 POL	Lubliner, Channa	(24.09.1917) [‚09.09.1919‘] Kaniepol	Befreit am 08.05.1945 in Theresienstadt, TDB
53356 POL	Lubliner, Szajndla [‚Schlein.‘][Saindl] F: vgl 53354	1890 01.04.1898 [01.04.1904] [Ghetto Lodz] A: Holz Str. 4F27	Befreit am 08.05.1945 in Theresienstadt, TDB YV Item ID: 4567436
53357 POL	Luxenburg, *Hammer Ester [Luxemburg] [>Estera Grycman]	15.07.1921 Lodz [‚20.06.21 Erfurt‘] [Ghetto Lodz]	Befreit am 08.05.1945 in Theresienstadt, TDB SVHF 3320
53358 POL	Machabanska, [Machabanski] Adela [Ajdla]	06.04.1924 [Dep.: Belachatow] [Ghetto Lodz] Siegfried 65F6 Trodler Gasse 14	Befreit am 08.05.1945 in Theresienstadt, TDB YV Item ID: 4568502 YV Item ID: 4568493
53359 POL	Maczyk, Marisa F: vgl. 53360	26.06.1924 [26.06.1923] [Ghetto Lodz]	Befreit am 08.05.1945 in Theresienstadt, TDB
53360 POL	Maczyk, Regina F: vgl. 53359	(25.07.1901) [‚06.06.1905‘] [Ghetto Lodz]	Befreit am 08.05.1945 in Theresienstadt, TDB
53361 POL	Mauer, Lola [Laja]	10.02.1914 (‚10.02.1916‘) [‚10.01.1917‘] [Ghetto Lodz] A: Matrosen Gasse 25F44;Franz Str. 26	Befreit am 08.05.1945 in Theresienstadt, TDB YV Item ID: 4587874
53362 POL	Mekler, Fella [Fela]	28.05.1913 (‚28.05.1920‘) [‚28.05.1919’] [Ghetto Lodz] A: AdmiralScheer21F1 Hohensteiner 26/6 A: Holz Str. 37F8 A: Holz Str. 36F50 A: Am Bach 9F4	Befreit am 08.05.1945 in Theresienstadt, TDB YV Item ID: 4588293 YV Item ID: 4588292 YV Item ID: 4588291 YV Item ID: 4588295

53363 POL	Mittelmann, [Mittelman] Rachela [‚Rach.‘]	18.05.1912 (‚04.12.1918‘) [‚12.05.1912‘] Chartek [Ghetto Lodz] A: Sulzfelder 3F3a	Befreit am 08.05.1945 in Theresienstadt, TDB YV Item ID: 4591979
53364 POL	Monath, Hanna	14.12.1920 [Ghetto Lodz]	Befreit am 08.05.1945 in Theresienstadt, TDB
53365 POL	Mordowics, [Mordowicz] *Wolsnka Lola [Lea]	28.01.1922 [Ghetto Lodz] A: Siegfried Str. 79F4	Befreit am 08.05.1945 in Theresienstadt, TDB YV Item ID: 4593032
53366 POL	Mühlrad, [Milrad] Fella	(24.04.1918) 20.06.1916 [Ghetto Lodz]	Befreit am 08.05.1945 in Theresienstadt, TDB
53367 POL	Neuhaus, Cypa	29.04.1901 [‚27.04.1911‘] Lentsch [Ghetto Lodz] A: Fisch Str.12aF3a	Befreit am 08.05.1945 in Theresienstadt, TDB YV Item ID: 4597576
53368 POL	Neumann *Frankental Lea [Loba][Lola] [>Anna Nayman]	08.10.1912 Lodz [‚08.10.1914‘] [Ghetto Lodz]	Befreit am 08.05.1945 in Theresienstadt, TDB SVHF 44249
53369 POL	Preis, [Prajs] Lola [Laja] [>Leia Medzinska] F: Schwester v. 53370	1916 (‚20.10.1920‘) [‚25.08.1921‘] [‚Kietslze‘] [Ghetto Lodz] A: Reiger Gasse 13aF1	Befreit am 08.05.1945 in Theresienstadt, TDB Vgl.B162/9069 S.401f. PWR: Montreal YV Item ID: 4610914
53370 POL	Preiss, [‚Preis‘] [Prajs] Golda [>Golda Berman] F: Schwester v. 53369	13.03.1917 Lodz [‚18.09.1922‘] (‚18.05.1922‘) [‚Kietslze‘] [Ghetto Lodz] A: Reiger Gasse 13aF1	Befreit am 08.05.1945 in Theresienstadt, TDB B 162 / 9069 S.401f. VP vom 05.05.1970 PWR: Tel Aviv YV Item ID: 4610899
53371 POL	Pryzand [Prisant], Malka	01.09.1923 [‚02.09.1923‘] [Ghetto Lodz]	Befreit am 08.05.1945 in Theresienstadt, TDB
53372 POL	Przygurska, Fran.	21.10.1918 [Ghetto Lodz]	Befreit am 08.05.1945 in Theresienstadt, TDB
53373 POL	Rappaport Mondrala, Lola	15.04.1914 [15.04.1916] [Ghetto Lodz]	Befreit am 08.05.1945 in Theresienstadt, TDB

53374 POL	Rosen, *Weintraub Terese [Teresa Tirza]	26.10.1915 [‚28.10.1912‘] Pabianitz	Befreit am 08.05.1945 in Theresienstadt, TDB PWR: Holon
53375 POL	Rosenbaum, [Rozenbaum] Maria [Masza]	24.09.1920 [24.09.1926] [Ghetto Lodz] A: Reiger Gasse 5F16 Lustige Gasse 5F6 Hohensteiner 14	Befreit am 08.05.1945 in Theresienstadt, TDB YV Item ID: 4621529 YV Item ID: 4621530
53376 POL	Rosenblatt, [Rozenblat] Sofia [Zofja]	12.09.1916 Wilna [Ghetto Lodz] A: Hohensteiner10F3B	Befreit am 08.05.1945 in Theresienstadt, TDB YV Item ID: 4623301
53377 POL	Rosenblum, Rosa	20.06.1910 [20.06.1915] [Ghetto Lodz]	Befreit am 08.05.1945 in Theresienstadt, TDB
53378 POL	Rosenblum, Rena	10.12.1919 11.12.1919 Warschau	Befreit am 08.05.1945 in Theresienstadt, TDB
53379 POL	Rosensaft, [Rozensaft] *Rotenberg Kaila [Kajla]	09.03.1906 04.05.1901 Zdunska Wola [‚St. Wola‘] [Ghetto Lodz] A: Insel Str. 38F23	Befreit am 08.05.1945 in Theresienstadt, TDB YV Item ID: 4625968 YV Item ID: 4627001
53380 POL	Rosenzweig, *Kohn Ita [>Irene Finkelstein] [Durchgangslager]	25.10.1916 Lodz <u>25.10.1919</u> [Ghetto Lodz]	Befreit am 08.05.1945 in Theresienstadt, TDB Vgl.B162/9068 S.147f. VP vom 28.05.1969 PWR: Ulm, Frankfurt a.M.
53381 POL	Rosenzweig, [Rozencwajg] Gustawa	13.10.1911 Lodz [‚12.10.1914‘] [Ghetto Lodz] A: Holz Str. 21F11	Befreit am 08.05.1945 in Theresienstadt, TDB YV Item ID: 4624525
53382 POL	*Rosner [Rozner] Markowicz, Ita	20.08.1912 [Ghetto Lodz] A: Franz Str. 15F29	Befreit am 08.05.1945 in Theresienstadt, TDB YV Item ID: 4587021
53383 POL	Rottenburg, Rachel	(07.06.1916) [‚06.06.1917‘] Zdunska Wola [‚Zt. Wola‘]	Befreit am 08.05.1945 in Theresienstadt, TDB
53384 POL	Salz, [Zalc] Frieda [Frajdla] F: vgl. 53385	26.06.1925 [‚26.05.1925‘] [Ghetto Lodz] A: Holz Str. 28F6 A: Holz Str. 21	Befreit am 08.05.1945 in Theresienstadt, TDB YV Item ID: 4672910

53385 POL	Salz, [Zalc] Hanna [Chana] F: vgl. 53384	03.05.1928 [‚03.05.1926‘] [Ghetto Lodz] A: Holz Str. 21F11 A: Herta Str.25	Befreit am 08.05.1945 in Theresienstadt, TDB YV Item ID: 4672899
53386 POL	Schilir [Schälit] [Szlit ?], Jadza [Jadzia]	(05.05.1918) 05.05.1916 Dzialoszyn [‚Tszialoszym‘]	Befreit am 08.05.1945 in Theresienstadt, TDB
53387 POL	Segal, Dora [Dora Pola] [>Dora Schwarz]	08.12.1918 Zgierz [‚Zgirz‘] [Ghetto Lodz] A: SperlingGasse 5F20	Befreit am 08.05.1945 in Theresienstadt, TDB YV Item ID: 4683381
53388 POL	Sieradzka [Sieracka], Sina [Zina]	07.07.1919 [Ghetto Lodz]	Befreit am 08.05.1945 in Theresienstadt, TDB
53389 POL	Silberberg [‚Silberger‘] [Zylberberg], Lea [Laja]	08.04.1924 Pabjanice [Pabianitz] [Ghetto Lodz] A: Cranach Str. 32F9	Befreit am 08.05.1945 in Theresienstadt, TDB YV Item ID: 4678818
53390 POL	Süskind, [Zyskind] Bella [Bajla Estera]	14.02.1911 [‚14.02.1916‘] [Ghetto Lodz] A: Hamburger 41F17	Befreit am 08.05.1945 in Theresienstadt, TDB YV Item ID: 4681095
53391 POL	Szylit [Szlit][‚Schelit‘], Rosa	05.05.1917 Belchatow	Befreit am 08.05.1945 in Theresienstadt, TDB
53392 POL	Taflowicz, Lisa	15.12.1911 [15.12.1915] [Ghetto Lodz]	Befreit am 08.05.1945 in Theresienstadt, TDB
53393 POL	Kaspirowitsch [‚Taschburowicz‘], Ester [Esther] [vgl. Tazbirowicz Estera *15.03.1920]	15.07.1913 Dotjanice [‚15.06.1910 Pabianitz‘] Dep: Pabianice	**Starb am 03.05.1945 in Theresienstadt** TDB [Urne 240] YV Item ID: 4891763 Vgl. Cranach Str.7F14
53394 POL	Feifel, Lucy	01.04.1906 [‚01.04.1910‘] [Ghetto Lodz]	Befreit am 08.05.1945 in Theresienstadt, TDB
53395 POL	Tennenbaum, Hanna [>Hanah Vaynberg] F: Tochter von 53396 F: Schwestet v. 53397	28.04.1928 [‚28.04.1925‘] [Ghetto Lodz] A: Hohensteiner Str. 34F8A	Befreit am 08.05.1945 in Theresienstadt, TDB Vgl. SVHF 7184 YV Item ID: 4654389
53396 POL	Tennenbaum, Heda [Hendla] [>Helah Tenenbaum] F: Mutter von 53395 F: Mutter von 53397	24.01.1897 14.01.1904 [‚14.01.1907‘] [Ghetto Lodz] A: Hohensteiner34F8A	Befreit am 08.05.1945 in Theresienstadt, TDB Vgl. SVHF 7184 YV Item ID: 4654391

53397 POL	Tenenbaum, [‚Tenebaum'] Marila [Maryla] [>Miryam Rotem] F: Tochter von 53396 F: Schwester v. 53395	05.03.1924 Lodz [Ghetto Lodz] A: Hohensteiner Str. 34F8A	Befreit am 08.05.1945 in Theresienstadt, TDB SVHF 7184 YV Item ID: 4654468
53398 POL	Flint, [Tajter] Rachela [Szprynca Rachela] B: Angestellte	08.02.1907 Slupia Nowa [‚08.02.1913'] [Ghetto Lodz]	Befreit am 08.05.1945 in Theresienstadt, TDB USHMM
53399 POL	Treimann, Hella	19.01.1909 Lodz	**Starb am 22.11.1944 in Hainichen** Abmeldung: 26.11.44 Beisetzung: 11.12.1944 Friedhof Chemnitz Sond. Abt. 64b/242 Vgl. Nitsche & Röcher
53400 POL	Unikowska, Bella F: vgl. 53401	(10.07.1917) [‚27.08.1917'] Wielun [‚Wielon']	Befreit am 08.05.1945 in Theresienstadt, TDB
53401 POL	Unikowska, Eva F: vgl. 53400	(20.05.1920) [‚02.09.1919'] Wielun [‚Wielon']	Befreit am 08.05.1945 in Theresienstadt, TDB
53402 POL	Urbach, Hanna [Anna]	23.02.1920 [‚25.02.1922'] [Ghetto Lodz]	Befreit am 08.05.1945 in Theresienstadt, TDB
53403 POL	Urbach, [Urbakh] Mira [Mirla]	25.09.1923 [‚25.10.1923'] (‚25.09.1924') [Ghetto Lodz] A: Mühl Gasse 10F3	Befreit am 08.05.1945 in Theresienstadt, TDB YV Item ID: 4657833
53404 POL	Urbach, Genia [>Zahava Zuker] [Tsuker] [Cuker]	15.04.1921 Lodz 15.05.1921 [Ghetto Lodz]	Befreit am 08.05.1945 in Theresienstadt, TDB B 162 / 9070 S.487f. VP vom 19.11.1970 PWR: Tel Aviv SVHF 29940
53405 POL	Warszavska [Varszavska], Mala	03.06.1918 03.06.1917 [Ghetto Lodz]	Befreit am 08.05.1945 in Theresienstadt, TDB
53406 POL	Wachsberg, [Waksberg] Stefani[Stefanie][Steff] [>Steffi Rogenfisch] [Rogenfish]	25.05.1918 Lodz [23.05.1918][1915] [Ghetto Lodz]	Befreit Ort unbekannt USHMM, Aufbau, IST TD 523747 DP Camp Deggendorf [E: Los Angeles] Starb: 21.12.1952 CA

53407 POL	Waldmann, [Waldman] Eleonora [Gustawa Elinor]	04.01.1925 [04.01.1923] [Bromberg] [Ghetto Lodz] A: Rauch Gasse 38F13	Befreit am 08.05.1945 in Theresienstadt, TDB YV Item ID: 4663173
53408 POL	Weingott, [Wajngot] Hella [Chaja Rivka] [>Helen Wilk] F: Cousine von Renia und Rozia Rosenblum	21.08.1925 Lodz [Ghetto Lodz] A: Hohensteiner Str. 24F17	Befreit am 08.05.1945 in Theresienstadt, TDB SVHF 23928 YV Item ID: 4660507
53409 POL	Weintraub, Mania	10.06.1917 10.06.1916 [Ghetto Lodz]	Befreit am 08.05.1945 in Theresienstadt, TDB
53410 POL	Weintraub, Sofie	16.09.1910 (20.10.1914) Pabianitz	Befreit am 08.05.1945 in Theresienstadt, TDB
53411 POL	Weinberg, Hanna [‚siehe Nr. 53336‘]	03.03.1917 [Ghetto Lodz]	**Schicksal ungeklärt**
53412 POL	Weisberg, Hanna [Chana] [>Hanka Gliksman] F: Schwester v. 53413	31.07.1925 (‚1923‘) [‚31.07.1922‘] (31.07.1921) Piotrków [Sulljow] [Dep.: Belchatow] [Ghetto Lodz] A: Insel Str. 38F7, Siegfried Str. 65	Befreit am 08.05.1945 in Theresienstadt, TDB SVHF 1959 YV Item ID: 4685446
53413 POL	Weisberg [Weissberg] Sara [Sala][Sura] F: Schwester v. 53412	[‚10.06.1925‘] [‚Sulljow‘] [Ghetto Lodz] A: Siegfried Str. 65F8	Befreit am 08.05.1945 in Theresienstadt, TDB Vgl. SVHF 1959 YV Item ID: 4685445
53414 POL	Wiener, Bella [>Wolkowitz]	20.03.1914 Mühlenthal [Millenthal] [Mühlental] Danzig	Befreit am 08.05.1945 in Theresienstadt, TDB USHMM , Aufbau DP-Camp Deggendorf
53415 POL	Wilfer, Rosa [Roza] B: Näherin	28.03.1913 [Ghetto Lodz] A: Adolf Hitler Str. 70, Goldschmiede Str. 19F2	Befreit am 08.05.1945 in Theresienstadt, TDB USHMM Card 3331 Card 118063

53416 POL	Wohlberg, [Wolberg] Dora [Dwojra] F: vgl. 53417	10.12.1918 [Ghetto Lodz] A: Franz Str. 73F20	Befreit am 08.05.1945 in Theresienstadt, TDB YV Item ID: 4668345
53417 POL	Wohlberg, [Wolberg] Bella [Blima] F: vgl. 53416	05.08.1913 (‚05.08.1916') [‚08.03.1914'] [Ghetto Lodz] A: Franz Str. 73F20	Befreit am 08.05.1945 in Theresienstadt, TDB YV Item ID: 4668333
53418 POL	Wollenberg, Maria	10.07.1919 [‚10.07.1920'] [Ghetto Lodz] A:Hohenteiner56F8 Pogonowski 61	Befreit am 08.05.1945 in Theresienstadt, TDB USHMM
53419 POL	Wolkowicz, Helene [Helena] F: vgl. 53420	10.03.1926 [10.03.1924] Lodz A: Holz Str. 19F6	Befreit am 08.05.1945 in Theresienstadt, TDB YV Item ID: 4669371
53420 POL	Wolkowicz, Minna [Minka?] F: vgl. 53419	12.12.1900 [12.12.1911] [23.04.1897 ?] Lodz [Ghetto Lodz] [A:Holz Str. 19F6?]	Befreit am 08.05.1945 in Theresienstadt, TDB YV Item ID: 4669528
53421 POL	Zlotowska [Zolotowska], Lola [Laja]	06.03.1924 [Ghetto Lodz] A: Franz Str. 34F17 A: Bertram Str. 19	Befreit am 08.05.1945 in Theresienstadt, TDB YV Item ID: 4676524
53422 POL	Zender, [Cender] Sara B: Schneiderin	24.12.1913 [‚24.12.1918'] [Ghetto Lodz] A: Korn Gasse4F10	Befreit am 08.05.1945 in Theresienstadt, TDB USHMM
54184 POL	Lasmann [Lasman] [Lesman],[Laßmann] Zlata	28.12.1910 [28.12.1913] [28.12.1914] ['03.09.1922'] ['Warschau'] [Ghetto Lodz] A: Franz Str. 15F15 A: Mühl Gasse 20 A: Mühl Gasse 15F20	**Starb am 09.09.1944** **in Hainichen** an „Herzschwäche" Abmeldung: 01.10.44 Beisetzung: 27.09.1944 [Beisetzung:11.09.44?] [ITS 2.2.2.5/77119667] Städtischer Friedhof Chemnitz Sond. Abt. 64b/219 Vgl. Nitsche & Röcher YV Item ID: 4555709 YV Item ID: 4558299

Überstellung vom „05.04.1945“ aus Flossenbürg			
65154 **SLO**	Benau, Berta [>Berta Hutzler] **AuNo.: 2068**	28.01.1923 [‚1921‘] Bratislava Auschwitz 28.03.42 Groß Rosen Neu Rohlau Flossenbürg: 28.03.1945	Befreit am 08.05.1945 in Theresienstadt, TDB Vgl. My Two Lives Vgl. Nechama Tec: Resilience and Courage
65155 **SLO**	Frankl, [‚Frank‘] Lotte [>Lotte Weiss] **AuNo.: 2065**	28.11.1923 [‚28.11.1925‘] Bratislava Auschwitz 28.03.42 Groß Rosen Neu Rohlau Flossenbürg: 28.03.1945	Befreit am 08.05.1945 in Theresienstadt, TDB SVHF 1327 Autobiografie: My Two Lives Meine zwei Leben Foto: Auschwitz 20.06.1942; Büro Deutsche Erd- und Steinwerke 1944
65156 **CZE**	Freisinger, Ella [>Eta Berger] [>Eta Alt-Barton] AuNo.: unleserlich	03.03.1923 Auschwitz Groß Rosen Neu Rohlau Flossenbürg: 28.03.1945	Befreit am 08.05.1945 in Theresienstadt, TDB Vgl. My Two Lives
65157 **SLO**	Klein, Rosa [Ruzenka] [>Ruzenka Gross] AuNo.: unleserlich	14.08.1924 Auschwitz Groß Rosen Neu Rohlau Flossenbürg: 28.03.1945	Befreit am 08.05.1945 in Theresienstadt, TDB Vgl. My Two Lives
65158 **SLO**	Kossolani, Helene [Illy] [>Ily Stern] AuNo.: unleserlich	30.12.1921 Auschwitz Groß Rosen Neu Rohlau Flossenbürg: 28.03.1945	Befreit am 08.05.1945 in Theresienstadt, TDB Vgl. My Two Lives [Foto]
65159 **CZE**	Schlemm, Julia [Julie] AuNo.: unleserlich	04.02.1920 Auschwitz Groß Rosen Neu Rohlau Flossenbürg: 28.03.1945	Befreit am 08.05.1945 in Theresienstadt, TDB Vgl. My Two Lives

F16: Gedenkstein auf dem Alten Friedhof in Hainichen

4.4 Literaturverzeichnis

Benz, Wolfgang. Distel, Barbara. Der Ort des Terrors.
Geschichte der nationalsozialistischen Konzentrationslager. Band 4
C.H.Beck Verlag. München. 2006

Czech, Danuta. Kalendarium der Ereignisse im KZ Auschwitz-Birkenau 1939-1945. Rowohlt. Reinbek bei Hamburg. 1989

Cziborra, Pascal. Frauen im KZ
Möglichkeiten und Grenzen der historischen Forschung
am Beispiel des KZ Flossenbürg und seiner Außenlager.
Lorbeer Verlag. Bielefeld. 2010

Cziborra, Pascal. KZ-Autobiografien. Geschichtsfälschungen zwischen Erinnerungsversagen, Selbstinszenierung und Holocaust-Propaganda.
Lorbeer Verlag. Bielefeld. 2012

Cziborra, Pascal. KZ Dresden Striesen.
Das Familienlager Bernsdorf & Co. in der Schandauerstraße 68
Lorbeer Verlag. Bielefeld. 2013

Cziborra, Pascal. KZ Flossenbürg. Gedenkbuch der Frauen.
Lorbeer Verlag. Bielefeld. 2015

Cziborra, Pascal. KZ Freiberg. Geheime Schwangerschaft.
Lorbeer Verlag. Bielefeld. 2015

Cziborra, Pascal. KZ Oederan. Verlorene Jugend.
Lorbeer Verlag. Bielefeld. 2008

Cziborra, Pascal. KZ Venusberg. Der verschleppte Tod.
Lorbeer Verlag. Bielefeld. 2015

Cziborra, Pascal. KZ Wilischthal. Unter „Hitlerauges“ Aufsicht.
Lorbeer Verlag. Bielefeld. 2015

Cziborra, Pascal. KZ Zschopau. Sprung in die Freiheit.
Lorbeer Verlag. Bielefeld. 2016

Düsing, Michael. Wir waren zum Tode bestimmt. Jüdische Zwangsarbeiterinnen erinnern sich. Forum Verlag. Leipzig. 2002

Frankl, Michal. Theresienstädter Gedenkbuch. Österreichische Jüdinnen und Juden in Theresienstadt 1942 -1945. Prag. 2005

Heigl, Peter. Konzentrationslager Flossenbürg. In Geschichte und Gegenwart. Bilder und Dokumente gegen das zweite Vergessen. Mittelbayrische Verlagsgesellschaft. Regensburg. 1989

Kiese, Manfred. Framo + Barkas 1923 – 1993: Betrachtungen jenseits von Hubraum und PS. Stadt Hainichen. Hainichen. 2015

Kniefacz, Katharina. Gedenkbuch für die Opfer des Nationalsozialismus an der Universität Wien 1938. Onlinequelle abgerufen 29.02.2016: https://gedenkbuch.univie.ac.at/index.php?person_single_id=12665

Kretschmann, Thomas. Hainichen: Zeitzeugen-Berichte & Dokumente 1930-1950: Die Vergessenen Schicksale: Naziterror – Krieg – Flucht. Druckhaus Dresden. Dresden. 2008

Löw, Andrea. Juden im Getto Litzmannstadt: Lebensbedingungen, Selbstwahrnehmung, Verhalten. Wallstein Verlag. Göttingen. 2006

Nitsche, Jürgen. Röcher, Ruth. Juden in Chemnitz. Die Geschichte der Gemeinde und ihrer Mitglieder. Michel Sandstein Verlag. Dresden. 2002

Nowotny, Marlene. "Ich wünsche Ihnen viel Glück im Ausland." In: http://science.ORF.at/stories/1760932/ Wien. 24.07.2015

Poloncarz, Marek. Die Evakuierungstransporte nach Theresienstadt (April-Mai 1945). S.242-262 In : Miroslav Kárný und Raimund Kemper. Theresienstädter Studien und Dokumente 1999. Metropol Verlag. Berlin. 1999

Rogmann, Gabriele. Die jüdischen Opfer des Nationalsozialismus aus Köln Gedenkbuch. Böhlau. Köln. 1995

Schwoch, Rebecca. Jüdische Miniaturen: Herbert Lewin. Arzt – Überlebender – Zentralratspräsident. Hentrich&Hentrich. Berlin. 2016

Siegert, Toni. 30000 Tote mahnen! Die Geschichte des Konzentrationslagers Flossenbürg und seiner 100 Außenlager von 1938 bis 1945. Verlag der Taubald'schen Buchhandlung. Weiden. 1987

Tzani, Fotini. Zwischen Karrierismus und Widerspenstigkeit – SS-Aufseherinnen im KZ Alltag. Lorbeer Verlag. Bielefeld. 2011

Weinmann, Martin. Das nationalsozialistische Lagersystem. Zweitausendeins. Frankfurt am Main. 2001

Weiss, Lotte. Meine zwei Leben. Erinnerungen einer Holocaust-Überlebenden. Lit-Verlag. Wien. 2010

Weiss, Lotte. My Two Lives.Griffin Press. Netley 2003

Wulf, Josef. Lodz – das letzte Ghetto auf polnischem Boden. Schriftenreihe der Bundeszentrale für Heimatdienst 59. Bonn. 1962

Zamecnik, Stanislav. Kein Häftling darf lebend in die Hände des Feindes fallen. Zur Existenz des Himmler-Befehls vom 14./18. April 1945 In: Dachauer Hefte 1 (1985) S. 219-231

Mahn- und Gedenkstätte Ravensbrück. Gedenkbuch für die Opfer des Konzentrationslagers Ravensbrück 1939-1945. Metropol Verlag. Berlin. 2005

Foto- und Abbildungsverzeichnis

Bundesarchiv BArch Bild 101I-299-1803-01**: F12**

Cziborra, Pascal (Privatsammlung)**: F7-F10**

Höppner, Ralf (Privatsammlung)**: Titelfoto, F16**

Kiese, Manfred (Privatsammlung/Fotolabor Framo)**: F3-F6**

Krause, Isabelle (Privatsammlung)**: F14**

Kretschmann, Thomas (Privatsammlung)**: F1, F2**

Weisberg, Hanka (Privatsamlung)**: F11**

Staatsarchiv Chemnitz StAC Bestand 31060 Nr. 1502/1: **P5, P6**

Stadtarchiv Hainichen StAHC 707 EAn45 – vgl. Seite 163/164

Archivalien

Bundesarchiv:

Barch, B 162 / 9067 ; Barch, B 162 / 9068; Barch, B 162 / 9069
Barch, B 162 / 9070; B 162 / 8272; Barch, NS4 FL 393 Bd.2

Depotáltakat Gondozó Országos Bizottság – Budapest:

DEGOB-Protokolle: 264, 687, 1182, 1303, 1337, 1356, [3208]

Fortunoff-Archiv der Yale Universität – New Haven:

HVT-1865, HVT-3255

International Tracing Service (ITS) – Bad Arolsen:

Bestand 1.1.8.4 ; 2.2.2.5 ; 6.3.3.2

Jewish Virtual Library – USA: (www.jewishvirtuallibrary.org)

Deputi Judge Advocate's Office,
7708 War Crimes Group, European Command A PO 407
United States v. Wilhelm Loh et al. - Case No. 000-50-46-1
Review and Recommendations - 22. Januar 1948

National Archives and Records Administration – Washington:

NARA M-1935 Rolls 1-4

Sächsisches Staatsarchiv – Chemnitz:

StAC Bestand 31060 Nr. 1502/1 ; 1522/3 ; 1577/2

Shoah Visual History Foundation (SVHF) – Los Angeles:

185, 1327, 1611, 1959, 3320, 4073, 7082, 7184, 7204, 9082, 14552, 15298, 20045, 22355, 22761, 22974, 23197, 23928, 24030, 24535, 26998, 27803, 29940, 30004, 39737, 40139, 44249, 44338, 48003, 50539, 51215, 51458, 51811, 51826, (34002)

Yad Vashem – Jerusalem:

Pages of Testimony; Records of Ghetto Lodz

Zidowski Instytut Historyczny – Warschau:

ZIH 301 – 2501

244 Seiten, 19,95€
ISBN: 978-3-938969-28-1

140 Seiten, 19,95€
ISBN: 978-3-938969-13-7

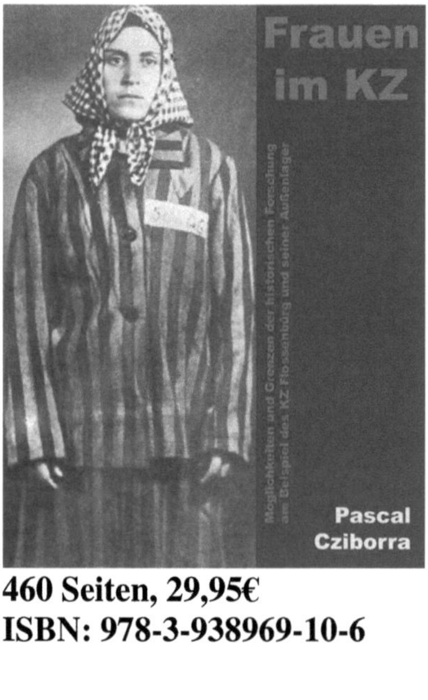

460 Seiten, 29,95€
ISBN: 978-3-938969-10-6

184 Seiten, 23,95€ Hardcover
ISBN: 978-3-938969-37-3